Lehrerinnen und Lehrer mit Migrationshintergrund

AF280384

Karin Bräu, Viola B. Georgi, Yasemin Karakaşoğlu
und Carolin Rotter (Hrsg.)

Lehrerinnen und Lehrer mit Migrationshintergrund

Zur Relevanz eines Merkmals in Theorie, Empirie und Praxis

Waxmann 2013
Münster / New York / München / Berlin

Bibliografische Informationen der Deutschen Nationalbibliothek
Die Deutsche Nationalbibliothek verzeichnet diese Publikation in
der Deutschen Nationalbibliografie; detaillierte bibliografische
Daten sind im Internet über http://dnb.d-nb.de abrufbar.

ISBN 978-3-8309-2859-1

© Waxmann Verlag GmbH, 2013
Steinfurter Straße 555, 48159 Münster

www.waxmann.com
info@waxmann.com

Umschlaggestaltung: Anne Breitenbach, Tübingen
Titelbild: © lassedesignen – Fotolia.com

Gedruckt auf alterungsbeständigem Papier,
säurefrei gemäß ISO 9706

Printed in Germany

Inhalt

Einleitung

Mit deutlichem Bezug zur Bildungsbenachteiligung der Schülerinnen und Schüler mit Migrationshintergrund wird seit nunmehr fast zehn Jahren die bildungspolitische Forderung laut, den Anteil an Lehrkräften mit Migrationshintergrund im deutschen Schulsystem zu erhöhen. Dabei wird nicht allein mit der Unterrepräsentanz dieser Lehrkräfte in Lehrerkollegien im Vergleich zur Zusammensetzung der Schülerschaft argumentiert. Vielmehr werden an den biographischen Hintergrund dieser Personen besondere pädagogische und nicht zuletzt integrationspolitische Erwartungen geknüpft. Diese Erwartungen sind äußerst vielfältig und umfassend. U.a. wird davon ausgegangen, dass Lehrkräfte mit Migrationshintergrund über besondere interkulturelle Kompetenzen verfügten, die ihnen den Zugang zu und den Umgang mit Schülern mit Migrationshintergrund erleichterten. Auch in der Arbeit mit Eltern mit Migrationshintergrund wird mit Rekurs auf die Gemeinsamkeit der Migrationserfahrung oder des kulturellen Hintergrundes eine erleichterte Kontaktaufnahme und Kooperation durch diese Lehrkräfte erwartet. Insgesamt besteht die Hoffnung, diese Lehrkräfte könnten maßgeblich zu einer interkulturellen Öffnung der Institution Schule und zu einem Schulklima der Toleranz beitragen sowie (institutionelle) Diskriminierungen reduzieren und damit letztlich den Bildungserfolg von Kindern mit Migrationshintergrund unterstützen.

Aus diesen Erwartungen heraus haben sich die Kultusminister der Länder im Nationalen Integrationsplan (2007) zu einer verstärkten Rekrutierung von Lehrkräften mit Migrationshintergrund verpflichtet; eine Umsetzung dieser Selbstverpflichtung soll auf der Ebene der einzelnen Bundesländer erfolgen. Neben Maßnahmen wie beispielsweise die Einrichtung von Netzwerken für Lehrkräfte mit Migrationshintergrund als Foren für sozialen und beruflichen Austausch, u.a. in NRW, Berlin oder Hamburg, bemühen sich einige Stiftungen durch verschiedene Initiativen, darunter der „Schülercampus. Mehr Migranten werden Lehrer!" der ZEIT-Stiftung, mehr Abiturienten mit Migrationshintergrund für ein Lehramtsstudium zu gewinnen.

Die Hypothese, dass Lehrkräfte gleichsam alleine durch ihre (familiäre) Migrationserfahrung über besondere interkulturelle Kompetenzen verfügen, ist jedoch bislang weder empirisch belegt noch theoretisch fundiert. Forschungsergebnisse zum „Stereotype Threat" (Schofield, 2006) aus dem angloamerikanischen Raum lassen zwar vermuten, dass die ethnische Herkunft der Lehrkräfte eine gewisse Rolle für die Interaktion zwischen Schülern und Schülerinnen sowie den Lehrenden spielen kann, doch ist dieser Zusammenhang als positiver Effekt auf das Selbstkonzept von Schülern und Schülerinnen mit Migrationshintergrund für Deutschland bislang empirisch nicht überprüft worden. Überdies birgt die Hervorhebung des biographischen Hintergrunds die Gefahr, Lehrkräfte mit Migrationshintergrund als die ‚Anderen' zu definieren und sie darüber als nicht zugehörig zu attribuieren. Allerdings lässt sich auch festhalten, dass Menschen mit Migrationshintergrund die Zuschreibungen, die sie im Verlauf ihrer Biographie erfahren, selbst häufig als identitätsrelevant wahrnehmen und äußern. Dazu gehören z.B. soziale Reaktionen auf einen Sprachakzent, die äußere Erscheinung oder auf die Religionszugehörigkeit.

Während in der bildungspolitischen Diskussion über Lehrkräfte mit Migrationshintergrund durch die Hervorhebung des Merkmals ‚Migrationshintergrund‘ eine Relevanzsetzung dieser ansonsten eher diffusen sozialen Kategorie – im Sinne der Gender- und Differenzforschung ein ‚doing ethnicity‘ (vgl. Diehm, 2000) – stattfindet und bildungspolitische Forderungen leitet, muss genau dies im wissenschaftlichen Kontext bzw. im Forschungsprozess nicht nur sensibel reflektiert sondern prinzipiell hinterfragt werden. Die Herausgeberinnen dieses Bandes verbindet das Interesse an eben dieser wissenschaftlichen Herangehensweise und empirischen Reflexion. Erstmals wurde dies deutlich, als wir im Rahmen des Kongresses der Deutschen Gesellschaft für Erziehungswissenschaft 2010 in einem gemeinsamen Diskussionszusammenhang unsere Forschungsergebnisse vorstellten und miteinander diskutierten.

Aus der Feststellung, dass wir uns aus dem je spezifischen Forschungskontext – der Interkulturellen Lehrerbildungsforschung sowie der Schulpädagogik – mit unterschiedlichen Facetten des gleichen Gegenstandes befassen, erwuchs die Idee, einen Sammelband mit aktuellen Forschungsergebnissen zur Selbst- und Fremdwahrnehmung der Lehrkräfte und Lehramtsstudierenden mit Migrationshintergrund als vergleichsweise neue Akteure und Akteurinnen in der Schule herauszugeben, um dem bildungspolitischen Diskurs einen multiperspektivischen, erziehungswissenschaftlichen Kontrapunkt zu setzen. Der Band verbindet damit aktuelle Forschungsergebnisse zu dem genannten Themenkomplex aus den jeweiligen Forschungsgruppen der Herausgeberinnen sowie von Kolleginnen, die sich ebenfalls bereits seit Längerem mit dem Forschungsgegenstand ‚Lehrkräfte mit Migrationshintergrund‘ in erziehungswissenschaftlicher und psychologischer Perspektive befassen.

Mit dem angedeuteten Dilemma, wann und in welchem Zusammenhang es berechtigt ist, Migration und ethnische Zugehörigkeit zum Differenzmerkmal zu machen und wann es einer unangemessenen Essentialisierung gleichkommt, geht die Schwierigkeit der Einigung über eine passende Begrifflichkeit einher. Von einer wissenschaftlichen Publikation ist aber zu erwarten, dass mit Begriffen präzise und gleichzeitig reflexiv umgegangen wird. „Migrationshintergrund" weist ähnlich wie der Begriff der „Zuwanderungsgeschichte" darauf hin, dass damit auch Menschen bezeichnet werden sollen, die nicht selbst eingewandert sind, in deren Familie es aber eine entsprechende Erfahrung, eine Einwanderungsgeschichte im Hintergrund gibt. Noch deutlicher zeigt die Metapher der „Wurzel" (etwa in der alltagssprachlichen Formulierung: „Sie hat italienische Wurzeln"), dass Migration als etwas sehr Stabiles, die ganze „Pflanze" bzw. Familie dauerhaft Haltendes und Prägendes angesehen wird, auch dann, wenn sich Menschen immer schon als Teil der neuen Heimat ihrer Vorfahren gefühlt haben und erst durch andere auf ihr Anderssein verpflichtet werden.[1]

---

1   Schön beschreibt dies etwa Sandro Mattioli in der Stuttgarter Zeitung vom 09.09.2006 (auch unter: http://www.sandromattioli.de/lieblingstexte/97 [17.12.12]).

Spätestens bei der Frage wie diejenigen bezeichnet werden sollen, die keinen Migrationshintergrund haben, wird nun das Problem von Normalität und Abweichung deutlich: Es gibt unter den in Deutschland Lebenden eine Gruppe, für die gibt es eine Bezeichnung (oder mehrere) und mit dieser wird sie aufgrund eines qua Definition[2] festgelegten Merkmals zu den Andersartigen gemacht. Und es gibt eine andere Gruppe, für die es keine besondere Bezeichnung gibt, weil sie als die Normalität angesehen wird. Und selbst wenn ein Begriffspaar existiert, wie es in den Niederlanden üblich ist – Autochthone und Allochthone – verweisen diese Begriffe gerade auf die „Andersartigkeit" der Allochthonen (von griech.: allos = anders, verschieden). Wenn Utlu spöttisch auf den begrifflichen Wandel verweist,

> „Die ‚Gastarbeiterin' gebar einen ‚ausländischen Mitbürger', dessen Tochter sitzt im ‚Migrationshintergrund' fest"[3],

dann setzt seine Kritik daran an, dass ein verändertes Vokabular nichts daran ändert, dass – egal ob selbst eingewandert oder noch Generationen später – ein „einheimisches Wir" von einem „ausländischen Nicht-Wir" (vgl. Mecheril & Rigelsky, 2010, S. 221) unterschieden wird. Dem Vorschlag Mecherils, die Essentialisierung von Kultur und die Zuschreibung von Andersartigkeit in dem Begriff der „Migrationsanderen" ganz offensiv sichtbar zu machen (Mecheril u.a., 2010), liegt der Anspruch der Enthüllung von Praxen des *Otherings*, der realen Herrschaftsverhältnisse und der Diskriminierung zugrunde.

Denn so berechtigt es ist, durch die Forderung nach Verzicht auf die begriffliche Markierung einer Gruppe, die in sich ganz offensichtlich sehr heterogen ist,[4] deren Selbstpositionierungsrecht und Normalität zu bekräftigen und zu verhindern, dass ethnische Zugehörigkeit ständig zum entscheidenden Faktor für Bildungserfolg, Gewaltbereitschaft, Essensvorlieben usw. gemacht wird, so fragwürdig wäre es, durch eine begriffliche Tabuisierung ungleiche Verhältnisse und Schlechterstellung zu verleugnen.

Aus diesem Grund haben wir beschlossen, beim Buchtitel trotz der geschilderten Einwände, denen auch wir uns nicht entziehen, den Begriff des „Migrationshintergrundes" zu verwenden und allen Autor/innen die Wahl des Vokabulars selbst zu überlassen. Wir sind uns damit bewusst, dass wir uns gegen die wissenschaftlich begründete Konvention, einem festen Begriff eine klar umrissene Definition zuzuordnen, entziehen. Wir sehen darin jedoch einen Beitrag, das geschilderte Dilemma um die Verwendung eines jeden Begriffs, der die familiäre Erfahrung der Migration

---

2   Heute wird oft für „Migrationshintergrund" die Definition des Mikrozensus 2005 herangezogen, die drei Generationen umfasst.

3   Deniz Utlu: Hauptsächliche Nebensache. In: Der Freitag online, 28.06.2011, http://www.freitag.de/autoren/der-freitag/hauptsachliche-nebensache [17.12.12].

4   Vgl. auch die Initiative der „taz" im Dezember 2010, eine angemessenere Bezeichnung für Menschen mit Migrationshintergrund zu suchen, die letztlich ergebnislos blieb, aber immerhin in eine differenzierte Debatte unter den Leser/innen und Blogger/innen mündete (http://blogs.taz.de/hausblog/2010/12/06/warum_ich_migranten_nicht_als_menschen_bezeichne/ [17.12.12]).

als soziales Gruppenmerkmal bündig zu beschreiben versucht, sichtbar zu machen und unsere kritische Distanz gegenüber einer willkürlichen Festlegung zum Ausdruck zu bringen.

Der Band gliedert sich in drei Teile, die sich in ihrer methodischen Herangehensweise an den Gegenstand unterscheiden.

In Teil I des Sammelbandes versammeln wir Beiträge, die sich kritisch mit den politischen und wissenschaftlichen Debatten zu Lehrenden mit Migrationshintergrund auseinandersetzen. Dieser Abschnitt des Bandes beginnt mit einem Beitrag von *Krüger-Potratz,* die die aktuellen bildungspolitischen Entwicklungen rund um das Thema der ‚Lehrkräfte mit Migrationshintergrund' in einen historischen Rahmen einordnet. Dabei arbeitet sie wesentliche Kontinuitäten und Diskontinuitäten des bildungspolitischen und rechtlichen Umgangs mit Vielfalt in der Geschichte des Lehrberufes heraus.

Akbaba, Bräu & Zimmer analysieren die aktuellen bildungspolitischen Debatten zu Lehrkräften mit Migrationshintergrund. Erwartungen und Zuschreibungen, die in bildungspolitischen Texten (etwa Landtagsdebatten und Konzeptpapieren) formuliert sind, werden zunächst systematisch zusammengetragen und sodann unter kultur-, differenz- und dominanztheoretischen Gesichtspunkten kritisch reflektiert.

Rotter & Schlickum beschreiben in ihrem Beitrag ein forschungsmethodisches Dilemma im Umgang mit Differenz, nämlich die Manifestation und Reproduktion von Differenz am Beispiel von Lehrerinnen und Lehrern mit „Migrationshintergrund". Damit weisen sie sowohl die Akteure der bildungspolitischen Debatte als auch die scientific community der empirischen Bildungsforschung auf die Problematik der diskursiv erzeugten Besonderung von Lehrkräften mit Migrationshintergrund hin.

Karakaşoğlu, Wojciechowicz & Gruhn ordnen eine systematische interkulturelle Professionalisierung von Lehrerinnen und Lehrern in allen Phasen der Ausbildung in ein umfassendes Konzept der interkulturellen Öffnung von Schule ein. Sie explizieren in diesem Zusammenhang die Dimensionen interkultureller Schulentwicklung und arbeiten die Bedeutung von Lehrkräften mit Zuwanderungsgeschichte für eine der Migrationsgesellschaft in anerkennungstheoretischer Sichtweise gerecht werdenden Schule heraus.

Georgi gibt in ihrem Beitrag einen umfassenden Überblick zu aktuellen empirischen Forschungen, die sich aus unterschiedlichen Perspektiven mit *minority teachers, teachers of color* und Lehrkräften mit Migrationshintergrund auseinandersetzen. Dabei bildet sie einschlägige Forschungsarbeiten sowohl im deutschsprachigen als auch im englischsprachigen Raum ab, wobei der Fokus auf Publikationen zu der Situation in Großbritannien, Kanada und den USA liegt.

In Teil II werden aktuelle empirische Zugänge unter zwei Gesichtspunkten präsentiert, zum einen geht es um die Auseinandersetzung mit Erfahrungen von und mit Lehrkräften mit und ohne Migrationshintergrund in der Ausbildung (erste und zweite Phase der Lehramtsausbildung, abgebildet in den Beiträgen von Schlickum; Wojciechowicz; Bandorski, Karakaşoğlu & Kul), zum anderen stehen die Erfahrungen von Lehrkräften mit Migrationshintergrund im Berufsalltag im Fokus der Betrachtung (Karakaş & Ackermann; Akbaba; Edelmann; Göbel; Georgi).

Schlickum präsentiert erste Befunde aus ihrer Untersuchung zu Orientierungsmustern von Lehramtsstudierenden im Umgang mit kultureller Vielfalt. Dabei interpretiert und diskutiert sie Ausschnitte aus Gruppendiskussionen mit Lehramtsstudierenden mit und ohne Migrationshintergrund zum Themenbereich Mehrsprachigkeit und Deutschförderung. In ihrer Analyse wählt sie ein Design der konsequenten Nicht-Thematisierung migrationsgesellschaftlicher Bezüge der Befragten, sofern sie diese selbst nicht dezidiert zum Ausdruck bringen. Wichtig ist ihr, zu rekonstruieren, welche Bezüge und Orientierungsmuster insgesamt in der Gruppe der Lehramtsstudierenden zu diesem Thema zu identifizieren sind.

Wojciechowicz' Beitrag beinhaltet die Analyse eines qualitativen Interviews mit einer autochthonen Praktikumsbetreuerin als Teil eines laufenden Forschungsprojektes zum Studienerfolg von Lehramtsstudierenden mit und ohne Migrationshintergrund an der Universität Bremen. Am Beispiel eines spezifischen Deutungsmusters im Umgang mit migrationsbedingten Differenzverhältnissen in universitären Praxisphasen, kann sie zeigen, wie Lehramtsstudierende in der Praktikumsphase wahrgenommen/klassifiziert und mit welchen Bedeutungszuschreibungen und Begründungsmomenten diese Klassifizierungen vorgenommen werden. Die Interviewanalyse belegt eine Defizitzuschreibung durch die Praktikumsbetreuerin, die entlang ethnisch klassifizierender Merkmale markiert wird und Studienschwierigkeiten mit kulturdeterministischen Erklärungsmustern belegt.

Bandorski & Karakaşoğlu haben an der Universität Bremen eine umfassende quantitative Regionalstudie zu Studienmotivation, Studienverlauf und Studienzufriedenheit von Lehramtsstudierenden mit und ohne Migrationshintergrund durchgeführt, u.a. mit dem Ziel, Ressourcen und Unterstützungsbedarfe zu analysieren. Sie machen mehrere Studierendentypen aus, die mehrheitlich unabhängig von einem Migrationshintergrund verteilt sind. Allerdings lassen sich durchaus Unterstützungsbedarfe herausarbeiten, die von den Studierenden mit Migrationshintergrund stärker zum Ausdruck gebracht werden als von den anderen Studierenden. Diskutiert wird, inwiefern dies ein besonders Unterstützungsangebot für die Zielgruppe der Lehramtsstudierenden mit Migrationshintergrund rechtfertigt.

Kul präsentiert Zwischenergebnisse eines qualitativen Forschungsprojektes zur Professionalisierung von angehenden Lehrkräften mit und ohne Migrationshintergrund in der zweiten Ausbildungsphase und macht mit ihrer explizit rassismuskritischen Analyse auf die besonderen Herausforderungen von Referendarinnen und Referendaren mit Zuwanderungsbiographie aufmerksam: nämlich die permanente Auseinandersetzung mit rassifizierenden Zuschreibungen im schulischen Alltag sowie im Rahmen von Studienseminaren.

Der Artikel von *Karakaş & Ackermann* untersucht vor dem Hintergrund des defizitorientierten Diskurses über migrantische Eltern, welche Rolle Lehrende mit Migrationshintergrund in interkultureller Elternarbeit spielen können. Auf der Basis eines umfassenden Korpus an qualitativen Interviews mit Lehrenden mit Migrationshintergrund wird diskutiert, wie sich diese aufgrund ihrer biographischen

Erfahrungen – direkt oder indirekt – mit dem existierenden Diskurs zu migrantischen Eltern auseinandersetzen, sich dazu positionieren und eigene Erfahrungen
reflektieren.

Einen ethnographischen Zugang zu ihrem Forschungsgegenstand, dem impliziten Wissen der Akteure, das in beobachtbaren Interaktionen zwischen Lehrenden, die sich zur gesellschaftlichen Zuschreibung der Kategorie Migrationshintergrund zu positionieren haben, und ihren Schülerinnen und Schülern zutage tritt,
wählt *Akbaba*. Der Artikel bezieht sich auf die Auswertung eines Beobachtungs-
protokolls zu einer Unterrichtssequenz. Analysiert wird der Umgang der Lehrerin
mit Migrationshintergrund mit gesellschaftlich relevanten, kulturell konnotierten
Differenzsetzungen in der Interaktion mit den Lernenden und beschreibt ihr Management zwischen Reproduktion von und spielerischem Umgang mit eben diesen
Differenzsetzungen.

Im qualitativen Forschungsprojekt von *Edelmann* wurde untersucht, wie Lehrkräfte der Primarstufe *mit* und *ohne* Migrationshintergrund mit der migrationsbedingten Heterogenität ihrer Klassen umgehen, welche Potenziale und Herausforderungen von ihnen wahrgenommen und welche Strategien sowie Routinen für die
typischen Anforderungen in der Praxis entwickelt werden. Der Aufsatz fokussiert
die Ergebnisse zu den Lehrenden mit Migrationshintergrund. Über die Analyse
individueller Sichtweisen und subjektiver Wahrnehmungen stellt sie fest, dass diese
den Umgang mit der migrationsbedingten Heterogenität im Unterricht entscheidend prägen. Neben den entsprechenden Fachkompetenzen kommt aber, so der
Befund, der eigenkulturellen Sensibilisierung von angehenden und amtierenden
Lehrkräften eine große Bedeutung zu, um einen reflektierten Umgang mit der „Dialektik" zwischen Gleichheit und Differenz, mit Stereotypen, Attributionen und
Ethnozentrismen zu unterstützen.

Der Frage, inwiefern Lehrkräfte *mit* Migrationshintergrund interkulturelle
Konfliktsituationen anders als Lehrkräfte *ohne* Migrationshintergrund erleben und
inwiefern dies auf eine spezifische interkulturelle Sensibilität hinweist, geht *Göbel* in
ihrer quantitativ basierten, explorativen Untersuchung nach, aus der sie im Rahmen
des Beitrags einen Ausschnitt präsentiert. Sie stellt fest, dass biographisch bedingte
interkulturelle Erfahrungen wichtige, aber keine hinreichenden Voraussetzungen
für die Bewältigung von interkulturellen Situationen in der Schule sind. Die Ergebnisse verweisen auf die Notwendigkeit, in der universitären Lehramtsausbildung
interkulturelle Kompetenzen stärker als bisher zu fördern.

Auf der Basis einer sowohl mit qualitativen wie auch quantitativen Methoden
durchgeführten Untersuchung zu Lehrkräften mit Migrationshintergrund befasst
sich *Georgi* in ihrem Beitrag mit der Selbstwirksamkeit der genannten Gruppe und
präsentiert ausgewählte empirische Ergebnisse im Hinblick auf die Untersuchungsfelder „Mehrsprachigkeit" und „Kulturelle Heterogenität" der Studie *Vielfalt im
Lehrerzimmer (2011)*. Die Ergebnisse weisen darauf hin, dass die Lehrkräfte mit Migrationshintergrund in Aus- und Weiterbildung bislang nur bedingt Möglichkeiten
hatten, sich kritisch mit der Theorie und Praxis interkultureller Pädagogik und interkultureller Kompetenz auseinanderzusetzen und so ihre biographisch bedingten

Kompetenzen zu professionalisieren. Hier, wie auch in den anderen Beiträgen des zweiten Teils dieses Bandes wird die Notwendigkeit betont, die universitäre Lehrerausbildung und die weiteren Phasen der Lehreraus- und -weiterbildung stärker als bisher auf den Erwerb interkultureller Kompetenzen auszurichten.

Im Teil III des Sammelbandes werden schließlich zwei Beiträge präsentiert, die Programme und Projekte zur Rekrutierung und Vernetzung von Lehramtsstudierenden und Lehrer/innen mit Migrationshintergrund vorstellen und ihre Sinnhaftigkeit auch vor dem Hintergrund vereinzelt vorliegender Evaluationsergebnisse diskutieren.

Lehberger & Matthiessen stellen das von der ZEIT-Stiftung finanzierte Schülercampus-Projekt „Mehr Migranten werden Lehrer" vor, mit dem das Interesse von Abiturient/innen mit Migrationshintergrund für den Lehrerberuf geweckt werden soll, Informationen zum Lehramtsstudium und Referendariat weitergegeben, Eignungsfragen diskutiert und Vorbehalte bearbeitet werden können. Die Evaluation des Schülercampus weist auf den Erfolg des Projektes und viel Zufriedenheit unter den Teilnehmer/innen hin.

Das Netzwerk der Lehrkräfte mit Zuwanderungsgeschichte in Nordrhein-Westfalen wird von *Basar & Zeoli* vorgestellt. Sie zeigen seine Entstehungsgeschichte, Struktur und Wirkungsweise auf und diskutieren die Notwendigkeit der Rekrutierung und der Vernetzung von Lehrer/innen mit Migrationshintergrund sowie die Möglichkeiten, sich gemeinsam eine Stimme zu verschaffen, dem defizitären Blick auf Migranten entgegenzuwirken.

Mit dieser umfassenden Präsentation aktueller Forschungsergebnisse qualitativer und quantitativer empirischer Erhebungen zu Lehrerbildung und Lehrer-Schüler-Verhältnissen unter migrationsgesellschaftlichen Verhältnissen möchten wir einen Beitrag sowohl zum wissenschaftlichen Diskurs um die Relevanz der Kategorie ‚Migrationshintergrund' im Kontext professionellen Handelns in Schulen als auch zur bildungspolitischen Debatte und zur konzeptionellen Weiterentwicklung der Lehrerbildung unter Migrationsbedingungen leisten. Damit richtet sich der Band sowohl an bildungspolitische Akteure, wissenschaftlich interessierte pädagogische Praktiker und Praktikerinnen wie auch an Kollegen und Kolleginnen der Erziehungswissenschaft und angrenzender Disziplinen.

Karin Bräu, Viola B. Georgi, Yasemin Karakaşoğlu und Carolin Rotter

Januar 2013

Literatur

Diehm, I. (2000). "Doing Ethnicity". Unintended Effects of Intercultural Education. In P. Alheit, J. Beck, E. Kammler, E. Taylor & S. Olesen (eds.): *Lifelong Learning Inside and Outside Schools. Collected Papers Vol. 2* (pp. 610-623). Roskilde University/ Universität Bremen/Leeds University: Universitätsverlag.

Georgi, V.B.; Ackermann, L.; Karakaş, N. (2011). *Vielfalt im Lehrerzimmer. Selbstverständnis und schulische Integration von Lehrenden mit Migrationshintergrund in Deutschland.* Münster: Waxmann.

Mecheril, P.; Rigelsky, B. (2010). Nationaler Notstand, Ausländerdispositiv und die Ausländerpädagogik. In C. Riegel, T. Geisen (Hrsg.): *Jugend, Zugehörigkeit und Migration. Subjektpositionierung im Kontext von Jugendkultur, Ethnizitäts- und Geschlechterkonstruktionen* (S. 221-240). Wiesbaden: VS, Verl. für Sozialwiss.

Mecheril, P.; do Mar Castro Varela, M.; İnci, D.; Kalpaka, A.; Melter, C. (2010). *Migrationspädagogik.* Weinheim und Basel. Beltz Verlag.

Schofield, J. W. (2006). Migrationshintergrund, Minderheitenzugehörigkeit und Bildungserfolg. Forschungsergebnisse der pädagogischen, Entwicklungs- und Sozialpsychologie. Arbeitsstelle Interkulturelle Konflikte und gesellschaftliche Integration (AKI), Wissenschaftszentrum Berlin für Sozialforschung (WZB).

I Grundlagen der politischen und wissenschaftlichen Debatte

Vielfalt im Lehrerzimmer

Aktuelle bildungspolitische Entwicklungen unter der Frage von Kontinuitäten und Diskontinuitäten

Marianne Krüger-Potratz

Vielfalt im Lehrerzimmer als Antwort auf die Vielfalt im Klassenzimmer[1] – unter dieser Überschrift könnte man die zahlreichen aktuellen Initiativen, Projekte und Maßnahmen zur Gewinnung und Unterstützung von Lehrkräften mit Migrationshintergrund zusammenfassen. Die bisher vorliegenden Publikationen – Beiträge in den Medien, Artikel in Fachzeitschriften, Flyer mit Einladungen zu Tagungen und Workshops und Berichte über dieselben sowie erste wissenschaftliche Studien – vermitteln den Eindruck, als sei „Vielfalt im Lehrerzimmer" in der Geschichte des Lehrerberufs etwas Neues. Zugleich wird Vielfalt – wie bewusst auch immer – auf sprachlich-kulturelle und ethnisch resp. nationale Verschiedenheit, zusammengefasst im „Migrationshintergrund", reduziert. Somit kommt nur ein Ausschnitt aus der Vielfalt in den Blick, und es wird verdeckt, dass der Zugang zum Lehrerzimmer – um im Bild zu bleiben – je nach Staatsangehörigkeit, Herkunfts- und Ausbildungsland sowie Rechtsstatus unterschiedlich schwierig ist.

Im Folgenden soll der Frage nach Kontinuitäten und Diskontinuitäten hinsichtlich des *bildungspolitischen und rechtlichen* Umgangs mit Vielfalt in der Geschichte des Lehrerberufs nachgegangen werden. Im ersten Abschnitt richtet sich der Blick auf die aktuellen Initiativen für und Debatten über „mehr Lehrkräfte mit Migrationshintergrund" einschließlich der mit ihnen einhergehenden Verkürzungen, Ausblendungen und fehlenden Problematisierungen. Im zweiten Abschnitt geht der Blick zurück in die Geschichte des Umgangs mit „fremden Lehrkräften", um an einigen wenigen Beispielen zu zeigen, welcher Tradition die aktuellen Aktivitäten verhaftet sind. Daraus ergibt sich für den abschließenden dritten Abschnitt die Frage nach Kontinuitäten und Diskontinuitäten in der bildungspolitischen und -rechtlichen Geschichte des Lehrerberufs.

---

[1] Die Vielfalt im Lehrerzimmer ist keineswegs der im Klassenzimmer vergleichbar: Nach der jüngsten Schulstatistik für Nordrhein-Westfalen (Statistische Übersicht 373, 2011, S. 120–126; S. 152–154) repräsentierten die 11% ausländischen Schüler 200 verschiedene Staatsangehörigkeiten, die 0,7% ausländischen Lehrkräfte 20 verschiedene Staatsangehörigkeiten. Zur „Vielfalt" gehören aber auch diejenigen mit Zuwanderungsgeschichte und deutscher Staatsangehörigkeit, so dass die Berechnungen resp. Schätzungen von Georgi, dass bundesweit ungefähr 6% aller in Deutschland unterrichtenden Lehrkräfte einen Migrationshintergrund haben (Georgi/Ackermann/Karakaş 2011, S. 17f.) auch auf NRW zutreffen dürften.

1   Vielfalt im Lehrerzimmer –
ein Thema nachholender Integrationspolitik

Mit der Anerkennung, dass Migrationsprozesse auch in Deutschland Teil politischer und gesellschaftlicher Normalität sind und dass sich dies nicht zuletzt auch in der „Vielfalt im Klassenzimmer" zeigen sollte, haben die seit Ende der 1990er amtierenden Bundesregierungen ihren Kurs in der Migrations- und Integrationspolitik neu auszurichten begonnen. Seit der zweiten Hälfte der 2000er Jahre ist zu beobachten, dass Integration durch Bildung nicht mehr allein als Aufgabe der zu Bildenden, sondern auch als ein Thema der Personalentwicklung gesehen wird. War bis dahin die Forderung „mehr Lehrkräfte mit Migrationshintergrund" bestenfalls ein Thema für einen kleinen Kreis von Experten und Betroffenen, so ist es zunehmend zu einem (bildungs-)politisch geförderten, medienwirksamen Thema geworden, für das sich verschiedene Stiftungen engagieren.

Wenn zuvor über die interkulturelle Qualifizierung von Lehrkräften diskutiert und entsprechende Maßnahmen etabliert wurde(n), so waren allein die „deutschen" Lehrerinnen und Lehrer im Blick.[2] Für sie wurden zunächst Fortbildungsangebote und später auch verschiedene interkulturelle Studienangebote (u.a. Zusatzstudiengänge) bereitgestellt, an sie richtet sich auch die KMK-Empfehlung von 1996, in der interkulturelle Bildung und Erziehung als Querschnittaufgabe der Schule und Schlüsselkompetenz für alle Lernenden und Lehrenden definiert wird.[3] Das jüngste Angebot dieser Art ist das Pflichtmodul „Deutsch als Zweitsprache" für alle Lehramtsstudierenden, wie es z.B. in Berlin und Nordrhein-Westfalen gesetzlich vorgesehen ist. Zielgruppe dieser Angebote – auch wenn das nirgendwo explizit gesagt wurde – waren und sind zunächst diejenigen mit deutscher Staatsangehörigkeit und deutscher Erstsprache. Doch insofern ein drittes Moment, der Ort der Ausbildung, ebenfalls zu „deutsch" gehört, ist letztlich der Teil der Lehrkräfte bzw. Lehramtskandidaten mit Migrationshintergrund einbezogen, der eine „deutsche Ausbildung" absolviert (hat). Nicht mit einbezogen sind jedoch diejenigen mit Migrationshintergrund, die ihre Berufsqualifikation im Ausland erworben haben. Die Folge dieser Ausgrenzung ist, dass in den aktuellen Debatten über „mehr Lehrkräfte mit Migrationshintergrund in den Schulen" politische und rechtliche Fragen fast

---

2   Es gab/gibt auch Fortbildungen für die Lehrkräfte des Herkunftssprachenunterrichts, aber hier lag/liegt der Fokus nicht auf interkultureller Qualifizierung. Dass an den Studienangeboten seit langem auch Studierende mit Migrationshintergrund teilnehmen, widerspricht nicht der Aussage, dass sie für „deutsche" Studierende konzipiert sind. Als Beleg für den verengten Blick siehe auch meine eigenen Artikel bzw. Beiträge zu den Expertisen der Lehrerbildungs-Reformkommissionen, u.a. die entsprechenden Passagen in Keuffer & Oelkers (2001) oder Krüger-Potratz (2004). Das entwertet jedoch nicht die Vorschläge für eine interkulturelle Lehrerbildung; sie haben weiterhin Bestand, denn sie gelten für alle in der Schule Tätigen.

3   Die KMK äußert sich in der 1996er Empfehlung nur am Rande zur Lehrerbildung; dies dürfte auch der Tatsache geschuldet sein, dass in den meisten Bundesländern die Lehrerbildung in die Zuständigkeit von zwei Ministerien fällt: Wissenschaftsministerium und Kultus- resp. Schulministerium.

keine Rolle spielen. Denn erst wenn man die gesamte „Gruppe" der (zukünftigen) Lehrkräfte mit Migrationshintergrund in den Blick nimmt, werden die institutionellen und strukturellen Hindernisse erkennbar. Eine solche Wahrnehmung der Zielgruppe könnte auch dazu beitragen, die Konzepte zur interkulturellen Bildung weiter zu schärfen.

Es ist zwar neu, dass die Lehrerkollegien nicht mehr als homogene Gruppe „gedacht" werden, aber in der Realität waren sie auch zuvor schon nicht homogen. Seit der Einführung des Herkunftssprachenunterrichts gehören „fremde Lehrkräfte" zu den Lehrerkollegien vieler Schulen, insbesondere vieler Grund-, Haupt- und Gesamtschulen, auch wenn sie dort vielfach eher eine Art Außenseiterdasein geführt haben. Ab den 1990er Jahren sind vermehrt bilinguale (Grund-)Schulen eingerichtet worden; in ihren Lehrerzimmern sitzen selbstverständlich auch Lehrkräfte, die in den Ländern der Partnersprachen ausgebildet worden sind. Desgleichen sind seit längerem Lehramtsstudierende mit Migrationshintergrund an vielen Universitäten, z.B. an den Ruhrgebietsuniversitäten, in Frankfurt/Main oder Berlin, eingeschrieben. Neu ist also „nur", dass „Vielfalt im Lehrerzimmer" nun zu den integrationspolitischen Strategien gehört, während zuvor eher Strategien der Ausgrenzung und Nichtthematisierung das Feld bestimmten.

1.1 Heterogenität und Homogenität im Lehrerkollegium – wer kommt (nicht) in den Blick

In der aktuellen Diskussion wird allerdings nur ein Ausschnitt aus der „Vielfalt im Lehrerzimmer" in Szene gesetzt. Denn genau betrachtet spielt die Frage, wie viel Heterogenität und welche „Mischung" ein Lehrerkollegium verträgt, in der Geschichte der Schule und des Lehrerberufs seit Beginn der öffentlichen, staatlichen (Pflicht-)Schule eine Rolle. Dabei ging es zwar auch um Unterschiede hinsichtlich Staatsangehörigkeit sowie ethnischer und sprachlich-kultureller Herkunft, aber im Vordergrund standen die Unterschiede hinsichtlich Geschlecht (Lehrer und Lehrerinnen), Ausbildung (Lehrkräfte für die verschiedenen Schulformen), soziale Herkunft (der Lehrerberuf als Aufstiegsberuf), Konfession/Weltanschauung (konfessionelle Passung) oder auch Alter (z.B. Problem der Überalterung von Kollegien, aber auch Erfahrung versus Modernisierung). Eine Reihe dieser Unterschiede sind über lange Zeit „kanalisiert" worden: getrennt wurde nach Ausbildungsinstitutionen und Schularten, z.B. gab es unterschiedliche Lehrerbildungseinrichtungen für niedere und höhere Schulen, für Knaben- und Mädchenschulen oder auch für konfessionsgebundene Schulen.[4] Im Verlauf der Zeit und nach durchaus auch heftigen

---

4   Erinnert sei daran, dass z.B. die konfessionelle Bindung der Lehrerausbildung an den Pädagogischen Hochschulen in NRW z.B. erst 1969 aufgehoben wurde. In den 1980er Jahren erfolgte – außer in Baden-Württemberg – die Integration der Pädagogischen Hochschulen in die Universitäten und damit wurde die Differenzierung zwischen den Lehrämter abgeschwächt, nicht aber aufgehoben, denn erhalten blieb die unterschiedliche Dauer des Studi-

politischen und pädagogischen Debatten wurden diese und weitere Trennungen abgeschwächt oder aufgehoben, ganz verschwunden sind sie nicht. Doch entweder sind sie in der Sache nicht mehr so stark konfliktgeladen (z.B. in der Frage der Konfessionszugehörigkeit) oder aber der Kern der Debatte hat sich verschoben wie z.B. in Bezug auf Geschlecht. Denn seit längerem geht es nicht mehr um die Frage, ob Frauen und Männer an einer Schule unterrichten, sondern wie es gelingen kann, mehr Männer für den Beruf des Grundschullehrers zu gewinnen.

Doch wie heterogen die Lehrerkollegien mit der Zeit auch geworden sind – ohne dass dies explizit thematisiert wurde – eines wurde nicht verändert: Die *Regel*voraussetzung für die uneingeschränkte Ausübung des Lehrerberufs in Deutschland ist die deutsche Staatsbürgerschaft und der Nachweis einer „einheimischen" Ausbildung einschließlich der Beherrschung des Deutschen als Sprache der Schule. Hier deutet sich angesichts der aktuellen bildungspolitischen Initiativen und der noch darzustellenden rechtlichen Veränderungen ein Wandel an, ein Moment von Diskontinuität.

1.2 Vielfaltspolitik – Inszenierung mit Ausblendungen

Mit den auf dem Integrationsgipfel 2007 getroffenen Vereinbarungen, wie sie im Nationalen Integrationsplan des gleichen Jahres (NIP, 2007) und weiteren – auch schon vor 2007 – auf Länderebene verabredeten Initiativen nachzulesen sind, ist „Vielfalt im Lehrerzimmer" durch „mehr Lehrkräfte mit Migrationshintergrund" zu einem integrationspolitischen Thema und einem Aktionsfeld für zivilgesellschaftliches Engagement geworden, über das die Medien relativ regelmäßig berichten: insbesondere über die Aktivitäten der auf Länder- oder auch kommunaler Ebene mit Unterstützung der zuständigen Ministerien, Behörden und mit Hilfe verschiedener Stiftungen gebildeten Netzwerke, im Rahmen derer sich sowohl schon im Beruf stehende Lehrkräfte wie auch Referendarinnen und Referendare und Lehramtsstudierende mit Migrationshintergrund treffen, Tagungen und Fortbildungen (mit) organisieren und in vielfältiger Weise ideell wie auch finanziell gefördert werden.[5] Um mehr Abiturientinnen und Abiturienten für den Lehrerberuf zu interessieren werden Informationsveranstaltungen oder Schülercamps, wie die von der ZEIT-Stiftung geförderten Schülercamps „Mehr Migranten werden Lehrer" angeboten. Inzwischen wird das Thema auch von der pädagogischen Fachpresse und in Examensarbeiten aufgegriffen (z.B.: Stiller & Zeoli, 2010; Rotter, 2011 bzw. Selimović, 2009[2]), und es liegen (Zwischen-)Ergebnisse aus den ersten empirischen Studien

---

ums, die mit Folgen für Besoldung, Arbeitszeit etc.; dies ändert sich im Zuge der Umstellung auf Bachelor/Master, aber derzeit ist davon auszugehen, dass über Praxisanteile und Länge der Zweiten Phase z.B. die Hierarchie der Lehrämter fortgeschrieben wird.

5   Siehe u.a. Bundeskongress, 2010 sowie die entsprechenden Informationen auf den Websites der Mercator-Stiftung, der Hertie Stiftung oder der Zeit-Stiftung Ebelin und Gerd Bucerius.

vor (Georgi/Ackermann/Karakaş 2011; Karakaşoğlu, 2011; Karakaşoğlu/Bandor-ski/Wojciechowicz, o. D.; Strasser/Steber, 2010).

Das Forschungsinteresse gilt den unterschiedlichen Bildungskarrieren, den Erfahrungen von Unterstützung oder Diskriminierung, dem Selbstbild, den Rollenbildern, Berufsvorstellungen und -zielen, dem Umgang mit Mehrsprachigkeit oder dem Verhältnis zu Schülerinnen und Schülern mit Migrationshintergrund. Ziel ist es, so z.B. die Forscherinnen Georgi, Ackermann und Karakaş (2011, S. 13), „das Potential des multikulturellen Lehrerzimmers und die daraus erwachsenden Möglichkeiten interkultureller Schulentwicklung in der deutschen Einwanderungsgesellschaft" auszuloten.[6] Die politischen und rechtlichen Problematiken der Beschäftigung „fremder" Lehrkräfte werden hingegen bisher nur am Rande angesprochen. Ebensowenig wird der Frage nachgegangen, mit welchen Argumenten und Strategien bis in die 2000er Jahre die „Vielfalt im Lehrerzimmer" möglichst klein gehalten wurde, und welche Momente für ein Umdenken entscheidend waren, und wie kontrovers diese diskutiert wurden. Diese Fragen werden auch nicht als Forschungsdesiderat ausgewiesen (siehe Georgi, 2011, S. 31–33).

Doch sobald man das Thema „Vielfalt im Lehrerzimmer" nicht nur in der Inszenierung vor dem Hintergrund des Nationalen Integrationsplans und der ihm folgenden Integrationsgipfel und Integrationsinitiativen in den Ländern und Kommunen betrachtet, sondern diese Inszenierung auch zum Gegenstand der Untersuchung macht und sie als ein Element im Umgang mit Heterogenität in der Geschichte des Lehrerberufs begreift, drängen sich weitere Fragen auf, die für eine Einordung der aktuellen „Vielfaltspolitik" zu klären sind: So die schon angesprochene Frage nach dem Umgang mit Vielfalt im Lehrerzimmer generell, nicht nur in Bezug auf national wie ethnisch und sprachlich-kulturell „fremde" Lehrkräfte, sondern auch in Bezug auf Unterschiede hinsichtlich sozialer Herkunft oder Geschlecht und – insbesondere hinsichtlich der politisch-rechtlichen Unterschiede. Denn sehr schnell zeigt sich, dass „Lehrkräfte mit Migrationshintergrund" eine in sich heterogene Gruppe bilden, nicht nur aufgrund unterschiedlicher Herkunft und Zuwanderungsgeschichte, Geschlecht oder sozialer Herkunft, sondern auch hinsichtlich ihres rechtlichen Status.

1.3 Zu den rechtlich-politischen Unterschieden

Wenn es darum geht darzustellen, dass die „Gruppe" der Lehramtsamtsstudierenden, Referendarinnen und Lehrkräfte mit Migrationshintergrund in sich heterogen ist, so wird vor allem auf die unterschiedlichen sprachlich-kulturellen und ethni-

---

6   Ein Grund für diese Interessenfokussierung dürfte sein, dass diese Forschung zum Teil von den Stiftungen finanziert wird, die sich auch im Feld selbst engagiert haben und deren Interesse vor allem der Frage der Wirksamkeit gilt.

schen Herkünfte hingewiesen, seltener auf die Staatsbürgerschaft[7] und noch seltener wird die Frage gestellt, wo sie ausgebildet wurden. In vielen Texten wird der Eindruck erweckt, dass es sich bei den Lehramtsstudierenden, Referendarinnen und Referendaren sowie Lehrkräften mit Migrationshintergrund um Bildungsinländer und deutsche Staatsbürgerinnen bzw. Staatsbürger handelt, so dass rechtliche Fragen hinsichtlich des Zugangs zu Ausbildung und Beruf keine Rolle spielen. Dies mag für die überwiegende Mehrheit derjenigen der Fall sein, die im Fokus der integrationspolitischen Maßnahmen stehen und sich in den Netzwerken engagieren.[8] Aber zu den Lehrkräften mit Migrationshintergrund gehören auch diejenigen, die ihre berufliche Qualifikation im Herkunftsland, im Ausland, erworben haben und nicht selten sind diese Personen auch ausländische Staatsbürger (siehe z.B. das Porträt „Frau Schwartz" in Georgi/Ackermann/Karakaş, 2011, S. 44–63). Letztere werden im Kontext der Initiativen für mehr Lehrkräfte mit Migrationshintergrund nicht besonders erwähnt; ihnen gelten auch nicht die verschiedenen Unterstützungsmaßnahmen.[9]

Die Situation derjenigen mit einem ausländischen Pass und/oder einer ausländischen Lehrerausbildung ist individuell sehr unterschiedlich. So können z.B. diejenigen mit einem Pass aus einem der EU-Staaten ihren Beruf im Prinzip im Rahmen der Freizügigkeitsregelungen ausüben, ggf. müssen sie an einer Nachqualifizierungsmaßnahme teilnehmen und möglicherweise sind sie in finanzieller Hinsicht und in Bezug auf Aufstiegschancen den „einheimischen" Lehrkräften nicht gleichgestellt. Mit mehr Schwierigkeiten müssen Aussiedlerinnen und Aussiedler[10] und insbesondere anerkannte Flüchtlinge rechnen, wenn sie ihren Beruf in Deutschland ausüben möchten. Ihre im Herkunftsland erworbene Qualifikation wird – zumindest bisher[11] – kaum anerkannt, oft nicht einmal als Zugangsvoraussetzung für eine Nachqualifizierung. Zuverlässige Daten zu dieser Teilgruppe liegen nicht vor. Aber einer für Schleswig-Holstein erstellten Expertise ist zu entnehmen, dass es sich nicht nur um einige wenige Einzelfälle handelt. So sind 2009 in Schleswig-Holstein 2300 Anträge auf Anerkennung der im Ausland erworbenen Lehrerqualifikation gestellt worden. Davon sind 478 „teilweise nach einer Eignungsprüfung oder einem

---

7   Ein weiterer Punkt, der bedacht werden muss, ist, ob bzw. unter welchen Bedingungen ausländische Staatsbürger verbeamtet werden können. Dieser Frage wird hier nicht nachgegangen, obwohl sie hinsichtlich gleicher Rechte eine wichtige Rolle spielt.

8   Siehe hierzu die quantitative Auswertung der in der Studien von Georgi, Ackermann und Karakaş erhobenen Daten 2011, S. 242–264, hier S. 264: Von insgesamt 151 befragten Lehrkräften hatten nur 32 eine ausländische Staatsangehörigkeit, und davon waren wiederum die meisten Staatsbürger eines westeuropäischen Landes, also zugleich Unionsbürger und damit rechtlich bevorzugt.

9   Sie sind auch nicht explizit ausgeschlossen. Aber sie benötigen vor allem politische und rechtliche Unterstützung.

10   Sie sind zwar deutsche Staatsbürger, aber das Argument der im Ausland erworbenen Berufsqualifikation wirkt stärker. Allerdings gab es – zumindest in der Vergangenheit – eine Reihe von Maßnahmen der Nachqualifizierung für Aussiedler.

11   Hier ist zumindest eine Verbesserung der Situation durch das 2012 in Kraft tretende „Anerkennungsgesetz" zu erwarten (siehe weiter unten).

Anpassungslehrgang, positiv entschieden" und 66 abgelehnt worden. Die Mehrzahl der Fälle (1756) ist jedoch in 2009 nicht mehr entschieden worden, sei es, dass sie noch bearbeitet wurden (1455 Fälle), oder die Personen einen Anpassungslehrgang besuchten (290) bzw. im Rechtsbehelfsverfahren waren (11 Personen). Darüber hinaus, so die Autorin der Expertise, könne man davon ausgehen, dass es noch eine bedeutende Zahl von Personen gibt, die aus verschiedenen Gründen „noch nicht versucht haben, ihre Qualifikation anerkennen zu lassen", sei es aufgrund fehlender Informationen, Verlust von Dokumenten, sei es, dass sie Angst vor einem negativen Bescheid hätten (Lembke, 2010, S. 19).

Dass Lehrkräfte mit einer im Ausland erworbenen Berufsqualifikation bisher rechtlich und finanziell benachteiligt waren und z.T. noch sind, lässt sich am Beispiel der Lehrkräfte zeigen, die in den bilingualen Schulen – wie z.B. in den Staatlichen Europa Schulen Berlin – den Sprach- und Fachunterricht in der Partnersprache sichern. Sie sind für die erfolgreiche Arbeit dieser Schulen unersetzlich. Doch erst nach vielen Protestaktionen, die sich über einen langen Zeitraum erstreckt haben, konnte erreicht werden, dass sie – z.B. in Berlin – für gleiche Arbeit auch gleich bezahlt werden (siehe Antrag 2002; Bewährungsaufstieg 2004; Prüfungshinweise/ Berlin 2011). Doch das gilt längst nicht für alle Lehrkräfte solcher Schulen[12] und schon gar nicht bundesweit (siehe z.B. LAG Köln, 2002). Besonders schwierig ist die Situation der Lehrkräfte für den Herkunftssprachenunterricht, die schon seit vielen Jahren in den Schulen arbeiten und deren Erstausbildung im Herkunftsland nach Umfang und Ausrichtung stark von den für Deutschland vorausgesetzten Standards abweicht. Sie arbeiten zum Teil unter schwierigen Bedingungen und sind deutlich schlechter bezahlt.[13]

Für einen Teil dieser „Gruppe" von Lehrkräften mit einer im Ausland erworbenen Berufsqualifikation zeichnet sich ab 2012 auf der rechtlichen Ebene eine positive Veränderungen ab, die möglicherweise auch dazu führen könnten, dass sie demnächst in größerer Zahl und mit einer breiten Palette an Fächern in den Lehrerkollegien anzutreffen sind. Am 1. April 2012 tritt das im September 2011 im Bundestag verabschiedete „Gesetz zur Verbesserung der Feststellung und Anerkennung im Ausland erworbener Berufsqualifikationen" in Kraft, das – sobald es von den Ländern übernommen worden ist – die vollständige Umsetzung der europäischen

---

12 Die Klage eines britischen Lehrers auf gleiche Bezahlung für gleiche Arbeit ist z.B. abschlägig beschieden worden, obwohl dieser Lehrer sowohl eine „vierjährige Lehrerausbildung an dem Goldsmiths' College der University of London mit dem Abschluss ‚Teachers' Certificate' sowie eine „Ausbildung an der University of Kent mit dem Diplom ‚Applied Linguistics' nachweisen konnte. Die Entscheidung lautete: „Mit Urteil vom 21. Februar 2007 hat das Bundesarbeitsgericht (BAG) über die Eingruppierung ausländischer Lehrkräfte entschieden. In der Entscheidung (Az 4 AZR 225/06) bestätigt das BAG die Einschätzung der Vorinstanzen, dass eine ausländische Lehrkraft, die nicht über eine Ausbildung verfügt, die zur ‚Befähigung für die Laufbahn an höheren Schulen' bzw. ‚Befähigung für die Laufbahn des Lehramts an Realschulen' führt, keine Vergütung nach BAT IIa erhält" (Eingruppierung ausländischer Lehrkräfte 2007).

13 Hier wäre noch eine Reihe von Besonderheiten zu nennen (z.B. die sog. Konsulatslehrer), die für die hier angesprochenen Probleme zu berücksichtigen sind.

Richtlinie 2005/36/EG gewährleisten soll. In der Einleitung zum Gesetzentwurf von 2009 stellt die Bundesregierung das Gesetz als einen „ein(en) entscheidende(n) Schritt zur nachholenden Integration von bereits in Deutschland lebenden Migrantinnen und Migranten und zur Eingliederung von qualifizierten Neuzuwanderern in den deutschen Arbeitsmarkt" vor. Es erhöhe die „Attraktivität Deutschlands für qualifizierte Fachkräfte aus dem Ausland" bzw. stärke „die Position der deutschen Wirtschaft im zunehmenden internationalen Wettbewerb um qualifizierte Arbeitskräfte" (Gesetzentwurf Juni 2011, S. 1).[14] Die Umsetzung der Richtlinie 2005/36/EG ist Teil der neuen Migrationspolitik zur Gewinnung von ausländischen hochqualifizierten Facharbeitskräften. An Lehrkräfte dürfte der Gesetzgeber zwar nicht in erster Linie gedacht haben, aber insofern das Gesetz auch für alle reglementierten Berufe gilt, gilt es auch für den Lehrerberuf (siehe Anerkennungsgesetz, 2011; vgl. Weizäcker, 2009). Bei der Umsetzung wird die Heterogenität dieser Gruppe zu neuen Ungleichheiten führen, denn Aussiedler, Asylberechtigte, EU-Bürger bzw. Bürger aus den EWR-Staaten und der Schweiz und Personen, die ihre Ausbildung in einem weiteren Drittstaat gemacht haben, unterliegen nicht den gleichen Regelungen.

Festzuhalten bleibt, dass sich seit wenigen Jahren relativ weitreichende Änderungen ankündigen, auch wenn von einer Gleichbehandlung noch nicht die Rede sein kann. Ungeachtet der in jeder „Gruppe" gegebenen „inneren Heterogenität" hinsichtlich Geschlecht, Sozialstatus, Religion/Konfession, usw. unterscheiden sich die Lehrkräfte mit Migrationshintergrund hinsichtlich nationaler, ethnischer und sprachlicher Herkunft und ggf. auch nach dem Ort und der Art des Erwerbs der Berufsqualifikation. Diejenigen, die ihre berufliche Qualifizierung im Inland, also in Deutschland, erworben haben bzw. noch an einer deutschen Hochschule studieren oder im Referendariat sind, sind rechtlich gleichgestellt. Ob sie als gleichberechtigte Kolleginnen und Kollegen – als „normale Lehrer" in den Kollegien akzeptiert und respektiert werden, hängt nicht zuletzt auch von der Schulkultur der jeweiligen Schule ab. Diejenigen, die ihr Lehrerstudium im Ausland absolviert und ggf. dort schon Berufserfahrung erworben haben, müssen ihre Qualifikation anerkennen lassen und ggf. an Nachqualifizierungsmaßnahmen teilnehmen. Die mit dem Anerkennungsgesetz geschaffene neue Rechtslage dürfte die Situation derjenigen, die ihre Ausbildung in einem EU- , einem EWR-Land bzw. in der Schweiz absolviert haben, deutlich verbessern; wie es sich auf die Situation der anderen auswirkt, ist abzuwarten.[15]

---

14 Das Anerkennungsgesetz besteht aus dem „sogenannte(n) Berufsqualifikationsfeststellungsgesetz, sowie Anpassungen in bereits bestehenden Regelungen zur Anerkennung von Berufsqualifikationen in rund 60 auf Bundesebene geregelten Berufsgesetzen und Verordnungen für die reglementierten Berufe" (Entwurf 2011, S. 1). Zu den „reglementierten Berufen" gehört auch der Lehrerberuf. Zuständig für entsprechende Änderungen sind hier die Länder; d.h. sie müssen ihre Gesetze entsprechend den Vorgaben des „Anerkennungsgesetzes" ändern. Für die bis dahin geltenden Regelungen, siehe Weizäcker, 2009.

15 Zu beachten ist auch, dass weitere Probleme die Chancen der Anerkennung erhöhen können, z.B. Lehrermangel bzw. Mangel an Lehrkräften für bestimmte Fächer.

Unter der Frage nach dem Umgang mit sprachlicher und ethnischer Heterogenität ist noch eine weitere „Gruppe" von Lehrkräften zu nennen, die in den aktuellen Debatten und Studien zum Thema „Vielfalt im Lehrerzimmer" überhaupt keine Rolle spielt, wohl aber historisch zu den „fremden Lehrkräften" zählt. Gemeint sind die Lehrkräfte in den sorbischen und dänischen Minderheitsschulen bzw. -klassen, die in den jeweils als „angestammt" geltenden Minderheitsgebieten existieren.[16] Diese Lehrkräfte sind deutsche Staatsangehörige und haben ihre Lehrerausbildung an einer der deutschen Hochschulen absolviert, d.h. eine Ausbildung mit dem Fach Sorbisch (Universität Leipzig) resp. Dänisch (Universität Flensburg), die sie befähigt in diesen Schulen zu unterrichten. Dass sie in den aktuellen Debatten über „Vielfalt im Lehrerzimmer" nicht genannt werden, hängt nicht nur mit ihrer allein regionalen Bedeutung zusammen, sondern vor allem damit, dass infolge der Europäischen Integration die Grenzregionen nicht mehr als politisch problematische Regionen und diese Form der Zweisprachigkeit nicht mehr mit dem Verdacht politischer Illoyalität verbunden wird (vgl. Krüger-Potratz, 2001). Von daher spricht politisch auch nichts dagegen, wenn teilweise auch Lehrkräfte aus Dänemark in den Minderheitsschulen südlich der deutsch-dänischen Grenze unterrichten bzw. im Fall des Sorbischen Personen aus der Slowakei oder Tschechien sich für die Mitarbeit in einer sorbischsprachigen Schule interessieren. Für sie gelten die EU-Vereinbarungen bzw. die entsprechenden Regelungen des „Anerkennungsgesetzes", und sie gehören nicht mehr – wie in den im Folgenden vorgestellten Zeiten – zu den politisch misstrauisch beobachteten „fremden Lehrkräften".

2   Der Blick zurück: Vielfalt in preußischen Lehrerzimmern – unerwünscht

Die konfliktreiche *Geschichte des Umgangs mit „Vielfalt im Lehrerzimmer"* ist bisher nur in Bezug auf die Differenzkategorie Geschlecht und teilweise mit Blick auf die soziale Herkunft untersucht worden, nicht aber – mit Ausnahme meiner eigenen Arbeiten – hinsichtlich der hier entscheidenden Differenzmerkmale Staatsangehörigkeit, Ort der Ausbildung, Sprache und Ethnizität[17], und sie ist auch schwierig zu rekonstruieren. Die Frage, ob bzw. unter welchen Bedingungen ausländische Lehrkräfte bzw. sprachlich und ethnisch fremde Lehrkräfte an preußischen Schulen un-

---

16 So in Teilen von Schleswig-Holstein (Dänen) und der Ober- resp. Niederlausitz (Sorben). Ihre Sprachen sind durch die Europäische Charta der Regional- und Minderheitensprachen (1992) geschützt. Der Sprachenschutz gilt auch für die friesische Sprache und die Sprache der Sinti und Roma; doch für diese Minderheiten gibt es keine entsprechenden Schul- und Lehrerausbildungsangebote.

17 Sie ist schwierig zu rekonstruieren: Es fehlt an Quellen zur Umsetzung der rechtlichen und politischen Regelungen und vor allem an Texten und Dokumenten, an denen sich ablesen ließe, ob und wie in pädagogischen und bildungspolitischen Fachkreisen die Problematik diskutiert wurde. Hier ist noch viel Recherchearbeit – vor allem auch in regionalen und lokalen Archiven – notwendig.

terrichten durften, hat zwar immer mal wieder Bildungspolitiker und Juristen beschäftigt, doch die pädagogische Fachwelt (Lehrervereine, pädagogischen Fachleute
in den Hochschulen und Ausbildungseinrichtungen) scheint es quasi wie ‚natürlich'
angesehen zu haben, dass – von Ausnahmen abgesehen – nur preußische (deutsche) Lehrkräfte in der Schule unterrichteten: preußisch im Sinne der Staatsbürgerschaft und vor allem auch der Ausbildung nach sowie deutsch[18] der Sprache nach.
Es gab zwar immer auch Ausnahmegenehmigungen, aber dies war die Regel, wie
im Folgenden am Beispiel Preußens unter Herbeiziehung offizieller, vor allem bil-
dungsrechtlicher Texte bezogen auf zwei Lehrergruppen dargestellt wird (für eine
ausführlichere Darstellung siehe Krüger-Potratz, 2009; 2010).

2.1 Beispiel 1: Ausländische Lehrerinnen und Lehrer

Die Zahl der im 19. und frühen 20. Jahrhundert erschienenen rechtlichen Regelungen (Kabinettsorder, Reskripte, Ministerialerlasse usw.) zum Thema „ausländische"
bzw. „fremde" Lehrkräfte ist beeindruckend. Doch bei näherer Betrachtung zeigt
sich schnell, dass über die Zeit kaum etwas Neues angeordnet worden ist, sondern
dass die Bildungsbehörden sich aufgrund von Vorkommnissen und Anfragen immer wieder veranlasst sahen, schon Beschlossenes zu bekräftigen. Manchmal wurden auch kleine Veränderungen eingeführt, sowohl Erleichterungen wie auch neue
Einschränkungen, doch an der Grundauffassung änderte sich nichts: Ausländische
Lehrkräfte – außerdeutsche wie außerpreußische[19] – waren nicht erwünscht. Denn
nur preußische Lehrer (und ab Mitte des 19. Jahrhunderts auch Lehrerinnen) – so
die allgemein geteilte Auffassung – seien aufgrund ihrer *inländischen Herkunft und
Ausbildung* befähigt, die „richtige" Bildung und Erziehung zu vermitteln. Zudem
seien preußische Lehrkräfte und Lehramtsanwärter (Schulamtscandidaten) vor
ausländischer Konkurrenz zu schützen (Inländerprimat). Ausländische Lehrkräfte
könnten aufgrund ihrer andersstaatlichen Herkunft und ihrer in einem anderen

---

18 Deutsche Sprache orientiert an der Schriftsprache als Norm setzend.
19 Bis zur Gründung des Deutschen Reichs (1871) wurde zwischen „außerdeutschen Ausländern" (z.B. Franzosen, Engländer, Niederländer, Dänen) und „außerpreußischen Ausländern" (z.B. hessische, württembergische, sächsische oder bayerische Staatsangehörige) unterschieden. Letzteres ergibt sich aus der Tatsache, dass bis 1871 die verschiedenen deutschen
Staaten, die den jeweiligen Staatenverbund bildeten, einander Ausland waren. Dies änderte
sich mit dem Kaiserreich und der Einführung einer Bundes- resp. Reichsangehörigkeit (1913
gesetzlich) sekundär zur Staatsangehörigkeit der einzelnen deutschen Staaten. Ausländer be-
deutete nun, dass derjenige nicht Reichsangehöriger war. Aufgrund der Kulturhoheit der
einzelnen Bundesstaaten gab es keine deutsche Lehrerausbildung, sondern weiterhin eine
preußische, bayrische, sächsische usw. Letztlich gilt dies bis heute mit dem Unterschied, dass
über die Kultusministerkonferenz zumindest Empfehlung ausgesprochen werden können,
die für eine gewisse Vereinheitlichung sorgen. In der Vergangenheit wurde die Anerken-
nungsfrage in bilateralen Verträgen zwischen den deutschen Staaten geregelt. Geblieben ist,
dass zur Anerkennung einer in einem anderen Bundesland erworbenen Lehramtsqualifika-
tion Auflagen ausgesprochen oder Einschränkungen vorgenommen werden können.

Staat erworbenen Qualifikation *weder fachlich, noch gar in sittlicher und politischer* Hinsicht den Ansprüchen genügen, die an Lehrkräfte für preußische Schulen zu stellen seien.

Diese Grundsätze galten für die Beschäftigung in öffentlichen, staatlichen Schulen wie auch für Privatschulen bzw. Privatlehrer. Ausnahmen waren möglich, bedurften aber die Zustimmung des Kultus- wie des Innenministeriums bzw. der zuständigen Polizeibehörden; in manchen Fällen wurde auch das Auswärtige Amt einbezogen. Wie historisch (bildungs-)politisch und rechtlich argumentiert wurde, soll im Folgenden anhand einiger Beispiele aufgezeigt werden. So teilte z.B. 1824 das Ministerium für geistliche, Unterrichts- und Medicinal-Angelegenheiten in einer Kabinettsorder mit, dass die Königliche Regierung beunruhigt sei, weil

> „gegenwärtig häufiger als sonst zu Lehrstellen an inländischen Schulen, Ausländer vorgeschlagen und eingestellt werden, welche zum Theil nicht einmal auf inländischen Universitäten und Bildungsanstalten studiert haben, und deren Grundsätze und Gesinnung mit Sicherheit nicht beurteilt werden können".

Dieser Trend – so das Ministerium weiter – müsse durch stärkere Kontrollen gestoppt werden, denn schließlich sei

> „bei Anstellungen im Lehrfache von dem unabänderlichen Grundsatze auszugehen, dass öffentliche Lehranstalten weder durch bloße wissenschaftliche Bildung der Zöglinge noch dadurch, dass auf ihnen keine schädlichen und verderblichen Gesinnungen und Richtungen erzeugt und befördert werden, ihren Zweck erreichen, sondern dass letzterer neben der wissenschaftlichen Bildung auch darin besteht, in den Zöglingen, Gesinnungen der Anhänglichkeit, der Treue und des Gehorsams am Landesherrn und am Staate zu erwecken und zu befestigen, und dass diese Lehrstellen nur denjenigen, die auch in dieser letztgedachten Erziehung volles Vertrauen verdienen, übertragen werden sollen."

Diese Bestimmungen – so das Ministerium schließlich – seien nicht nur bei zukünftigen Stellenbesetzungen zu befolgen, sondern auch bei

> „bereits angestellten Lehrern an sämmtlichen Elementar- und Bürgerschulen [sei dies] auf das strengste zu kontrollieren und [...] jede sich ergebende Spur entgegengesetzter Richtungen und Äußerungen unverzüglich dem Ministerium anzuzeigen" (Kabinettsorder 12.07.1824).

Die gleichen Vorbehalte bzw. Anforderungen galten auch gegenüber Schulamtscandidaten. Die Zulassung „ausländischer Schulamtsbewerber zu den diesseitigen Schulstellen" oder auch zu „Candidatenprüfungen" war zwar rechtlich möglich, aber nur sofern bestimmte Voraussetzungen erfüllt waren. Schulamtscandidaten mussten für die Einstellung nachweisen, dass „sie vor einer inländischen Prüfungscommission die Prüfung mit Auszeichnung bestanden" hatten und zur Prüfungen wurden nur diejenigen zugelassen, die „sich über die Bildung, welche sie erhalten (haben), und über ihre sittliche Würdigkeit durch vorschriftsmäßige Zeugnisse ausweisen können". Zudem sollte ihnen schon bei der Meldung zur Prüfung mitgeteilt werden, dass ihnen „das Wahl- und Anstellungs-Fähigkeitsattest nur unter der Bedingung" erteilt werden könne, wenn „ihnen das Zeugniß der *unbedingten Tüchtigkeit, vorzüglich* oder *sehr gut* bestanden zu haben, gegeben werden kann" (Circular-Rescript, 12.03.1833 – Hervorh. im Orig.). 1847 wird noch einmal verdeutlich, dass eine Ausnahmegenehmigung für die Beschäftigung als Lehrer davon abhängig zu machen sei, dass „von der Anstellung *besonderer Nutzen für den Staats-, Kirchen- oder Schuldienst zu erwarten ist*" (Allerhöchste Ordre 1847; Hervorh. im Orig.[20]).

Deutlich wird immer wieder, dass es zwar auch um die Abwehr ausländischer (außerpreußischer wie außerdeutscher) Lehrer geht bzw. um die Durchsetzung des Inländerprimats. Doch außer der Staatsangehörigkeit war vor allem der Ort der Ausbildung entscheidend und wahrscheinlich waren dies auch die Fälle, über die die Behörden öfters zu entscheiden hatten. In dem folgenden Erlass zu Lehrerinnen, die ihre Ausbildung im Ausland absolviert hatten und in den preußischen Schuldienst eintreten wollten, sind die Argumente noch einmal gebündelt nachzulesen.

> „Aus mehrfachen Beschwerden habe ich [der Kultusminister] ersehen, daß trotz des Erlasses meines Amtsvorgängers (...) in nicht seltenen Fällen Lehramtsbewerberinnen, welche ihre Vorbildung im Auslande empfangen haben, unter Umgehung der in inländischen Bildungsanstalten vorgebildeten Bewerberinnen im preußische Schuldienst angestellt sind. Dieser *Mißstand* ist in den letzten Jahren umso fühlbarer geworden, weil bei dem *Ueberflusse an weiblichen Lehrkräften* die Bewerberinnen ohnehin längere Zeit auf eine angemessene Anstellung warten müssen. Während demnach die *im Inlande vorgebildeten Lehrerinnen einen nachdrücklichen Schutz ihrer Interessen* zu fordern berechtigt sind, läßt auch die *Rücksicht auf die Bedürfnisse des Schulwesens* die Zulassung der im Auslande vorgebildeten Bewerberinnen zu den Lehramtsprüfungen unthunlich erscheinen. Denn nur bei den im Inlande ausgebildeten Bewerberinnen ist eine *hinreichende Gewähr* geboten, daß sie nicht blos die erforderlichen, in der Prüfung nachzuweisenden Wissensstoffe sich angeeignet haben, sondern auch *lernend und lehrend mit den Grundsätzen deutscher Jugenderziehung vertraut* geworden sind und ein *Verständnis für die Aufgaben unseres Schulwesens* gewonnen haben; auch kann nur bei den bezeichneten Kandidatinnen vorausgesetzt

---

20 Männer mussten außerdem nachweisen, dass sie ihren Militärdienst abgeleistet hatten oder ihn ggf. auch in Preußen ableisten würden, denn schließlich konnte – sofern alle Auflagen und Voraussetzungen erfüllt waren und derjenige für eine Einstellung als Lehrer im Staatsdienst für würdig befunden wurde, die „Bestallung" zugleich an „die Stelle der Naturalisationsurkunde (treten und) mithin die Staatsangehörigkeit" begründen (Anstellung von Ausländern 1886). Weitere Einschränkungen bezogen sich vor allem auf Privatlehrer, so galt die einmal erteilte Erlaubnis zur Berufsausübung ab 1862 nicht mehr für das gesamte Staatsgebiet und im gleichen Jahr wird verschärft auf das Verbot politischer jeglicher politischer Tätigkeit hingewiesen.

werden, daß sie unter sachgemäßer Aufsicht und Anleitung soweit in Unterrichtsversuchen geübt sind, daß ihnen demnächst ohne Bedenken eine Schulklasse anvertraut werden kann. *Dagegen sind ausländische Anstalten der Einwirkung wie Aufsicht der diesseitigen Schulbehörden gänzlich entzogen.*"

Übergangsweise dürften noch mit „Rücksicht auf die von einigen Prüfungsbehörden geübte Praxis" im Ausland vorgebildete Lehrerinnen zugelassen werden, nur sei

> „hierbei in jedem einzelnen Falle zu berichten, in welchem Umfange die Bewerberin in Unterrichtsversuchen geübt" sei, und – hier kommt das Landeskinder-Primat erneut ins Spiel – *bis zu welchem Lebensjahre sie eine deutsche Schule besucht hat*" (Ministerialerlass, 1896 – Hervorh. M. K.-P.).

In diesem Text sind mehrere Argumente versammelt, die für das Inländerprimat herangezogen wurden: ökonomische, (national)politische und Argumente, die auf die richtige Gesinnung zielen. Welche Rolle das Geschlecht spielt, wäre außerdem zu prüfen einschließlich der Frage, ob bzw. warum vermehrt Lehrerinnen ihre Ausbildung im Ausland absolviert haben, und wie generell die Chancen auf Ausübung dieses Berufs für Frauen waren.

Das Misstrauen gegenüber ausländischen Lehrkräften zeigt sich auch in den bilateralen Vereinbarungen, die Preußen z.B. mit Frankreich, England oder den USA geschlossen hat, um für eine begrenzte Zeit *native speaker* zur Verbesserung resp. Belebung des Fremdsprachenunterrichts in den höheren Schulen zu beschäftigen. Ihr Aufenthalt war bis ins letzte Detail vertraglich geregelt: Dauer, Unterbringung, Art und Umfang der Beschäftigung, Bezahlung sowie weitere Pflichten und Befugnisse der Betreffenden. Vor allem sollte sichergestellt werden, dass ihr Kontakt – und damit ihr Einfluss – auf die Schülerinnen oder Schüler allein auf den von ihnen zu erteilenden Konversationsunterricht beschränkt blieb. Der vom Kultusministerium unterstützte Austausch wurde nach wenigen Jahren wieder eingestellt, u.a. weil die Fremdsprachenlehrer die Auffassung vertraten, dass das Geld besser angelegt sei, wenn damit ihre Teilnahme an Sprachkursen in den Zielländern unterstützt würde. Auch hier wird die gleiche Argumentationsfigur genutzt: Die richtige Ausbildung können nur inländische Lehrkräfte gewährleisten, selbst in den fremdsprachlichen Fächern.

Wie die *Praxis* der Beschäftigung ausländischer Lehrkräfte insgesamt aussah, wie hoch die Bewerberzahlen waren, wo sie – wenn überhaupt – mit dem Argument der besonderen „Nützlichkeit" eingesetzt wurden bzw. mit welchen Gründen sie im Einzelnen abgelehnt wurden, und wie sie – einmal eingestellt - in den preußischen Lehrerzimmern empfangen wurden, lässt sich nach den bisher aufgefundenen Dokumenten nicht verlässlich ermitteln. Deutlich jedoch ist, dass es sie in den Lehrerzimmern – trotz aller Restriktionen – gegeben hat, vor allem vor 1871, als noch die Lehrkräfte und Lehramtsanwärter aus den anderen deutschen Staaten als Ausländer galten, aber auch danach – immer jedoch als Ausnahme zur Regel.

2.2 Beispiel 2: Minderheitslehrkräfte

In den bisher skizzierten Fällen waren fremde Staatsangehörigkeit und Ausbildung im Ausland die entscheidenden Gründe für die Ausgrenzung. Hinsichtlich der Ausgrenzung der Lehrkräfte, die aus den verschiedenen sprachlichen und ethnischen Minderheiten stammten, entfielen diese Gründe, denn die Angehörigen der dänischen, polnischen, sorbischen, kaschubischen, litauischen, böhmischen resp. mährischen oder friesischen Minderheiten waren preußische Staatsbürger und hatten ihre Berufsqualifikation in Preußen erworben.[21] Dennoch wurden sie – wenn auch in unterschiedlichem Maße – als „fremd" markiert. Seitens der Behörden wurden sie mit Misstrauen beobachtet, insbesondere die polnische und dänische Minderheit, die in politisch stark umstrittenen Grenzgebieten lebten. Ab der Mitte des 19. Jahrhunderts wurden die sprachlichen Minderheiten in zunehmendem Maße als Hindernis zur Durchsetzung der monolingualen und monokulturellen deutschen Schule gesehen und in dem Maße, in dem sich die Einsprachigkeitspolitik durchsetze, wurde auch auf die „Eindeutschung" des Lehrerzimmers geachtet, u.a. indem die Minderheitssprachen aus den lehrerausbildenden Einrichtungen verbannt wurden.[22]

Das Argument der politischen Zuverlässigkeit, das für die Ausgrenzung der ausländischen Lehrkräfte herangezogen wurde, spielte auch in der Ausgrenzung der Minderheitslehrkräfte eine Rolle, wurden sie doch – wie begründet auch immer – verdächtigt, die Schülerinnen und Schüler nicht zur Loyalität dem preußischen Staat bzw. dem Deutschen Reich, sondern einem fremden Staat gegenüber zu erziehen, sei es der dänische Staat oder der polnische, dessen Wiedererstehung Preußen fürchtete, aber schließlich 1918, aufgrund des verlorenen Krieges, nicht verhindern konnte.

3   Kontinuitäten und Diskontinuitäten – ein vorläufiges Fazit

Im Verlauf der Geschichte haben sich die Lehrerzimmer verändert: Die soziale Herkunft der Lehrkräfte hat sich ausdifferenziert, Frauen sind zum Lehramtsstudium zugelassen worden und mit Einführung der Koedukation wurde es zunehmend normal, dass Frauen und Männern an einer Schule arbeiteten. Auch die konfessionelle Frage spielt in vielen Lehrerkollegien keine Rolle mehr. Das Inländerprimat für den Lehrerberuf hingegen – verstärkt durch die Tatsache, dass das Lehramt zu den reglementierten Berufen gehört – ist bis heute kaum problematisiert

---

21 Auf historische Unterschiede kann hier im Einzelnen nicht eingegangen werden. Anzumerken ist, dass je nach Grenzverschiebungen die Zahl der Minderheitengruppen bzw. die zahlenmäßige Stärke der einzelnen Gruppen sich geändert hat. Die Geschichte der Lehrkräfte, die den autochthonen Minderheiten angehörten bzw. in den Minderheitsschulen unterrichteten, besonders komplex, weil sie besonders eng mit den politischen Ereignissen, den mehrfachen Grenzverschiebungen und Wechseln des politischen Systems verbunden ist.

22 Zur Widersprüchlichkeit der Maßnahmen siehe Krüger-Potratz, 2009.

worden. In Zusammenhang mit den aktuellen Diskussionen über „mehr Lehrkräfte mit Migrationshintergrund" wird diese Frage höchstens am Rande erörtert. Inzwischen werden zwar auch Lehrkräfte nicht deutscher Staatsangehörigkeit eingestellt und teilweise auch verbeamtet,[23] aber sofern sie nicht in Deutschland ausgebildet sind, ist die Anstellung als Angestellte(r) zu erwarten und eine Schlechterstellung hinsichtlich Status und Gehalt relativ wahrscheinlich; dies gilt auch für deutsche Staatsangehörige mit ausländischer Ausbildung. Ob das 2012 in Kraft tretende „Anerkennungsgesetz" hier wesentliche Veränderungen bringt, bleibt abzuwarten. Bei der engültigen Abfassung des Beitrags war das Anerkennungsgesetz schon in Kraft, aber über die Auswirkungen ließ sich noch nichts sagen.

Im Kontext des vorliegenden Beitrags ist zunächst einmal von Interesse, dass das „Anerkennungsgesetz" und die damit verbundenen rechtlichen Probleme in der Diskussion über „mehr Lehrkräfte mit Migrationshintergrund" keine Rolle spielen, so dass dies den Schluss nahelegt, dass sich hier eher Kontinuität denn Diskontinuität zeigt: Fortgeführt wird die Idee, dass nur die Lehrkraft mit einer „einheimischen Ausbildung" die richtige Erziehung und Bildung in der deutschen Schule zu vermitteln vermag. Hinsichtlich der Staatsbürgerschaft kann zwar von einer gewissen Diskontinuität gesprochen werden, zumal europäische Regelungen (Stichwort: Freizügigkeit) inzwischen zu berücksichtigen sind, aber die eingangs angesprochenen Fälle von Schlechterstellung von Lehrkräften auch aus anderen EU-Ländern verweisen auf die Beharrungskraft der historisch herausgebildeten Normalitätsmuster: nicht die Kompetenz, das Wissen zählt, sondern die Gesinnung, in erster Linie sichergestellt durch den Ort der Berufsqualifizierung und in zweiter Linie durch die Staatsangehörigkeit bzw. die ethnisch-nationale Herkunft. In ihrer Expertise von 2007 schreiben Engelmann/Müller (S. 65):

> „Im Fall der Lehreranerkennung wird besonders deutlich, dass bei Anerkennungsverfahren oft nicht geprüft wird, wie kompetent jemand in seinem Beruf ist. Stattdessen stehen formale Vorgaben der Prüfungsordnungen im Zentrum des Verfahrens. Deutschland wurde von der Europäischen Kommission mehrfach wegen seiner harten Haltung in der Frage der Lehreranerkennung kritisiert."

Wie sich dies in der Praxis bisher ausgewirkt hat, zeigen die Autorinnen u.a. am Beispiel der Antwort des Hamburger Senats auf eine Kleine Anfrage der GAL zum Thema Anerkennung von Berufsqualifikationen im Bildungsbereich: 2006 seien 168 Anträge auf Anerkennungen von EU-Bürgern eingereicht worden, davon 48 von EU-Bürgern und Bürgerinnen und 120 von Personen aus Drittstaaten. Nur in 9 Fällen sei die Anerkennung ausgesprochen worden, in einigen anderen Fällen eine Teilanerkennung.

---

23 Der „Verein für frühe Mehrsprachigkeit an Kindertageseinrichtungen und Schulen FMKS e. V." in Kiel vermerkt dazu auf seiner Website: „Nicht-deutsche Staatsbürger können verbeamtet werden, wenn eine Stelle nicht mit Deutschen besetzt werden kann."

> „Zwar wurde erwähnt, dass Teilanerkennungen auch für Drittstaatsange-
> hörige vorgesehen seien, doch die Handhabung dieser Möglichkeit scheint
> sich darauf zu beschränken, dass ein erneutes Lehramtsstudium nötig wird,
> in dem Teilbereiche erlassen werden" (Engelmann/Müller, 2007, S. 60) .

In den Debatten über „Vielfalt im Lehrerzimmer", insbesondere in den ersten Jahren, war eine weitere Kontinuitätslinie zu erkennen: das Argument der Nützlichkeit
und die Akzeptanz der „fremden Lehrkräfte" als Kultur-Repräsentanten, sozusagen
analog zu den *native speaker* als Sprach-Repräsentanten. So sah der Bundestagsab-
geordnete Bürsch (SPD) Lehrkräfte mit Migrationshintergrund

> als „Begleiter, die den deutschen Lehrern erklären, wie jemand tickt, der
> aus der Türkei oder einem arabischen Land kommt. Das muss ein deut-
> scher Lehrer nicht unbedingt wissen" (Bürsch, 2006).

In vielen ähnlich lautenden Statements wird auf die sprachlich-kulturelle Nähe zu
Schülerinnen und Schülern sowie Eltern abgehoben, und dies nicht nur in Bezug
auf diejenigen gleicher Herkunft, sondern generell oder unter Einbezug der ihnen
allen „gemeinsamen Migrationserfahrung". Inzwischen ist die Argumentation zwar
differenzierter, aber diese Art des Verweises auf „Nützlichkeit" ist in den Beiträgen
weiterhin präsent, in den Medien, den integrationspolitischen Reden wie auch in
den Interviews und Beiträgen von Lehramtsstudierenden und Lehrkräfte mit Migrationshintergrund

> „LehrerInnen mit einer Zuwanderungsbiografie würden genauer auf die
> Potenziale von Schülern mit Migrationshintergrund achten, ist Basar über-
> zeugt, weil sie sich so häufig in den Kindern wiederentdecke. Aber auch bei
> Problemen mit dem Elternhaus könnten sie vielfach besser helfen, weil sie
> die Hintergründe besser verstehen würden. Vor allem jedoch sehen sie sich
> als Vorbilder für gelungene Integration" (Beucker, 2010).

Die Verbindung von „Nützlichkeit" mit der Anerkennung von Kompetenzen bestimmt z.B. auch die Perspektive der 2010 verabschiedeten Fassung des nordrhein-
westfälischen Aktionsplans für mehr Lehrkräfte mit Zuwanderungsgeschichte:

> „Das Projekt Lehrkräfte mit Zuwanderungsgeschichte bietet an allen Ur-
> sachenkomplexen Ansatzpunkte (kultursensible Elternarbeit, Unterstüt-
> zung von Stipendien-Projekten, Nutzung der Kompetenzen im Bereich
> Deutsch für Schülerinnen und Schüler mit Zuwanderungsgeschichte und
> Herkunftssprache, Verankerung von Vielfalt im Schulleben usw.) und kann
> darüber hinaus die speziellen zuwanderungsspezifischen Ressourcen nutz-
> bar machen" (MSW NRW, 2010, S. 3)

Durchgängig wird deutlich, dass es keineswegs schon normal ist, dass Lehrkräfte
unterschiedlicher ethnischer resp. nationaler und sprachlich-kultureller Herkunft
als „normale Lehrkräfte" in den Schulen arbeiten: Ihre Anwesenheit wird immer

noch als begründungsnotwendig gesehen und daran wird sich auch erst langfristig etwas ändern. Inwieweit die aktuellen (Förder-)Initiativen den notwendigen Prozess der Normalisierung fördern oder durch die mit jeder Förderung einhergehende Besonderung auch zugleich hindern, bleibt abzuwarten und sollte auf jeden Fall auch durch Forschung beobachtet werden. Der Umgang mit minderheitenspezifischer Vielfalt in den Lehrerzimmern der Schulen für die dänische und sorbische Minderheit scheint sich hingegen grundsätzlich geändert zu haben. Zumindest ist die Frage der anderen ethnischen und sprachlichen Herkunft nicht mehr Anlass von Protesten und (bildungs-)politischen Konflikten. Dies dürfte vor allem auf die Tatsache zurückzuführen sein, dass die autochthonen Minderheiten – im Unterschied zum 19. und frühen 20. Jahrhundert – in der Bundesrepublik politisch eine andere Rolle spielen bzw. dass der sorbischen Minderheit in der DDR, also zwischen 1950 und 1990, kulturelle Teilautonomie zugestanden worden ist und somit die Pflege der sorbischen Sprache und des sorbischen Brauchtums auch Aufgabe der Schulen im sorbischen Gebiet waren, für die Lehrkräfte ausgebildet wurden.[24]

Aus der hier präsentierten Skizze der aktuellen Entwicklungen und ihrer (Vor-) Geschichte ist zu erkennen, dass die erziehungswissenschaftliche interkulturelle Forschung darauf achten muss, die mit der „nachholenden Integrationspolitik" einhergehenden Besonderungen kritisch zu prüfen. Es ist ihre Aufgabe, die politischen und fachlichen Diskurse unter der Frage nach Kontinuitäten und Diskontinuitäten, nach Ausgrenzungen, Dethematisierungen und blinden Flecken zu untersuchen. Vor allem bedarf es Studien, die der Frage nachgehen, wie sich der hier skizzierte Strang der Geschichte des Lehrerberufs in die Strukturen der Bildungsinstitutionen, in die institutionellen Routinen und in die Einstellungen von Lehrerausbildenden, Lehrkräften, Eltern, Schülerinnen und Schülern eingeschrieben hat und die Denk- und Handlungsmuster derjenigen bestimmt, die (bildungs-)politisch und pädagogisch mit Lehrerausbildung und Schule befasst sind. Ziel muss es sein, diese Hindernisse zu identifizieren, um hier mit Initiativen und Konzepten ansetzen zu können und nachhaltige Veränderungen zu erreichen.

Literatur

Allerhöchste Kabinetsordre (1834). Allerhöchste Kabinetsordre vom 10ten Juni 1834, betreffend die Aufsicht des Staates über die Privatanstalten und Privatpersonen, die sich mit dem Unterrichte und der Erziehung der Jugend beschäftigen. In *Gesetz-Sammlung für die Königlich Preußischen Staaten*, 1834, Nr. 18, S. 135f.

Allerhöchste Ordre (1847). Allerhöchste Ordre betr. naturalisierte Ausländer. In Ministerialblatt der Innern Verwaltung 1847, S. 305; hier zit. nach Hildebrandt, L.; Quehl, W. (1908): *Verordnungen betreffend das Volksschulwesen in Preußen*. Düsseldorf, S. 130.

---

24 Zur Kritik an der Beschränkung auf Sprache und Brauchtumspflege siehe Hansen & Wenning, 2003, S. 76ff.

Anerkennungsgesetz (2011). Gesetz zur Verbesserung der Feststellung und Anerkennung im Ausland erworbener Berufsqualifikationen. Vom 6. Dezember 2011. In *Bundesgesetzblatt Jahrgang 2011* Teil I Nr. 63, Bonn, 12. Dezember 2011, S. 2515–2552. Verfügbar unter: http://www.bmbf.de/pubRD/bqfg.pdf [15.02.2012].

Anstellung von Ausländern (1886). Anstellung von Ausländern im öffentlichen Schuldienste. Erlaß vom 21. Juni 1886. In: Zentralblatt für die gesamte Unterrichtsverwaltung in Preußen, 1886, S. 702-704.

Antrag (2002). *Antrag der Fraktion Bündnis 90/Die Grünen über Bewährungsaufstieg für ausländische Lehrkräfte der Staatlichen-Europa-Schulen-Berlin.* Abgeordnetenhaus Berlin, Drucksache 15/240.

Beucker, P. (2010). Migranten lehren Migranten besser. In *taz*/Köln 7.3.2010; Verfügbar unter: http://www.taz.de/!49387/ [12.02.2012].

Bewährungsaufstieg 2004. *Bewährungsaufstieg für ausländische Lehrkräfte der Staatlichen Europa-Schule Berlin.* Abgeordnetenhaus Berlin, 15. Wahlperiode, Drucksache 15/2733 vom 22.3.2004. Berlin: Kulturbuch-Verlag. Verfügbar unter: http:// www.mutlu.de/dokumente/drucksachen/6973.html [12.2.2012].

Bürsch, M. (2006). Rede von Dr. Michael Bürsch (SPD). Deutscher Bundestag – 16. Wahlperiode – 31. Sitzung. Berlin, Mittwoch, den 5. April 2006, S. 2567–2569. In: Union will mehr türkische Lehrer. In *taz*, 18.12.2006; Verfügbar unter: http:// www.taz.de/index.php?id=archivseite&dig=2006/12/18/a0074 [12.02.2012].

Bundeskongress (2010). *Bundeskongress Lehrkräfte mit Migrationshintergrund.* Potenziale gewinnen. Ausbildung begleiten. Personalentwicklung gestalten. Paderborn März 2010 Kongressdokumentation. Nürnberg: BAMF. Verfügbar unter: http:// www.bamf.de/SharedDocs/Anlagen/DE/Downloads/Infothek/Integrationsprogramm/doku-tagung-lehrer.pdf?__blob=publicationFile [12.02.2012].

Circular-Rescript (1833). Circular-Rescript des Ministerium der geistlichen, Unterrichts- und Medicinal-Angelegenheiten, Unterrichtsabtheilung vom 3. December 1833. In K. Schneider & E. von Bremen (Bearb.) (1886). Das Volksschulwesen im preußischen Staate. Eine systematische Zusammenstellung der auf seine innere Einrichtung und auf seine Rechtsverhältnisse, sowie auf seine Leitung und Beaufsichtigung bezüglichen Gesetze und Verordnungen (Bd. 1, S. 595). Berlin: Wilhelm Hertz.

Deutscher Bundestag Drucksache 17/6260 17. Wahlperiode 22. 06. 2011. *Gesetzentwurf der Bundesregierung: Entwurf eines Gesetzes zur Verbesserung der Feststellung und Anerkennung im Ausland erworbener Berufsqualifikationen.* Verfügbar unter: http://www.bmbf.de/pubRD/anerkennungsgesetz.pdf [15.02.2012].

Eingruppierung ausländischer Lehrkräfte 2007. (I. Schaad/GEW Arbeitsbereich Angestellten- und Beamtenpolitik. *Aktuelles aus der Rechtsprechung.* Informationen für Lehrkräfte an Schulen, Hochschulen, Weiterbildungseinrichtungen. Verfügbar unter: http://www.gew.de/Binaries/Binary31003/07_09_20_Eingruppierung_Ausländer.pdf [15.02.2012].

Engelmann, B.; Müller, M. (2007). *Brain Waste.* Die Anerkennung von ausländischen Qualifikationen in Deutschland. Augsburg. Verfügbar unter: http://www.berufliche-anerkennung.de [22.1.2012].

Georgi, V.; Ackermann, L.; Karakaş, N. (2011). *Vielfalt im Klassenzimmer. Selbstver-ständnis und schulische Integration von Lehrenden mit Migrationshintergrund in Deutschland*. Münster: Waxmann.

Hansen, G.; Wenning, N. (2003). *Schulpolitik für andere Ethnien in Deutschland. Zwischen Autonomie und Unterdrückung*. Münster: Waxmann.

Kabinettsorder vom 12.07.1824. In Geheimes Staatsarchiv Preußischer Kulturbesitz Berlin-Dahlem, I. HA Rep. 76, VII, Sek. 1z, Nr. 36, Bd. 1, o. Blz.

Karakaşoğlu, Y. (2011). Lehrer, Lehrerinnen und Lehramtsstudierende mit Migrationshintergrund. Hoffnungsträger der interkulturellen Öffnung von Schule. In U. Neumann & J. Schneider (Hrsg.): *Schule mit Migrationshintergrund (im Auftrag der Heinrich-Böll-Stiftung)* (S. 121–135). Münster: Waxmann Verlag.

Karakaşoğlu, Y. (Leitung); Bandorski, S.; Wojciechowicz, A. (Mitarb.). *Bremer Regionalstudie Studienverlaufsanalyse von Lehramtsstudierenden mit und ohne Migrationshintergrund*. (laufendes Projekt) Verfügbar unter: http://www.fb12.uni-bremen.de/de/interkulturelle-bildung/vertikal/projekte/studienverlaufsanalyse.html [20.1.2012].

Keuffer, J.; Oelkers, J. (2001). *Hamburger Kommission Lehrerbildung*. Weinheim: Beltz.

Krüger-Potratz, M. (2001). „... die fremde Sprache nutzen, ja – in ihr leben, nein ...“ – Deutungsmuster und pädagogisch-anthropologische Legitimationsfiguren für ‚Einsprachigkeit als Normalfall‘. In G. List & G. List (Hrsg.): *Quersprachigkeit. Zum transkulturellen Registergebrauch in Laut- und Gebärdensprachen.* (=Tertiärsprachen. Drei- und Mehrsprachigkeit, 5) (S. 145–162). Tübingen: Stauffenburg Verlag 2001.

Krüger-Potratz, M. (2004). Umgang mit Heterogenität in der Lehrerbildung. In S. Blömeke, P. Reinhold, G. Tulodziecki & J. Wildt (Hrsg.): *Handbuch Lehrerbildung* (S. 558–566). Bad Heilbrunn/Hannover: Klinkhardt/Schroedel.

Krüger-Potratz, M. (2009). „Fremde“ Lehrer und Lehrerinnen in der preußisch-deutschen Schule. In M. Spetsmann-Kunkel (Hrsg.): *Gegen den Mainstream. Kritische Perspektiven auf Bildung und Gesellschaft* (S. 145–172). Münster: Waxmann.

Krüger-Potratz, M. (2010). Zur Geschichte des Umgangs mit sprachlicher, kultureller, ethnischer und nationaler Heterogenität in Preußen und im Deutschen Reich. In DDS – Die Deutsche Schule (102), 4, S. 347-359.

LAG Köln 2002: Landesarbeitsgericht Köln. *Urteil vom 12. Dezember 2002, Az 10SA 590/02 Zur Eingruppierung eines ausländischen Lehrers für muttersprachlichen Unterricht nach dem Nichterfüller-Erlass NRW*. Verfügbar unter: http://openjur. de/u/89509.html [5.2.2010].

Lembke, Julia (2010). *Anerkennung ausländischer Lehrerinnen- und Lehrerqualifikation in Schleswig-Holstein*. Bestandsaufnahme und Ratgeber. Hrsg. vom Flüchtlingsrat Schleswig-Holstein e.V. Projekt *access* – Agentur zur Förderung der Bildungs- und Berufszugänge für Flüchtlinge und MigrantInnen in Schleswig-Holstein. Kiel, Dezember 2010.

Ministerialerlass (1896). Zu den Lehrerinnenprüfungen sind nur solche Bewerberinnen zuzulassen, die ihre Vorbildung im Inlande empfangen haben. Berlin, 04.12.1896. In *Zentralblatt für die gesamte Unterrichtsverwaltung in Preußen 1897*, S. 217.

MSW NRW (2010). *Ministerium für Schule und Weiterbildung Nordrhein-Westfalen.* Aktionsplan: Mehr Lehrkräfte mit Zuwanderungsgeschichte. Fortschreibung des Handlungskonzepts, Verfügbar unter: http://www.schulministerium.nrw.de/ZBL/Wege/Zuwanderungsgeschichte/Handlungskonzept.pdf [18.2.2010].

NIP (2007). Presse- und Informationsamt der Bundesregierung (Hrsg.). *Der Nationale Integrationsplan.* Neue Wege – Neue Chancen. Berlin. Verfügbar unter: http://www.bundesregierung.de/Content/DE/Archiv16/Artikel/2007/07/Anlage/2007-07-[5.2.2010].

Prüfungshinweise (2001). *Prüfungshinweise für die Anerkennung ausländischer Lehrerbildungen im Lande Berlin.* Stand August 2011. Senatsverwaltung für Bildung und Wissenschaft. Verfügbar unter: http://www.berlin.de/imperia/md/content/sen-bildung/lehrer_werden/einstellungen/hinweise_auslaendische__lehrerausbildungen.pdf?start&ts=1312291273&file=hinweise_auslaendische__lehrerausbildungen.pdf [5.2.2010].

Richtlinie 2005/36/EG des Europäischen Parlamentes und des Rates über die Anerkennung von Berufsqualifikationen vom 7. September 2005 (ABl. L 255 vom 30.9.2005, S. 22).

Rotter, C. (2011). Lehrkräfte mit Zuwanderungsgeschichte – neue Hoffnungsträger für das Bildungssystem?! In *Pädagogik*, 2, 38–41.

Selimović, S. (2009²). *Die Motivation zur Wahl des Lehrerberufs – Eine ethnographische Studie mit Studentinnen und Studenten mit türkischem Migrationshintergrund.* München: GRIN Verlag.

Stiller, E.; Zeoli, A.P. (2010). Lehrkräfte mit Zuwanderungsgeschichte – für einen ressourcenorientierten Perspektivwechsel in der Personalentwicklung. In *DDS – Die Deutsche Schule*, 4, S. 338–346.

Strasser, J.; Steber, C. (2010). Lehrerinnen und Lehrer mit Migrationshintergrund – Eine empirische Reflexion einer bildungspolitischen Forderung. In: J. Hagedorn, V. Schurt, C. Steber & W. Waburg (Hrsg.): *Ethnizität, Geschlecht, Familie und Schule* (S. 97–126). Wiesbaden: VS Verlag.

Weizäcker, E. (2009). *Expertise: Die Rahmenbedingungen für die Anerkennung der Berufsqualifikationen zugewanderter Lehrer in Deutschland* Berlin. März 2009. Verfügbar unter: http://www.bamf.de/SharedDocs/Anlagen/EN/Publikationen/Expertisen/expertise-anerkennung-lehrerqualifikationen.pdf?__blob=publicationFile [10.2.2012].

Zeit-Stiftung (2011). *Schülercampus „Mehr Migranten werden Lehrer".* Verfügbar unter: http://www.zeit-stiftung.de/home/index.php?id=472 bzw. verfügbar unter: http://www.mehrmigrantenwerdenlehrer.de [15.2.2012].

Erwartungen und Zuschreibungen

Eine Analyse und kritische Reflexion der bildungspolitischen Debatte zu Lehrer/innen mit Migrationshintergrund

Yalız Akbaba, Karin Bräu und Meike Zimmer

In der aktuellen wissenschaftlichen Debatte wird konstatiert, dass die Bildungspolitik für einen Zuwachs an Lehrerinnen und Lehrern mit Migrationshintergrund (LmMH) in deutschen Schulen eintritt und dass sie dies mit positiven Erwartungen, v.a. bezogen auf Bildungserfolge von Schülerinnen und Schülern mit Migrationshintergrund, verknüpft (z.B. Karakaşoğlu, 2011; Rotter, 2011). Strasser & Steber (2010) reflektieren die Plausibilität solcher Wirkungserwartungen, indem sie sie mit empirischen Forschungsergebnissen, insbesondere aus der Professionsforschung, abgleichen. Dabei zeigt sich, dass Zweifel angebracht sind an einer quasi naturwüchsig anzunehmenden positiven Wirkung von LmMH bzw. dass diesbezüglich vieles noch kaum erforscht ist. Die Erwartungen der Politiker/innen werden in den bislang vorliegenden Arbeiten zu LmMH allerdings nur grob zusammengefasst und wurden bislang nicht systematisch untersucht.

Dies möchten wir im ersten Teil unseres Beitrags nachholen. Dabei wird zunächst deskriptiv dargelegt, welche Erwartungen an LmMH gerichtet werden (Kap. 1). Im zweiten Teil werden wir die sich zeigenden Erwartungen einer kritischen Reflexion unterziehen – nicht auf der Basis empirischer Forschung,[1] sondern unter kultur-, differenz- und dominanztheoretischen Gesichtspunkten (Kap. 2).

1 Analyse bildungspolitischer Texte

1.1 Methodisches Vorgehen

Da die Ausbildung und Einstellung von Lehrerinnen und Lehrern Ländersache sind, beschränken wir uns für die folgende Analyse auf politische Texte, die auf Länderebene entstanden sind.[2] Hierbei lassen sich

- kleine und große Anfragen aus der Opposition und die darauf bezogenen Antworten der jeweiligen Landesregierung,
- Konzeptpapiere und
- Landtagsdebatten auf der Grundlage von Anträgen

---

1   Siehe hierzu den Beitrag von Georgi, S. 85ff., und anhand von Einzelstudien das Kap. II, S. 107ff., in diesem Band.

2   Darüber hinaus gibt es Hinweise auf LmMH z.B. im Nationalen Integrationsplan der Bundesregierung (2007), auf dem Integrationsportal des Bundesamtes für Migration und Flüchtlinge oder vom Verband Bildung und Erziehung (2006a und b).

unterscheiden. Während die ersten beiden Textsorten von Anfang an schriftlich entstanden sind, handelt es sich bei den Landtagsdebatten um mündliche Aussagen und Diskussionsbeiträge, die als Plenarprotokolle schriftlich vorliegen. Auch wenn dies sprachlich bereinigte Dokumente und keine Transkripte im wissenschaftlichen Sinn sind, stellen sie eine relativ genaue Dokumentation der gesprochenen Worte dar und sind insofern besonders interessant, um Orientierungen der Politiker herauszuarbeiten. Insgesamt werden 25 Dokumente aus zehn Bundesländern[3] (siehe Anhang, S. 55-58) in die Analyse einbezogen sowie ein Ausschnitt aus einem Beschluss der Kultusministerkonferenz (KMK, 2009).[4]

Die Texte werden zunächst mit Hilfe der qualitativen Inhaltsanalyse (Mayring, 2008) ausgewertet. Dabei werden Inhalte und Formalien der Texte systematisch beschrieben (vgl. Flick, 2009, S. 144). Wir wenden eine induktive Kategorienbildung (Mayring, 2008, S. 75) an, bei der die Kategorien unmittelbar aus dem zu analysierenden Material abgeleitet werden (vgl. Mayring, 2000, S. 472), ähnlich dem offenen Kodieren der Grounded Theory. Die Benennung der Kategorien erfolgt nah an den Formulierungen in den Texten. Im zweiten Schritt werden dann mehrere Kategorien zu größeren Hauptkategorien zusammengefasst. So werden z.B. „Vorbild", „Modell" und „Identifikationsfigur" der Hauptkategorie „Vorbild" zugeordnet, darauf achtend, dass unterschiedliche Schwerpunktsetzungen, Zusammenhänge und Differenzierungen in den Texten bei diesem Interpretationsschritt möglichst nicht verwischt werden. Diese Hauptkategorien werden zunächst weitgehend beschreibend dargelegt. Dabei können drei Ebenen unterschieden werden:

- Die offiziellen Themen, um die es bei dem jeweiligen Dokument bzw. bei der jeweiligen Debatte geht (siehe Abschnitt 1.2),
- die Erwartungen und Zuschreibungen an LmMH, wie sie mehr oder weniger offen formuliert werden (siehe Abschnitt 1.3) und
- die Zielgruppen, die aus Sicht der Politiker/innen von den besonderen Eigenschaften und Kompetenzen der LmMH profitieren (ebenfalls Abschnitt 1.3).

Die Chronologie der Dokumente und der politischen Debatte wird im Folgenden nicht beachtet. Nur soviel: Im August 2003 fragt im Landtag von Schleswig-Holstein eine Abgeordnete von Bündnis 90/Die Grünen im Rahmen einer Debatte um „Unterrichtsversorgung und Lehrerbedarf", wie man längerfristig erreichen könne, dass „auch Lehrerinnen und Lehrer mit Migrationshintergrund und andere pädagogische Fachkräfte an unseren Schulen Eingang finden" (SH 2003, S. 7094). Diese Forderung steht in einem direkten Zusammenhang damit, dass auch mehr Männer für den Lehrerberuf gewonnen werden sollten. Beides wird begründet mit den

---

3   Diese sind: Baden-Württemberg (BW), Bayern (BY), Berlin (BE), Bremen (HB), Hamburg (HH), Mecklenburg-Vorpommern (MV), Niedersachsen (NI), Nordrhein-Westfalen (NRW), Sachsen-Anhalt (SA) und Schleswig-Holstein (SH). Aus den anderen Bundesländern ergaben unsere Recherchen keine Dokumente.

4   Die politischen Texte werden als Anhang getrennt von der Literaturliste aufgeführt und im Text in folgender Weise zitiert: Bundesland (als Abkürzung, siehe Fußnote 3), Jahr (bei mehreren Texten des gleichen Jahres mit a, b), Seitenzahl. Im Anhang werden darüber hinaus der Link zum Dokument und die Drucksachennummer angegeben.

durch PISA offenbar gewordenen „Bildungsverlierern". Im Juni 2009 verabschiedet die KMK „Gemeinsame Leitlinien der Länder zur Deckung des Lehrkräftebedarf" (KMK 2009). Darin heißt es erstaunlich ähnlich:

> Die Länder „setzen sich für eine Erhöhung des Anteils von Lehrerinnen und Lehrern mit Migrationshintergrund sowie für einen ausgewogenen Anteil von Männern und Frauen im Lehrerberuf (…) ein" (ebd., S. 2).

Darauf beziehen sich dann alle Debatten und Anfragen in den Ländern ab 2009, auch wenn sie über die Frage nach der Lehrkräftebedarfsdeckung hinausgehen. Allerdings wird die Thematik auch vorher schon – vermehrt seit 2007 – in den Landtagen aufgegriffen, vermutlich angeregt durch eine Pressemitteilung und ein Positionspapier des Verbandes Bildung und Erziehung (VBE) (2006a und 2006b) sowie eine Formulierung im Nationalen Integrationsplan der Bundesregierung 2007, dass „die interkulturelle Kompetenz und damit die Unterrichtsqualität in Schulen mit hohem Migrantenanteil durch eine größere Zahl von Migrantinnen und Migranten in der Lehrerschaft (…) verbessert" würde (Die Bundesregierung 2007, S. 117). Sowohl die Bezugnahme auf Schüler/innen mit Migrationshintergrund als Bildungsverlierer als auch die auf interkulturelle Kompetenzen zeigen, dass in allen Aussagen zu LmMH Erwartungen und Kompetenzzuschreibungen mitschwingen.

1.2 Themen der politischen Debatten

In den parlamentarischen Anfragen, Anträgen und Debatten sowie in den konzeptionellen Texten werden LmMH hinsichtlich dreier Schwerpunkte thematisiert: 1. Bestandsaufnahme, 2. Forderung und Maßnahmen zur Erhöhung ihrer Anzahl an Schulen sowie 3. Forderung und Maßnahmen zur Vereinfachung der Anerkennung von ausländischen Examina.

1. *Anzahl bzw. Anteil von Lehrkräften, Lehramtsstudierenden und anderem pädagogischen Personal mit Migrationshintergrund*
    Im November 2008 stellen die Grünen mit der SPD eine große Anfrage an den Bremer Senat, in der sie u.a. danach fragen, welche Erkenntnisse der Senat darüber habe, wie viele Studierende für das Lehramt bzw. für andere pädagogische Felder an den Hochschulen des Landes eingeschrieben seien bzw. sich beworben hätten und wie viele dies im Verhältnis zur Gesamtstudierendenzahl in diesen Studiengängen sei (HB 2008). Im Hinblick auf Lehrer/innen und Erzieher/innen fragt eine Abgeordnete der CDU im Dezember 2010 den Berliner Senat (kleine Anfrage), wie hoch der prozentuale Anteil an Personen mit MH in den Berliner Schulen bzw. Kitas sei und wie Berlin diesbezüglich im bundesdeutschen Vergleich dastehe (BE 2010). Ein Abgeordneter der FDP aus Mecklenburg-Vorpommern fragt im Juni 2011 die Landesregierung (kleine Anfrage) nach Anzahl und Anteil von LmMH an staatlichen und privaten Schulen in

MV. Er fragt weiter nach der Anzahl von Kopftuchträgerinnen und möchte eine Einschätzung der Regierung, ob es Bedarf an einer Regelung zum Tragen von Kopftüchern für Lehrerinnen gebe (MV 2011).

Die Antworten sind in allen drei Fällen ähnlich: Das Merkmal Migrationshintergrund werde weder bei Studierenden noch bei Lehrerinnen und Lehrern und Erzieherinnen und Erziehern erhoben; es gebe dafür auch keine Rechtsgrundlage. Aussagen können nur zu pädagogischem Personal bzw. Studierenden mit nicht deutscher Staatsangehörigkeit gemacht werden. Z.T. werden jedoch Zahlen geschätzt (Bremen) oder in Aussicht gestellt, da Personen mit Migrationshintergrund im öffentlichen Dienst künftig erfasst würden (Berlin).

2. *Forderung, mehr LmMH für Schulen zu gewinnen, Anfragen, wie die Landesregierung dies erreichen möchte und konkrete Vorschläge oder Handlungskonzepte/ Aktionspläne*

Seit 2003 wird in der Mehrzahl der Bundesländer die Forderung erhoben und diskutiert, den Anteil an LmMH zu erhöhen. Zum Teil sind dies Anfragen der Opposition, zum Teil werden die Debatten auch von den Regierungsfraktionen initiiert. Beispiele sind der Antrag von SPD und Bündnis 90/Die Grünen 2008 in Bremen: Mehr Migrant/innen ins Lehramt und in soziale Berufe (HB 2008) oder ein Antrag der Grünen 2009 in Bayern mit dem Titel „Bildung und Integration: Mehr Migrantinnen und Migranten für das Lehramt gewinnen" (BY 2009a).

Begründet werden die Forderungen und Anfragen mit dem hohen Anteil an Schüler/innen mit Migrationshintergrund, die keine Entsprechung bei den Lehrer/innen habe, mit SmMH, die als Bildungsverlierer gekennzeichnet werden, und mit der Problematik, künftig den Bedarf an Lehrkräften generell und besonders in einigen Fächern zu decken. In der grundsätzlichen Forderung nach mehr LmMH sind sich Regierungsparteien und Opposition relativ einig. Allerdings gibt es Differenzen bei den einzelnen Maßnahmen, die vorgeschlagen oder gefordert werden:

Außer in der Plenardebatte 2009 in Niedersachsen (NI 2009b) werden Werbemaßnahmen an Schulen und die Einbeziehung und Förderung von Projekten von Stiftungen (z.B. das Stipendienprogramm Horizonte der gemeinnützigen Hertie Stiftung) unstrittig diskutiert. Unterschiedliche Einschätzungen gibt es hingegen zu Forderungen nach einer Quote (GAL fordert in Hamburg im August 2007 einen Zielwert von 20% (HH 2007a)) oder nach Anerkennung des Migrationshintergrundes als Zusatzqualifikation (Antrag der Grünen in Baden-Württemberg im März 2009 (BW 2009a)). Im Konzeptpapier des Bremer Senats von November 2009 (HB 2009c) werden darüber hinaus Extraplätze für zweisprachige Bewerber/innen für Studium, Vorbereitungsdienst und Schuleinstellung sowie die Aufnahme des Migrationshintergrundes als gewünschtes Merkmal in schulscharfen Ausschreibungen empfohlen. In den Handlungskonzepten des Ministeriums für Schule und Weiterbildung NRW (2007 und Fortschreibung 2010) werden geplante Werbemaßnahmen ausdifferenziert und die

Zusammenarbeit mit Stiftungen und Migrantenorganisationen betont. Außerdem sollen für die Koordination von Programmen Stellen für außerschulische Netzwerke und „Integrationsstellen" an Schulen mit hohem Migrantenanteil finanziert sowie Ausbildungsbegleitprogramme aufgelegt werden.

3. *Anpassung und Nachqualifizierung von LmMH*
   Während sich die Vorschläge unter 2. im Wesentlichen an die sog. Bildungsinländer richten, wird ebenso die Möglichkeit diskutiert, die Anerkennung von ausländischen Examina oder auch Nachqualifizierungen zu vereinfachen; so etwa eine kleine Anfrage aus der SPD in Niedersachsen 2011 (NI 2011a). In der Antwort der Niedersächsischen Landesregierung wird auf laufende Gesetzgebungsverfahren der Bundesregierung verwiesen sowie zwischen Examina und Lehrerfahrung aus EU-Staaten, für die das Verfahren bereits vereinfacht sei, und Nicht-EU-Staaten unterschieden (NI 2011b).

1.3 Erwartungen an Lehrer/innen mit Migrationshintergrund

> *„Als Vorbilder und Identifikationspersonen, als ‚Brückenbauer' mit spezifischen Erfahrungen und Sprachkenntnissen können sie die Integration von* Schülerinnen und Schüler*n mit ausländischen Wurzeln erleichtern und Bildungsmotivationen bestärken."* (NI 2009a, S. 1)

Wenn in den Parlamenten die oben aufgeführten Themen diskutiert, Beschlüsse gefasst oder in Konzepten schriftlich fixiert werden, dann schwingen in den Begründungen – meist offen, manchmal verdeckt – Erwartungen an LmMH mit, positive Wirkungen auf Schüler/innen, Eltern oder Kolleg/innen zu haben. Vorangestelltes Zitat ist beispielhaft für solche Erwartungen, die im Folgenden detaillierter herausgearbeitet werden. Die hier aufgeführten Erwartungen an LmMH sind nicht ganz überschneidungsfrei, fokussieren aber jeweils auf einen anderen Schwerpunkt:

* Vorbild
  Die Vorbildfunktion wird besonders häufig genannt, z.B.: „Zum einen nehmen sie [LmMH] eine Vorbildfunktion ein" (HH 2007a, S. 1), „[LmMH haben] eine wichtige Vorbildfunktion, an der sich junge Menschen mit Migrationshintergrund orientieren können" (BY 2009a, S. 1). Wofür LmMH ein Vorbild sein können, sei aus dem Handlungskonzept aus NRW 2007 beispielhaft zitiert: Sie werden als „Modell für gelungene Integration und geglückte Bildungskarrieren" (ebd., S. 3) beschrieben. In der Fortschreibung des Handlungskonzepts heißt es: „Lehrkräfte mit Zuwanderungsgeschichte sind Beispiele für einen gelungenen Aufstieg durch Bildung" (NRW 2010, S. 3) und weiter, als „authentische Vorbilder leben sie vor, dass sich Anstrengung lohnt." (ebd., S. 4). Ähnlich formuliert es eine Abgeordnete der GAL in Hamburg bei einer Parlamentsdebatte 2007: Wir möchten Kindern mit Migrationshintergrund „Vorbilder schaffen, Vorbilder, die ihnen vorleben und für sie erfahrbar machen, dass auch sie es schaffen

können, auch wenn es schwierig ist, dass es sich lohnt, es weiterhin zu versuchen." Und sie ergänzt: „Vor allem kann es nicht sein, dass die Kinder, egal, ob mit Migrationshintergrund oder deutsche Kinder, Migranten nur als Putzpersonal von den Fluren der Kitas und der Schulen kennen" (HH 2007b, S. 4657).

- Integrationshelfer
  LmMH wird ein großes Potenzial zugetraut, zur Integration von Schülerinnen und Schülern mit Migrationshintergrund beizutragen: „Um Schulen zu einem Ort der Integration werden zu lassen, sollte das Fachpersonal möglichst genauso bunt gemischt sein wie die Schülerschaft" (NI 2009a, S. 2). Integration versteht ein Abgeordneter der CDU in der Plenardebatte in Hamburg 2007 insbesondere als Anerkennung der Gesellschaftsordnung und Werte in Deutschland: Er möchte Menschen mit Migrationshintergrund ermuntern, einen pädagogischen Beruf anzustreben, „in dem sie später anderen Menschen helfen können, unsere Gesellschaft, besonders aber auch unsere Gesellschaftsordnung, nicht nur kennenzulernen, sondern auch schätzen zu lernen" (HH 2007b, S. 4656). Der Vorteil, LmMH zu gewinnen, liege auch darin, dass dies in deren eigenem Umfeld „zu einer stärkeren Wertschätzung unseres deutschen Bildungssystems" führen könne, indem „die jungen Lehrerinnen und Lehrer (...) zu Multiplikatoren unseres Wertesystems in ihrem kulturellen Umfeld" würden (ebd.).

- Brückenbauer/(Ver-)Mittler
  Im Aktionsplan Integration des Landes NRW heißt es, dass „Lehrerinnen und Lehrer mit Zuwanderungsgeschichte (…) wichtige Mittlerfunktionen wahrnehmen zwischen Schülern mit Zuwanderungsgeschichte und Lehrern, aber insbesondere auch zu den Eltern" (NRW 2006, S. 9). Auch im Antrag von Bündnis 90/Die Grünen an den Bayerischen Landtag wird darauf aufmerksam gemacht, dass LmMH „als wichtige Ansprechpartner und Mittler bei Problemen der Schülerinnen und Schüler mit Migrationshintergrund, die sich aus dem Leben zwischen zwei Kulturen und der Zweisprachigkeit ergeben, [fehlen]" (BY 2009a, S. 1). Die Metapher des Brückenbauens verwendet z.B. eine Abgeordnete der GAL in Hamburg 2007 in der Plenarsitzung des Landtags: „Lehrerinnen mit Migrationshintergrund können auch Brücken bauen zu den Elternhäusern" (HH 2007b, S. 4657). „Mittler zwischen den Kulturen" sieht das Ministerium für Schule und Weiterbildung NRW in LmMH (NRW 2007, S. 3). Insofern sollen LmMH in diesen Zitaten Unterschiedliches „überbrücken": Sie vermitteln zwischen Schüler/innen mit Migrationshintergrund und anderen Lehrer/innen, zwischen Eltern mit Migrationshintergrund und Lehrer/innen bzw. der Schule sowie zwischen verschiedenen Kulturen.

- Übersetzer/ Nutzung der Mehrsprachigkeit
  Eine ähnliche Kategorie, aber insbesondere auf die vermutete Zwei- oder Mehrsprachigkeit von LmMH bezogen, ist die ganz praktisch einsetzbare Übersetzerkompetenz, insbesondere bei der Ansprache von Eltern mit Migrationshintergrund. Die Kompetenzen von Pädagog/innen mit Migrationshintergrund in

einer nicht deutschen Sprache wird aber auch – hier hinsichtlich von Erzieherinnen – zur Diagnose und zur Förderung von Sprachkompetenz geschätzt: „Sie
[Erzieherinnen mit Migrationshintergrund] können den Entwicklungsstand
dieser Kinder in ihrer Muttersprache einschätzen und entscheidende Hinweise
für die Förderung in der deutschen Sprache geben. In bilingualen Einrichtungen fördern sie die Kinder in ihrer Herkunftssprache und ermöglichen deutschsprachigen Kindern den Erwerb einer Zweitsprache" (BE 2011, S. 1).

- Vertraute/ Vertrauensperson
  Der Migrationshintergrund wird in mehreren Texten als geteilte Erfahrung angesehen, die LmMH zu Vertrauten für Schüler/innen und Eltern mit Migrationshintergrund macht. Die Grünen-Abgeordneten des Bayerischen Landtags
  und des Landtags von Baden-Württemberg teilen in ihren Anträgen an das
  jeweilige Landesparlament (beide 2009) die gleiche Ansicht: „[LmMH] können aufgrund ihrer eigenen Bildungsbiographie die spezifischen Probleme der
  schulischen Integration von Schülerinnen und Schülern mit Migrationshintergrund besser erkennen und pädagogisch darauf reagieren" (BW 2009a, S. 2; BY
  2009a, S. 1). Auch im Handlungskonzept von Nordrhein-Westfalen von 2007
  wird das sensiblere Erkennen und Lösen von Problemen angesprochen: „Da sie
  viele Probleme von Migranten aus der eigenen Betroffenenperspektive kennen,
  können sie sich sensibler, bewusster und erfolgreicher mit der Diagnose und
  Förderung spezieller Problemlagen befassen" (NRW 2007, S. 3). Ein Abgeordneter der FDP in Schleswig-Holstein betont in einer Plenardebatte den „besonderen Zugang", den LmMH zu Jugendlichen aus dem gleichen Herkunftsland
  hätten (SH 2007b, S. 5437). Für Erzieherinnen mit Migrationshintergrund sieht
  die Senatsverwaltung in Berlin einen Vertrauensvorschuss: „Sie genießen bei
  den Kindern und Eltern ihrer Herkunftskultur – insbesondere zu Beginn des
  Kitabesuchs – häufig einen Vertrauensvorsprung." (BE, 2011, S. 1).

- Interkulturelle Kompetenz
  Interkulturelle Kompetenz wird in den politischen Debatten häufig genannt,
  ohne konkret bestimmt zu werden. Zum Teil wird es als Querschnittsaufgabe
  für alle Lehrer/innen angemahnt, v.a. aber wird die besondere interkulturelle
  Kompetenz von LmMH hervorgehoben. So etwa bei dem Antrag der Grünen
  in Baden-Württemberg 2009, bei Bewerber/innen für den Schuldienst einen
  vorhandenen Migrationshintergrund als „Zusatzqualifikation" und damit als
  Merkmal für eine bevorzugte Einstellung anzuerkennen (BW 2009a, S. 1). Die
  besondere Qualifikation bestehe darin, dass LmMH „eine Perspektivenvielfalt
  einbringen [können], die einen sensiblen Umgang mit Heterogenität ermöglicht und die anderen Kollegen dazu anregt" (ebd., S. 2). Ebenfalls eine Abgeordnete von Bündnis 90/Die Grünen aus Schleswig-Holstein geht 2007 in einer
  Plenarsitzung von der vorhandenen „diskriminierungsfreien Einstellung" der
  LmMH aus (SH 2007b, S. 5434) und das Ministerium für Schule und Weiterbildung in NRW von „ihrer ‚natürlichen‘ und in ihrer Bildungsbiographie erworbenen multikulturellen Kompetenz" (NRW 2007, S. 6). LmMH können nach dem

Aktionsplan Integration in NRW 2006 „die interkulturelle Qualifizierung" des Kollegiums fördern (NRW 2006, S. 9).

- Mutmacher/Wertschätzer
  „Zweisprachige Lehrkräfte, die kulturell qualifiziert sind, können Schülerinnen und Schüler mit anderer Herkunftssprache unterstützen und ermutigen" (NRW 2006, S. 9). Die besondere Qualität der Ermutigung und Wertschätzung ergibt sich hier aus der Zweisprachigkeit, aus kultureller Kompetenz, womit vielleicht die Kenntnis einer anderen Kultur gemeint ist, oder wie in folgendem Zitat aus der gleichen Migrationserfahrung: „Wer von Erwachsenen unterrichtet wird, deren Lebensweg ähnliche Stationen durchlaufen hat, fühlt sich ermutigt" (NI 2009b, S. 4569). Die Wertschätzung anderer Sprachen als Deutsch ergibt sich aus Sicht der Berliner Senatsverwaltung quasi naturwüchsig, wenn man selbst mit einer anderen Muttersprache aufgewachsen ist: „Als Muttersprachler/innen tragen sie zur Wertschätzung der Muttersprache der mehrsprachig aufwachsenden Kinder bei." (BE 2011, S. 1).

In den Argumentationen deutet sich an, dass die positiven Erwartungen an LmMH unterschiedlichen Zielgruppen zugutekommen sollen. Dies sind insbesondere Schüler/innen mit Migrationshintergrund und deren Eltern, aber auch Schüler/innen ohne Migrationshintergrund und die Kolleginnen und Kollegen bzw. Schulen. Im Folgenden skizzieren wir kurz, in welcher Weise diese Gruppen in den Texten angesprochen werden:

- Schüler/innen mit Migrationshintergrund
  Bei der Formulierung erhoffter Wirkungen durch LmMH stehen die Schüler/innen mit Migrationshintergrund als Zielgruppe im Vordergrund. Sie werden als im Bildungserfolg potenziell gefährdet, z.T. als unmotiviert, mit Sprachproblemen und noch nicht voll integriert angesehen (vgl. Zimmer, 2011, S. 24-26). In vielen Beiträgen wird von Problemen ausgegangen, „die sich aus dem Leben zwischen zwei Kulturen und der Zweisprachigkeit ergeben" (BY 2009a, S. 1). Auch wenn eine Abgeordnete der GAL in einer Plenardebatte in Hamburg 2007 es für erfreulich hält, dass das Augenmerk in den letzten Jahren „nicht mehr nur auf den scheinbaren Defiziten" liege, sondern auch die Potenziale erkannt würden (HH 2007b, S. 4656), so spricht auch sie hier in erster Linie von den Potenzialen der LmMH. Die Perspektive auf die Schüler/innen mit Migrationshintergrund bleibt insgesamt eine eher defizit- und problemorientierte. Bildungserfolg scheint zwar möglich, aber gerade deshalb nicht selbstverständlich zu sein.

- Schüler/innen ohne Migrationshintergrund
  Insbesondere die zugeschriebene interkulturelle Kompetenz der LmMH soll auch den Schüler/innen ohne Migrationshintergrund zugute kommen. Diese werden tendenziell als monokulturell angesehen, die Toleranz gegenüber anderen lernen und Einblicke in andere Kulturen bekommen müssen.

- Eltern mit Migrationshintergrund
  Ähnlich wie die Schüler/innen mit Migrationshintergrund werden auch deren Eltern meist unter einer Defizitperspektive dargestellt, v.a. hinsichtlich der deutschen Sprache, im Hinblick auf Kenntnisse des deutschen Schulsystems und bezüglich der eigenen Integration.

- Kolleginnen und Kollegen/Schule
  Deutsche Schulen müssten sich interkulturell weiterentwickeln, so der Tenor einiger Beiträge. Die Kolleginnen und Kollegen seien dankbar für Unterstützung im Umgang mit Schülerinnen und Schülern und Eltern mit Migrationshintergrund, für Übersetzungshilfen und für eine Unterstützung ihrer „interkulturellen Qualifizierung" (NRW 2006, S. 9).

Als Zusammenfassung der Erwartungen an LmMH und der potenziellen Nutznießer der erhofften Wirkungen sei beides tabellarisch gebündelt (siehe Tab. 1). Es werden hierfür typische Zitate ausgewählt[5] oder Paraphrasen verwendet.

Die Tabelle – gerade auch mit den leeren Feldern – zeigt noch einmal, dass LmMH insbesondere für Schüler/innen mit Migrationshintergrund und deren Eltern als hilfreich angesehen werden. Vorbild, Vertrauensperson, Mutmacher und Integrationshelfer scheinen Funktionszuschreibungen zu sein, die Migranten für Migranten leisten sollen. Nur hinsichtlich der dezidiert „interkulturellen" Aufgaben, also der wortgemäß „zwischen den Kulturen" vermittelnden Funktionen und zugeschriebenen Kompetenzen – Brückenbauer, Übersetzer, interkulturelle Kompetenz – werden die Lehrer/innen und Schüler/innen ohne Migrationshintergrund als Nutznießer von LmMH einbezogen.

---

5 Die Quellen werden der Übersichtlichkeit halber nicht noch einmal genannt. Die meisten sind oben aufgeführt.

Tab. 1: Erwartete Wirkungen und Zielgruppen im Überblick

Zielgruppe der erwarteten Wirkungen / Erwartete Wirkungen	Schüler/innen mit MH	Schüler/innen ohne MH	Eltern mit MH	Kollegen/ Schule
Vorbild	„für gelungene Integration" „für geglückte Bildungskarrieren" „dass sich Anstrengung lohnt"			
Integrationshelfer	„anderen Menschen helfen, unsere Gesellschaftsordnung kennen- und schätzen zu lernen"		führen zu „Wertschätzung des deutschen Bildungssystems" „Multiplikatoren unseres Wertesystems in ihrem kulturellen Umfeld"	
Vermittler/ Brückenbauer	„Wichtige Mittlerfunktion zwischen SmMH und Lehrern" „Mittler bei Problemen"	„Mittler zwischen den Kulturen"	„Brücken bauen zu Eltern mit MH" „Mittler zwischen den Kulturen"	„Wichtige Mittlerfunktion zwischen SmMH und Lehrern" „Mittler bei Problemen" „Mittler zwischen den Kulturen"
Übersetzer	Sprachlichen Entwicklungsstand in Muttersprache diagnostizieren		für Eltern, die wenig Deutsch sprechen	als Unterstützung für Elterngespräche
Interkulturelle Kompetenz	„Diskriminierungsfreie Einstellung" „Perspektivenvielfalt" „sensibler Umgang mit Heterogenität"	„Perspektivenvielfalt" „sensibler Umgang mit Heterogenität"	„Diskriminierungsfreie Einstellung"	„interkulturelle Qualifizierung des Kollegiums fördern"
Vertraute	gleiche Migrationserfahrung schafft Vertrauen „aufgrund eigener Bildungsbiografie spezifische Probleme besser erkennen" „besonderer Zugang"		gleiche Migrationserfahrung schafft Vertrauen „Vertrauensvorsprung"	
Mutmacher	durch Erwachsene, deren Lebensweg „ähnliche Stationen durchlaufen hat" Wertschätzung der Muttersprache		Wertschätzung der Muttersprache	

2   Kritische Reflexion

In der folgenden Reflexion betrachten wir die Erwartungen in ihrem Charakter als Zuschreibungen. Zentral erscheint uns, zunächst das Verständnis von „Kultur" (2.1) zu deuten, das als Grundannahme in der Debatte vorherrscht. Dann wenden wir uns dem Strukturmerkmal der Differenz zu (2.2) und schließlich arbeiten wir heraus, wie die Differenzsicht mit der Legitimierung von Ungleichheit einhergeht (2.3).

2.1 Kulturbegriff und Kulturalisierung

Die Annahme, LmMH könnten Brückenbauer zwischen unterschiedlichen Kulturen sein, setzt voraus, dass Kulturen separate und homogene Einheiten sind. Eine Vermittlungstätigkeit bedingt eine Lücke zwischen zwei getrennten Einheiten. Aus dem Bild des Brückenbauens spricht ein traditioneller, statischer Kulturbegriff etwa nach Herder, der Kultur als sozial homogen, ethnisch fundiert und interkulturell abgegrenzt kennzeichnet (vgl. Welsch, 1999, S. 46). Die Interpretation liegt nahe, dass von verschiedenen natio-ethno-kulturellen Lebenswelten die Rede ist, da dies Merkmale sind, die aus Lehrer/innen solche mit Migrationsgeschichte machen. Das Verständnis von Kultur ist in diesem Bild also nicht nur statisch und homogen, sondern engt Kultur auf die Zugehörigkeit zu Staat und Ethnie ein.

An die Stelle des eingeengten Blicks auf Kultur ist in der wissenschaftlichen Debatte die „Reflexive Interkulturalität" (Hamburger, 2009, S. 127), ein offenes, dynamisches und mehrdimensionales Kulturverständnis, getreten (vgl. Nick, 2005, S. 250; Hamburger, 2009, S. 108). Kultur umfasst Bezugssysteme innerhalb kollektiver Zugehörigkeiten, die neben ethnischer, Staats- und Sprachzugehörigkeit auch etwa Milieuzugehörigkeit, Geschlecht, Alter, Generation, Berufsgruppen einschließen (vgl. Nohl, 2006, S. 151f.). Aber auch Kultur im Sinne von national-ethnischer Zugehörigkeit ist seit dem Konzept der Transkulturalität nicht mehr separatistisch und exklusiv zu verstehen, sondern als vielmaschiges, inklusives, anschluss- und übergangsfähiges System. Von reiner, trennscharfer Kultur kann nicht die Rede sein: „Authentizität ist Folklore geworden, ist simulierte Eigenheit für andere, zu denen der Einheimische längst selbst gehört" (Welsch, 1999, S. 52). Der Blick auf LmMH als Brückenbauer konstruiert Kultur also in einer Trennschärfe, die fließende Übergänge ignoriert und nur mit einem starren, homogenen und eindimensionalen Verständnis von Kultur begründet werden kann.

Weil das vordergründig betrachtete Merkmal das der national-ethnischen Zugehörigkeit ist, werden Lehrer/innen in den formulierten Erwartungen zu Trägern ihrer „Kultur" gemacht. Dass sich die Wirkungsannahmen v. a. auf die Zielgruppe Schüler/innen mit Migrationshintergrund beziehen, zeigt, dass auch diese zu einer Gruppe stilisiert werden. Gemeinsam mit LmMH werden sie zu einer Zwangsgemeinschaft. Möglicherweise haben sie aber außer einem unklar definierten Migrationshintergrund gar keine weiteren Gemeinsamkeiten. Gewichtige Differenzlinien wie Geschlecht, soziale Herkunft, generationale Zugehörigkeit, Rollenunterschiede von Lehrer/innen und Schüler/innen oder ganz einfach individuelle Eigenarten geraten mit dieser kulturalisierenden und ethnisierenden Brille aus dem Blick (vgl. Griese, 2004, S. 68ff.). Mit dem einengenden Blick der Fremdzuschreibungen wird zudem eine „selbstbestimmte Ethnizität" (Karakaşoğlu, 2010, S. 28) erschwert.

Ein solches Grundverständnis, das sowohl wissenschaftlich als auch in realen Lebenswelten der Menschen längst überholt ist, trägt zur sozialen Konstruktion von Bedeutungen und Assoziationen von „Migrationshintergrund" und „Kultur" bei. Kulturbegriffe sind nicht nur „beschreibende", sondern auch „operative Begriffe" (Welsch, 1999, S. 55). „Wie andere Selbstverständigungsbegriffe (beispielsweise Identität, Person, Mensch) auch, haben sie Einfluss auf ihren Gegenstand, verändern diesen. Unser Kulturverständnis ist auch ein *Wirkfaktor* in unserem Kulturleben." (ebd.) Hieraus kann man eine politische Verantwortung der Wortführer/innen der Debatte ableiten, sich die Wirksamkeit der transportierten Annahmen zu vergegenwärtigen, da sie im politisch-öffentlichen Raum agieren, in dem öffentliche Meinungsbildung stattfindet und in dem die Gestaltung von Strukturen ihren Ausgangspunkt hat.

2.2 Differenz als Strukturmerkmal der Debatte

Die Analyse der Brückenbau-Metapher hat gezeigt, dass sie nur vermeintlich eine Verbindung zum Ausdruck bringt. Das Bild basiert vielmehr auf der vorgängigen Annahme von Differenz separater Einheiten. Insofern ist die „Kulturbrücke" exemplarisch für den grundsätzlichen Modus der Debatte, dessen markantestes Strukturmerkmal der Differenz wir im Folgenden herausstellen.

In den Erwartungen an LmMH äußert sich die Annahme über grundsätzliche Unterscheidungsmerkmale von Lehrer/innen *mit* Migrationshintergrund im Gegensatz zu solchen *ohne*. Die geschaffene Differenzlinie ist dabei die des Migrationshintergrundes.[6] Recht trivial lässt sich zeigen, dass ein Migrationshintergrund keine Kategorie sein kann, die in Bezug auf Personen und ihre Merkmale und Kompetenzen ein gemeinsames Etwas konstituiert. Nimmt man alle Menschen, die selbst oder deren Eltern oder Großeltern nach Deutschland eingewandert sind, wird dies eine vielseitig heterogene Gruppe ergeben. Die Referenz auf LmMH aber suggeriert, dass es sich um eine homogene Gruppe handele. Der Diskurs wird an dieser Stelle essentialisierend: Den Lehrerinnen und Lehrern wird ein Wesen zugeschrieben, auf das sie alle zurückgeführt werden könnten. Der Migrationsstatus als Wesenszuschreibung wird weder der Komplexität einer individuellen Biographie gerecht, noch einer professionellen.

---

6   Für eine Diskussion über die vielfältigen Bedeutungen von „Migrationshintergrund" vgl. Rotter & Schlickum in diesem Band (S. 59ff.).

Es stellt sich die Frage, wer in der Debatte überhaupt gemeint ist, denn obwohl sich die meisten Erwartungen auf eine Schülerschaft beziehen, die als Bildungsverlierer und Problemgruppe gekennzeichnet wird und damit v.a. Zuwanderer aus süd-, ost- und südosteuropäischen Ländern gemeint sind, wird die entsprechend gewünschte Herkunft bei den LmMH nicht genannt. Zu vermuten ist, dass die Bezeichnung „Migrationshintergrund" in der politischen Debatte ein Substitut für diejenigen Arbeitermigrant/innen darstellt, die phänotypisch erkennbar sind als Nicht-Deutsche, als Eingewanderte oder Fremde und weniger die Nachkommen von z.B. aus den USA oder Österreich Eingewanderten. Indem dies aber nicht genauer bezeichnet wird, wird die Herkunft von Menschen „mit Migrationshintergrund" als bekannte, weil selbstverständliche Bezeichnung vorausgesetzt. Angesichts der fehlenden Eindeutigkeit dieses Merkmals wird also an ein vorherrschendes stereotypisches Bild angeknüpft, das in unserer Vorstellung erscheint, wenn wir an Menschen „mit Migrationshintergrund" denken.

Die Debatte basiert also auf einer Differenzlinie, die ein Abbild stereotypischer Vorstellungen von Zugehörigen und Nicht-Zugehörigen ist, von Normalität und Andersartigkeit: „An jede Lehrkraft, unabhängig von ihrer Herkunft – sei es eine Lehrkraft mit Migrationshintergrund oder eine normale deutsche Lehrkraft – stelle ich den Anspruch …" (Ministerin für Bildung und Frauen in der Plenardebatte SH 2007b, S. 5439). Dass an jede Lehrkraft gleich welcher Herkunft der gleiche Anspruch gestellt wird, mutet zunächst als Indifferenz gegenüber Herkunft an. Die latente Bedeutung in der Aussage weist jedoch wieder Differenz als Strukturmerkmal auf, spricht die Ministerin ja in der Folge von Migrationshintergrund als Kontrast zu Normalität. Trotz des vermeintlich inkludierenden Charakters zieht auch die nordrhein-westfälische Kultusministerin mit dem Zitat „Sie gehören zu uns!" (NRW 2007: 5) eine rhetorische Trennung von „Sie" und „wir" bzw. „uns", die genau Nicht-Zugehörigkeit markiert und an das Alltagsbewusstsein anknüpft, dass „die einen berechtigt [sind], ‚hier' zu sein, und die anderen nicht oder nur mit einer eingeschränkten Berechtigung" (Hamburger, 2009, S. 79). Die eingeschränkte Berechtigung zeigt sich in der Rhetorik derjenigen, die die Berechtigung der Zugehörigkeit erteilt. Im Diskurs werden also nicht nur Differenzlinien reproduziert und verhärtet, sondern auch Positionen von Macht und Ohnmacht, Dominierenden und Dominierten verteilt.

Bis hier hat die Analyse der latenten Bedeutungsstrukturen gezeigt, dass die Debatte Differenz herstellt. Diese Differenz basiert auf Homogenisierung und Essentialisierung, reproduziert vorhandene Stereotype und birgt Wirkmächtigkeit in der sozialen Realität. Deutlich ist auch geworden, dass die Differenzlinie Potenzial aufweist, Hierarchisierung zu schaffen. Tatsächlich sind geläufige Muster in der Diskussion um Migration und Bildung in Deutschland ein defizitorientierter Blick und ein abschätziger Ton (Hamburger, 2005b, S. 7–8.). Dass Differenz in dieser Debatte in einer rein wertschätzenden und ressourcenorientierten Weise hergestellt wird, erweist sich in der weiteren Reflexion als lediglich vorläufige Interpretation. Im Folgenden verdeutlichen wir dies an den ambivalenten Bedeutungen der Annahme, dass LmMH Vorbilder für Schüler/innen mit Migrationshintergrund seien.

2.3 Von Differenz zu Ungleichheit: Legitimierung von Bildungsungleichheit und Stigmatisierung

LmMH sollen als „authentische" Vorbilder vorleben, „dass sich Anstrengung lohnt" (NRW 2010, S. 4) und den Schüler/innen mit Migrationshintergrund zeigen, „dass auch sie es [Bildungserfolg] schaffen können, auch wenn es schwierig ist, dass es sich lohnt, es weiterhin zu versuchen" (HH 2007b, S. 4657). Diese zwei Quellen werden im Folgenden beispielhaft für eine Reihe ähnlicher Formulierungen herangezogen.

Zunächst einmal wird hier gesagt, dass für Schüler/innen mit Migrationshintergrund Bildungserfolg nicht selbstverständlich, sondern mit besonderen Schwierigkeiten verbunden ist. In Bildungsstatistiken oder durch Ergebnisse empirischer Studien wie PISA sind die schlechteren Bildungschancen von Schüler/innen mit Migrationshintergrund ausführlich belegt. Strukturelle Erklärungsansätze für Ungleichheiten attestieren dem Bildungssystem „institutionelle Diskriminierung" (Gomolla & Radtke, 2009). Gomolla und Radtke zeigen eine Reihe der besonderen Schwierigkeiten, die Schüler/innen mit Migrationshintergrund im Bildungssystem überwinden müssen, als im System verankert (z.B. Übergänge) und durch diskriminierende Praktiken hervorgerufen.

Wird nun aber in den Zitaten im gleichen Atemzug mit den Schwierigkeiten die Belohnung von Anstrengung beschworen, verschiebt sich der Erklärungsansatz von benachteiligenden Institutionen und Strukturen auf die individuelle Leistungsbereitschaft der Schüler/innen, die ihren Bildungserfolg selbst in der Hand hätten. Der Aufruf bekommt eine sarkastische Note. Es ist, als würde lediglich bekräftigt werden, dass bei gleichen kognitiven Fähigkeiten eben keine Gleichbehandlung vorausgesetzt werden kann. Stattdessen wird die besondere individuelle Leistungsbereitschaft zu einer legitimen Hürde für Schlechtergestellte.

Mögliches Versagen auf individuelles Unvermögen zu reduzieren, birgt also die Gefahr, institutionelle Diskriminierung als strukturelle Ursache zu verdecken. Hamburger und Radtke sprechen davon, dass interkulturelle Erziehung zum Verdecken von strukturellen Problemen missbraucht werden kann, wenn man soziale und politische Probleme der ungleichen Teilhabe an Bildung pädagogisiert und subjektiviert (vgl. Hamburger, 2009, S. 106). Aus dieser Sicht trägt die politische Debatte mit ihren Forderungen und Vorstellungen dazu bei, unter dem Deckmantel einer interkulturellen Ressourcenorientierung einige Lehrer/innen zu Trägern von Lösungen zu subjektivieren, obwohl die Probleme vielschichtiger verankert sind. Dies stellt eine Instrumentalisierung von Lehrerinnen und Lehrern dar, die sich in der Komplexität der aufgeworfenen, aber nicht reflektierten Annahmen und Erwartungen unweigerlich interaktiv verstricken werden.[7]

---

7   Umgangsstrategien von Lehrerinnen und Lehrern „mit Migrationshintergrund" innerhalb der entstehenden Ambiguitätsstrukturen des Feldes werden derzeit in einem Dissertationsprojekt von Yalız Akbaba (Universität Mainz) untersucht.

Mit der Annahme, LmMH fungierten als Vorbilder, geht auch die Unterstellung einer starken Identifikation von Schüler/inne/n mit Migrationshintergrund mit ihren Lehrer/inne/n einher. Auch diese Grundannahme trägt die oben herausgearbeitete Homogenisierung und Ethnisierung von Lehrer/inne/n und Schüler/inne/n als Bedeutungsstruktur. Nun berichten allerdings LmMH aus unterschiedlichen Netzwerken, auf ihre Schüler/innen in motivierender Weise zu wirken. Diese auf individueller Ebene stattfindende und ernst zu nehmende Ressource soll hier nicht in Frage gestellt werden, gleichwohl es zu reflektieren gilt, dass die Kehrseite von Motivation Stigmatisierung bedeutet. In den Formulierungen wird unterschwellig behauptet, dass Schüler/innen mit Migrationshintergrund von sich aus nur bedingt anstrengungsbereit seien und hierfür ein Vorbild bräuchten, welches ihnen Bildungserfolg „erfahrbar" machen muss. So wird ihnen determiniertes Scheitern unterstellt. Die Zusammenkunft von Leistungserfolg und Migrationshintergrund wird zu einem exzeptionellen Zustand stilisiert. In diesem Bild werden Schüler/innen mit Migrationshintergrund als Schulversager oder Problemschüler stigmatisiert. Stigmatisierungen wiederum sind Quelle von Erwartungseffekten zu Ungunsten der Stigmatisierten und lassen sich paradoxerweise gerade den Mechanismen der institutionellen Diskriminierung zurechnen

Als letzten Punkt schauen wir uns die Erwartung an ausgewählte Lehrerinnen und Lehrern als Integrationshelfer an. „Menschen mit Migrationshintergrund" sollen „anderen Menschen helfen können, unsere Gesellschaft, besonders aber auch unsere Gesellschaftsordnung, nicht nur kennenzulernen, sondern auch schätzen zu lernen" (HH 2007b, S. 4656). Hier fällt wieder die polarisierende Differenzsetzung auf. Diesmal werden LmMH für einen Missionsgedanken instrumentalisiert, der auf der Konstruktion einer gewünschten Gesellschaftsordnung basiert. Ermöglicht wird die Konstruktion einer eingeschworenen Gesellschaft („unsere") durch Abgrenzung zu einer „anderen" Gruppe, der unterstellt wird, dass sie die Gesellschaftsordnung nicht schätze. Wie schon bei der Idee der „Kulturbrücke" wird auch hier homogenisiert, allerdings dient hier die Differenzsetzung lediglich als erster Schritt, um im zweiten die Differenzierten zu hierarchisieren. Aus Unterscheidung wird Ungleichwertigkeit, aus Differenz die Ableitung von Privilegien für diejenigen, die über Integrationsverweigerung und zu erbringende Integrationsleistung urteilen können. So meint ein Abgeordneter der CDU, dass die Eltern mit Migrationshintergrund ein anderes Schulsystem gewohnt seien. „Deshalb gehen die betroffenen Kinder oft auch nur auf die Hauptschule, weil die Eltern meinen, dies sei die Hauptschule" (SH 2007b, S. 5436). Er fährt fort, dass Eltern eine Einladung zum Gespräch mit dem Klassenlehrer oder zum Elternabend häufig als eine Art Vorladung oder Drohung verstehen würden. Sowohl der Hauptschulbesuch der Schüler/innen mit Migrationshintergrund (und hier ist dies in Abgrenzung zur Realschule und zum Gymnasium gemeint, wo höhere Schulabschlüsse erworben werden können) als auch ein fehlender Kontakt zwischen Lehrerinnen und Lehrern und Eltern wird in die Verantwortlichkeit der Eltern gestellt – einhergehend mit dem zugeschriebenen Fehlen von Kenntnissen zu schulischen Abläufen. Der Integrationshelfergedanke baut zwangsläufig auf einem Defizitblick auf. Bildungsteilhabe der Schüler/innen mit Migrationshintergrund wird auf problembehaftete Eltern zurückgeführt, deren Systemunwissenheit auf fast belächelnde Weise als naiv dargestellt wird.

Die Analyse der Ambivalenz der bildungspolitischen Erwartungen über LmMH als Kulturbrücken, Vorbilder und Integrationshelfer zeigt, wie paradox Absichten und Wirkungen zueinander stehen. LmMH sollen gemäß der Debatte für mehr Gerechtigkeit, Teilhabechancen von Schülerinnen und Schülern mit Migrationshintergrund eingesetzt werden. Die Formulierungen der Erwartungen tragen aber genau zum Gegenteil bei. Mit den Zuschreibungen positiver Wirkungen, die LmMH auf Schüler/innen, Eltern und die ganze Schule haben sollen, gehen Zuschreibungen von Defiziten, Stigmatisierungen, die Verdeckung struktureller Benachteiligungen und diskursive Desintegration der Beteiligten einher.

3   Fazit

Bei der Thematisierung von LmMH ist grundsätzlich zu reflektieren, dass Gruppen entlang sozial konstruierter Differenzlinien reproduziert werden. Problematisch an unreflektierten Konstruktionen ist, dass sie alltägliche Wahrnehmungen strukturieren, existierende stereotype Bilder verstärken und mit ihrer Deutungsvorarbeit in der Realität wirkmächtig werden.

Auch wenn der Debatte durchweg positive Intentionen unterstellt seien, weist sie aus pädagogisch-professioneller Sicht problematische Züge auf, da die positiven Erwartungen stigmatisierend wirken, institutionelle Diskriminierung als in der Diskussion vernachlässigtes Problem legitimieren helfen, durch Essentialisierung und Kulturalisierung Handlungsperspektiven einengen und selbstbestimmte Ethnizität für Lehrer/innen erschweren.

Die Wirkungsannahmen stellen in diesem Sinn Vorurteile dar: „Die dominante Gruppe hebt einige Merkmale an anderen Menschen so hervor, dass der Eindruck entsteht, diese anderen Menschen seien eine in sich geschlossene homogene Gruppe. Diese Konstruktion der „anderen" ist untrennbar mit Werthierarchien verbunden, die auch idealisierend verlaufen können" (Weiß, 1998, S. 280). Die Konstruktion des Anderen, das *Othering*, verläuft innerhalb von Ungleichheits- und Dominanzverhältnissen zwischen Mehrheits- und Minderheitsgruppen. Sie birgt daher die Gefahr, dass Beteiligte sich nicht in einem herrschaftsfreien Diskurs bewegen können. Die Debatte schafft durch die Markierung von Differenzen entlang konstruierter Linien aus Differenzen Ungleichheit – also genau das, was sie abzuschaffen beabsichtigt.

LmMH werden mit der Zuschreibung der Funktionen als „Übersetzer" und „Kulturbrücke" mit der Sonderrolle versehen, Bildungsungleichheiten der Migrationskinder auszugleichen. Die Nicht-Zugehörigkeit, die sich bislang in geringen Lehrerzahlen ausgedrückt hat, wird abgelöst durch die Anerkennung innerhalb einer Sonderrolle. Das Strukturmerkmal der Nicht-Zugehörigkeit kehrt sich von einer negativen Diskriminierung in eine positive Diskriminierung, wobei die zugewiesene Rolle die des Anderen bleibt, nicht die der Zugehörigen. Anerkennung dieser Art wird so zur „Missachtungsfigur" (vgl. Hummrich, 2009, S. 218).

Nach dieser kritischen Betrachtung der laufenden Debatte seien am Schluss noch zwei selbstkritische Punkte benannt. Zum einen wollen wir einräumen, dass in der politischen Debatte an einigen wenigen Stellen eine kritische Reflexion der Zuschreibungen und Othering-Praktiken stattfindet. So weist eine Abgeordnete der SPD in Niedersachsen darauf hin, dass der enge Zusammenhang von sozialer Herkunft und Bildungserfolg, der Kinder aus Einwandererfamilien besonders hart träfe, auf institutioneller Diskriminierung beruhe, zu dessen Beendigung ein ganzes Bündel von Maßnahmen ergriffen werden müsse (NI 2009b, S. 4568). Und ein Abgeordneter der CDU meint in der gleichen Landtagsdebatte: „Für ganz falsch halten wir es, diesen jungen Menschen nun auch noch einen Rucksack mitzugeben, indem wir ihnen sagen: Ihr habt eine besondere Verantwortung gegenüber den anderen Menschen mit Migrationshintergrund und solltet daher ein Lehramt anstreben" (NI 2009b, S. 4570f). Aufgabe der Wissenschaft muss hier sein, die Erkenntnis über komplexe Strukturen und Mechanismen im Bildungssystem weiter für öffentliche Auseinandersetzungen zugänglich zu machen.

Zum anderen ist es wichtig, die angeführte Perspektive in ihrer Bedeutung für die Betrachtung von Netzwerken für Lehrkräfte mit Migrationshintergrund zu reflektieren. Indem Netzwerke auf Differenzlinien wie Migrationshintergrund zurückgreifen und besondere Rollen annehmen, beteiligen sie sich an Differenzkonstruktionen. Eine oberflächliche Bewertung der Netzwerke als Bekräftigung von Differenzstrukturen scheint jedoch trotz des differenztheoretischen Ansatzes oder gerade deswegen nicht gerechtfertigt. Stattdessen können Netzwerkgründungen als existentiell-emotionaler Zusammenschluss in Folge von vorgängigen Differenz- und Diskriminierungserfahrungen gedeutet werden. Die funktionale Kehrseite der Differenzkonstruktionen ist dann die Selbstbemächtigung, die sich für Selbstwirksamkeitseffekte auf genau die Differenzkategorien beziehen muss, die in erster Linie ursächlich für Fremdbestimmung waren. Legt man für die Betrachtung der Netzwerke die gleichen Kriterien an wie für die politische Debatte, gesteht man Beteiligten die mögliche existentielle Erfahrung des Ausschlusses nicht zu, für die der Zusammenschluss mit anderen Betroffenen kompensierende Funktion hat.

Die Herausforderung der kritischen Reflexion der hier vorgetragenen Perspektivität besteht also darin, sich der relativierenden Sicht auf Differenz aus Dominanzperspektive bewusst zu sein. Bei allen kritischen Meriten der differenztheoretischen Perspektive bleibt die Gefahr nicht aus, Beteiligte als Objekte in Prozessen der Fremdzuschreibung als Nicht-Zugehörige zu viktimisieren. Auch ohne zu kompensierende Differenzerfahrungen als zugrunde liegende Triebfeder von Netzwerken steht es dem vorgetragenen Analyseblick nicht zu, den einzelnen Lehrerinnen und Lehrern empfundene kollektive Zugehörigkeiten mit allen individuellen Bedeutungen abzusprechen, nachdem oben die Rede von selbstbestimmter Ethnizität war. Der Beitrag hatte insofern den Anspruch, Perspektiven zu erweitern, ohne eigene Perspektivität unhinterfragt zu lassen.

Literatur

Die Bundesregierung (2007). *Der Nationale Integrationsplan. Neue Wege. Neue Chancen.* Verfügbar unter: http://www.osnabrueck.de/images_design/Grafiken_Inhalt_Familiesoziales/2007-07-12-NIP.pdf [05.02.2013].

Diehm, I.; Radtke, F.-O. (1999). *Erziehung und Migration. Eine Einführung.* Stuttgart u.a: Kohlhammer.

Flick, U. (2009). *Sozialforschung. Methoden und Anwendungen. Ein Überblick für die BA-Studiengänge.* Reinbek bei Hamburg: Rowohlt-Taschenbuch-Verlag.

Gomolla, M.; Radtke, F.-O. (Hrsg.) (2009). *Institutionelle Diskriminierung: Die Herstellung ethnischer Differenz in der Schule* (3. Aufl.). Wiesbaden: VS Verlag.

Griese, H. (2004). *Kritik der „Interkulturellen Pädagogik". Essays gegen Kulturalismus, Ethnisierung, Entpolitisierung und eine latenten Rassismus.* Münster: Lit Verlag.

Hamburger, F. (2009). *Abschied von der Interkulturellen Pädagogik. Plädoyer für einen Wandel sozialpädagogischer Konzepte.* Weinheim: Juventa.

Hamburger, F. (Hrsg.) (2005a). *Migration und Bildung. Über das Verhältnis von Anerkennung und Zumutung in der Einwanderungsgesellschaft.* Wiesbaden: VS Verlag.

Hamburger, F. (2005b). Der Kampf um Bildung und Erfolg. In Hamburger et al. (Hrsg.), *Migration und Bildung. Über das Verhältnis von Anerkennung und Zumutung in der Einwanderungsgesellschaft.* (S. 7–22). Wiesbaden: VS Verlag.

Hamburger, F. (1999). Von der Gastarbeiterbetreuung zur Reflexiven Interkulturalität. *iza – Zeitschrift für Migration und Soziale* Arbeit 4, 33–39.

Hummrich, M. (2009). *Bildungserfolg und Migration. Biografien junger Frauen in der Einwanderungsgesellschaft.* (2. Aufl.). Wiesbaden: VS Verlag.

Karakaşoğlu, Y. (2011). Lehrer, Lehrerinnen und Lehramtsstudierende mit Migrationshintergrund. Hoffnungsträger der interkulturellen Öffnung von Schule. In U. Neumann, J. Schneider (Hrsg.): *Schule mit Migrationshintergrund* (S. 121–135). Münster: Waxmann.

Karakaşoğlu, Y. (2010). *Lehrkräfte mit Migrationshintergrund im Fokus der Wissenschaft.* Eröffnungsvortrag im Rahmen des Bundeskongresses Lehrkräfte mit Migrationshintergrund – Potenziale gewinnen, Ausbildung begleiten, Personalentwicklung gestalten. Paderborn 8.3.2010 bis 9.3.2010. Verfügbar unter: http://www.raa.de/fileadmin/dateien/pdf/projekte/lehrkraefte-mit-zuwanderungsgeschichte/250310/Lehrkraefte-mit-Migrationshintergrund-Paderborn-032010.pdf [05.02.2013].

Mayring, P. (2008). *Qualitative Inhaltsanalyse. Grundlagen und Techniken.* (10. Aufl.), Weinheim: Beltz.

Nick, P. (2005). Spiel mit der Differenz – Konstruktionen von Fremdheit, Kultur und Identität. In F. Hamburger (Hrsg.): *Migration und Bildung. Über das Verhältnis von Anerkennung und Zumutung in der Einwanderungsgesellschaft* (S. 245–256). Wiesbaden: VS Verlag.

Nohl, A.-M. (2006). *Konzepte interkultureller Pädagogik. Eine systematische Einführung.* Bad Heilbrunn: Julius Klinkhardt.

Rotter, C. (2011). Lehrkräfte mit Zuwanderungsgeschichte. Neue Hoffnungsträger für das Bildungssystem? *Pädagogik, 63 (2),* 38–41.

Strasser, J.; Steber, C. (2010). Lehrerinnen und Lehrer mit Migrationshintergrund – Eine empirische Reflexion einer bildungspolitischen Forderung. In J. Hagedorn, V. Schurt, C. Steber & W. Waburg (Hrsg.): *Ethnizität, Geschlecht, Familie und Schule* (S. 97–126). Wiesbaden: VS Verlag.

VBE (Verband Bildung und Erziehung e.V.) (2006a). Pressemeldung vom 28.09.2006: *Migranten für den Lehrerberuf gewinnen!* Verfügbar unter: http://bildungsklick.de/pm/33557/vbe-migranten-fuer-den-lehrerberuf-gewinnen [05.02.2013].

VBE (Verband Bildung und Erziehung e.V.) (2006b). Positionspapier vom 11.11.2006: *Interkulturellen Herausforderungen pädagogisch begegnen.* Verfügbar unter: http://www.vbe.de/meinung/positionen/interkulturelle-herausforderungen.html [16.02.2012].

Weiß, A. (1998). Antirassistisches Engagement und strukturelle Dominanz. Was macht weißen Deutschen die Auseinandersetzung mit Rassismus so schwer? In M. Castro Varela, S. Schulze, S. Vogelmann & A. Weiß (Hrsg.), *Suchbewegungen. Interkulturelle Beratung und Therapie* (S. 275–286). Tübingen: Dgvt-Verlag.

Welsch, W. (1999). Transkulturalität. Zwischen Globalisierung und Partikularisierung. In Studium Generale der Johannes Gutenberg-Universität Mainz (Hrsg.), *Interkulturalität. Grundprobleme der Kulturbegegnung* (S. 45–72). Mainz.

Zimmer, M. (2011). *Lehrkräfte mit Migrationshintergrund. Chancen und Risiken für die Migrationsgesellschaft.* Unveröffentlichte Bachelorarbeit, Johannes Gutenberg-Universität Mainz.

Anhang

Folgende Texte werden in die Analyse einbezogen:

- Kultusministerkonferenz
  - *Gemeinsame Leitlinien der Länder zur Deckung des Lehrkräftebedarfs*
    - 18.06.2009 Beschluss der KMK (= KMK 2009).

- Baden-Württemberg:
  - *Migrationshintergrund als Zusatzqualifikation bei der Einstellung in den Schuldienst*
    - 05.03.2009 Antrag von Abgeordneten der Grünen (= BW 2009a).
    - 24.03.2009 Stellungnahme vom Ministerium für Kultus, Jugend und Sport (beides Drucksache 14/4144) (= BW 2009b).

- Bayern:
  - *Bildung und Integration: Mehr Migrantinnen und Migranten für das Lehramt gewinnen*
    - 26.03.2009 Antrag von Abgeordneten der Grünen (Drucksache 16/1048) (= BY 2009a).
    - 14.05.2009 Umformulierung als Berichtsantrag (= BY 2009b).

- 25.06.2009 Beschlussempfehlung und Bericht (Drucksache 16/1758) (= BY 2009c).
- 15.07.2009 Beschluss des Bayerischen Landtags (Drucksache 16/1888) (= BY 2009d).
- 15.01.2010 Abschließender Bericht des Bayerischen Staatsministeriums für Unterricht und Kultus (= BY 2009e).

- Berlin:
  - *Integrationskonzept 2007: Forderung nach mehr LmMH* (= BE 2007).
  - *Berlin braucht mehr Lehrer und Erzieher mit Migrationshintergrund*
    - 08.12.2010 Anfrage einer Abgeordneten der CDU (= BE 2010).
    - 19.01.2011 Antwort der Senatsverwaltung Bildung, Wissenschaft und Forschung (beides Drucksache 16/14998) (= BE 2011).

- Bremen:
  - *Studierende mit Migrationshintergrund in der Ausbildung zum Lehramt und in pädagogischen Berufsfeldern an den Hochschule im Land Bremen*
    - 25.11.2008 Große Anfrage der Grünen und der SPD (Drucksache 17/627) (= HB 2008).
    - 27.01.2009 Antwort des Senats auf Große Anfrage (Drucksache 17/677) (= HB 2009a).
  - *Mehr Migranten/-innen ins Lehramt und in soziale Berufe*
    - 17.02.2009 Antrag von SPD und B90/Die Grünen: (Drucksache 17/694) (= HB 2009b).
    - 24.11.2009 Konzept des Senats (Drucksache 17/1071) (= HB 2009c).

- Hamburg:
  - *Formel Vielfalt – Mehr Migrantinnen und Migranten in Bildungsberufen*
    - 15.08.2007 Antrag von Abgeordneten der GAL (Drucksache 18/6777) (= HH 2007a).
    - 30.08.2007 Debatte und Beschluss (Plenarprotokoll 18/87) (=HH 2007b).

- Mecklenburg-Vorpommern:
  - *Notwendigkeit der Einführung eines Kopftuchverbotes an den Schulen in Mecklenburg-Vorpommern*
    - 23.06.2011 Kleine Anfrage eines Abgeordneten der FDP und Antwort (Drucksache 5/ 4375) (= MV 2011).

- Niedersachsen:
  - *Studierende mit Migrationserfahrung in Lehrämter*
    - 18.02.2009 Antrag der SPD (Drucksache 16/971) (= NI 2009a).
    - 13.05.2009 Debatte und Abstimmung, Plenarprotokoll (Drucksache 16/ 37) (= NI 2009b).

- *Was geschieht zur Anpassungs- und Nachqualifizierung von Lehrkräften mit Migrationshintergrund?*
  - 03.03.2011 Kleine Anfrage von Abgeordneten der SPD (= NI 2011a).
  - 06.04.2011 Antwort des Kultusministeriums (beides Drucksache 16/3571) (= NI 2011b).

- Nordrhein-Westfalen
  - *Mehr Lehrkräfte mit Zuwanderungsgeschichte gewinnen*
    - 27.06.2006 Aktionsplan Integration vom Ministerium für Generationen, Familie, Frauen und Integration (= NRW 2006).
    - 09.11.2007 Handlungskonzept vom Ministerium für Schule und Weiterbildung (MSW) (= NRW 2007).
    - August 2010 Fortschreibung des Handlungskonzepts MSW (= NRW 2010).

- Sachsen-Anhalt
  - *Gemeinsame Leitlinien der Länder zur Deckung des Lehrkräftebedarfs*
    - 26.08.2009 Antrag der Linken (Drucksache 5/2154) (= SA 2009).

- Schleswig-Holstein
  - *Unterrichtsversorgung und Lehrerbedarf*
    - 28.08.2003 Anfrage einer Abgeordneten von B90/ Die Grünen im Rahmen einer Plenardebatte (Drucksache 15/ 93, S. 7094) (= SH 2003).
  - *Eine interkulturelle Bildung braucht mehr pädagogische Fachkräfte mit Migrationshintergrund*
    - 04.12.2007 Antrag einer Abgeordneten der Grünen (Drucksache 16/1761) (= SH 2007a).
    - 13.12.2007 Debatte in Plenarsitzung (Plenarprotokoll 16/75, S. 5433-5441) (= SH 2007b).
    - 30.01.2008 Bericht und Beschlussempfehlung des Bildungsausschusses (Drucksache 16/1827) (= SH 2008a).
    - 29.02.2008 Einstimmige Annahme des Antrags ohne weitere Debatte als Sammeldrucksache 16/1903 (Plenarprotokoll 16/81, S. 5975) (= SH 2008b).

Lehrkräfte mit Migrationshintergrund als Forschungsgegenstand: Fortschreibung einer Differenzmarkierung?

Carolin Rotter und Christine Schlickum

Im Nationalen Integrationsplan (Presse- und Informationsamt der Bundesregierung 2007) haben sich die Kultusminister zu einer verstärkten Rekrutierung von Lehrkräften mit Migrationshintergrund verpflichtet. Dabei wird implizit mit der Annahme operiert, dass Lehrer/innen mit Migrationshintergrund alleine aufgrund ihrer eigenen Migrationserfahrung quasi automatisch über besser ausgestattete interkulturelle Kompetenzen verfügen und eine generelle Wirkung auf die Leistungsverbesserung von Schülerinnen und Schülern mit Migrationshintergrund haben (zusammenfassend Strasser & Steber, 2010). Ein solcher Zusammenhang ist jedoch nicht nur bislang nicht belegt (vgl. u.a. Rotter, 2009), sondern birgt überdies das Risiko, die Ursachen für die Bildungsbenachteiligung von Kindern mit Migrationshintergrund allein an kulturellen Defiziten festzumachen (vgl. Karakaşoğlu, 2009; Strasser & Steber, 2010). Ein weiteres Problem besteht darin, Lehrkräfte mit Migrationshintergrund als die „Anderen" zu definieren und damit bestehende Machtverhältnisse zu reproduzieren (vgl. Mecheril, 2003). Dies zeigt sich nicht zuletzt in den verschiedenen Rollenerwartungen, die an Lehrkräfte mit Migrationshintergrund gerichtet werden, welche in der bildungspolitischen Diskussion häufig auf die Formel „Vorbild, Übersetzer und Vertraute" (Kolat, 2007) gebracht werden (siehe zu den bildungspolitischen Erwartungen den Aufsatz von Akbaba, Bräu & Zimmer in diesem Band). Die Gefahr der Besonderung von Lehrkräften mit Migrationshintergrund gilt auch für die empirische Bildungsforschung und die verschiedenen Forschungsprojekte, die sich mit Lehrkräften mit Migrationshintergrund beschäftigen: Allen vorliegenden Forschungsprojekten zu Lehrkräften mit Migrationshintergrund gemeinsam ist eine der Bildungspolitik nachempfundene Hervorhebung des Migrationshintergrunds als spezifisches und diese Gruppe von Lehrkräften verbindendes Merkmal – im Sinne von Hirschauer eine Adressierung dieser Lehrkräfte in ihrer „Zuständigkeit" als Migranten (Hirschauer, 2001, S. 217). Mit der Hervorhebung des Migrationshintergrunds wird bei diesen die soziale Kategorie als relevantes Merkmal gesetzt und die Lehrkräfte mit der entsprechenden biographischen Erfahrung als Merkmalsträger markiert.

Im vorliegenden Beitrag soll diesem forschungsmethodischen Dilemma im Umgang mit Differenz hinsichtlich der Zuschreibungskategorie ‚mit Migrationshintergrund' am Beispiel von Lehrkräften mit Migrationshintergrund nachgegangen werden. Zunächst wird dafür der ‚Forschungsgegenstand' näher charakterisiert, d.h. die Kategorie ‚mit Migrationshintergrund' wird inhaltlich spezifiziert. Im Anschluss daran wird vor dem Hintergrund der Differenzforschung und des migrationspädagogischen Diskurses der Umgang mit Differenz diskutiert. Abschließend

wird aufgezeigt, welche Möglichkeiten und Grenzen in Untersuchungen zu Lehrkräften mit Migrationshintergrund liegen. Zudem werden mögliche Perspektiven
für zukünftige Forschungen skizziert.

1   Lehrkräfte ‚mit Migrationshintergrund' –
zu den Schwierigkeiten einer Kategorie

Sowohl in der bildungspolitischen Diskussion als auch in der empirischen Bildungsforschung wird die Kategorie „mit Migrationshintergrund" in Deutschland für
Schüler/innen, Lehrer/innen und andere Personen als eine relevante Unterschei-
dungskategorie gesetzt (zum angloamerikanischen Forschungsstand vgl. Georgi in
diesem Band). Vergleichbar der Unterscheidung nach Geschlecht handelt es sich
auch bei der sozialen Kategorisierung ‚mit Migrationshintergrund' um eine binäre
Codierung: Als Differenzmarker ausgewiesen wird das „Eingewandert-Sein", wobei die Erfahrung der „(Ein-)Wanderung" selbst als „übertragbar" verstanden wird.
Demgemäß subsumiert z.B. das Statistische Bundesamt in Deutschland seit 2005 all
jene Personen unter diese Gruppenkategorie, „die nach 1949 auf das heutige Gebiet
der Bundesrepublik Deutschland zugezogen sind, sowie alle in Deutschland geborenen Ausländer/innen und alle in Deutschland Geborenen mit zumindest einem
zugezogenen oder als Ausländer in Deutschland geborenen Elternteil" (Statistisches
Bundesamt, 2011). Unterschieden wird so zwischen Personen „mit" bzw. „ohne"
Migrationshintergrund. Es wird eine Differenz postuliert, wobei die Gruppe der
Personen ohne diesen Marker den „Referenzrahmen" stellt.

Ein erstes Problem der Kategorie ‚mit Migrationshintergrund' besteht darin,
dass die Differenzen innerhalb der Gruppen ausgeblendet, wenn nicht sogar negiert
werden. Die Heterogenität dieses als homogen verstandenen Konstrukts zeigt sich
u.a. bei der Betrachtung der geographischen Herkunft, der Gründe für die Migration sowie der Aufenthaltsbedingungen: Unter diesen Begriff eingeordnet werden
sowohl die sogenannten „Vertriebenen" der ersten Flüchtlingsgeneration nach dem
Zweiten Weltkrieg und deren Kinder; Personen und ihre Nachkommen, die im Zusammenhang mit den Anwerbeabkommen 1955 bis 1973 einwandert und geblieben
sind, als auch Flüchtlinge in Folge von Kriegen und im Zuge der „Auflösung" des
sogenannten „Ostblocks" sowie (Spät-)Aussiedler aus Mittel- und Osteuropa und
schließlich „Saisonarbeiter" (ausführlich Hamburger, 2009, S. 18 und 41ff.). Insgesamt, so lässt sich festhalten, dient die Bezeichnung ‚mit Migrationshintergrund'
in der Statistik und im Alltag zwar der Identifizierung; aufgrund der Differenzen
innerhalb der Kategorie wird aber tatsächlich „nichts mehr damit erkannt" und sie
ist damit „obsolet geworden " (Hamburger, 2009, S. 51).

Neben der Heterogenität der sozialen Kategorie kommt ein zweites Problem
hinzu, betrachtet man die Vielfalt der Definitionen, die sich hinter dem Label ‚mit
Migrationshintergrund' in wissenschaftlichen Studien und amtlichen Statistiken
verbergen. Der Begriff ‚mit Migrationshintergrund' suggeriert, dass es sich um „ei-

nen eindeutigen Terminus, sozusagen um eine feststehende Größe" (Kemper, 2010, S. 316) handelt. Dies ist allerdings nicht der Fall. In wissenschaftlichen Studien und amtlichen Statistiken werden unterschiedliche Merkmale zur Erhebung des Migrationshintergrundes miteinander kombiniert: Staatsangehörigkeit, Geburtsland der Befragten, Geburtsland der Eltern, z.T. auch der Großeltern, das Alter der Zuwanderung bzw. der Generationenstatus, in einigen Fällen auch die Religionszugehörigkeit. Die unterschiedlichen Merkmalskombinationen führen jedoch dazu, dass die erhobenen Daten nur schwer aufeinander zu beziehen sind und Statistiken nicht miteinander verglichen werden können (vgl. Kemper, 2010; Khan-Svik, 2010). Auch besteht durch die Subsumtion unter ein derartiges Konstrukt die Gefahr von Fehlschlüssen. Wenn Schüler mit Migrationshintergrund der zweiten Generationen in PISA schlechter abschneiden als die der ersten Generation, so bedeutet dies nicht, dass Schüler mit Migrationshintergrund immer schlechter werden; die unterschiedlichen Leistungsergebnisse lassen sich vielmehr auch auf die Zusammensetzung der beiden Gruppen zurückzuführen: „Während in der ersten Generation Spätaussiedlerinnen und Spätaussiedler aus der ehemaligen UdSSR oder Osteuropa besonders stark repräsentiert waren, die im Durchschnitt höhere Kompetenzniveaus erzielten, dominierten in der zweiten Generation die türkischstämmigen Jugendlichen, bei denen der Kompetenznachteil deutlich stärker ausgeprägt war. Die Befunde ließen sich also nicht als Hinweis darauf interpretieren, dass sich die Bildungsbenachteiligung der Migrantinnen und Migranten von Generation zu Generation in gleichem Maße fortgesetzt oder gar vergrößert hatte" (vgl. Stanat & Segeritz, 2009, S. 201). Zu der undifferenzierten Betrachtung gehört aber auch, dass durch die Reduktion der Komplexität auf das Phänomen des „Migrationshintergrunds" wie z.B. in der Debatte um den „Benachteiligungsausgleich" die Gefahr besteht, die Ursachen für die Bildungsbenachteiligung von Kindern mit Migrationshintergrund allein an kulturellen Defiziten festzumachen. Unberücksichtigt bleiben dabei nicht nur die Vielfalt der Bezüge und Lebenssituationen von Kindern mit Migrationshintergrund, sondern auch Aspekte institutioneller Diskriminierung und gesellschaftlicher Normalitätsvorstellungen, die durch die Fokussierung auf den Migrationshintergrund ausgeblendet werden (Gomolla & Radtke, 2009; Gomolla, 2011).

Ein drittes Problem zeigt sich, betrachtet man den Zuschreibungsprozess als solchen. Die entscheidende Kränkung, die mit der Klassifizierung mit ‚Migrationshintergrund' einhergeht, so argumentiert Hamburger (2009, S. 51), ist „die der Vorenthaltung des Subjektstatus": Personen ‚mit Migrationshintergrund' werden eben nicht als unverwechselbare und einmalige Individuen erkannt und anerkannt, vielmehr spräche aus ihnen der „Hintergrund" (Hamburger, 2009, S. 51). Sämtliche Handlungen, Entscheidungen, Einstellungen und Orientierungen werden in Beziehung zum Hintergrund der Person gesetzt und interpretiert. So wird die „Differenz" vor das Individuum gestellt: „Das, was die Erziehung in der Moderne im Kern ausmacht, dass nämlich die Zuerkennung der individuellen Einmaligkeit die Bedingung der Subjektwerdung ist, kann ausgeblendet werden. Doch zum Menschen kann nur werden, wer als solcher wahrgenommen und behandelt wird" (ebd.). Zwar bedeute für einige die Migrationsgeschichte auch einen Teil ihrer Identität, durch die sie sich selbst darstellen wollen. Allerdings sei klar verteilt, wer über den Umgang mit dem Migrationshintergrund entscheide. Hamburger weist in diesem Zusammenhang darauf hin, dass sich die betroffenen Personen nur aus den Verstrickungen in die Migrationsgeschichte lösen können, wenn sie diese auch erzählen können. Werde hingegen die Person in den gleichen Verhältnissen ‚erkannt‘, dann werde sie auf ihre Geschichte von außen festgelegt (vgl. ebd.). Dieser Aspekt soll im Folgenden weiter ausgeführt werden.

2   Umgang mit Differenz

Zu den derzeit wichtigsten Fragestellungen sozialtheoretischer Betrachtung gegenwärtiger Verhältnisse gehört der gesellschaftliche Umgang mit Differenz (vgl. Plößer & Mecheril, 2009). Gefordert wird in diesem Zusammenhang die „Anerkennung von Differenz", um den unterschiedlichen Zugangsvoraussetzungen von Personen entsprechen zu können: „Handlungsfähigkeit ist in der Perspektive der Anerkennungstheorie daran gebunden, dass die spezifischen, nur im Rahmen ihrer je eigenen Gesichte und Biografie verstehbaren Fähigkeiten, Empfindsamkeiten, Dispositionen und Vermögen von Subjekten angesprochen und zur Geltung gebracht werden" (Plößer & Mecheril, 2009, S. 198). Die Differenzen zu ignorieren hieße die bestehenden Machtverhältnisse zu verschleiern, in denen ein dominantes Maß als neutraler oder universeller Gradmesser ausgegeben wird, z.B. die deutsche Sprache bzw. deutsche (Schul-)Kultur, wenn es um die Debatte der Bildungsbenachteiligung geht (u.a. Gogolin, 1994 und 2006; Schroeder, 2007). Unter der Maxime der Gleichberechtigung und Chancengleichheit werden gleiche Ausgangsbedingungen im Bildungssystem zur Verfügung gestellt, diese führen aber zu einer Reproduktion von Ungleichheit aufgrund der unterschiedlichen Voraussetzungen der Schülerinnen und Schüler (vgl. Bourdieu, 2006; für Schüler/innen mit Migrationshintergrund; siehe Schründer-Lenzen, 2008; Auernheimer, 2010; Fereidooni, 2011).

Ebenso birgt aber auch die Anerkennung von Differenz die Gefahr in sich, jene sozialen Macht- und Ungleichheitsbeziehungen, die in die Differenzverhältnisse systematisch und kontingent eingelagert sind, zu (re-)produzieren (Mecheril & Plößer, 2009, S. 199). Konzepte interkultureller Pädagogik sehen sich dem Vorwurf ausgesetzt, durch die Anerkennung der Differenz binäre Unterscheidungsmerkmale, hier zwischen Mehrheit und Minderheiten, Inländern und Ausländern, dem Eigenen und dem Fremden, in „Normal"biographien zu bestärken und dadurch nicht nur die Vielfalt soziokultureller Bezüge auszublenden, sondern vielmehr selbst normierend und stigmatisierend zu wirken. D.h. die „Anderen", die in diesen Diskursen zum Thema werden, werden immer auch als Andere zur Geltung gebracht, als „Andere" markiert, wodurch die hegemoniale Ordnung bekräftigt und bestätigt wird (vgl. u.a. Römhild, 1998; Badawia, Hamburger & Hummrich, 2003; Baros, 2008).

Die mit der Anerkennung von Differenz verknüpften Probleme werden in der Differenzforschung vornehmlich aus sozialkonstruktivistischer bzw. dekonstruktivistischer Perspektive analysiert: In der sozialkonstruktivistischen Sicht auf Differenz wird die Differenz nicht als gegeben verstanden, sondern als Verlauf rekonstruiert (u.a. Müller, 2003; Cornell & Hartmann, 2010). Damit führt der Forschungsblick weg von der Suche nach Differenz hin zu den Untersuchungen jener Prozesse, die Differenzen herstellen und verfestigen. Bezeichnet wird dieser Prozess als „doing difference" (West & Fenstermarker, 1995). Das Konzept verweist darauf, dass Subjekte eine Identität erhalten, indem sie z.B. als Merkmalsträger einer bestimmten Kategorie von ihren Interaktionspartnern konstruiert werden oder indem sie sich in sozialen Interaktionen als eben solche darstellen und von ihren Interaktionspartnern entsprechend wahrgenommen werden.[1]

Die alternative Perspektive im Umgang mit Differenz stellt die dekonstruktivistische Sicht auf Differenz dar. Dekonstruktivistische Strategien hinterfragen die symbolische Ordnung an sich. Sie zielen auf die Vervielfältigung von Identitäten und auf die Auflösung von Identitätslogiken aus dichotom und oppositionell konzipierten Differenzschemata (u.a. Butler, 1991). Nach dekonstruktivistischem Differenzverständnis ist also nicht erst das Ignorieren von Differenz problematisch, sondern schon die Einteilung gemäß einer binären und exklusiven Logik. Diese Unterscheidung konstituiert erst die Unterschiedlichkeit zwischen verschiedenen Gruppen und die hierarchische Ordnung derselben. Damit ist das binäre Differenzdenken selbst das, was die Ungleichheit sichert und stützt (Lösch, 2005; Göhlich, Leonhard, Liebau & Zirfas, 2006).

Folgt aus diesen Überlegungen nun, dass eine wissenschaftliche Beschäftigung mit Lehrkräften mit Migrationshintergrund grundsätzlich nicht möglich oder nicht ratsam ist? Dies wäre sicher eine verkürzte Schlussfolgerung, denn die Untersuchung von Hindernissen und Hürden bzw. spezifischen Problembereichen von Personen mit Migrationshintergrund dient dazu, bestehende Strukturen der Ungleichheit aufzudecken. Die Gefahr besteht allerdings darin, durch den Forschungsfokus den Migrationshintergrund als sozial relevante Kategorie zu festigen und gesellschaftlich bedingte Ungleichheiten zu kulturalisieren.

3   Zwischen Anerkennung und Zuschreibung: Lehrer und Lehrerinnen mit Migrationshintergrund in der wissenschaftlichen Auseinandersetzung

Während Lehrkräfte mit Migrationshintergrund lange Zeit kein Gegenstand der deutschen Forschung waren, ist in jüngster Zeit zunehmend auch eine wissenschaftliche Relevanzsetzung des Migrationshintergrunds als Merkmal von Lehrkräften festzustellen, die an verschiedenen durchgeführten und noch laufenden Projekten

---

1   Beispiele für die Rekonstruktion solcher Prozesse finden sich u.a. bei Weber (2003), Höhne, Kunz & Radtke (2005), Geier (2011) und Jäger (2011).

an unterschiedlichen Universitätsstandorten abzulesen ist (vgl. dazu die Projekte in diesem Band).

Vor dem Hintergrund der oben skizzierten Schwierigkeiten, die mit der sozialen Kategorie ‚mit Migrationshintergrund' verbunden sind, stellt sich allerdings die Frage, unter welcher Perspektive was wie untersucht werden kann, damit diese wissenschaftlichen Untersuchungen nicht selbst Gefahr laufen, Zuschreibungen vorzunehmen. Im Folgenden skizzieren wir drei Forschungsperspektiven:

- Aus anerkennungstheoretischer Perspektive
  Die bildungspolitische Forderung nach einer Erhöhung des Anteils von Lehrkräften mit Migrationshintergrund im deutschen Bildungssystem kann als Anerkennung von Personen mit Migrationshintergrund als selbstverständlicher Teil der deutschen Gesellschaft verstanden werden. Angesichts der Unterrepräsentanz von Lehrkräften mit Migrationshintergrund in deutschen Lehrerkollegien stellt sich vor dem Hintergrund anerkennungstheoretischer Überlegungen für die wissenschaftliche Auseinandersetzung die Frage nach den spezifischen Problembereichen und Perspektiven von Personen, die einen Migrationshintergrund haben. Dazu gehören Fragen nach den strukturellen Hindernissen im Bereich der universitären Ausbildung (z.B. sprachliche Schwierigkeiten) genauso wie in schulischen Zusammenhängen (Anerkennung von Ausbildungen im Ausland, Kopftuch, etc.) und im beruflichen Umfeld (z.B. Erfahrungen im Umgang mit Zuschreibungsprozessen, Diskriminierungserfahrungen, schulische Aufgabenverteilung). Der Fokus der wissenschaftlichen Untersuchungen liegt hier auf der für die Forderung nach Gleichstellung relevanten Frage nach den Ursachen und Einflussfaktoren für die offensichtliche Unterrepräsentanz von Lehrern und Lehrerinnen mit Migrationshintergrund im deutschen Schulsystem. Ziel ist dabei die Entwicklung von Maßnahmen, die gezielte Lösungsansätze für die jeweiligen Problemstellungen enthalten.

- Aus sozialkonstruktivistischer Perspektive
  Aus der Sicht der sozialkonstruktivistischen Forderung stellt sich die Frage nach den Merkmalen und Logiken von Zuschreibungsprozessen und Differenzmarkierungen. Wie werden Differenzen erzeugt, hergestellt, markiert? In welchen Interaktionen wird der ‚Migrationshintergrund' als identitätsrelevantes Merkmal in den Vordergrund gerückt? Es geht um die Erforschung sozialer Interaktionen und institutioneller Rahmungen, in denen durch Rückgriffe auf den Migrationshintergrund soziale Realitäten produziert und verfestigt werden. Handlungen, Aussagen und Selbstverständnisse zeigen sich nicht länger als passive Effekte von gesellschaftlichen Strukturen, sie sind vielmehr aktive Inszenierungen. Pädagogische Institutionen und die in ihnen Handelnden müssen ihren eigenen Anteil am ‚doing difference' hinterfragen, ihre Zuschreibungen analysieren und prüfen, wie sie in ihrer Arbeit durch Zuordnungen, Diagnosen und Settings Differenzen und damit auch Ungleichheit erzeugen. Angesichts institutioneller Diskriminierung geht es um die Rekonstruktion von Zuschreibungsprozessen und Ungleichheiten. Wo und wie werden Hand-

lungsspielräume von Lehrern und Lehrerinnen mit Migrationshintergrund eingeschränkt? Welche Ressourcen stehen den Lehrern und Lehrerinnen zur Verfügung, ihre eigenen Identitätspositionen in das Geschehen gleichberechtigt mit einzubringen? Von daher gilt es zu überprüfen, welche Ressourcen die Subjekte haben, um sich selbst zu produzieren, gerade hinsichtlich nicht prävalenter oder privilegierter Identitätspositionen, aber auch wie Pädagogik dies unterstützen und fördern kann.

- Aus dekonstruktivistischer Perspektive
  Aus der Perspektive dekonstruktivistischer Überlegungen stellt sich die Frage nach der Vielgestaltigkeit von Identitäten und ihrer Varianz. Unter dieser Perspektive ist die Wissenschaft dazu aufgefordert, die binären Kodierungen an sich in Frage zu stellen und aufzubrechen. Dazu zählt auch die Reflexion der Effekte, die aus dem Engagement für die Anerkennung von ethnischen und kulturellen Bezügen resultieren, und die Untersuchung von Ordnungen und Normen, die im Zuge dieses differenzachtenden Einsatzes ungewollt gestützt bzw. produziert werden (z.B. Yildiz, 2011). Durch den unhinterfragten Bezug auf Lehrer und Lehrerinnen mit Migrationshintergrund wird die Vorstellung einer binären und klar bestimmbaren Differenz bestätigt. Ziel des dekonstruktiven Vorgehens ist also die Aufdeckung der Problematiken binärer Unterscheidungspraxen und die Offenlegung der Dilemmata der Anerkennung von Differenz. Im Fokus des Interesses steht die Darstellung der Abweichungen und Differenzen innerhalb der als homogen angenommenen Kategorien, die Darstellung von „Mehrfachzugehörigkeiten", des „Grenzgängertums", der „Hybridität" und der „Transkontextualität" (vgl. Mecheril & Plößer, 2009, S. 203). Differenz stellt hier weniger ein gegebenes und (an)erkennbares Unterschiedsverhältnis dar, sondern eher ein nicht ohne Weiteres bestimmbares Feld der Verstörung. Es geht um die Achtsamkeit für Formen, in denen hegemoniale Zugehörigkeitsgrenzen sprachlicher und kultureller Art überschritten werden.

Zusammenfassend lässt sich festhalten, dass sich affirmative, d.h. die Kategorien bestätigende und transformative Perspektiven auf Lehrer und Lehrerinnen mit Migrationshintergrund nicht ausschließen, sondern ergänzen müssen. Eine auf Differenz und Vielfalt bezogene Forschung hat es mit dem Dilemma zu tun, die bestehenden Machtverhältnisse immer auch zu (re)produzieren und damit Ungleichheiten zu bestätigen. Dieses dilemmatische Verhältnis, kann nicht aufgelöst, sondern lediglich in eine reflexive Auseinandersetzung überführt werden (vgl. Mecheril & Plößer, 2009, S. 205f.).

Literatur

Auernheimer, G. (Hrsg.) (2010). *Schieflagen im Bildungssystem: Die Benachteiligung der Migrantenkinder.* (4. Aufl.). Wiesbaden: VS Verlag für Sozialwissenschaften.

Badawia, T.; Hamburger, F.; Hummrich, M. (2003) (Hrsg.). *Wider die Ethnisierung einer Generation: Beiträge zur quantitativen Migrationsforschung.* Frankfurt am Main: IKO-Verlag für Interkulturelle Kommunikation.

Baros, W. (2008). Bildung und Überprüfung von Hypothesen in der Migrationsforschung – Zum Verwertungszusammenhang von wissenschaftlichen Erkenntnissen am Beispiel des Neo-Assimilationsansatzes in der Bilingualismusdebatte. *Conflict Communication Online, 7* (2). 1–10. Verfügbar unter: http://www.cco.regener-online.de/2008_2/pdf/baros_2008.pdf [16.12.2011].

Bourdieu, P. (2006). *Wie die Kultur zum Bauern kommt. Über Bildung, Schule und Politik.* Schriften zu Politik und Kultur. Band 4. (Nachdruck). Hamburg: VSA Verlag.

Butler, J. (1991). *Körper von Gewicht: die diskursiven Grenzen des Geschlechts.* Frankfurt am Main: Suhrkamp.

Cornell, S.; Hartmann, D. (2010). Ethnizität und Rasse: Ein konstruktivistischer Ansatz. In M. Müller & D. Zifonun (Hrsg.): *Ethnowissen.* (S. 61–98). Wiesbaden: VS Verlag für Sozialwissenschaften.

Fereidooni, K. (2011). *Schule – Migration – Diskriminierung: Ursachen der Benachteiligung von Kindern mit Migrationshintergrund im deutschen Schulwesen.* Wiesbaden: VS Verlag für Sozialwissenschaften.

Geier, T. (2011). *Interkultureller Unterricht. Inszenierung der Einheit des Differenten.* Wiesbaden: VS Verlag für Sozialwissenschaften.

Gogolin, I. (1994). *Der monolinguale Habitus der multilingualen Schule.* Münster: Waxmann.

Gogolin, I. (2006). Sprachliche Heterogenität und der monolinguale Habitus der plurilingualen Schule. In A. Tanner, H. Badertscher, R. Holzer, A. Schindler & U. Streckeisen (Hrsg.): *Heterogenität und Integration. Umgang mit Ungleichheit und Differenz in Schule und Kindergarten.* (S. 291–299). Zürich: Seismo.

Göhlich, M.; Leonhard, H.-W.; Liebau, E.; Zirfas, J. (Hrsg.) (2006). *Transkulturalität und Pädagogik. Interdisziplinäre Annäherung an ein Kulturwissenschaftliches Konzept und seine pädagogische Relevanz.* Weinheim, München: Juventa Verlag.

Gomolla, M.; Radtke, F.-O. (2009). *Institutionelle Diskriminierung. Die Herstellung ethnischer Differenz in der Schule.* (3. Aufl.). Wiesbaden: VS Verlag für Sozialwissenschaften.

Gomolla, M. (2011). Institutionelle Diskriminierung: Rechtliche und politische Hintergründe, Forschungsergebnisse und Interventionsmöglichkeiten im Praxisfeld Schule. In U. Neumann (Hrsg.): *Schule mit Migrationshintergrund.* (S. 181–195). Münster: Waxmann.

Hamburger, F. (2009). *Abschied von der Interkulturellen Pädagogik. Plädoyer für einen Wandel sozialpädagogischer Konzepte.* Weinheim & Basel: Juventa Verlag.

Hirschauer, S. (2001). Das Vergessen des Geschlechts. Zur Praxeologie einer Kategorie sozialer Ordnung. In B. Heintz (Hrsg.): Geschlechtersoziologie. Sonderheft 41 der

Kölner Zeitschrift für Soziologie und Sozialpsychologie, (S. 208–235). Wiesbaden: Westdeutscher Verlag.

Höhne, T.; Kunz, T.; Radtke, F.-O. (2005). *Bilder von Fremden: Was unsere Kinder aus Schulbüchern über Migranten lernen sollen*. Frankfurt am Main: Goethe-Universität.

Jäger, M. (2011). ,Doing difference' in einer Schweizer Primarschulklasse. Das Fremdbild des Erstklässlers Amir aus ethnographischer Perspektive. In I. Diehm (Hrsg.): *Bildungsbedingungen in europäischen Migrationsgesellschaften: Ergebnisse qualitativer Studien in Vor- und Grundschule*. (S. 25–44). Wiesbaden: VS Verlag für Sozialwissenschaften.

Karakaşoğlu, Y. (2009). Beschwörung und Vernachlässigung der Interkulturellen Bildung im ,Integrationsland' Deutschland – Ein Essay. In W. Melzer & R. Tippelt (Hrsg.): *Kulturen der Bildung*. Beiträge zum 21. Kongress der Deutschen Gesellschaft für Erziehungswissenschaft. (S. 177–195). Opladen: Verlag Barbara Budrich.

Kemper, T. (2010). Migrationshintergrund – eine Frage der Definition! In *Die Deutsche Schule. 102* (4), 315–326.

Khan-Svik, G. (2010). Ethnizität und Bildungserfolg – begriffsgeschichtlich und empirisch beleuchtet. In J. Hagedorn, V. Schurt, C. Steber & W. Waburg (Hrsg.): *Ethnizität, Geschlecht, Familie und Schule. Heterogenität als erziehungswissenschaftliche Herausforderung*. (S. 15–32). Wiesbaden: VS Verlag für Sozialwissenschaften.

Kolat, K. (2007). Quote für ausländische Lehrer. In *Fokus*. Verfügbar unter: http://www.focus.de/schule/lehrerzimmer/schule_aid_122289.html [25.01.2007].

Lösch, K. (2005). Begriff und Phänomen der Transdifferenz; Zur Infragestellung binärer Differenzkonstrukte. In L. Allolio-Näcke, B. Kalscheuer & A. Manzeschke (Hrsg.): *Differenzen anders denken. Bausteine zu einer Kulturtheorie der Transdifferenz*. (S. 26–49). Frankfurt am Main: Campus.

Mecheril, P. (2003). *Prekäre Verhältnisse. Über natio-ethno-kulturelle (Mehrfach-)Zugehörigkeit*. Münster: Waxmann.

Müller, M. (2003). *Geschlecht und Ethnie: historischer Bedeutungswandel, interaktive Konstruktion und Interferenzen*. Wiesbaden: Westdeutscher Verlag.

Plößer, M.; Mecheril, P. (2009). Differenz. In S. Andresen, R. Casale, T. Gabriel, R. Horlacher, S. Larcher Klee & J. Oelkers (Hrsg.): *Handwörterbuch Pädagogik der Gegenwart* (S. 194–208). Weinheim: Beltz.

Presse- und Informationsamt der Bundesregierung (2007). *Nationaler Integrationsplan der Bundesregierung. Neue Wege – Neue Chancen*. Verfügbar unter: http://www.bundesregierung.de/Content/DE/Publikation/IB/Anlagen/nationaler-integrationsplan,property=publicationFile.pdf [28.10.2011].

Römhild, R (1998). *Die Macht des Ethnischen. Grenzfall Russlanddeutsche*. Frankfurt am Main: Verlag Peter Lang.

Rotter, C. (2009). Lehrkräfte mit Zuwanderungsgeschichte: von der Politik umworben, von der Forschung vernachlässigt. *Tertium Comparationis, 15* (1), 3–20.

Schroeder, C. (2007). Integration und Sprache. *Aus Politik und Zeitgeschichte 22–23*, 6–12.

Schründer-Lenzen, A. (2008). Erklärungskonzepte migrationsbedingter Disparitäten der Bildungsbeteiligung. In J. Ramseger & M. Wagener (Hrsg.): *Chancenungleich-*

heit in der Grundschule. (S. 107–116). Wiesbaden: VS Verlag für Sozialwissenschaften.

Stanat, P.; Segeritz, M. (2009). Migrationsbezogene Indikatoren für eine Bildungsberichterstattung. In R. Tippelt (Hrsg.): *Steuerung durch Indikatoren? Methodologische und theoretische Reflexionen zur deutschen und internationalen Bildungsberichterstattung.* (S. 141–156). Opladen: Budrich.

Statistisches Bundesamt (2011). *Bevölkerung und Erwerbstätigkeit.* Bevölkerung mit Migrationshintergrund – Ergebnisse des Mikrozensus 2009 – Erschienen am 14. Juli 2011, korrigiert am 26. September 2011. Verfügbar unter: http://www.destatis. de/jetspeed/portal/cms/Sites/destatis/Internet/DE/Content/Publikationen/Fachveroeffentlichungen/Bevoelkerung/MigrationIntegration/Migrationshintergrund 2010220097004,property=file.pdf [23.11.2011].

Strasser, J.; Steber, C. (2010). Lehrerinnen und Lehrer mit Migrationshintergrund – Eine empirische Reflexion einer bildungspolitischen Forderung. In J. Hagedorn, V. Schurt,C. Steber & W. Waburg (Hrsg.): *Ethnizität, Geschlecht, Familie und Schule. Heterogenität als erziehungswissenschaftliche Herausforderung.* (S. 97–126). Wiesbaden: VS Verlag für Sozialwissenschaften.

Weber, M. (2003). *Heterogenität im Schulalltag. Konstruktion ethnischer und geschlechtlicher Unterschiede.* Opladen: Budrich.

West, C.; Fenstermaker, S. (1995). Doing Difference. *Gender and Society, 9* (1), 8–37.

Yildiz, E. (2011). Migration als Ressource: vom hegemonialen Diskurs zu einem diversitätsbewussten Blick. In S. Sting & V. Wakounig (Hrsg.): *Bildung zwischen Standardisierung, Ausgrenzung und Anerkennung von Diversität.* (=Austria: Forschung und Wissenschaft – Erziehungswissenschaft, Band 12) (S. 33–43). Berlin: LIT Verlag.

Zum Stellenwert von Lehrerinnen und Lehrern mit Migrationshintergrund im Rahmen interkultureller Schulentwicklungsprozesse

Yasemin Karakaşoğlu, Anna Wojciechowicz und Mirja Gruhn

1 Einleitung

Das inzwischen auch bildungspolitisch artikulierte Interesse an einer interkulturellen Schulentwicklung wird vor allem von der Debatte um die Bildungsbenachteiligung von Schüler/inne/n mit so genanntem Migrationshintergrund getragen.
Die im Durchschnitt schlechteren Schulleistungen der (konstruierten Gruppe) von
Schüler/inne/n mit Migrationshintergrund im Vergleich zu ihren Mitschülerinnen
und -schülern ohne Migrationshintergrund können insgesamt auch als ein Beleg
dafür gelesen werden, dass das deutsche Schulsystem mit seinen Lern- und Bil-
dungsangeboten den Bedürfnissen und Bedarfslagen einer sprachlich-kulturell heterogenen Schülerschaft unter den Bedingungen einer Unterschichtung der Mehrheitsgesellschaft nicht gerecht wird und daher diese Schülergruppe systematisch
benachteiligt. So hebt der Bildungsbericht 2010 (Autorengruppe Bildungsberichterstattung, 2010) die spezifische Verteilung von Schülerinnen und Schülern mit
Migrationshintergrund auf die Schularten hervor, die zu einem niedrigen Schulabschluss führen.

   In der öffentlichen Diskussion wird diese Schlechterstellung vornehmlich
durch personenbezogene Merkmale von Kindern und Jugendlichen mit Migrationshintergrund (z.B. defizitäre Sprachkenntnisse, Kultur- und Identitätskonflikte)
und durch Merkmale ihres familiären Hintergrundes (traditionelle Erziehungsziele,
‚Integrationsverweigerung‘) erklärt. Gegenüber den institutionellen Rahmenbedingungen und dem schulorganisatorischen Handeln, in denen das institutionalisierte
Lehren und Lernen im Migrationskontext erfolgt, wird hingegen eine weitaus weniger kritische Perspektive eingenommen, wenn nicht gar aus der Debatte ausgeklam-
mert. Auch der Einfluss der familiären sozialen Lage auf die Bildungschancen von
Kindern und Jugendlichen mit Migrationshintergrund findet in dieser Diskussion
nur wenig Beachtung, obwohl der sozioökonomische Status der Familie den größten Teil der Bildungsbenachteiligung im deutschen Schulsystem erklärt (Gresch &
Kristen, 2011).

   Diese selektive Betrachtung der Ursache für die Schlechterstellung der Schülerinnen und Schüler mit Migrationshintergrund spiegelt sich auch in den kom-
pensatorischen integrativen Maßnahmen speziell für Migrantinnen und Migranten
wieder. Sie zielen vornehmlich auf diejenigen personenbezogenen Merkmale ab,
die eine gleichberechtigte Bildungsteilhabe augenscheinlich verhindern. Besonders
in der Förderung der Unterrichtssprache Deutsch wird eine Möglichkeit gesehen,
Kindern und Jugendlichen nicht deutscher Erstsprache bessere Bildungschancen zu

eröffnen. Dies geschieht oftmals in additiven, extracurricularen Förderstunden, wobei sich Forscherinnen und Forscher der Didaktik des Deutschen als Zweitsprache einig sind, dass eine gezielte sprachliche Unterstützung dann am erfolgreichsten ist, wenn sie in das fachliche Lernen integriert wird.

Vor diesem Hintergrund rückt der Entwicklungsbedarf einer umfassenden Umorientierung von Schule im Umgang mit der Normalität einer sprachlich, kulturell und ethnisch heterogenen Schülerschaft in den Blick pädagogischer Bemühungen. In diesem Zusammenhang wird die Forderung nach ‚mehr Lehrkräften mit Migrationshintergrund' in integrationspolitischen Bestrebungen laut, denn sie werden nunmehr als Hoffnungsträger für eine migrationssensible Schule betrachtet (vgl. Karakaşoğlu, 2011, S. 121; vgl. Strasser & Steber, 2009, S. 98). Im Folgenden soll kritisch geprüft werden, wie diese strategische Überlegung im Lichte empirischer Befunde zu den Erfahrungen, Kenntnissen und Orientierungen von Lehrerinnen und Lehrern mit Migrationshintergrund zu bewerten ist und ob diese als ausschlaggebend oder zumindest zielführend für eine interkulturelle Schulentwicklung betrachtet werden kann. Der vorliegende Beitrag diskutiert zunächst die Frage, ob Lehrpersonen mit Migrationshintergrund per se geeigneter sind, chancengleiche Lernszenarien zu gestalten als Lehrpersonen ohne Migrationshintergrund. Daran anschließend wird ein systematischer Vorschlag zur Definition und konzeptionellen Umsetzung interkultureller Schulentwicklung vorgelegt. Diese umfasst eine interkulturelle Personalentwicklung durch den Einsatz von Lehrpersonen mit Migrationshintergrund, beschränkt sich jedoch nicht auf diesen Aspekt. Stattdessen verfolgt die interkulturelle Schulentwicklung das Ziel, die interkulturelle Professionalisierung aller an Bildungsprozessen beteiligten Personen im Rahmen schulischer Organisationsprozesse systematisch zu fördern – unabhängig einer eigenen Migrationserfahrung.

2 Lehrpersonen mit Migrationshintergrund von Natur aus interkulturell kompetent?

Lehrpersonen mit Migrationshintergrund werden in der Öffentlichkeit oftmals als ideales Personal für eine Chancengleichheit herstellende pädagogische Arbeit angesehen. Ihre Schlüsselfunktion bezieht sich unter anderem auf die Unterstützung des Kollegiums in der Zusammenarbeit mit Eltern mit Migrationshintergrund und auf die Verbreitung einer allgemeinen Wertschätzungskultur der (migrationsbedingten) Mehrsprachigkeit. Zudem sollen sie die mit dem Schulbesuch verknüpfte Notwendigkeit, die deutsche Sprache zu lernen, unterstreichen und damit die Funktion eines Rollenvorbildes für erfolgreiche Bildungskarrieren einnehmen (vgl. Bundesamt für Migration und Flüchtlinge, 2010). Von ihnen wird also ein besonderes Engagement für migrationsspezifische Schulangelegenheiten gefordert; ferner sollen sie eine Brücke zum Elternhaus und zur ethnischen Community schlagen. Die Fähigkeit und das Interesse, sich für diese Bedarfe einzusetzen, werden ihnen qua interkultureller familiärer Sozialisation zugeschriebenen. Diese führt demnach automatisch zu interkultureller Kompetenz. Zudem wird ein kausaler Zusammenhang zwischen dem Einsatz von Lehrer/inne/n mit Migrationshintergrund und der Leistungsfähigkeit von Schulen in der Migrationsgesellschaft behauptet, der noch zu beweisen wäre. Auch steht ein empirischer Beweis noch aus, ob eine sog. interkulturelle Kompetenz von Lehrer/inne/n Leistungsunterschiede zwischen Schüler/inne/n überhaupt kompensieren kann (vgl. Lanfranchi, 2002).

Mit der Frage nach dem Nutzen von interkultureller Kompetenz geht die Frage nach der Begriffsbestimmung von interkultureller Kompetenz einher. Nach Straub (2007, S. 35ff.) existiert aktuell keine allgemeingültige Definition, da interkulturelle Kompetenz schwer zu operationalisieren und ebenso schwer empirisch nachzuweisen sei. Er ordnet sie der personalen Handlungskompetenz zu. Wenn interkulturelle Kompetenz jedoch als „zielführendes, erfolgreiches Handeln in einer kulturellen Überschneidungssituation" definiert wird, liegt ihr die von der Interkulturellen Bildung kritisierte Annahme statischer Kulturen zugrunde. Auch die gängige Definition von Thomas (2003, S. 139) bleibt diesem Paradigma verhaftet: „Interkulturelle Kompetenz zeigt sich in der Fähigkeit, kulturelle Bedingungen und Einflussfaktoren im Wahrnehmen, Urteilen, Empfinden und Handeln bei sich selbst und bei anderen zu erfassen, zu respektieren, zu würdigen und produktiv zu nutzen im Sinne einer wechselseitigen Anpassung, von Toleranz gegenüber Inkompatibilitäten und einer Entwicklung hin zu synergieträchtigen Formen der Zusammenarbeit, des Zusammenlebens und handlungswirksamer Orientierungsmuster in Bezug auf Weltinterpretation und Weltgestaltung". Herwartz-Emden, Schurt & Warburg (2010, S. 210) hingegen betonen in ihrer aus dem wissenschaftlichen Konsens interkultureller Bildung zusammengestellten Definition die (Selbst-)Reflexivität als Schlüsselkomponente interkultureller Kompetenz: „In (selbst-)reflexiven Prozessen müssen gesellschaftlich und strukturell bedingte Machtasymmetrien, Kulturgebundenheit und Kulturrelativität, kulturelle und individuelle Zugehörigkeiten sowie individuelle und gruppenbezogene Ressourcen berücksichtigt werden." Dabei sind die das pädagogische Handeln begrenzenden strukturellen Mechanismen wie z.B. Institutionelle Diskriminierung (Gomolla & Radtke, 2002) ebenfalls zu reflektieren. Interkulturelle Kompetenz gilt schließlich als „eine Disposition, die im Prozess lebenslangen Lernens immer wieder neu angeeignet wird und in konkreten Situationen bezogen auf das je spezifische Feld als Handlungskompetenz neu zu entwickeln ist" (Herwartz-Emden et al. 2010, S. 210).

Die empirische Basis zur Beantwortung der Frage, ob Lehrkräfte mit Migrationshintergrund in diesem Sinne eine höhere interkulturelle Kompetenz aufweisen als solche ohne, ist schmal, da pädagogische Einstellungen und Handlungsorientierungen im täglichen Unterrichtsgeschehen von Lehrpersonen mit und ohne Migrationshintergrund bislang kaum Gegenstand erziehungswissenschaftlicher Professionsforschung gewesen sind. Die wenigen Studien, die sich mit unterschiedlichen Methoden und differierenden theoretischen Ansätzen dieser Frage in Deutschland gewidmet haben, werden im vorliegenden Sammelband durch die Beiträge der Autorinnen und Autoren repräsentiert oder ergänzt. Sie sollen daher an dieser Stelle nicht weiter vorgestellt werden, wohl aber die Studien, die den hier interessierenden Zusammenhang zwischen interkultureller Öffnung von Schule und dem Einsatz von Lehrkräften mit Migrationshintergrund in den Blick nehmen.

Eine der ersten Untersuchungen für den deutschsprachigen Raum ist die qualitativ ausgerichtete Studie zum pädagogischen Umgang mit migrationsbedingter Heterogenität in Lerngruppen in vergleichender Perspektive zwischen Lehrpersonen mit und ohne Migrationshintergrund von Doris Edelmann (2007). Edelmann befragte insgesamt 40 Primarschullehrerinnen und -lehrer, darunter 15 Lehrpersonen mit Migrationshintergrund, an 29 Schweizer Schulen. Die Untersuchung zeigt, dass sich bei Lehrpersonen mit Migrationshintergrund sowie Lehrpersonen, die in einer binationalen Familiensituation leben, pädagogische Handlungsorientierungen und Verarbeitungsweisen von interkulturellen Situationen ausmachen lassen, die auf eine besondere Sensibilität im Umgang mit migrationsbedingter Heterogenität hinweisen (vgl. ebd., S. 193f.). Die kulturelle Heterogenität wird von ihnen als eine Lernchance für alle Schülerinnen und Schüler verstanden und bei der Unterrichtsgestaltung aller Fächer durch reflexive Unterrichtselemente akzentuiert (vgl. ebd., S. 189). Die Studie kann sicherlich als ein Indiz für ein größeres Bewusstsein für die lebensweltlichen Ausgangslagen und Problembelastungen von Kindern und Jugendlichen mit Migrationshintergrund gewertet werden, welches aus vorausgehenden biographischen Differenzerfahrungen von Migration erwächst. Diese Sensibilität erlaubt es jedoch nicht automatisch Rückschlüsse auf einen professionellen Umgang in der pädagogischen Praxis zu ziehen. So konnte Edelmann bei jungen Lehrpersonen mit Migrationshintergrund zwar ‚stillschweigend-anerkennende' Handlungsmuster nachweisen, innerhalb derer die kulturelle, sprachliche und religiöse Vielfalt der Schülerschaft wahrgenommen wird, jedoch kein Raum in der Unterrichtsgestaltung geschaffen wird, um diese Vielfalt als Chance zum interkulturellen Dialog praxiswirksam aufzugreifen (vgl. ebd., S. 143ff.). Auch Mecheril (2008, S. 18) stellt die automatische Zuschreibung interkultureller Kompetenzen aufgrund eigener Migrationserfahrungen in Frage: „Zwar ist zu erwarten, dass Minderheitenangehörige in einer selbstverständlicheren Weise mit Themen kultureller Differenz und Dominanz lebensgeschichtlich befasst sind. Das Erfahrensein und die sich im Zuge dieser Erfahrungen ausbildenden Vermögen entlasten aber – sobald und solange es um professionelles Handeln geht – nicht von einer Auseinandersetzung mit diesen Erfahrungen und Vermögen, entbürden nicht von ihrer Differenzierung und Erweiterung".

Insgesamt droht bei einer dermaßen starken Fokussierung auf individuelle Handlungsorientierungen von Lehrpersonen eine Ausblendung der Organisations- und Kooperationsstrukturen der Schule in ihrer Bedeutung für den Erfolg interkultureller Schulentwicklungsprozesse. Werden ausschließlich Prozesse zur Professionalisierung im Sinne persönlicher Entwicklung und Steigerung des beruflichen Leistungspotentials von Lehrerinnen und Lehrern anvisiert, handelt es sich zwar um eine Form modernisierter Lehrerbildung, nicht aber um Schulentwicklung (vgl. Rolff, 2007, S. 25).Vor diesem Hintergrund ist zu erwarten, dass die ausschließliche Fokussierung auf das interkulturelle Potenzial oder die interkulturelle Kompetenz von Lehrpersonen mit Migrationshintergrund bei interkulturellen Schulentwicklungsprozessen zum Scheitern verurteilt sind, wenn a) nicht alle in der Schule handelnden Akteurinnen und Akteure in die Veränderungsprozesse systematisch miteinbezogen werden und b) das sozialisationsbedingte Potential einer interkulturellen Kompetenz nicht durch eine professionelle Ausbildung und Reflexion der pädagogischen Haltung begleitet und weiterentwickelt wird. Um aufzuzeigen, welche Rolle eine interkulturelle Professionalisierung des pädagogischen Personals im Rahmen interkultureller Schulentwicklungsprozesse spielt, gilt es zunächst, letztere zu definieren.

3   Interkulturelle Schulentwicklung – Eine Begriffsbestimmung

Angesichts der andauernden Benachteiligung der Schülerinnen und Schüler mit Migrationshintergrund im deutschen Schulsystem und der damit verbundenen Feststellung, dass rein kompensatorische Fördermaßnahmen nicht ausreichend sind, um in den Schulen Chancengleichheit herzustellen, rückte die interkulturelle Bildung in den vergangenen Jahren immer stärker in das Zentrum der schulpädagogischen Aufmerksamkeit – und damit auch der Begriff der interkulturellen Schulentwicklung. So verweisen eine Vielzahl von neueren Sammelbänden und Einzeluntersuchungen auf die besondere Herausforderung, die die sprachlich-kulturelle Vielfalt an die Institution Schule stellt und die pädagogische Arbeit in besonderem Maße prägt. Die Rede ist hier von einer „Schule in der Einwanderungsgesellschaft" (Leiprecht & Kerber, 2005), „Schule mit Migrationshintergrund" (Neumann & Schneider, 2011), „Interkulturellen Schule" (Holzbrecher, 2011) oder „Interkulturell kompetenten Schule" (Over, 2012). Gemeinsam ist den genannten Veröffentlichungen, dass sie die Relevanz des Themas hervorheben und zentrale Aspekte einer sog. interkulturellen Öffnung von Schule beschreiben. Hierbei nehmen sie das pädagogische Handeln zumeist in seiner Gesamtheit in den Blick und deklinieren die interkulturelle Öffnung durch die verschiedenen Ebenen schulischer Arbeit. In anderen neueren Untersuchungen werden zudem Einzelaspekte des pädagogischen Arbeitsfeldes wie das Unterrichtsgeschehen im „globalisierten Klassenzimmer" (Niehoff & Üstün, 2011) oder die „Vielfalt im Lehrerzimmer" (Georgi, Ackermann & Karakaş, 2011) thematisiert. Die Durchsicht der zahlreichen Publikationen zur interkulturellen Öffnung von Schule hebt jedoch neben der enormen Produktivität dieses Forschungszweiges auch die relative Beliebigkeit dessen hervor, was unter interkultureller Schulentwicklung zu verstehen ist. Der folgende Abschnitt bemüht sich daher um eine Annäherung an dieses Konzept. Hierfür erweist sich zunächst ein Rekurs auf den Begriff der Schulentwicklung im allgemeinen Sinne als hilfreich.

Schulentwicklung beschreibt einen kontinuierlichen und professionell gestalteten Entwicklungs- und Veränderungsprozess zur Verbesserung der Schul- und Unterrichtspraxis. Das Ziel ist es, die Qualität der schulischen Leistungen von Schülerinnen und Schülern zu verbessern (vgl. Horlacher, 2011, S. 5). Damit weist diese

Definition starke Bezüge zur Schuleffektivitätsforschung auf, die die Qualität von Schule über das Lernoutput der Schülerschaft misst. Den unterschiedlichen Lernvoraussetzungen, die die Schülerinnen und Schüler sozialisationsbedingt mitbringen, wird jedoch kaum Rechnung getragen. Ebenso wenig finden die von der Schule erzeugten Rahmenbedingungen des Lernens angemessene Berücksichtigung. Auch Berkemeyer, Bos & Manitius (2012, S. 25) betonen in ihrem „Entwurf einer gerechtigkeitstheoretischen Schultheorie" die Notwendigkeit einer Abkehr von der reinen Output-Orientierung zugunsten einer integrierten Schultheorie, „die bezogen auf die gesellschaftlichen Funktionen von Schule nicht allein Zielperspektiven für die Entwicklung von Schule durch Qualitätsmerkmale guter Schulsysteme bereithält, sondern auch eine Antwort auf die Frage nach der Gerechtigkeit eines Schulsystems bietet." Die Autoren nehmen hierbei Bezug auf exponierte Gerechtigkeits- und Anerkennungstheoretiker wie John Rawls (1979, 2006), Amartya Sen (2010) und Axel Honneth (zuletzt 2011). Eine umfangreiche Darstellung der gerechtigkeitstheoretischen Schultheorie von Berkemeyer et al. (2012) ist an dieser Stelle leider nicht möglich. Der Grundgedanke soll jedoch für den vorliegenden Untersuchungsgegenstand fruchtbar gemacht werden, nämlich, „dass die Gerechtigkeit des Systems nicht allein vom erreichten Bildungsabschluss des Schülers her beurteilt werden darf. Vielmehr gilt es, nach Spiel- und Entscheidungsräumen für das Lernen und die Entfaltung der eigenen Persönlichkeit zu fragen. Je größer diese sind, desto größer ist die Chance jedes einzelnen Kindes, seine eigene Bildungsbiografie mitzubestimmen" (ebd., 2012, S. 20). Aus der Perspektive der Interkulturellen Bildung kommt an diesem Punkt die notwendige Berücksichtigung von sprachlich-kultureller Vielfalt sowie der Vielfalt von Lebenssituationen und -orientierungen in der Sozialisation von Kindern und Jugendlichen als konstitutive Elemente ihrer Persönlichkeit ins Spiel. Gefordert wird von ihr daher, Vielfalt als Querschnittsdimension allen Handelns in den unterschiedlichen Bildungsinstitutionen zu berücksichtigen im Sinne einer gerechtigkeits- und anerkennungstheoretisch fundierten Pädagogik (Auernheimer, 2006; Krüger-Potratz, 2005). Dementsprechend muss Schulentwicklung den Anspruch erfüllen, zur interkulturellen Öffnung der Institutionen beizutragen und sich mithin als interkulturelle Schulentwicklung zu verstehen (Karakaşoğlu, Gruhn & Wojciechowicz, 2011).

Mit dem Bezug zu ‚Kultur' als Orientierungssystem handelt es sich allerdings, und das muss hier kritisch angemerkt werden, um ein pädagogisch-normatives Konstrukt, das in einem bestimmten fachlichen Kontext, der Interkulturellen Erziehungs- und Bildungswissenschaft, mit Bezügen zu sozial- und kulturwissenschaftlichen Diskursen über den Kulturbegriff derzeit in seinem nahezu ausschließlichen Bezug auf ethno-nationale kulturelle Bezüge als Wirkungsmechanismus deutlich in Frage gestellt wird. Schließlich steht die – bezogen auf Bildungsinstitutionen und ihren Anspruch der Gleichbehandlung – inhärente Aufforderung der Interkulturellen Bildung, sprachlich-kulturelle Vielfalt zu berücksichtigen bzw. anzuerkennen, in einem Spannungsfeld zwischen Thematisierung und damit Benennung von Unterschieden und einer notwendigen Dethematisierung im Sinne einer Gleichbehandlung und Entdramatisierung von Unterschieden. Hinzu kommt die Erkenntnis über den Konstruktcharakter von Kultur, der diese offen sein lässt für Hybridisierung und Wandelbarkeit in Zeit und Raum. Ein solcher Zugang stellt die Zentralität des Kulturbegriffs in der Interkulturellen Bildung deutlich in Frage und fordert die Disziplin heraus, sich mit ihrem zentralen Konzept kritisch-reflektierend auseinanderzusetzen (vgl. Kalpaka & Mecheril, 2010; Karakaşoğlu, 2010). Das Ziel des vorliegenden Beitrags ist es nicht, die Rolle des Kulturbegriffs für die Interkulturelle Bildung zu diskutieren. Dem mit diesem Begriff verbundenen Spannungsfeld zwischen Thematisierung und Dethematisierung sind wir uns jedoch bewusst und möchten an dieser Stelle betonen, dass eine interkulturelle Schulentwicklung alle Beteiligten einschließt und somit die Gesellschaft in ihrer Gänze umfasst.

Interkulturelle Schulentwicklung meint einen veränderten Blick der Institution Schule und damit der in ihr verantwortlich Handelnden auf die durch Migrationsprozesse veränderte Schulrealität insgesamt sowie eine Anpassung der Institution in ihren Strukturen, Methoden, Curricula und Umgangsformen an eine in vielen Dimensionen heterogene Schülerschaft. Im Kern dieser Anpassungen steht ein Perspektivwechsel. Statt von den Schüler/inne/n mit Migrationshintergrund zu verlangen, sich an die Anforderungen der Schule anzupassen, fokussiert die interkulturelle Schulentwicklung die Notwendigkeit, Schüler/inne/n aus Zuwandererfamilien als Normalfall zu betrachten. Hierzu gehört es auch, einen spezifischen Unterstützungsbedarf aufgrund einer möglicherweise nicht deutschsprachigen familiären Sozialisation wahrzunehmen und zu berücksichtigen. Verändern muss sich daher die Schule, nicht aber die Schülerschaft (vgl. Karakaşoğlu et al. 2011, S. 21). Vor diesem Hintergrund macht eine interkulturelle Schulentwicklung die „Reorganisation, Verbesserung, Entwicklung und Evaluierung von Entscheidungsprozessen" in allen Arbeitsbereichen von Schule notwendig. Hierbei „ist die Idee der Querschnittspolitik grundlegend, da Chancengleichheit sich nur herstellen lässt, wenn sie in allen Bereichen [einer Organisation] angestrebt wird" (Handschuck & Schröer, 2003, S. 15). Terkessidis (2010, S. 141f.) spricht sich daher für einen „radikalen Umbau der Institutionen" mit dem Ziel einer umfassenden Neuorientierung im Hinblick auf interkulturelle Orientierung aus. Dabei ist der Kern der Institutionen dahingehend zu hinterfragen ob die Räume, die Leitideen, die Regeln, die Routinen, die Führungsstile, die Ressourcenverteilung sowie die Kommunikation nach außen und die Einstellungen der Akteurinnen und Akteure im Hinblick auf die Vielfalt gerecht und effektiv gestaltet sind.

Folglich unterscheidet sich die interkulturelle Schulentwicklung von kurzweiligen additiven Interventionen. Letztere, wie die der Förderung der deutschen Sprache, sind einerseits wichtig, um die Voraussetzung für eine gleichberechtigte Bildungspartizipation zu schaffen, sie haben aber keine nachhaltige Wirkung auf die Regelabläufe in der Institution oder die Einstellungsmuster der Vertreterinnen und Vertreter der Institution, in diesem Fall der Pädagoginnen und Pädagogen selbst. Dies soll durch Prozesse der interkulturellen Orientierung von Schule bzw. interkulturelle Schulentwicklung verändert werden. Der interkulturellen Schulentwicklung geht es somit vornehmlich um „Repräsentation", d.h. um die Anerkennung von ethnischer, kultureller und sprachlicher Pluralität im schulischen Raum als Ausdruck der gesellschaftlichen Realität.

Wir unterscheiden zwei Dimensionen von Repräsentation, die symbolische und die funktionale Form von migrationsspezifischer Vielfalt. Diese stehen in einem komplementären Verhältnis zueinander (vgl. Karakaşoğlu & Wojciechowicz, 2012, S. 20). Mit *symbolischer Repräsentation* meinen wir all jene Aspekte interkultureller Schulentwicklung, die darauf abzielen, ethnische, kulturelle und sprachliche Pluralität im Schulkontext für alle Mitglieder der Institution Schule sichtbar und wahrnehmbar zu machen. Der gezielte Einsatz von symbolischen Repräsentationsformen stellt folglich ein wesentliches Medium dar, um eine Wertschätzung und Akzeptanz migrationsbedingter Vielfalt zu erzeugen. Zudem verleiht sie ihr Legitimität, Prestige und Einfluss innerhalb des schulischen Bezugsraumes und befördert schließlich die Herausbildung und das Erleben eines gemeinschaftlichen Bewusstseins. Daher ist es von zentraler Bedeutung, Schule nicht als Einzelschule im luftleeren Raum und damit als isolierten sozialen Bildungsraum zu denken. Schule ist immer in gesellschaftliche Repräsentations- und Ordnungsverhältnisse eingelassen, deren konstruierte soziale Wissensbestände über migrationsbedingte Vielfalt fördernd aber auch kontraproduktiv für eine erfolgreiche Gestaltung von interkultureller Schulentwicklung sein können. Folglich erschöpft sich Schulqualität nicht in den fachlichen Leistungen der Schülerinnen und Schüler, sondern schließt auf der institutionellen und bildungspolitischen Ebene zum Ausdruck gebrachte grundlegende Werthaltungen und Einstellungen mit ein. Unter *funktionaler Repräsentation* verstehen wir dagegen jene Aspekte interkultureller Schulentwicklung, die die aus einer migrationsbedingten Sozialisation erwachsenen Bildungsdispositionen bzw. Zugänge zu Bildung berücksichtigen. Hierzu zählen spezifische Förderungs- und Unterstützungsbedarfe, die auf die unmittelbare Verbesserung der Partizipationschancen der Schülerinnen und Schüler mit Deutsch als Zweitsprache und/oder familiärer Migrationsgeschichte abzielen. Dieses schließt die konkrete Unterrichtspraxis mit ein, welche im Kontext von interkultureller Schulentwicklung eine methodisch-didaktische Erweiterung und Reorganisation erfährt. Im Zentrum dieser Bemühungen steht die Hinwendung zum lernenden Individuum unter Berücksichtigung seiner individuellen (sozialen, familiären, sprachlichen, kulturellen, geistigen) Ausgangslage für Lernprozesse (für konkrete Beispiele aus der Unterrichtspraxis, vgl. Niehoff & Üstün, 2011). Für eben diese Weiterentwicklung des Unterrichts ist eine systemisch aufeinander aufbauende Kompetenzvermittlung im Umgang mit Heterogenität entscheidend. Im Kontext der Personalentwicklung bzw. der Professionalisierung des Handelns der Lehrenden spiegelt sich diese in der Forderung nach interkultureller Kompetenz der Lehrenden wider.

Diese Überlegungen machen deutlich, dass sich der interkulturelle Schulentwicklungsprozess nicht auf Teilaspekte reduzieren darf, sondern als „Trias von Organisations-, Unterrichts- und Personalentwicklung" (Rolff, 2010, S. 29) konzipiert sein muss, um wirken zu können. Der interkulturellen Schulentwicklung liegen damit eine Vielzahl miteinander konzeptionell verknüpfter Maßnahmen auf *vier zentralen Handlungsebenen der interkulturellen Organisationsentwicklung* zugrunde (zusammengestellt nach Mecheril et al. 2010, S. 137; Eickhorst, 2007, S. 90; Schröer, 2007, S. 83; Krüger-Potratz, 2005, S. 142; Fischer, 2006).[1]

4. Die *personale bzw. Ebene der Ausbildung der* Lehrerinnen und Lehrer. Sie umfasst den Erwerb interkultureller Kompetenz, selbstreflexiver Auseinandersetzung mit Prozessen der Identitätsbildung und mit Rollenmustern, mit Einstellungen und spezifischen Kompetenzen wie (selbst-)kritischer Reflexion des Eigenen und Fremden, Wissen über Ursache und Geschichte der Arbeitsmigration, über die Rolle und den Status von Minderheiten und die aktuelle Migrationspolitik sowie Handlungskompetenz durch geeignete Kommunikations- und Konfliktstrategien sowie die Einstellung von pädagogischem Fachpersonal auf allen Ebenen der Schule mit Migrationshintergrund.

5. Die *inhaltliche bzw. die didaktische und curriculare Ebene*. Damit ist das Leitbild der Schule, das Schulprofil, die interkulturelle Unterrichtsentwicklung, Ausrichtung aller Curricula und Unterrichtsinhalte auf die Normalität der kulturellen Vielfalt im Klassenzimmer, die Repräsentation der sprachlich-kulturellen Pluralität in Projekten und Maßnahmen der Schulöffnung sowie die Integration z.B. von Sprachförderkonzepten in den Regelunterricht gemeint.

6. Die *strukturelle bzw. schulorganisatorische Ebene*. Sie bezieht sich auf die Konferenz- und Gremienarbeit, Schulstrukturentscheidungen, Rolle der Schulleitung, strukturell verankerte Kooperation mit lokalen, regionalen und internationalen Personen, Gruppen, darunter in selbstverständlicher Weise auch auf die Kooperation mit Vereinen und Institutionen von Migranten.

7. Die *soziale Ebene*. Sie umfasst Kommunikations- und Interaktionsprozesse zwischen Lehrer/inne/n, Schüler/inne/n sowie Eltern, um Möglichkeiten der Teambildung und der Konfliktbearbeitung zu vereinbaren und interkulturelle Elternarbeit zu implementieren; mehrsprachige Hinweisschilder und Informationsmaterial, Präsentation von Schulprojektergebnissen, die Differenz und Heterogenität als Bestandteil von (Schul-)Wirklichkeit darstellen und thematisieren, Mitbestimmungsmöglichkeiten für Schüler/innen schaffen als Bestandteil des demokratischen Selbstverständnisses von Schule und als Beitrag zur Demokratieerziehung.

Diese vier Handlungsebenen der interkulturellen Organisationsentwicklung verdeutlichen die Herausforderungen an die Personalentwicklung im Rahmen interkultureller Schulentwicklungsprozesse. Nachfolgend sollen diese detailliert vorgestellt werden und vor der programmatischen Forderung nach „Mehr Lehrern mit Migrationshintergrund" diskutiert werden.

---

1   Die folgende Auflistung mit Erläuterungen ist wortwörtlich unserer Publikation Karakaşoğlu et al. 2011, S. 23f entnommen.

4   Interkulturelle Lehrerprofessionalisierung als Teil interkultureller Schulentwicklung

Interkulturelle Öffnung von Schule kann nur mit Hilfe eines interkulturell kompetenten Personals gelingen. Die *Ausbildung der* Lehrerinnen und Lehrer erfordert daher in allen drei Phasen der Lehrerbildung eine konsequente Integration von Elementen Interkultureller Bildung. Dabei kommt es neben „einem Grundwissen in Schlüsselthemen der Interkulturellen Bildungsforschung im Rahmen spezieller Ausbildungsmodule [...] auch auf eine stärkere Verschränkung von Aspekten der sprachlichen und soziokulturellen Heterogenität und Gleichheit mit den Mainstream-Themen der Ausbildung an. Erforderlich ist ferner die Vermittlung der entsprechenden Kompetenzen zur Teamarbeit, zur gemeinsamen Praxisreflexion und zur methodischen Umsetzung von Schulentwicklung" (Gomolla, 2005, S. 270). Darüber hinaus erhalten zielgruppenorientierte Bildungsangebote zur Weiterqualifizierung für das Leistungspersonal oder die Schulberatung eine zentrale Bedeutung. Schließlich kommt der Schulleitung im Prozess der interkulturellen Schulentwicklung eine Schlüsselrolle zuteil, übernimmt sie doch alle Aufgaben und Funktionen, die mit der normativen und strategischen Steuerung der Gesamtorganisation verbunden sind. Zudem schafft sie auf der *strukturellen bzw. schulorganisatorischen Ebene* die notwendigen Entwicklungsspielräume zur Erprobung und Implementierung von schulischen Veränderungsprozessen. Die Unterstützung der professionellen Weiterentwicklung des pädagogischen Personals wird in diesem Zusammenhang nicht als eine punktuelle Intervention verstanden, sondern als eine kontinuierliche Daueraufgabe. Nur ein entsprechend geschultes Personal wird in der Lage sein, die *inhaltliche bzw. die didaktische und curriculare Ebene* migrationssensibel zu gestalten und auf der *sozialen Ebene* interkulturell kompetente Impulse geben können.

Die Bedeutung eines migrationssensiblen organisatorischen Kontextes verdeutlicht auch die Studie von Edelmann (2007). Diese entstand vornehmlich an Schulen, die an dem modularisierten interkulturellen Schulentwicklungsprogramm der Bildungsdirektion des Kantons Zürich zur Förderung des Schulerfolgs von Schülerinnen und Schülern mit Migrationshintergrund teilnehmen (QUIMS-Qualität in multikulturellen Schulen[2]). Edelmann zeigt in ihrer Studie deutlich auf, dass die individuellen Haltungen und die daraus resultierenden pädagogischen Handlungsstrategien der Lehrkräfte im Hinblick auf die migrationssensible Gestaltung von

---

2   Die Teilnahme am Quims-Programm ist laut Volksschulgesetz des Kantons Zürich für Schulen mit einem Anteil von mindestens 40% von Schülerinnen und Schülern mit Migrationshintergrund bindend. Dreh- und Angelpunkt der Quims-Schulentwicklung ist die Einrichtung des Aufgabenbereiches einer/eines Beauftragten für interkulturelle Angelegenheiten in jeder beteiligten Schule bzw. die Bildung eines Teams in größeren Schulen, die systematische Anstrengungen in drei Handlungsfeldern 1) Förderung der Sprache, 2) Förderung des Schulerfolgs und 3) Förderung der sozialen Integration von Schülerinnen und Schülern mit Migrationshintergrund initiieren und koordinieren (vgl. Bildungsdirektion Kanton Zürich 2008, S. 16ff.).

Lernarrangements maßgeblich von den in Zürich vorherrschenden institutionellen Ordnungen und organisatorischen Rahmenbedingungen beeinflusst werden (vgl. Edelmann, 2007, S. 191f.). Aus der Untersuchung von Edelmann sowie der Analyse der Rahmenbedingungen von QUIMS (vgl. hierfür auch Karakaşoğlu et al. 2011) lassen sich eine Reihe von Kriterien zusammenstellen, die eine interkulturell kompetente Bildungsarbeit begünstigen. Demnach arbeiten sowohl Lehrpersonen mit wie auch ohne Migrationshintergrund, die im gesamten unterrichtlichen Handeln die migrationsbedingte Pluralität berücksichtigen, an Schulen, an denen intensive Kooperationsformen mit anderen Lehrpersonen sowie eine Feedbackkultur in die Regelstruktur der Schule implementiert sind und daher gezielt unterstützt werden. Weiterhin verfügen diese Schulen über ein Leitbild und ein Schulprogramm, das auf einem klar definierten interkulturellen Bildungskonzept gründet, also vom schulischen Gesamtsystem getragen wird. Diese notwendige Einbindung des Personalentwicklungsziels ‚Interkulturelle Kompetenz der Lehrenden' mittels übergeordneter Schulentwicklungsstrategie wird auch durch die Befunde von Georgi (2011) bestätigt. So betont ihre Untersuchung zum Selbstverständnis und zur schulischen Integration von Lehrenden mit Migrationshintergrund „die Notwendigkeit, das Engagement und die Kompetenzen Lehrender mit Migrationshintergrund im Gesamtzusammenhang interkultureller Schulentwicklung zu betrachten" (ebd., S. 273). Die reine „Erhöhung der Anzahl Lehrender mit Migrationshintergrund [sei] zwar unverzichtbarer Bestandteil interkultureller Schulentwicklung, die Schulentwicklungsmaßnahmen und deren bildungspolitische Flankierung [dürfen sich] hierin aber nicht erschöpfen" (ebd.). Zu einen ähnlichen Ergebnis gelangt auch die Studie von Over (2012). Auf der Basis qualitativ und quantitativ erhobenen Materials zu Einstellungen eines Lehrerkollegiums im Hinblick auf die Interkulturalität von Schule entwickelte er ein über psychologische Tests validiertes Trainingsmodell zur Entwicklung interkultureller Kompetenz von Lehrenden. Over kommt abschließend zu der Einschätzung, „dass Maßnahmen zur Entwicklung der interkulturellen Kompetenz im Idealfall das Gesamtsystem der Schule einbeziehen müssen" (Over, 2012, S. 151). Somit relativieren Edelmann (2007), Georgi (2011) und Over (2012) in ihren empirischen Untersuchungen die Annahme, Lehrkräfte mit Migrationshintergrund seien per se interkulturell kompetent. Wird interkulturelle Kompetenz als professionelle Handlungskompetenz im multikulturellen Schulkontext verstanden, die über Lernprozesse erworben werden kann, dann ist ihre Förderung auch bei Lehrpersonen ohne Migrationshintergrund anzustreben. Die Voraussetzung und Umsetzungsfähigkeit für interkulturell kompetentes Handeln ist demnach nicht per se eine eigene Migrationserfahrung, sondern ein migrationssensibles schulisches Umfeld, welches aus einem interkulturellen Schulentwicklungsprozess erwachsen kann.

5   Zusammenfassung und Ausblick

Das Ziel des vorliegenden Beitrags war es, die Reichweite der Möglichkeiten von Lehrkräften mit Migrationshintergrund hinsichtlich der Umsetzung interkulturell kompetenten Handelns mit dem Ziel der Herstellung von Chancengleichheit für Schülerinnen und Schüler mit Migrationshintergrund in einem migrationsunsensiblen Umfeld kritisch zu hinterfragen. Der bildungspolitischen Forderung, mehr Lehrkräfte mit Migrationshintergrund einzustellen, ist unseres Erachtens ohne Einschränkung zuzustimmen. Jedoch darf sich das Bildungssystem nicht darauf „ausruhen" und die Verantwortung für migrationssensiblen Unterricht und eine interkulturelle Öffnung von Schule allein in die Hände der Lehrkräfte mit Migrationshintergrund legen. Eine lebensweltliche Migrationserfahrung führt nicht automatisch zu einem interkulturell durchdachten, die migrationsbedingte Heterogenität der Schülerschaft berücksichtigenden Unterricht. Hier besteht Handlungsbedarf, denn sowohl Lehrerkräfte mit Migrationshintergrund als auch Lehrkräfte ohne Migrationshintergrund benötigen eine gezielte Professionalisierung, um eine chancengleiche Bildungsteilhabe aller Kinder und Jugendlichen zu gewährleisten.

Im Rahmen der universitären Lehrerbildung entstehen gegenwärtig verschiedene Konzepte der Vermittlung migrationsgesellschaftlicher Kompetenzen an Lehramtsstudierende. Während die Studienordnungen in Nordrhein-Westfalen z.B. ein drei Kreditpunkte umfassendes Pflichtmodul zu Deutsch als Zweitsprache im Bachelorstudium vorsehen (mit 15 Kreditpunkten erweitert implementiert an der Universität Duisburg-Essen im Rahmen eines Modellversuchs), ist in Bremen seit dem Wintersemester 2011/12 ein verpflichtender Studienbereich als Bestandteil von Schlüsselqualifikationen in die Lehrerausbildung eingeführt worden. Er hat zum Ziel, alle Lehramtsstudierenden mit dem „Umgang mit Heterogenität in der Schule" aus interkulturell sowie inklusiv pädagogischer und fachdidaktischer Perspektive von Deutsch als Zweitsprache in intersektionaler Verknüpfung mit Diversitätsdimensionen wie Geschlecht, soziale Schicht, Leistung und Alter vertraut zu machen und will dazu beitragen, bei ihnen entsprechende professionelle Kompetenzen, eingebettet in ein umfangreiches Verständnis von Heterogenität, zu entwickeln. Der Studienbereich erstreckt sich über ein sechs Kreditpunkte umfassendes Modul im Bachelor- und neun Kreditpunkte umfassendes Modul im Masterbereich, um damit sukzessive im Rahmen der gesamten universitären Lehramtsausbildung Kompetenzen zu diesem Themenbereich aufzubauen, die sich nicht nur auf die Vermittlung des Deutschen als Zweitsprache in allen Unterrichtsfächern beschränken.

Neben dem notwendigen Umbau der Lehrerbildung für die Normalität der Migrationsgesellschaft macht die differenzierte Betrachtung der Ebenen von interkultureller Schulentwicklung deutlich, dass interkulturelle Kompetenz nicht nur eine Frage des Einsatzes von Lehrenden mit einem interkulturellen Erfahrungshorizont sein kann und sich auch nicht auf die interkulturelle Professionalisierung von Lehrenden insgesamt beschränken darf. Stattdessen bedarf es für die Gestaltung eines interkulturell sensiblen und umfassend geöffneten Schulsystems eines Resonanzbodens für Interkulturalität auf allen Handlungsebenen von Schule. Dies ist Grundvoraussetzung für die ernsthafte und nachhaltige Orientierung an den Schulentwick-lungszielen der Anerkennungskultur und Chancengerechtigkeit in der Migrations-gesellschaft.

Literatur

Auernheimer, G. (2006). Gleichheit und Anerkennung als Leitmotive interkultureller Pädagogik. In A. Tanner (Hrsg.): *Heterogenität und Integration. Umgang mit Ungleichheit und Differenz in Schule und Kindergarten* (S. 29–45). Zürich: Seismo.

Autorengruppe Bildungsberichterstattung (2010). *Bildung in Deutschland 2010. Ein indikatorengestützter Bericht mit einer Analyse zu Perspektiven des Bildungssystems im demographischen Wandel.* Bielefeld: Bertelsmann.

Berkemeyer, N.; Bos., W.; Manitius, V. (2012). *Chancenspiegel. Zur Chancengerechtigkeit und Leistungsfähigkeit der deutschen Schulsysteme.* Gütersloh: Verlag Bertelsmann Stiftung.

Bildungsdirektion Kanton Zürich, Volksschulamt (Hrsg.) (2008). *Umsetzung Volksschulgesetz Qualität in multikulturellen Schulen.* Zürich: Volksschulamt.

Bundesamt für Migration und Flüchtlinge (2010). *Lehrkräfte mit Migrationshintergrund.* Verfügbar unter: http://www. integration-in-deutschland.de/ nn_282926/ SubSites/Integration/DE/03__Akteure/Programm/Bildung/Lehrkraefte/lehrkraefte-node.html?_n nn=true [7.11.2010].

Edelmann, D. (2007). *Pädagogische Professionalität im transnationalen sozialen Raum. Eine qualitative Untersuchung über den Umgang von Lehrpersonen mit der migrationsbedingten Heterogenität ihrer Klassen.* Münchner Studien zur Erwachsenenbildung. Wien/Zürich: LIT.

Eickhorst, A. (2007). *Interkulturelles Lernen in der Grundschule: Ziele - Konzepte – Materialien.* Bad Heilbrunn: Klinkhardt.

Fischer, V. (2006). Gesellschaftliche Rahmenbedingungen für die Entwicklung migrationsbedingter Qualifikationserfordernisse. In V. Fischer, M. Springer & I. Zacharaki (Hrsg.): *Interkulturelle Kompetenz. Fortbildung – Transfer – Organisationsentwicklung.* (2. Aufl.) (S. 11–30). Schwalbach am Taunus: Wochenschau.

Georgi, V. (2011). Zusammenfassung zentraler Forschungsergebnisse und Schlussbetrachtung. In V. Georgi, L. Ackermann & N. Karakaş (Hrsg.): *Vielfalt im Lehrerzimmer. Selbstverständnis und schulische Integration von Lehrenden mit Migrationshintergrund in Deutschland,* (S. 265–274). Münster: Waxmann.

Georgi, V.; Ackermann, L.; Karakaş, N. (2011). *Vielfalt im Lehrerzimmer. Selbstverständnis und schulische Integration von Lehrenden mit Migrationshintergrund in Deutschland.* Münster: Waxmann.

Gomolla, M.; Radtke, F.-O. (2002). *Institutionelle Diskriminierung. Die Herstellung ethnischer Differenz in der Schule.* Opladen: Leske + Budrich.

Gomolla, M. (2005). *Schulentwicklung in der Einwanderungsgesellschaft. Strategien gegen institutionelle Diskriminierung in Deutschland, England und in der Schweiz.* Münster: Waxmann.

Gresch, C.; Kristen, C. (2011). Staatsbürgerschaft oder Migrationshintergrund? Ein Vergleich unterschiedlicher Operationalisierungsweisen am Beispiel der Bildungsbeteiligung. *Zeitschrift für Soziologie 40* (3), 208–227.

Handschuck, S.; Schröer, H. (2003). Qualitätsmanagement in München: Vom instrumentellen Gebrauch zur strategischen Orientierung. In Landeshauptstadt München – Sozialreferat/Jugendamt (Hrsg.): *Offen für Qualität. Interkulturell orientiertes Qualitätsmanagement in Einrichtungen der Migrationssozialarbeit* (S. 5–18). München.

Herwartz-Emden, L.; V. Schurt; W. Waburg (2010). *Aufwachsen in heterogenen Sozialisationskontexten: Zur Bedeutung einer geschlechtergerechten interkulturellen Pädagogik.* Wiesbaden: VS Verlag für Sozialwissenschaften.

Holzbrecher, A. (Hrsg.) (2011). *Interkulturelle Schule. Eine Entwicklungsaufgabe.* Schwalbach am Taunus: Wochenschau.

Honneth, A. (2011). *Das Recht der Freiheit. Grundriss einer demokratischen Sittlichkeit.* Berlin: Suhrkamp.

Horlacher, R. (2011). Einführung. In R. Horlacher (Hrsg.): *Schulentwicklung. Eine historische, theoretische und praktische Analyse* (S. 5–9). Zürich: Pestalozzianum.

Kalpaka, A.; Mecheril, P. (2010). Interkulturell. Von spezifisch kulturalistischen Ansätzen zu allgemein reflexiven Perspektiven. In S. Andresen, K. Hurrelmann, C. Palentien & W. Schröer (Hrsg.): *Migrationspädagogik* (S. 77–98). Weinheim & Basel: Beltz.

Karakaşoğlu, Y. (2010). Individuelle Bildungslaufbahnberatung als Förderung der Begabungsreserven von Migranten und Migrantinnen – einige grundlegende Überlegungen und Anregungen. In Y. Karakaşoğlu & H.-G. Hiesserich (Hrsg.): *Migration und Begabungsförderung (= Beiträge der Akademie für Migration und Integration, Heft 12),* (S. 31–44). Göttingen: V&R unipress GmbH.

Karakaşoğlu, Y. (2011). Lehrer, Lehrerinnen und Lehramtsstudierende mit Migrationshintergrund. Hoffnungsträger der interkulturellen Öffnung von Schule. In U. Neumann & J. Schneider (Hrsg.): *Schule mit Migrationshintergrund* (S. 121–135). Münster: Waxmann.

Karakaşoğlu, Y.; Gruhn, M.; Wojciechowicz, A. (2011). *Interkulturelle Schulentwicklung unter der Lupe. (Inter)Nationale Impulse und Herausforderungen für Steuerungsstrategien am Beispiel Bremen.* Münster: Waxmann.

Karakaşoğlu, Y.; Wojciechowicz, A. (2012). Entwicklungslinien und Perspektiven pädagogischer Diskurse interkultureller Bildung. In A. Lehmann-Wermser & A. Niessen (Hrsg.): *Interkulturalität in der Musikpädagogik. Ein Studienbuch* (S. 11–24). Reihe: Musikpädagogik im Fokus. Band 2. Augsburg: Wißner-Verlag.

Krüger-Potratz, M. (2005). *Interkulturelle Bildung. Eine Einführung.* (= Lernen für Europa, 10). Münster: Waxmann.

Lanfranchi, A. (2002). *Schulerfolg von Migrationskindern. Die Bedeutung familienergänzender Betreuung im Vorschulalter.* Opladen: Leske + Budrich.

Leiprecht, R. & Kerber, A. (Hrsg.) (2005). *Schule in der Einwanderungsgesellschaft. Ein Handbuch.* Schwalbach am Taunus: Wochenschau.

Mecheril, P. (2008). Kompetenzlosigkeitskompetenz. Pädagogisches Handeln unter Einwanderungsbedingungen. In G. Auernheimer (Hrsg.): *Interkulturelle Kompe-*

tenz und pädagogische Professionalität (S. 15–24). 2. Auflage. Wiesbaden: VS Verlag für Sozialwissenschaften.

Mecheril, P.; Castro Varela, M.; Dirim, İ.; Kalpaka A.; Melter C. (2010). *Migrationspädagogik*. Weinheim & Basel: Beltz.

Neumann, U.; Schneider, J. (2011) (Hrsg.). *Schule mit Migrationshintergrund*. Münster: Waxmann.

Niehoff, M.; Üstün, E. (2011) (Hrsg.). *Das globalisierte Klassenzimmer*. Kassel: Prolog.

Over, U. (2012). *Die interkulturell kompetente Schule. Eine empirische Studie zur sozialen Konstruktion eines Entwicklungsziels*. Münster: Waxmann.

Rawls, J. (1979). *Eine Theorie der Gerechtigkeit* (= Suhrkamp-Taschenbuch Wissenschaft. 271). Frankfurt am Main: Suhrkamp.

Rawls, J. (2006). *Gerechtigkeit als Fairness. Ein Neuentwurf*. Frankfurt am Main: Suhrkamp.

Rolff, H.-G. (2007). *Studien zu einer Theorie der Schulentwicklung*. Weinheim & Basel: Beltz.

Rolff, H.-G. (2010). Schulentwicklung als Trias von Organisations-, Unterrichts- und Personalentwicklung. In T. Bohl, W. Helsper, H.G. Holtappels & C. Schelle (Hrsg.): *Handbuch Schulentwicklung* (S. 29–36). Bad Heilbrunn: Klinkhardt/UTB.

Schröer, H. (2007). Interkulturelle Orientierung und Öffnung: Ein neues Paradigma für die soziale Arbeit. *Archiv für Wissenschaft und Praxis der sozialen Arbeit 3/2007*, 80–91.

Sen, A. (2010). *Die Idee der Gerechtigkeit*. München: C. H. Beck.

Strasser, J.; Steber, C. (2009). Lehrerinnen und Lehrer mit Migrationshintergrund – Eine empirische Reflexion einer bildungspolitischen Forderung. In J. Hagedorn, V. Schurt, C. Steber & W. Waburg (Hrsg.): *Ethnizität, Geschlecht, Familie und Schule* (S. 97–126). Wiesbaden: VS Verlag für Sozialwissenschaften.

Straub, J. (2007). Kompetenz. In J. Straub, A. Weidemann & D. Weidemann (Hrsg.): *Handbuch interkulturelle Kommunikation und Kompetenz* (S. 35–46). Stuttgart & Weimar: Metzler.

Terkessidis, M. (2010). *Interkultur*. Frankfurt am Main: Suhrkamp.

Thomas, A. (2003). Interkulturelle Kompetenz – Grundlagen, Probleme und Konzepte. *Erwägen, Wissen, Ethik Jg. 14,* (1), 137–150.

Empirische Forschung zu Lehrenden mit Migrationshintergrund, minority teachers und teachers of color

Viola B. Georgi

Diversity ist ein nicht wegzudenkendes Merkmal moderner Gesellschaften. Der multidimensionale Prozess der Globalisierung mit seinen ökonomischen, politischen, sozialen und kulturellen Auswirkungen verändert das Verhältnis von Lokalem, Regionalem, Nationalem und Globalem auf so radikale und nachhaltige Weise, dass Erziehungs- und Bildungsprozesse in Zukunft nicht ohne eine Reflexion dieser Entwicklungen gedacht werden können. Der Umgang mit migrationsbedingter Heterogenität, also sprachlicher, ethnischer, kultureller und religiöser Vielfalt, multiplen bzw. hybriden Identitäten (Hall, 1996) sowie transnationalen Orientierungen (Vertovec, 2009) wird zur dauerhaften Herausforderung mit Blick auf demokratische Teilhabe und soziale Inklusion. In Migrationsgesellschaften avancieren Chancengleichheit und Bildungsgerechtigkeit daher zu den zentralen Topoi wissenschaftlicher und bildungspolitischer Diskurse, die unter anderem um Zugangsmöglichkeiten von eingewanderten Minderheiten zu Bildungsinstitutionen, institutionelle Diskriminierung, gesellschaftliche Teilhabe und Anerkennung, gleichberechtigte Repräsentation im öffentlichen Raum und soziale Wertschätzung (Honneth, 1992) kreisen. Wenn wir uns in der empirischen Forschung mit Lehrkräften beschäftigen, die einer ethnischen Minderheit angehören oder über einen sogenannten Migrationshintergrund verfügen, befinden wir uns in ebendiesem Feld gesellschaftspolitischer und wissenschaftlicher Auseinandersetzung und Zuschreibung.

Grundsätzlich geht es bei der politischen Forderung nach mehr *minority teachers*, *teachers of color* und Lehrkräften mit Migrationshintergrund um eine angemessene Repräsentation der Einwanderer in den Bildungsinstitutionen des Einwanderungslandes. Zugleich ist diese Forderung aber mit einer ganzen Reihe von Erwartungen aufgeladen, die sich in funktionalen Argumenten zur Begründung der Notwendigkeit von Lehrenden mit Migrationshintergrund *minority teachers* und *teachers of color* niederschlagen. Die Lehrerinnen und Lehrer werden als Kulturbrückenbauer, Vermittler, Sprachübersetzer und Rollenvorbilder vorgestellt (vgl. Akbaba, Bräu & Zimmer in diesem Band, S. 37ff.) und erscheinen daher als Schlüssel für mehr Integration, Teilhabe und Schulerfolg von Kindern und Jugendlichen aus Einwandererfamilien bzw. aus ethnischen Minderheiten.

Mein Beitrag greift diese funktionalen Argumente auf und wertet sie bezogen auf die vorhandene empirische Forschung systematisch aus.[1] Dabei gehe ich in zwei Schritten vor. Erstens skizziere ich „die kurze Geschichte" der Forschung

---

1   Teile der Ausführungen sind der Publikation *Vielfalt im Lehrerzimmer. Selbstverständnis und schulische Integration von Lehrenden mit Migrationshintergrund in Deutschland* (Georgi, Ackermann &, Karakaş, 2011) entnommen.

zu Lehrpersonen mit Migrationshintergrund im deutschsprachigen Raum, die sich zugleich im hier vorliegenden Sammelband manifestiert. Zweitens gebe ich eine Übersicht zum aktuellen Stand der Forschung zu *minority teachers* und *teachers of color* in den USA, Kanada und Großbritannien.

1　Forschung im deutschsprachigen Raum (Deutschland und Schweiz)

Im deutschsprachigen Raum ist die empirische Forschungslage zu Lehrenden mit Migrationshintergrund bisher noch übersichtlich (Strasser & Steber, 2009, S. 98), wenngleich – wie der vorliegende Band zeigt – zwischen 2009 und 2012 empirische Forschungsarbeiten und theoretische Beiträge entstanden sind, die den Gegenstandsbereich aus unterschiedlichen Perspektiven auszuleuchten suchen. Im Folgenden gebe ich einen Überblick über die aktuelle empirische Forschungslandschaft, wobei die von Georgi, Ackermann und Karakaş durchgeführte Studie *Vielfalt im Lehrerzimmer* (2011) in der Darstellung einen etwas größeren Raum einnimmt.

1.1 Überblick

Als Pionierarbeit für den deutschsprachigen Raum möchte ich Yasemin Karakaşoğlus bereits im Jahre 2000 erschienene Studie *Muslimische Religiosität und Erziehungsvorstellungen: Eine empirische Untersuchung zu Orientierungen bei türkischen Lehramts- und Pädagogikstudentinnen* ins Feld führen, in der die Autorin auf spezifische Prägungen und die pädagogische Motivation von migrantischen Lehramtsstudierenden hinweist (Karakaşoğlu, 2000, S. 407). In den Interviews mit Lehramtsstudierenden schälen sich Aspekte wie das antizipierte Vertrauensverhältnis zwischen migrantischen Lehrpersonen und Schülerinnen und Schülern aus Einwandererfamilien heraus. So betont etwa eine Lehramtsstudentin mit türkischem Migrationshintergrund in einem von Karakaşoğlu geführten Interview: „Ich würde es vorziehen, wenn die Schüler türkische Schüler wären, wie ich schon gesagt habe, also meine Schüler. Denen würde ich mich näher fühlen, näher als den Deutschen" (ebd.). Eine andere Studentin aus Karakaşoğlus Sample hebt zudem hervor, dass sie sich als zukünftige Lehrerin für die türkische *community* in Deutschland engagieren wolle und sich daher an einer Schule mit hohem Ausländeranteil imaginiert (ebd.). Karakaşoğlu folgert, dass der Lehrberuf von den migrantischen Lehramtsanwärtern häufig auch „als sozio-kulturelle Mission und gezielte Unterstützung für die Gruppe der Menschen mit Migrationshintergrund" betrachtet werde (ebd., S. 435). Auch die Ergebnisse Karakaşoğlus interkulturell vergleichend angelegter Langzeitstudie zur Studienwahl und zum Studienverlauf von Lehramtsstudierenden mit und ohne Migrationshintergrund in Bremen (vgl. Bandorski und Karakaşoğlu in diesem Band, S. 133ff.) unterstreichen diesen Befund. Während sich die Berufsmotivation der migrantischen Lehramtsstudierenden nicht wesentlich von den Studierenden ohne Migrationshintergrund unterscheidet (genannt wird die „die Freude an der Vermittlung von Wissen"), nennen Studierende mit Migrationshintergrund signifikant häufiger die besondere Motivation, sich für den Bildungserfolg von Kindern und Jugendlichen aus Einwandererfamilien engagieren zu wollen (Karakaşoğlu, 2011, S. 129). Eine Erklärung hierfür könnte eine erfahrungsbedingte erhöhte Sensibilität für die besonderen Lernvoraussetzungen und Bildungsherausforderungen migrantischer Kinder und Jugendlicher sein. Ein empirischer Ausgangspunkt von Karakaşoğlus Analyse der Studienverlaufsprozesse von 304 Lehramtsstudierenden bildet ferner der Befund, dass ein beachtlicher Teil der migrantischen Lehramtsstudierenden offenbar nicht erfolgreich in den Lehrberuf eintritt. Sie fragt deshalb, „welche Brüche im Verlauf des Studiums und beim Eintritt in die zweite Phase der Lehramtsausbildung" (Karakaşoğlu, 2011, S. 10) sichtbar werden und welche Rolle in diesem Zusammenhang die konkrete Einstellungspraxis von Behörden und Schulen spielt. Die von Karakaşoğlus Forschungsgruppe befragten Lehramtsstudierenden stammen überproportional häufig aus Familien mit einem relativ niedrigen sozioökonomischen Status. Die häufigsten Herkunftsländer der migrantischen Studierenden sind die Türkei, Kasachstan, Russland, Polen und Moldawien. 71% der Befragten sind Bildungsinländer, 13% Bildungsausländer und die restlichen Befragten haben Teile ihrer Schul- und Berufsausbildung im Ausland absolviert und können daher als Quer- oder Seiteneinsteiger bezeichnet werden (Karakaşoğlu, 2011, S. 9ff). Die konzeptuelle Anlage der Studie – sowohl der interkulturelle Vergleich, als auch die Langzeitperspektive – lassen wertvolle Erkenntnisse über strukturelle, individuelle und auch migrationsspezifische Hindernisse auf dem Weg in den Lehrberuf erwarten, die für die Frage künftiger Rekrutierung sowie einer adäquaten Studien- und Ausbildungsbegleitung von Lehrenden mit Migrationshintergrund von großer Relevanz sein werden.

Für die Schweiz hat Doris Edelmann im Rahmen einer qualitativen empirischen Studie zur pädagogischen Professionalität im transnationalen sozialen Raum (2008) erstmals auch Interviews mit migrantischen Lehrerinnen und Lehrern geführt. Die Studie untersucht, wie Lehrpersonen mit und ohne Migrationshintergrund die migrationsbedingte Heterogenität ihrer Schulklassen verhandeln (siehe auch den Beitrag von Edelmann in diesem Band, S. 137ff.). Es wurden insgesamt 40 Primarlehrpersonen an Züricher Grundschulen befragt, davon 15 Lehrende mit Migrationshintergrund. Im Rahmen einer empirisch begründeten Typenbildung kommt Edelmann zur Beschreibung von sechs verschiedenen Typen. Mit Ausnahme des ersten Typus finden sich die migrantischen Lehrkräfte in allen Typen wieder. Sie skizziert (1) den abgrenzend distanzierenden Typus, (2) den anerkennenden Typus, (3) den individuell-sprachorientierten Typus, (4) den kooperativ-sprachorientierten Typus, (5) den individuell synergieorientierten Typus und (6) den kooperativ-synergieorientierten Typus (Edelmann, 2008a, S. 134ff.). Damit bildet sie unterschiedliche Strategien im Umgang mit Heterogenität von Lehrenden ab, die von Ignoranz und Nichtbeachtung migrationsbedingter Differenz (Typ 1) bis hin zu einer wertschätzenden Haltung und gezielten Förderung von Multiperspektivität (Typ 6) reichen. Edelmann kommt zu dem Schluss, dass ein persönlicher Migrationshintergrund und/oder eine binationale Partnerschaft der Lehrenden, die Wahrscheinlichkeit erhöht, dass Lehrende Heterogenität als Potential begreifen und im Unterricht als Ressource nutzen (Edelmann, 2008b, S. 201). In einer vertiefenden Analyse entlang der Kategorien „Persönliche Erfahrungen," „Vorbildfunktion" und „Teamkooperation" zeigt Edelmann, wie die befragten Lehrpersonen mit Migrationshintergrund in ihrer Lebenswelt vielfältig mit sprachlicher, kultureller und religiöser Differenz befasst sind und diese biographische Tatsache als pädagogische Ressource beschreiben, die sich unter anderem in einer besonderen Empathie für die schulischen Erfahrungen migrantischer Schüler/innen äußern, in denen sich die Probanden offenbar wiedererkennen (Edelmann, 2008b, S. 244). Zudem schreiben sich die befragten Lehrenden Vorbildfunktion für migrantische Schüler/innen bezüglich der Herausbildung einer „transnationalen Identität" und des Bildungserfolgs zu (S. 196). Lehrpersonen, die selbst mehrsprachig waren, gaben an, die Schüler/innen bewusst in ihrer sprachlichen Entwicklung zu fördern, wobei sich das Meinungsbild der Probanden gegenüber einem gezielten Einsatz der Herkunftssprachen für Unterrichtszwecke sehr heterogen darstellte. Die Erfahrungen reichten hier von der gezielten Anwendung bis zur gezielten Ausklammerung der Herkunftssprache in der Schule (S. 15). In der Schule vertretene Werte und Normen (der schweizerischen Mehrheitsgesellschaft) wurden von den Probanden mit großer Selbstverständlichkeit akzeptiert. Die Befragten fühlten sich im Kollegium anerkannt, wünschten sich aber dennoch eine stärkere Präsenz von Lehrenden mit Migrationshintergrund (S. 16). Insgesamt resümiert Edelmann, sei bei den interviewten migrantischen Lehrpersonen eine tendenzielle Ablehnung von Rollenzuweisungen durch das Kollegium festzustellen. Dieser Befund weist darauf hin, dass die Lehrkräfte sehr kritisch beobachten, wenn ihre fachlichen und professionellen Kompetenzen auf Zuständigkeiten im Bereich der Integration reduziert werden (z.B. als Fachkraft für Migrationsfragen oder Anwalt für migrantische Schülerinnen und Schüler adressiert zu werden).

Einen ersten deutschlandweiten Überblick zum Selbstverständnis und zu den Selbstwirksamkeitserfahrungen und Selbstwirksamkeitserwartungen von Lehrpersonen mit Migrationshintergrund bietet die Studie *Vielfalt im Lehrerzimmer. Selbstverständnis und schulische Integration von Lehrenden mit Migrationshintergrund in Deutschland* (Georgi, Karakaş & Ackermann, 2011), in der 60 biographische Interviews und 200 standardisierte Fragebögen ausgewertet wurden. Im Folgenden werden einige zentrale Ergebnisse der kombinierten qualitativen und quantitativen Studie im Überblick dargestellt. Diese Schlaglichter auf ausgewählte Untersuchungsbefunde werden durch die Beiträge von Georgi, S. 85ff., sowie Ackermann & Karakaş, S. 175 ff., in diesem Band ergänzt.

1.2 Ausgewählte Untersuchungsergebnisse der Studie Vielfalt im Lehrerzimmer in der Übersicht

Familienorientierung wirkt sich positiv auf den Bildungserfolg aus
Der überwiegende Teil der befragten Lehrkräfte stammt aus Familien von Einwanderern, die im Zuge der Arbeitsmigration in den 1950er und 1960er Jahren oder in Folge der Familienzusammenführung nach Deutschland kamen. Obwohl die Elterngeneration zumeist nur über eine geringe formale Bildung verfügt, bescheinigen die Befragten ihren Familien eine Form der emotionalen und moralischen Unterstützung, die sie als unabdingbare Voraussetzung für den eigenen Bildungserfolg charakterisieren. In einer Vielzahl der untersuchten Fälle waren die Eltern in der Lage, ihren Kindern eine positive Haltung zur Bildung sowie ein gesellschaftliches Aufstiegsversprechen zu vermitteln (Georgi, 2011, S. 138).

Bewusster Umgang mit sprachlicher und kultureller Differenz
Die befragten Lehrerinnen und Lehrer sind aufgrund ihres Migrationshintergrundes mit Themen kultureller Differenz und Dominanz lebensgeschichtlich befasst, wie die Studie ergab. Daraus resultiert offenbar ein bewusster Umgang mit sprachlicher und kultureller Heterogenität in der Schule. Knapp 78 Prozent der Befragten geben an, dass sie bewusst mit der sprachlichen und kulturellen Differenz innerhalb der Schülerschaft umgehen, etwa 67 Prozent der Befragten stimmten der Aussage zu: „Ich sorge dafür, dass kulturelle und sprachliche Unterschiede an unserer Schule als Bereicherung erlebt werden" (Ackermann, Georgi & Karakaş, 2011, S. 248).

Umgang mit Mehrsprachigkeit
Lehrende mit Migrationshintergrund stehen für gelebte sprachliche Vielfalt in der Schule. Dennoch bringen sie ihre Herkunftssprachen im Unterricht eher selten zum Einsatz, wie die Studie dokumentiert. Ein Großteil der Lehrenden verweist und verpflichtet Schülerinnen und Schüler anderer Herkunftssprachen auf die deutsche Sprache als Schulsprache. Außerhalb des Unterrichts besteht allerdings durchaus Bereitschaft, die Herkunftssprachen in der Kommunikation mit Schülern und Schülerinnen sowie Eltern vielfältig einzusetzen. Die Fähigkeit zur Kommunikation in den Herkunftssprachen der Schülerinnen und Schüler werden von den Befragten als Ressource beschrieben – etwa als Möglichkeit zur Förderung, zur Anerkennung und als Schlüssel für den Aufbau von Vertrauen (Georgi, 2011, S. 197).

Ein besonderes Vertrauensverhältnis
In den Ergebnissen lässt sich ein besonderes Vertrauensverhältnis zwischen Lehrenden mit Migrationshintergrund und Schüler/inne/n mit Migrationshintergrund ausmachen. Dieses Vertrauensverhältnis ist durch einen „konjunktiven Erfahrungsraum" (Bohnsack, 1998) gekennzeichnet, d.h. es basiert auf tatsächlich geteilten migrationsspezifischen Erfahrungen sowie sprachlich-kulturellen Gemeinsamkeiten oder auf der wechselseitigen Annahme von Gemeinsamkeiten aufgrund gleicher

ethnischer Wurzeln. In der quantitativen Befragung stimmen 64,6 Prozent der Befragten der Aussage „Es wird mir von Schüler/inne/n mit Migrationshintergrund
mehr Vertrauen entgegengebracht als Lehrpersonen ohne Migrationshintergrund"
zu, und knapp 68 Prozent der Befragten geben an, dass ihr Migrationshintergrund
für die Schüler/innen nichtdeutscher Herkunft von großer Bedeutung sei (Ackermann, Georgi & Karakaş, 2011, S. 257).

*Engagement für den Bildungserfolg von Kindern und Jugendlichen aus
Einwanderfamilien*
Lehrenden mit Zuwanderungsbiographie ist es ein Anliegen, das Selbstvertrauen
von Kindern und Jugendlichen aus Familien von Einwandern zu stärken und die
besonderen Lernbedingungen dieser Schüler/innen anzuerkennen. Rund 71 Prozent der Befragten gaben in den Befragungen an, in ihrem Unterricht besondere
Rücksicht auf Lernende mit Migrationshintergrund zu nehmen. 68 Prozent versi-
cherten, sich besonders für den Bildungserfolg von Kindern aus Familien von Einwanderern zu engagieren, 78,3 Prozent antworteten, dass sie das Selbstbewusstsein
ihrer migrantischen Schüler/innen stärkten (Ackermann & Georgi, 2011, S. 154ff;
Ackermann, Georgi & Karakaş, 2011, S. 257).

Lehrende mit Zuwanderer-Biographie als „Sozialarbeiter"
Die befragten Lehrkräfte übernehmen häufig von Sozialarbeit und Psychologie
geprägte Aufgaben in der Schule, insbesondere wenn es um Unterstützung von
Schülerinnen und Schüler mit Migrationshintergrund in schwierigen Lebenssituationen geht. Dabei handelt es sich in der Regel um Hilfeleistungen bei Familien-
konflikten, für die es kulturspezifischen Wissens und kulturspezifischer Sensibilität
bedarf. Lehrende mit Migrationshintergrund erscheinen deshalb prädestiniert für
die Übernahme von Aufgaben mit Kultur-, Religions- und Sozialarbeitsbezug, die
sie auch mit großer Bereitschaft übernehmen. Zugleich wird in den Interviews aber
auch deutlich, dass sie dabei an ihre professionellen und persönlichen Grenzen stoßen. In Konsequenz weisen einige der Lehrenden die ihnen häufig zufallende oder
zugeschriebene Rolle des „Sozialarbeiters" auch zurück (Ackermann & Georgi &
Karakaş, 2011, S. 149ff).

Guter Draht zu den Eltern
Lehrende mit Migrationshintergrund haben einen guten Draht zu Eltern – unabhängig von deren national-kulturellen, ethnischen, religiösen oder sprachlichen
Hintergründen, wie die Studie ergab. Der Aussage: „Ich finde leicht Zugang zu
Eltern, die einen anderen national-kulturellen Hintergrund haben als ich selbst"
stimmten 72,7 Prozent der Befragten zu. 67,2 Prozent gaben an, dass Eltern mit
Migrationshintergrund sich mit ihnen identifizieren, weshalb wohl auch 60 Prozent
der Lehrkräfte davon ausgehen, dass sie die elterlichen Erwartungen der Familien
von Einwandern erfüllen (Ackermann & Georgi & Karakaş, 2011, S 171).

Migrantische Lehrkräfte als Rollenvorbilder

Die befragten Lehrkräfte gehen sehr differenziert mit der Vorbildrolle um. Während sich der größte Teil als Rollenvorbild präsentiert und die häufig zugeschriebene Vorbildfunktion empathisch bejaht und auszufüllen sucht, lehnt ein anderer Teil der Befragten diese Funktion ab. Die befragten Lehrkräfte mit Migrationshintergrund erleben also sehr bewusst, dass sie als Rollenvorbilder adressiert werden und dass in diesem Zusammenhang auch hohe Erwartungen an sie gestellt werden (Georgi, 2011, S. 184).

Migrantische Lehrkräfte im Kollegium

Lehrpersonen mit Zuwanderungsbiographie erfahren im Kollegium viel Akzeptanz, Anerkennung und Wertschätzung. Dieses aus den Ergebnissen der Studie abgeleitete Bild, lässt sich durch die quantitativen Befunde unterstreichen, denn 72,7 Prozent der Befragten stimmten der Aussage „Ich fühle mich im Kollegium anerkannt" zu. Darüber hinaus äußerten sich 71,3 Prozent der Befragten positiv über den Austausch mit den Kollegen und Kolleginnen an ihrer Schule. Allerdings fühlen sich 8,6 Prozent der Befragten im Kollegium nicht anerkannt, und immerhin acht Prozent der Lehrenden mit Migrationshintergrund bewerteten den Austausch mit Kollegen und Kolleginnen als unbefriedigend. Knapp 70 Prozent wünschten sich im Kollegium mehr Kompetenz im Umgang mit Vielfalt (Ackermann, Georgi & Karakaş, 2011, S. 261ff).

Diskriminierungserfahrungen

Erfahrungen von Diskriminierung in der eigenen Bildungslaufbahn nehmen in vielen Erzählungen von Lehrenden mit Migrationshintergrund eine zentrale Rolle ein und werden häufig als einschneidende Erlebnisse, als Wendepunkte in der Selbstwahrnehmung und als Motivation für politisches Engagement beschrieben. Die Befunde der Studie zeigen, dass die Befragten in unterschiedlicher Ausprägung, Akzentuierung und Intensität weiterhin Diskriminierung erleben, und zwar in allen in der Studie untersuchten Diskriminierungsformen im Kontext Schule. Dazu gehören: Diskriminierung auf Grund phänotypischer Merkmale, aufgrund des ethnisch-kulturellen Hintergrundes, aufgrund von Sprache (Sprachbeherrschung, Akzent), aufgrund von Religionszugehörigkeit (insbesondere islamfeindliche Erfahrungen) sowie strukturelle oder institutionelle Diskriminierung. Auch im Rahmen der quantitativen Untersuchung wurden Diskriminierungserfahrungen von Lehrenden mit Migrationshintergrund in unterschiedlichen Lebensphasen abgefragt. Hier gaben 29 Prozent an, in der eigenen Schulzeit in Deutschland benachteiligende oder diskriminierende Erfahrungen gemacht zu haben. Im Studium liegt diese Zahl bei 13 Prozent, im Referendariat bei 23 Prozent und in der schulischen Praxis gaben 22,5 Prozent der Lehrenden an, diskriminierende Erfahrungen zu machen (Karakaş, 2011, S. 214ff).

Lehrende mit Migrationshintergrund als „change agents"
Lehrende mit Migrationshintergrund können als sogenannte „change agents" in der
Schule fungieren, wie die Ergebnisse der Studie nahelegen. Sie präsentieren sich in
den Interviews häufig als kritische Beobachter und Ankläger von Rassismus und
betätigen sich als Akteure interkultureller Schulentwicklung. Hier gibt es eine Übereinstimmung mit Studien aus dem angelsächsischen Raum, deren Ergebnisse darauf hindeuten, dass „minority teachers" häufig aus der kritischen Wahrnehmung
des Bildungssystems – basierend auf eigenen Erfahrungen – ein Gefühl besonderer
Verantwortung und Anwaltschaft für Minderheiten entwickeln (Ackermann, Georgi & Karakaş, 2011, S. 154ff).

2   Internationale Studien: Forschung zu minority teachers in den USA, Kanada und Großbritannien

In der amerikanischen und britischen Forschungsliteratur wird nicht von Lehrenden
mit Migrationshintergrund, sondern von *international teachers, minority teachers*
oder *teachers of color* gesprochen. Die Begriffe *minority teachers* oder *teachers of
color* beziehen sich auf Lehrkräfte, die in den USA und Kanada als phänotypisch
„anders" markiert betrachtet werden. Unter *teachers of color* und *minority teacher*
werden demnach Lehrende gefasst, die einer sichtbaren Minderheit (*visible minority*) angehören, also phänotypisch nicht als „weiß" eingeordnet werden. Zu den *visible minorities* in Nordamerika zählen Staatsbürger und Neueinwanderer mit einem
phänotypisch erkennbaren asiatischen, afrikanischen, karibischem oder lateiname-
rikanischem Hintergrund sowie *Afro-Americans/Canadians* und indigene Gruppen
(*First Nation peoples* und *Inuit*). Lehrende anderer nationaler Herkunft werden als
international teachers bezeichnet. Diese Differenzierung verweist zugleich auf die
vielfach kritisierte Unschärfe des Begriffs Migrationshintergrund in Deutschland,
der eine sehr heterogene Gruppe von Menschen in einer Kategorie zu fassen sucht.
    Die Forschung zu *minority teachers* und *teachers of color* in Nordamerika und
Großbritannien lassen sich grob in die folgenden drei Forschungsschwerpunkte un-
terteilen:

8. die Repräsentation und Rekrutierung von *minority teachers* (Collins & John-
    son, 1988; Farell, 1990, Wilberschied & Dassier, 1995; Ryan, 2009; Carrington
    & Tomlin, 2000; Leask, Turner & Turner, 1996; Lynn & Lewis, 2009; Keraney,
    2008)

9. *minority teachers* als Mentoren/Mentorinnen und Rollenvorbilder und *change
    agents* (Carr & Klassen, 1997; Carrington & Skelton, 2003; Irvine, 1989; Okawa,
    2002; Solomon, 1997; Sleeter, 1992; Qiocho & Rios, 2000)

10. Erfahrungen von Diskriminierung im Kontext der eigenen Ausbildung und
    in der Schule (Basit, Kenward & Roberts, 2005; Chavez, 2002; Gregory, 2001;

Kumar, 2002; Rong, 2002; Rubin, 1992; Lippi-Green, 1997; Turner, 2002; Vargas, 2002; Hargreaves & Cunningham, 2007; Ryan, Pollock, & Antonelli, 2009; McNamara, Howson, Gunter & Fryers, 2009)

2.1 Rekrutierung und Repräsentation

Seit den späten 80er Jahren weisen nordamerikanischen Erziehungs- und Sozialwissenschaftler auf die im Verhältnis zur steigenden Zahl der *visible minorities* in der Bevölkerung insgesamt geringe Anzahl an *minority teacher*s in Schulen hin (Justiz & Kameen, 1988; Bennett, 2001; Vargas, 2002; Darling-Hammond & Bransford, 2005)[2] Erforscht werden in diesem Zusammenhang die Ursachen für die Unterrepräsentanz von *minority teachers* an nordamerikanischen Schulen. Dabei konzentrieren sich die vorliegenden Studien vornehmlich auf „Barrieren" in den Bildungslaufbahnen. Als solche werden etwa die mangelnde akademische Förderung in der durch die Dominanzgesellschaft geprägten Bildungsinstitutionen und pejorative Einstellungen des Lehrpersonals gegenüber bestimmten ethnischen Minderheiten – insbesondere gegenüber sogenannten *visible minorities* – herausgearbeitet (vgl. Ogbu, 2001; Bennet, 2001). Zudem sei der Zugang zur Hochschullaufbahn von *minority students* durch institutionelle Diskriminierung eingeschränkt (Ogbu, 2001). Um dem entgegenzuwirken, betreiben einige Staaten der USA in Form von *affirmative action* eine aktive Gleichstellungspolitik, die allerdings in der Gesellschaft kontrovers diskutiert wird und dort, wo sie umgesetzt worden ist, bisher nur bedingt Erfolge zeigt (Aguirre, 2000, Vargas, 2002). Darüber hinaus weisen Forschungsarbeiten zur Berufsmotivation von *minority students* darauf hin, dass diese wenig Interesse am Lehrberuf haben und sich zumeist für Studiengänge immatrikulieren, mit denen sie eine berufliche und soziale Aufstiegsperspektive verbinden, wie etwa Betriebswirtschaft oder Jura (Torres, Santos, Peck & Cortes, 2004, S. 15). Auch die allgemein schlechten Arbeitsbedingungen und die geringen Gehälter für Lehrerinnen und Lehrer werden als Faktor für mangelndes Interesse am Lehrberuf ins Feld geführt: „Poor conditions, low salaries, crowded classrooms, and students' lack of respect for teachers discourage minority and white students alike from the teaching profession" (Fenwick, 2001, S 7).

Auch in Kanada ist die Unterrepräsentanz von *teachers of color* ungebrochen aktuell (Solomon, 1997; Ryan, 2009). Während der Anteil der *visible minorities* an der Gesamtpopulation – wie in den USA – stetig ansteigt und im Jahr 2006 17% ausmachte, beträgt ihr Anteil an der gesamten Lehrerpopulation nur 5,4% (Ryan, 2009, S. 17). James J. Ryan nennt systematische institutionelle Diskriminierung in der Bildungslaufbahn und diskriminierende Anwerbepraktiken vor allem von Bildungsausländerinnen und Bildungsausländern als zentrale Gründe für die geringe Anzahl von *teachers of color*. In Übereinstimmung mit demokratischen Grundwer-

---

2   Einen umfassenden, systematischen Überblick zur Forschung über *minority teachers* in den USA geben Torres et al.(2004).

ten – so fordert er – müsse die Zusammensetzung des Lehrerzimmers proportional die ethnische Zusammensetzung der kanadischen Einwanderungsgesellschaft reflektieren. *Diversity* im Lehrerzimmer unterstütze die politische Gleichstellungsprogrammatik und könne verhindern helfen, dass Schülerinnen und Schüler, die „sichtbaren" ethnischen Minderheiten angehören, marginalisiert werden. *Teachers of color,* argumentiert Ryan weiter, könnten als einflussreiche Rollenvorbilder eine Quelle der Inspiration und Motivation für *students of color* sein. Sie brächten zudem häufig die Fähigkeit mit, einzigartige Beziehungen zu unterschiedlichen ethnischen *communities* aufzubauen. Diese besonderen Brücken in die ethnischen *communities* hinein ermöglichten diesen Lehrenden, Unterrichtsthemen und -strategien zu entwickeln, die den Lernerfolg von *minority students* fördern, weil sie sich an den Lebenserfahrungen und an den kulturellen Kontexten der Lernenden orientierten. Aufgrund ihrer eigenen kulturspezifischen Erfahrungen könnten sie „kulturrelevanten pädagogischen Ansätzen" wie der *multicultural education* (Abbate-Vaughin, 2006) mehr Geltung verschaffen. Ryan argumentiert, dass *teachers of color* nicht nur *students of color* dazu befähigen könnten, Diskriminierung, Benachteiligung und Rassismus zu erkennen und dagegen anzugehen, sondern auch „weiße" Schülerinnen und Schülern dabei helfen könnten, negative Stereotype und rassistische Vorurteile abzubauen. Ryan ist zudem davon überzeugt, dass sich alle schulischen Akteure (Schüler/innen, Kollegium und Eltern) durch die Präsenz von *minority teachers* konstruktiv mit kultureller Vielfalt auseinandersetzen müssen (Ryan, 2009, S 17ff.). Ähnlich argumentieren auch die US-amerikanischen Erziehungswissenschaftler Quiocho und Rios (2000), wenn sie darauf hinweisen, dass Heterogenität in der Lehrerschaft gerade auch den schulischen Akteuren der Mehrheitsgesellschaft dabei helfen könne, ein positiveres Bild von Minderheiten und ein realistisches Bild vom Leben mit pluralisierten Lebensentwürfen in Migrationsgesellschaften zu entwickeln.[3] In den genannten Arbeiten fließen programmatische, normative und evidenzbasierte Überlegungen oft ineinander. Empirische Studien, die die im Sinne interkultureller Öffnung positive Wirkung von *minority teachers* auf das Kollegium und andere schulische Akteure der Mehrheitsgesellschaft belegen, stehen indes noch aus.

---

3   Darling-Hammond und Bransford spitzen diese Erwartung bezogen auf eine interkulturelle pädagogische Profilbildung folgendermaßen zu: „When a diverse group of people gather to teach and learn from one another they become resources for each other. The opportunities for in depth conversations, teaching examples, inquiry, and other opportunities to learn and grow are enhanced as people with diverse prior experiences come together. Similarly having a diverse population of teacher candidates contributes to the learning climate for developing a culturally responsive pedagogy" (2005, S. 237).

2.2 Rollenvorbilder, Mentoren und Change Agents

Studien aus den USA, Kanada und Großbritannien haben untersucht, inwieweit *minority teachers* als Rollenvorbilder, Mentorinnen/Mentoren und/oder *change agents* handeln und welchen Einfluss sie auf Lernende haben, die ethnischen Minderheiten angehören. (Carr & Klassen, 1997; Sleeter, 1992; Carrington & Skelton, 2003; Irvine, 1989; Okawa, 2002; Solomon, 1997).[4] Dabei kristallisiert sich folgende Erkenntnis heraus: „[…] directly or indirectly, minority teachers serve as mentors, role models, disciplinarians, advocates, cultural translators, and surrogate parents for minority students" (Torres et al. 2004, S 19).

In diesem Zusammenhang verdichten sich auch empirische Hinweise darauf, dass die ethnische Zugehörigkeit von Lehrenden für Schüler/innen, die selbst ethnischen Minderheiten angehören, von größerer Bedeutung ist als für Schüler/innen die der Mehrheitskultur angehören (vgl. Irvine, 1989). Ehrenberg, Goldhaber & Brewer (1995) versuchten daher, den Zusammenhang zwischen der ethnischen Zugehörigkeit der Lehrperson und der Schulleistung von derselben Minderheitengruppe angehörenden Schüler/inne/n herauszuarbeiten. Zwar konnten diesbezüglich keine direkten Effekte festgestellt werden, es konnte aber eine bessere Bewertung und Leistungsbeurteilung von *minority students* durch *minority teachers*, die der gleichen Minderheit angehörten, dokumentiert werden: „However, teachers' racial and ethnic background did seem to influence their subjective evaluations of their students, with teachers giving higher evaluations to same race students" (Torres et al. 2004, S. 19).

Nach diesen Befunden kommt geteilten oder ähnlichen Erfahrungen von Zugehörigkeit bzw. der (Selbst)Zuschreibung zur selben Minderheit von Lehrenden und Lernenden doch eine signifikante Rolle zu. So weisen etwa Thomas L. Good und Jere Edward Brophy (1986) darauf hin, dass gerade afroamerikanische Schülerinnen und Schüler hinsichtlich ihrer Bildungsaspirationen und ihres Selbstwertgefühls auf besondere Weise durch afroamerikanische Lehrende positiv beeinflusst würden. Michèle Foster fasst die besondere Rolle afroamerikanischer Lehrkräfte folgendermaßen:

African American teachers express cultural solidarity, affiliation, and connectedness with the African American community. Often reinforced by long-term residence and employment patterns, this solidarity manifests in the way teachers characterize their relationships with students; the responsibility they take for the whole by teaching values, skills and knowledge that enables school success and par-

---

4   Die Forschungsarbeiten akzentuieren die Funktionen des Rollenvorbilds (role model) zum Teil unterschiedlich. Während Carrington und Skelton bei der Definition des Rollenvorbilds zwischen Inspirationsfigur, Fürsprecher und Mentor (2003, S. 257ff.) differenzieren, wird in der Literatur zumeist nur von „role model" gesprochen. Irvine (1989) und Okawa (2002) heben in ihren Arbeiten insbesondere die Mentorenrolle von *minority teachers* für Schülerinnen und Schüler mit Migrationshintergrund hervor, wenn sie diese als Berater/in, Betreuer/in, oder als Sprachrohr und Anwalt für die Anliegen von *minority students* im Kollegium charakterisieren (Irvine, 1989, S. 53).

ticipation in the larger society; and their demonstrated competence in the norms of the African American community. They link classroom activities to students' out-of-school experiences and incorporate familiar cultural and communicative patterns into their classroom practices, routines, and activities. (Foster, 1995, S. 578)

Den Hintergrund für eine solche durchaus als kulturalisierend zu charakterisierende Argumentation bildet die Annahme, dass die kulturelle Nähe von Lehrenden und Lernenden dazu beitragen könne, die Kluft zwischen Minderheitenkulturen und der durch die Schule vertretenen Dominanzkultur zu schließen. In dieses Bild fügt sich auch der Befund von Christine Sleeter (1992) ein, die davon ausgeht, dass *minority teachers* durch besondere soziokulturelle Erfahrungen in der eigenen Bildungsbiographie eine erhöhte Sensibilität für die Benachteiligung von Minderheiten im Bildungssystem entwickeln und entsprechend auch eine größere Bereitschaft zeigen, als *change agent*[5] für soziale und bildungspolitische Veränderungen zu agieren. Patrick Solomon betont hingegen, dass Vorbilder nicht unbedingt denselben kulturellen Hintergrund haben müssen, sondern dass bereits die Gemeinsamkeit der Erfahrung von Differenz zu der als dominant gesetzten Kultur der Mehrheitsgesellschaft eine ausreichende Identifikationsgrundlage bieten könne (Solomon, 1997, S. 400).

Ob Rollenvorbilder und Mentoren unmittelbar zum Bildungserfolg von Schülerinnen und Schülern mit Migrationshintergrund beitragen, konnte bisher nicht empirisch nachgewiesen werden. Es wird jedoch argumentiert, dass Lehrende mit Migrationshintergrund in ihrer Rolle als Vorbild und Mentor das Verhältnis zu den Lernenden verbesserten und so zu einem besseren Lernklima beitrügen. Dies wirke sich letztendlich positiv auf die Schulleistungen von Lernenden mit Migrationshintergrund aus (Solomon, 1997, S. 406). Irvine begründet den erwarteten Lernerfolg nicht nur mit der Vorbildrolle, sondern auch mit den spezifischen Funktionen, die Lehrende mit Migrationshintergrund im schulischen Kontext häufig übernehmen. So behauptet sie, dass *minority teachers* als Kulturübersetzer und Fürsprecher von Lernenden mit Migrationshintergrund unmittelbar zu besseren Schulleistungen dieser Kinder und Jugendlichen beitrügen. Darüber hinaus sei der Unterrichtsstil von *minority teachers* oftmals durch kulturgeprägte Redewendungen, kulturspezifische Wahrnehmung von Autorität und durch kulturelle Transferleistungen geprägt und beeinflusse so positiv das Verhältnis zur Schülerschaft (Irvine, 1989, S. 51ff.).

Bruce Carrington und Christine Skelton (2003) arbeiten heraus, dass die verschiedenen Rollen, die Lehrende mit Migrationshintergrund ausfüllen (sollen), mit großen Herausforderungen verbunden seien. Durch das besondere, häufig extracurriculare Engagement entstehe zusätzlicher Arbeitsaufwand. Außerdem übten

---

5   Lehrer/innen als *change agents* zu begreifen ist Teil des nordamerikanischen professionstheoretischen Diskurses. Dabei werden Lehrende in dreifacher Hinsicht als *change agents* gesehen: (1) als *change agents* im Sinne der Begleitung der individuellen Persönlichkeitsentwicklung ihrer Schüler/innen; (2) als *change agents* im Sinne der Implementierung von Schulprogrammen, Curricula und Reformen und (3) als *change agents*, die sich den gesellschaftlichen Themen von sozialer Ungleichheit, Diskriminierung und Desintegration annehmen (vgl. Smylie, Bay & Tozer, 1998, S. 33ff.).

die hohen Erwartungen und Anforderungen seitens der Schülerschaft, des Kollegiums und der Eltern einen großen sozialen und psychischen Druck aus (Carrington & Skelton, 2003, S. 257; Solomon, 1997, S. 405). In diesem Zusammenhang unterstreicht Solomon die Notwendigkeit, alle angehenden Lehrkräfte auf die komplexe pädagogische Aufgabe vorzubereiten, in einem durch Heterogenität geprägten Schulsystem zu unterrichten (S. 407ff.).

2.3 Diskriminierungserfahrungen

Die wissenschaftliche und öffentliche Debatte um Diskriminierungserfahrungen von *minority teachers* hat im Zuge der Veröffentlichung aktueller empirischer Studien in Großbritannien wieder an Brisanz gewonnen. Die Befunde der qualitativen Forschungsarbeiten von Linda Hargreaves und Marc Cunningham im Rahmen des an der University of Cambridge zwischen 2002 und 2006 durchgeführten *Teacher Status* Projekts (Fokusgruppeninterviews mit *minority teachers*) dokumentieren, dass Lehrende mit Migrationshintergrund in ihrem schulischen Alltag auf unterschiedlichen Ebenen von Rassismus betroffen sind. In der Teilstudie *Minority Ethnic Teachers' Professional Experiences: Evidence from the Teachers Status Project* geraten im Kontext der Schilderungen von Diskriminierungserfahrungen insbesondere die Kolleginnen und Kollegen sowie die Schulleitungen in den Blick, aber auch die Schülerschaft und die Eltern werden als stereotypisierende Akteure benannt:

„Minority ethnic teachers considered the attitudes of white teachers and headteachers towards them to be of crucial importance to their sense of status and belonging to the profession. However, present among the list of negative experiences endured by minority ethnic teachers in this study has been the unwelcome stereotypical attitudes which block teachers' understanding of other cultures and can generate, consciously or unconsciously, racist attitudes. Teaching staff, students and parents alike have held opinions of minority ethnic teachers which have prevented them from being viewed in a positive light, and as professional body of capable teachers." (Hargreaves & Cunningham, 2007, S. 26)

Dieser Hinweis auf diskriminierende Praktiken in der Schule, die von den schulischen Akteuren der „Mehrheitsgesellschaft" ausgehen, wurde durch die jüngst in England durchgeführte Studie von Olwen McNamara, John Howson, Helen Gunter und Andrew Fryers an der University of Manchester mit dem Titel *The Leadership Aspirations and Carriers of Black and Minority Ethnic Teachers* (2009) empirisch bestätigt. In der Studie wurden 556 *Black and Minority Ethnic Teachers* zu ihrem professionellen Selbstverständnis und schulischen Aufstiegsaspirationen befragt. Dabei gaben 44% der Lehrenden an, dass sie unter Diskriminierung in der Schule litten und diese auch als ein wesentliches Hindernis für ihre berufliche Weiterentwicklung betrachteten. 70% der befragten Lehrenden gaben an, dass sie den Eindruck hatten, weniger schulinterne Aufstiegsmöglichkeiten zu haben als Lehrkräfte, die keiner sichtbaren Minderheit angehörten. In Großbritannien gehören 10%

der Bevölkerung ethnischen Minderheiten (*visible minorities*) an, aber weniger als 1% der *minority teachers* schaffen es in Schulleitungspositionen. Mit Blick auf die Rekrutierungsstrategien von Lehrenden mit Migrationshintergrund für Schulleitungsfunktionen stellen die Autoren deshalb fest, dass *minority teachers* strukturell benachteiligt werden, weshalb man in diesem Zusammenhang von institutionellem Rassismus sprechen kann (McNamara, Howson & Gunter, 2009). Diese aktuellen Ergebnisse schließen an Forschungsarbeiten aus den 90er Jahren in Großbritannien an, die sich mit den Ursachen der Unterrepräsentanz von Lehrenden aus ethnischen Minderheiten beschäftigten (etwa Leask et al. 1996). Herausgearbeitet wurden hier u.a., dass (a) der Lehrberuf kein ausreichend hohes Prestige besitze und deshalb auch für Studierende ethnischer Minderheiten nicht attraktiv sei; (b) dass es bisher zu wenige Lehrende ethnischer Minderheiten an Schulen gebe und deshalb die positiven Rollenvorbilder fehlten, (c) dass innerhalb der ethnischen *communities* eine gewisse Unsicherheit bzw. Angst existiere, im schulischen Kollegium marginalisiert zu werden; und (d) dass der Lehrberuf kaum berufliche Aufstiegsmöglichkeiten biete (Leask et al. 1996, S. 6).

In den USA und Kanada stößt man in der Literaturanalyse ebenfalls auf wissenschaftliche Untersuchungen, die sich mit den Rassismuserfahrungen (Solomon, 2000) und den Berufsbarrieren angehender Lehrkräfte befassen (Kearney, 2008; Lynn & Lewis, 2009). Im Zentrum der Forschung stehen die Analyse von Ungleichbehandlung und Diskriminierung in der Ausbildung und auf dem Arbeitsmarkt (Basit, Kenward & Roberts, 2005; Ryan, Pollock, & Antonelli, 2009). Solomon hat zudem in einer Langzeitstudie die Wirkung monokultureller Schulkultur auf *minority teachers* erforscht. Die institutionelle Kultur der Schulen, so das Ergebnis seiner Untersuchung, reproduziere einen Defizitblick auf Minderheiten und verstärke damit deren Marginalisierung: „Institutional culture interpretes racial difference as deficit, generates paralyzing anxiety for candidates of color, marginalizing them in the communication process" (Solomon, 2000, S. 953).

Zur vertiefenden Analyse von Diskriminierungserfahrungen werden in den biographisch orientierten Untersuchungen US-amerikanischer Forscherinnen die Kategorien Körper und Akzent herangezogen. Zwar beschäftigen sich diese Studien vornehmlich mit den Diskriminierungserfahrungen von US-amerikanischen *Hochschul*lehrerinnen, die ethnischen Minderheiten angehören,[6] dennoch arbeiten sie unterschiedliche Facetten des Erlebens von Ausgrenzung und Diskriminierung heraus, die auf den Lehrberuf in Schulen durchaus übertragbar sind. Es werden unter anderem folgende charakteristische Erfahrungen benannt: fehlender Respekt bei Studierenden und im Kollegium, wenig Teilhabe bei schulischen Entscheidungsprozessen, Unterbeschäftigung oder Überlastung sowie das In-Frage-Stellen der Autorität (Chavez, 2002; Kumar, 2002; Rong, 2002; Vargas, 2002). Zusammenfassend kann man sagen, dass die Arbeiten übereinstimmend dokumentieren, dass die Lehrkräfte immer wieder die Erfahrung machen, in stereotyper Weise auf phä-

---

6   Die Studien verweisen zudem auf eine Mehrfachdiskriminierung weiblicher Lehrkräfte aufgrund ihres Geschlechtes und ihrer ethnischen Herkunft (Gregory, 2001; Turner, 2002; Vargas 2002b).

notypische Merkmale wie etwa Akzent oder Hautfarbe reduziert zu werden (Lippi-Green, 1997; Rubin, 1992; Tartakowska, 2006; Vargas, 2002). Rosina Lippi-Green (1997) beschreibt die von *minority teachers* erfahrene Diskriminierung auf der Basis eines Akzentes als besonders subtile und alltägliche Form des Rassismus: „Accent discrimination can be found everywhere in our daily lives. In fact, such behaviour is so commonly accepted, so widely perceived as appropriate, that it must be seen as the last back door to discrimination" (1997, S. 73).

3 Konklusion

Sowohl die im deutschsprachigen als auch die im englischsprachigen Raum entstandenen empirischen Studien bewegen sich diskursiv im unvermeidbaren Spannungsfeld ethnischer Selbst- und Fremdzuschreibungen, die auf unterschiedlichen Ebenen aktiviert werden. Häufig ist es das Forschungsdesign der Studien selbst, welches mit einer klaren Fokussierung des Minderheitenstatus oder des Migrationshintergrundes der Lehrpersonen eine eben auf dieses Merkmal konzentrierte Perspektive auf den Untersuchungsgegenstand (z.B. das Schüler-Lehrer-Verhältnis) hervorbringt. Ein solcher empirischer Zugriff läuft also Gefahr, die Probanden in ihrer als spezifisch unterstellten Rolle (als Marginalisierte) zu befragen. Es ist daher davon auszugehen, dass – quasi in Reaktion auf diese Ansprache – Antworten generiert werden, die die aufgerufene Kategorie (z.B. Migrationshintergrund) bedienen. Zugleich verweisen die Studien aber auf „konjunktive Erfahrungsräume" (Bohnsack, 1998, S. 119f.) von Lehrenden und Lernenden mit Zuwanderungsgeschichte, die durch ähnliche Differenz- und Diskriminierungserfahrungen im Kontext von Migration geprägt sind und in schulischen Interaktionen bedeutsam werden können, indem sie zum Beispiel eine „vergemeinschaftende" Wirkung entfalten, Selbstwirksamkeitsüberzeugungen der Lehrpersonen begründen oder positiv auf das Selbstbild der Schülerinnen und Schüler wirken (Georgi, 2011, S. 269).

Während Studien vorliegen, die – wie etwa die Arbeiten von Foster 1994 und Torres 2004 – durchaus essentialistisch („ethnisierend") argumentieren und die Forderung stützen, dass die gleiche ethnische Herkunft von Lehrperson und Schüler/in ausschlaggebend sei für positive Rollenbilder und den Lernerfolg von Kindern und Jugendlichen aus ethnischen Minderheiten, führen andere Forscher und Forscherinnen ins Feld, dass z. B. Rollenvorbilder lediglich der Logik von Differenzerfahrungen folgten und deshalb jenseits solch starrer essentialistischer Vorgaben griffen (vgl. etwa Solomon, 2000). Diese Beobachtung deckt sich mit den Schlussfolgerungen, die Edelmann (2008a und 2008b) aus ihrer Untersuchung zum schulischen Umgang mit migrationsbedingter Heterogenität zieht: nämlich dass Lehrende (unabhängig von ihrer Herkunft), die biographisch mit Erfahrungen sprachlicher, religiöser und kultureller Differenz befasst sind, eine tendenziell erhöhte Sensibilität für Heterogenität im Schulalltag aufbringen (S. 244). Die jüngsten empirischen Untersuchungen von Karakaşoğlu (2011) und Georgi, Ackermann &

Karakaş (2011) differenzieren dieses Bild, indem sie den analytischen Blick auch auf die in den Studien aufscheinende erhöhte Sensibilität migrantischer Lehrpersonen für die „besonderen" Sozialisationsbedingungen, Lernvoraussetzungen und Bildungsherausforderungen migrantischer Kinder und Jugendlicher (etwa mehrsprachiges Aufwachsen) lenken. Damit unterstreichen sie die Bedeutung „konjunktiver Erfahrungsräume" (Bohnsack, 1998) in und für die schulischen Interaktionen zwischen Lernenden und Lehrenden. Es ist daher wichtig, dass Lehrerinnen und Lehrer professionell in die Lage versetzt werden, die in diesem Kontext transportierten wechselseitigen Erwartungen und Projektionen kritisch zu reflektieren und zu einer Ressource für ihre Bildungsarbeit zu machen.

Allen hier vorgestellten Untersuchungen gemein ist ein kritischer Blick auf die durch (monokulturelle und monolinguale) Dominanzkulturen geprägten Bildungsinstitutionen, insbesondere auf den (alltäglichen und institutionellen) Rassismus in der Schule. Ein Großteil der dargestellten Studien klagt auf der Basis der empirischen Befunde, eine bessere Bildungsteilhabe und mehr Chancengleichheit für ethnische Minderheiten und Menschen mit Zuwanderungsbiographie ein. Viele der Arbeiten geben daher nicht nur richtungweisende Impulse für die weitere Forschung, sondern machen sich auch für eine interkulturelle Öffnung der Bildungsinstitutionen stark.

Literatur

Abbate-Vaughn, J. (2006). Multiculturalism in teacher education: What to assess, for how long, and with what expected outcome. *Electronic Magazine of Multicultural Education, 8*, 1–12.

Akbaba, Y.; Bräu, K.; Zimmer, M. (2012). *Erwartungen und Zuschreibungen – eine Diskursanalyse und kritische Reflexion der bildungspolitischen Debatte*. In K. Bräu, V. Georgi, Y. Karakaşoğlu & K. Rotter (Hrsg.): Lehrerinnen und Lehrer mit Migrationshintergrund. Münster und New York: Waxmann, Seitenzahl nachtragen, sobald sie feststeht.

Aguirre Jr., A. (2000). Academic storytelling: A critical race theory story of affirmative action. *Sociological Perspectives, 43*(2), 319–339.

Bandorski, S. (2012). Studiensituation und Unterstützungsbedarf von Lehramtsstudierenden mit und ohne Migrationshintergrund an der Universität Bremen. In K. Bräu, V. Georgi, Y. Karakaşoğlu & K. Rotter (Hrsg.). Lehrerinnen und Lehrer *mit Migrationshintergrund*. Münster und New York: Waxmann, Seitenzahl nachtragen, sobald sie feststeht.

Basit, T.; Kenward, A.; Roberts, L. (2005). *Tackling Racism on School Placements. Final Report to Multiverse*. Verfügbar unter: http://www.multiverse.ac.uk/ attachments/944eaa2c-1777-4e2d-81a1-f483845f03ca.pdf [25.02.2011].

Bennet, C. I. (2001). Research on racial issues in American higher education. In J. Banks & C. A. M. Banks (Hrsg.): *Handbook of research on multicultural education* (S. 663–682). San Francisco: Jossey-Bass.

Bohnsack, R. (1998). Milieu als konjunktiver Erfahrungsraum. Eine dynamische Konzeption von Milieus in empirischer Analyse. In U. Mathiessen (Hrsg.): *Die Räume der Milieus* (S. 119–131). Berlin: Sigma.

Brophy, J. E.; Good, T. L. (1986). Teacher behavior and student achievement. In M. C. Wittrock (Hrsg.): *Handbook of research on teaching* (3rd ed., pp. 328–375). New York: Macmillan.

Carr, P.; Klassen, T. R. (1997). Different perceptions of race in education: racial minority and white teachers. *Canadian Journal of Education, 22* (1), 67–81.

Carrington, B.; Skelton, C. (2003). Re-thinking role models: equal opportunities in teacher recruitment in England and Wales. *Journal of Education Policy, 1 8* (3), 253–265.

Carrington, B.; Tomlin, R. (2000). Towards a more inclusive profession: teacher recruitment and ethnicity. *European Journal of Teacher Education, 23* (2), 139–157.

Chavez, L. D. (2002). Reading the body indian: A chicana mestiza's experience teaching literature. In L. Vargas (Hrsg.): *Women faculty of color in the white classroom. Narratives on the pedagogical implications of teacher diversity* (S. 72–87). New York: Peter Lang.

Collins, R. W.; Johnson, J. A. (1988). One institution's success in increasing the number of minority faculty: a provost's perspective. *Peabody Journal of Education, 66* (1), 71–76.

Darling-Hammond, L.; Bransford, J. (Hrsg.) (2005). *Preparing teachers for a changing world: what teachers should learn and be able to do.* San Francisco: Jossey-Bass.

Edelmann, D. (2008a). Lehrer/innen im Kontext migrationsbedingter Heterogenität – Welche Kompetenzen brauchen Lehrpersonen, damit sie in mehrsprachigen Klassen effektiv unterrichten können? In C. Allemann-Ghionda & S. Pfeiffer (Hrsg.): *Bildungserfolg, Migration und Zweisprachigkeit: Perspektiven für Forschung und Entwicklung* (S. 129–138). Berlin: Frank & Timme.

Edelmann, D. (2008b) *Pädagogische Professionalität im transnationalen sozialen Raum.* Berlin: Lit-Verlag.

Ehrenberg, R. G.; Brewer, D.; Goldhaber, D. (1995). Do teachers' race, gender, and ethnicity matter? Evidence from the NELS88. *Industrial and Labor Relations Review, 48* (3), 547–561.

Farell, E. J. (1990). On the growing shortage of black and hispanic teachers. *The English Journal, 79*(1), 39–46.

Fenwick, L. T. (2001). *Patterns of excellence: Policy perspectives on diversity in teaching and school leadership.* Atlanta: The Southern Education Foundation (SEF).

Foster, M. (1995). African American Teachers and Culturally Relevant Pedagogy. In J. A. Banks & C. A. McGee (Hrsg.): *Handbook of Research on Multicultural Education* (S. 570–581). San Francisco: Jossey-Bass.

Georgi, V. B.; Ackermann, L.; Karakaş, N. (2011). *Vielfalt im Lehrerzimmer:* Selbstverständnis und Schulische Integration von Lehrenden mit Migrationshintergrund in Deutschland: Münster und New York: Waxmann.

Gregory, S. T. (2001). Black faculty women in the academy: history, status, and future. *The Journal of Negro Education, 70* (3), 124–138.

Hall, S.; du Gay, P. (Hrsg.). (1996). *Questions of Cultural Identity.* London: Sage.

Hargreaves, L.; Cunningham, M. (2007). Minority ethnic teachers' professional experiences: Evidence from the teacher's status project. In L. Hargreaves, M. Cunningham, A. Hansen, D. McIntyre, C. Oliver & T. Pell (Hrsg.): *The status of teacher and the teaching profession in England: Views from inside and outside the profession – evidence base for teacher status project.* Cambridge: Department for Education and Skills.

Honneth, A. (1992). *Kampf um Anerkennung. Zur moralischen Grammatik sozialer Konflikte.* Frankfurt/M.: Suhrkamp.

Irvine, J. (1989). Beyond role models: An examination of cultural influences on the pedagogical perspectives of Black teachers. *Peabody Journal of Education, 66* (4), 51–63.

Justiz, M.; Kameen, M. C. (1988). Increasing the representation of minority in the teaching profession. *Peabody Journal of Education, 66* (1), 91–100.

Karakaşoğlu, Y. (2000). *Muslimische Religiosität und Erziehungsvorstellungen: Eine empirische Untersuchung zu Orientierungen bei türkischen Lehramts- und Pädagogikstudentinnen.* Frankfurt: IKO Verlag für Interkulturelle Kommunikation.

Karakaşoğlu, Y. (2011). Lehrer, Lehrerinnen und Lehramtsstudierende mit Migrationshintergrund. Hoffnungsträger der interkulturellen Öffnung von Schule. In U. Neumann & J. Schneider (Hrsg.): *Schule mit Migrationshintergrund* (S. 121–135). Münster: Waxmann.

Kearney, D. H. (2008). *A Qualitative Study on Minority Teacher Retention in a Midwest Urban School District, MWERA Annual Meeting.* Westin Great Southern Hotel, Columbus, Ohio.

Kumar, P. (2002). Yellow lotus in white lily pond: An Asian American woman teaching in Utah. In L. Vargas (Hrsg.): *Women faculty of color in the white classroom. Narratives on the pedagogical implications of teacher diversity* (S. 277–292). New York: Peter Lang.

Leask, M.; Turner, S.; Turner, T. (1996). Recruiting science teachers from ethnic minority groups: Selection for initial teacher education, *Research in Science & Technological Education, 14* (1), 5–20.

Lippi-Green, R. (1997). *English with an accent. Language, ideology, and discrimination in the United States.* London: Routledge.

Lynn, M.; Lewis, C. (2009). *Examining the recruitment, retention and the impact of African American male teachers,* Paper presented at the Annual Meeting of the American Association of Colleges for Teacher Education.

McNamara, O.; Howson, J.; Gunter, H.; Fryers, A. (2009). *The leadership aspirations and careers of black and minority ethnic teachers.* London: NASUWT and National College of Leadership of Schools and Children's Services.

Ogbu, J. U. (2001). Understanding cultural diversity and learning. In J. A. Banks & C. A. McGee (Hrsg.). *Handbook of research on multicultural education* (S. 582–593). San Francisco: Jossey-Bass.

Okawa, G. Y. (2002). Diving for pearls: Mentoring as cultural and activist practice among academics of color. *College Composition and Communication, 53* (3), 507–532.

Quiocho, A.; Rios, F. (2000). The power of their presence: Minority group teachers and schooling. *Review of Educational Research, 70* (4), 485–428.

Rong, X. L. (2002). Teaching with differences and for differences: reflections of a Chinese American teacher educator. In L. Vargas (Hrsg.): *Women faculty of color in the white classroom. Narratives on the pedagogical implications of teacher diversity* (S. 125–144). New York: Peter Lang.

Rubin, D. L. (1992). Nonlanguage factors affecting undergraduates' judgments of nonnative English-speaking teaching assistants. *Research in Higher Education, 33*(4), 511–531.

Ryan, J.; Pollock, K.; Antonelli, F. (2009). Teacher diversity in Canada: Leaky pipelines, bottlenecks, and glass ceilings. *Canadian Journal of Education, 32* (3), 591–617.

Ryan, J. (2009). Promoting a diverse educator workforce. *Changing Perspectives* [Jahrgangsnummer?], 17–19.

Sleeter, C. E. (1992). *Keepers of the American Dream.* Washington DC: Falmer Press.

Smylie, M. A.; Bay, M.; Tozer, S. E. (1998). Preparing teachers as agents of change. *Yearbook – National Society for the Study of Education, 1,* 18–62.

Solomon, R. P. (1997). Race, role modelling, and representation in teacher education and teaching. *Canadian Journal of Education/Revue canadienne de l'Èducation, 22* (4), 395–410.

Solomon, R. P. (2000). Exploring cross-race dyad partnerships in learning to teach. *Teachers College Record, 102* (6), 953–979.

Strasser, J.; Steber, C. (2009). Lehrerinnen und Lehrer mit Migrationshintergrund – Eine empirische Reflexion einer bildungspolitischen Forderung. In J. Hagedorn, V. Schurt, C. Steber & W. Waburg (Hrsg.): *Ethnizität, Geschlecht, Familie und Schule* (S. 97–126). Wiesbaden: VS Verlag für Sozialwissenschaften.

Tartakowska, M. (2006). *Diskriminierung von women of color im eigenen Klassenraum als Ausdruck der Machtordnung in der Gesellschaft.* Unveröffentlichte Master Thesis, Freie Universität, Berlin.

Torres, J.; Santos, J.; Peck, N. L.; Cortes, L. (2004). *Minority Teacher Recruitment, Development and Retention.* The Educational Alliance at Brown University. [Ort? Verlag?].

Turner, C. S. V. (2002). Women of color in academe: Living with multiple marginality. *The Journal of Higher Education, 73* (1), 74–93.

Vargas, L. (2002). *Women faculty of color in the white classroom. Narratives on the pedagogical implications of teacher diversity.* New York: Peter Lang.

Vertovec, S. (2009). *Transnationalism.* Abingdon, New York: Routledge.

Wilberschied, L.; Dassier, J.-L. P. (1995). Increasing the number of minority FL educators: Local action to meet a national imperative. *Modern Language Journal, 79* (1), 1–14.

II Empirische Zugänge

a) Lehrer/innen mit Migrationshintergrund in der Ausbildung

Professionelle Orientierungen von Lehramtsstudierenden mit und ohne Migrationshintergrund im Umgang mit sprachlicher Vielfalt

Christine Schlickum

1 Einleitung

Der Umgang mit und die erfolgreiche Bewältigung heterogenitätsbezogener Herausforderungen ist eine der zentralen Aufgaben professionellen pädagogischen Handelns. Das Nachdenken über strukturelle Voraussetzungen und Barrieren des Schulsystems ist dabei genauso bedeutend wie situationsbezogene Entscheidungen und Prozesse, die in den Einflussbereich der einzelnen Lehrkraft fallen (vgl. Allemann-Ghionda, Auernheimer, Grabbe & Krämer, 2006, Gomolla & Radtke, 2007). Gerade in Hinblick auf das deutsche Schulsystem haben sich familiäre Faktoren wie die soziale Herkunft und ein Migrationshintergrund insbesondere dann als wesentliche Hürden für den Bildungserfolg von Kindern erwiesen, wenn dieser mit einer nicht deutschen Familiensprache einhergeht, (vgl. Stanat & Christensen, 2006, Schroeder, 2007, Walter & Taskinen, 2008,). Wie aber gehen Lehrer und Lehrerinnen mit diesen unterschiedlichen Voraussetzungen um?

In der Literatur werden verschiedene Konzepte im Umgang mit Differenz deutlich (vgl. Wennig, 2007): das Ignorieren von Heterogenität, die Reduktion bzw. Unterdrückung von Unterschieden, bspw. durch Verbote, mit dem Ziel das Verhalten zu homogenisieren ohne auf die Ursachen einzugehen oder durch den aktiven Abbau von Unterschieden wie z.B. durch Fördermaßnahmen. Wischer (2007) bestätigt bei Lehrkräften ein „Homogenisierungsdenken", d.h. die Annahme, dass schulische Lernprozesse dann besonderes erfolgreich verlaufen, wenn ähnliche bzw. identische Eingangsvoraussetzungen bei den Schülern gegeben sind (vgl. zusammenfassend Lang, Grittner, Rehle & Hartinger, 2010). Vorstellungen über Unterricht sowie die Praxis im Unterricht, so die Annahme, stützen sich weitgehend auf die unausgesprochen habitualisierte Vorannahme einer prinzipiellen Homogenität der Schülerschaft. Dies zeigt sich nicht zuletzt auch im Umgang mit den unterschiedlichen sprachlichen Voraussetzungen der Schülerinnen und Schüler.

Der vorliegende Artikel stellt die Frage nach den professionellen Orientierungen von Lehramtsstudierenden mit und ohne Migrationshintergrund im Umgang mit sprachlicher Vielfalt. Dargestellt und diskutiert werden erste Ergebnisse aus Gruppendiskussionen mit Mainzer Lehramtsstudierenden im Rahmen meines Habilitationsprojektes. Die Relevanz des Migrationshintergrunds ebenso wie die Annahme von Unterschieden zwischen den Studierenden mit und ohne Migrationshintergrund wurde im Vorfeld als offene Frage formuliert (vgl. Rotter & Schlickum in diesem Band, S. 59ff.). Gefragt wird in diesem Zusammenhang also nicht, ob und inwiefern Studierende mit Migrationshintergrund andere, abweichende Orientierungsmuster präsentieren, sondern welche Bezüge und Orientierungsmuster sich insgesamt rekonstruieren lassen. Als theoretischer Bezugsrahmen fungiert dabei das Konzept des „monolingualen Habitus" (Gogolin, 1994).

2   Monolingualer Habitus

Das Konzept des „monolingualen Habitus" geht von der Annahme aus, dass Lehr-routinen auf der impliziten Voraussetzung fußen, dass Kinder ‚normalerweise' dieselben sprachlich-kulturellen Erfahrungen in den Unterricht mitbringen, dass Kinder ‚normalerweise' einsprachig in einsprachiger Umwelt aufwachsen (Gogolin, 1994). Dies zeige sich sowohl in den Strukturen und Formen von Schule, in den Maßstabsbildungen z.B. in Bezug auf die Frage was ein ‚guter Schüler' ist; spiegelt sich in den strukturellen Vorkehrungen, der gesamte Unterricht spielt sich prinzi-piell in Deutsch ab-, und schließlich in den Inhalten des Unterrichts selbst. Er führt „Regie über Wahrnehmungen, Einstellungen und Praktiken sprachlichen Lehrens von Lehrerinnen und Lehrern" (Gogolin & Kroon, 2000, S. 11).

Das Konzept des „monolingualen Habitus" gründet auf Bourdieus Konzept des Habitus als „Erzeugungsmodus von Praxisformen" (Bourdieu, 1979 zit. nach Gogo-lin & Kroon, 2000). Der Habitus werde als Wahrnehmungs- Handlungs- und Denk-matrix angeeignet und erzeuge seinerseits die Praxis seiner „Inhaber" (Gogolin & Kroon, 2000). Das Verfügen über habituelle Praktiken oder Praxisformen ermögli-che es den Menschen, in unvorhergesehen und fortwährend neuartigen Situationen routiniert zu handeln und diese auch unter stark veränderten Bedingungen beste-hen zu lassen. Möglichkeiten der Änderung habitueller Grundüberzeugung werden an Bedingungen geknüpft, in denen die habituelle Praxis explizit als nicht mehr gewünscht erlebt wird, „wobei eine Bewusstwerdung darüber vorausgeht, dass es sich um eine solche Praxis handelt" (Gogolin & Kroon, 2000, S. 10).

Der „monolinguale Habitus" wird als intrinsisches Merkmal des klassischen Nationalstaatskonzepts gefasst und in einem direkten Zusammenhang mit der Ent-wicklung des deutschen Schulsystems verortet. Eines der Hauptmotive für die Ein-richtung öffentlicher Schulen sei die sprachliche Homogenisierung der Menschen in einem Staat:

> „In der Epoche der Gründung und Begründung des Nationkonzepts eu-ropäischer Prägung wird die Debatte über die Sprachigkeit der Menschen und des Staatswesens im Sinne ihrer untrennbaren Verbundenheit ent-facht. Die Einsprachigkeit des Ganzen oder von Territorien im Ganzen ge-hört zu den Kerncharakteristika der Nationen nach diesem Konzept. Der Auskunft darüber, in welcher Sprache (oder welchen Sprachen) ein Mensch lebt, wird damit ein Bedeutungszusatz einverleibt: der des Bekenntnisses zu (s)einem Staat. Der „richtige" Sprachgebrauch beinhaltet seither auch das Anzeichen für die Solidarität mit der Gemeinschaft aller in einem Staat Lebenden. Und die Frage nach dem sprachlichen Funktionieren des staat-

lichen Gebildes schließt nun den Bedeutungsaspekt der Identifikation ein, die der einzelne Mensch mit dem Staatswesen empfinden soll, wenn nicht gar zu empfinden hat" (Gogolin, 2009, S. 15).

Vor diesem Hintergrund werden die Sprachen der Schülerinnen und Schüler mit Migrationshintergrund in deutschen Schulen zu illegitimen Sprachen. Die Praxis, diese Sprachen neben dem Deutschen oder zusammen mit dem Deutschen alltäglich zu gebrauchen, wird als illegitimer Sprachgebrauch gedeutet (ebd.).

Unter Bezugnahme auf das Konzept des „monolingualen Habitus" geht es im Folgenden darum die Orientierungsmuster von Studierenden im Umgang mit sprachlicher Vielfalt zu erfassen. Dabei steht die Frage im Raum welche Konzepte sich in der Ausgestaltung und Ausdifferenzierung der Orientierungsmuster der Studierenden wiederfinden lassen und ob und inwiefern der Umgang mit sprachlicher Vielfalt angesichts der Multilingualität der Schülerschaft aber auch angesichts der Erfahrungen der Studierenden selbst andere Orientierungsmuster zeitigt.

3 Erste Ergebnisse und Interpretationen

Die im Folgenden dargestellten Diskussionsausschnitte entstammen aus meinem Habilitationsprojekt. Ziel des Forschungsprojektes ist die Rekonstruktion professioneller Orientierungsmuster von Lehramtsstudierenden im Umgang mit kultureller Vielfalt. In einer ersten Sondierung wurden Gruppendiskussionen mit Studierenden zu den Themenbereichen Umgang mit kultureller und sprachlicher Vielfalt erhoben. Vorausgesetzt wurde, dass der gemeinsam geteilte Bezugshorizont (Lehramts-)Studierende sowie die mit der Ausbildungssituation geteilten Erfahrungen als Gruppenmerkmal zu fassen seien (vgl. Bohnsack, 1993). Insgesamt wurden im Rahmen dieser Vorstudie fünf Gruppendiskussionen mit jeweils drei bis fünf Studierenden geführt. Befragt wurden Lehramtsstudierende mit und ohne Migrationshintergrund. Die kulturellen und sprachlichen Hintergründe der Studierenden wurden im Anschluss an das Interview in einem Fragebogen erhoben. Die Auswertung der Gruppendiskussion erfolgt in Anlehnung an die dokumentarische Methode.

Vorgestellt und diskutiert werden in diesem Artikel Ausschnitte aus der ersten von mir geführten Gruppendiskussion. An ihr beteiligt waren insgesamt fünf Studierende. Drei der Studierenden haben einen Migrationshintergrund.[1] Das Gespräch dauerte insgesamt 1h und 15min. Eingeleitet wurde die Gruppendiskussion mit einer kurzen Zusammenfassung von Schiffauer (2001) zu den nationalen Handlungspraxen im Umgang mit den sprachlichen und kulturellen Hintergründen von Schülern und Schülerinnen in verschiedenen europäischen Staaten (Deutschland,

---

1 Der Migrationshintergrund wurde über die Muttersprache der Studierende sowie die der Eltern erhoben. Des Weiteren wurden der formale Bildungs- und Ausbildungsabschluss der Eltern sowie die Gründe für die Einwanderung erfragt.

Frankreich, Niederlande und Großbritannien). Im Anschluss an die vorgelesenen Beispiele wurden die Studierenden dazu aufgefordert, persönlich Stellung zu beziehen und ihre Konzepte im Umgang mit kultureller Vielfalt zu explizieren. Eingeleitet wird die Diskussion von der Studentin S1_1.[2]

S1_1:   Also, ähm, ich find das jetzt sehr interessant, ich fang [einfach mal an. Ist das OK?]

I_1:   [(ja) klar// ja richtig]

S1_1:   Ähm, ich find's sehr interessant, ich wusste das noch nicht, dass es in, in Frankreich Schulen gibt, die des wirklich verbieten Türkisch zu sprechen im Unterricht, auch untereinander. Ähm, mich stößt das (fast) ein bisschen auf, weil ähm // ich weiß jetzt nicht//ob man das wirklich als rassistisch bezeichnen kann, aber es ist einfach (zu) (...). Ja, wenn jemand türkisch ist, das ist dann deren Kultur. Ich find's dann ziemlich hart zu sagen, die dürfen nicht kurz in ihrer Sprache sprechen. Es ist jetzt nur gemeint, wirklich die Schüler untereinander, also [00:10:26-9]

Mit dem Verweis auf die französische Schule knüpft die Studentin S1_1 an den Text von Schiffauer (2001) an, dabei werden die Handlungspraxen des französischen Schulsystems im Umgang mit den unterschiedlichen Muttersprachen der Schüler/innen in den Fokus des Interesses gestellt: „ich wusste das noch nicht, dass es in, in Frankreich Schulen gibt, die des wirklich verbieten Türkisch zu sprechen im Unterricht, auch untereinander". Bezugnehmend auf eine körperliche Reaktion, „ähm, mich stößt das (fast) ein bisschen auf", wird von der Studentin S1_1 fragend auf den Orientierungsrahmen Rassismus verwiesen: „ich weiß jetzt nicht//ob man das wirklich als rassistisch bezeichnen kann, aber es ist einfach (zu)...". Angemerkt werden die Grenzen für die Praxis im Umgang mit dem monolingualen Habitus der Schule. Es wird zwar als „hart" bezeichnet, wenn Schüler/innen nicht einmal kurz in ihrer Sprache sprechen dürfen. Der monolinguale Habitus an sich wird jedoch nicht in Frage gestellt. Als diskriminierend benannt wird also nicht die Regel, dass andere als die Unterrichtssprachen nicht im Unterricht verwendet werden sollten, sondern der generalisierende Umgang mit der Regel, der auch auf kurze Gespräche der Schüler/innen untereinander bezogen ist. Weitergeführt wird die Diskussion von dem Studenten S4_1:

S4_1:   [Äh//also//ich hab von] nem Fall in Berlin gehört, von=ner Schule, da dürfen die grundsätzlich auch kein Türkisch mehr sprechen und angeblich sei das mit Erfolg ähm so statt gega/also von Statten gegangen. Also die Schüler haben gesagt, sie fänden das mittlerweile auch ganz gut, auch die türkischen. Ich weiß jetzt also nicht, inwiefern der politisch n=bisschen be-

---

2   An dieser Stelle wird bewusst darauf verzichtet, die sozialen und kulturellen Hintergründe der Studierenden, die an der Gruppendiskussion beteiligt waren, zu erwähnen, um Vorannahmen keinen Raum zu bieten. Allein aufgrund der besseren Lesbarkeit werden nachfolgend zwar geschlechtsbezogene Beschreibungen verwandt, eine inhaltliche Relevanz wird diesen aber nicht zugewiesen.

einflusst war, dieser Bericht, es war ne Dokumentation im Fernsehen, aber und äh, da hörte sich das mal ganz gut an. [00:10:56-2]

Der vergleichsweise kritischen Sicht von S1_1 auf ein Verbot der Muttersprache in der Schule wird von S4_1 ein Beispiel einer Schule in Berlin, in der die Muttersprachen der Schüler/innen generell verboten werden, gegenübergestellt. Als positiver Bewertungshorizont werden die Aussagen der Schüler, „sie fänden das mittlerweile auch ganz gut, auch die türkischen" zur Untermauerung der eigenen Überzeugung herangezogen. Die Übernahme der vorgegebenen Regeln durch die Schüler/innen wird zur Legitimation der Regel an sich. Beschrieben werden ein reibungsloser Ablauf, die Inkorporation institutioneller Regeln und deren unhinterfragte Umsetzung. Die Muttersprachen der Schüler/innen gelten in diesem Beispiel nicht nur als illegitime Sprachen, deren Gebrauch unerwünscht ist, sondern werden in den Horizont des Illegalen gerückt. Eine positive, wenn auch relativierte Bewertung erfährt die Frage nach einem Verbot der Muttersprache in der Schule auch von dem Studierenden S3_1:

S3_1: Also die Sache mit der französischen Schule hab ich auch gehört, dass äh, quasi dort wirklich keine Fremdsprache im Unterricht gesprochen werden soll und äh find die Idee eigentlich auch relativ gut. Es sei denn, ähm, was sie ja auch gesagt haben, mit der kurzen Erklärung wenn da irgendwie =n Unterrichtsthema halt nicht verstanden wird oder bei ner Aufgabe wirklich nicht klar ist, ähm, was jetzt nun gemacht werden muss. Ähm, dass dann natürlich die Muttersprache einfacher ist zu verstehen und also da finde ich soll so// sollte sowas nicht unterbunden werden. Aber generell, sag man, würd ich schon sagen, das ähm (-) dadurch das (sie) die Sprache halt, dass sie in Frankreich leben, dass sie dann auch die französische Sprache sprechen sollten. Und ähm, (-) möglichst so viel es geht, um sich halt irgendwie äh in die Gruppe einordnen zu können, in das neue Land einordnen zu können. [00:11:56-0]

Gestützt werden die Überlegungen durch eigene Kenntnisse über den Umgang mit Muttersprachen im französischen Schulsystem. Der Ausdruck „Fremdsprache" wird hier synonym zum Ausdruck „Muttersprache" gebraucht, das pädagogische Konzept französischer Schulen als „Idee" bezeichnet. Die Idee selbst wird relativiert als gut bewertet. Ausgenommen werden Situationen in denen aus praktischen Erwägungen der Einsatz der Muttersprache unabdingbar sei und der Weiterführung des Unterrichtsablaufs diene. Private Kommunikationen unter den Schülern und Schülerinnen in der jeweiligen Muttersprache sind ausgeschlossen. Der Gebrauch der Nationalsprache eines Landes wird zum Gebot erhoben, ihre Verwendung in der Öffentlichkeit als obligat gesetzt. Der monolinguale Habitus der Schule wird als konsequente Weiterführung des monolingualen Habitus nationaler Gesellschaften gedacht. Erst vor diesem Hintergrund erhalten die Muttersprachen der Schülerinnen und Schüler den Status einer Fremdsprache. Ohne sprachliche Voraussetzungen kann es keine Einordnung in die Gruppe geben, die Verpflichtung zur Sprachanpassung wird als Voraussetzung ein Teil der Gesellschaft zu werden, gesetzt. Sprachliche Ausnahmen werden rein unter praktischen Gesichtspunkten verhandelt. Weitergeführt wird die Aussage mit einer Bezugnahme auf den Umgang mit religiösen Praktiken im französischen Schulsystem.

S3_1:   Ähm andererseits, dieses Kopftuchverbot äh finde ich dann allerdings =n bisschen schwierig, weil das wieder religiöse Hintergründe hat, und ich finde, dass einfach jeder seine Religion ausleben sollte, wo er es kann. Also, oder (-) was heißt, wo er es kann, wo er es (-)// einfach überall ausleben. [00:12:06-0]

Dem pragmatischen Umgang mit sprachlicher Vielfalt gegenübergestellt wird ein Verweis auf die prinzipielle Anerkennung religiöser Vielfalt: Betont wird eine allumfassende Freiheit der Religionsausübung. Die Trennung von Staat und Religion als Staatskonzept, so wie sie etwa in Frankreich umgesetzt wird und damit die Beschränkung religiöser Bezüge auf den privaten Bereich, wird abgelehnt. Gesetzt sind die Religionsfreiheit und ihre praktische Umsetzung als anerkannter und öffentlicher Teil des gesellschaftlichen Lebens. Institutionelle Beschränkungen werden ausgeschlossen. Dies zeigt sich auch bei dem Studierenden S5_1:

S5_1:   Ich wär zum Beispiel bei Kopftuch toleranter als bei der Sprache. Also wenn (es/jetzt) die Sache mit der Religion reinspielt, find ich das schon irgendwie wichtiger. Man darf wegen der Religion irgendwie nicht benachteiligt werden, dann im Unterricht oder sowas. Aber mit der Sprache, sag=mal=so wenn das jetzt irgendwie als Hilfe zur Erklärung hilft, dann find ich das dann OK, also wenn es keine andere Möglichkeit gibt die Aufgabe ( ) so zu erklären. Aber einfach so, um miteinander zu unterhalten find ich dann sollte man auch in der Landessprache machen, und ähm, es ist auch einfach irgendwie unhöflich den anderen gegenüber, äh wenn man schon diese, die deutsche Sprache kann, einfach in ner anderen Sprache zu unterhalten, [find ich]. [00:16:50-6]

Religiöse Vielfalt und sprachliche Vielfalt werden in Relation zueinander gesetzt, wobei der Religion die größere Bedeutung zugeschrieben wird. Sie wird als „wichtiger" eingestuft. Benachteiligungen aufgrund der religiösen Zugehörigkeit werden als Unrecht charakterisiert: „man darf wegen der Religion irgendwie nicht benachteiligt werden, dann im Unterricht". Ein Verbot religiöser Symbole in der Schule wird als Einschränkung elementarer Freiheit eingestuft. Sprache wird dem entgegen ausschließlich als Mittel der Kommunikation konstruiert: „um [sich] miteinander zu unterhalten". Es wird als „unhöflich" bezeichnet in Kenntnis der Landessprache auf andere Sprachen zurückzugreifen. Mit dem Verweis auf den Aspekt des „höflichen" wird der Gebrauch der Muttersprache in den Horizont kultureller Normen gestellt. Mit der Frage der Höflichkeit einhergehen Fragen des Respekts und der Anerkennung des Anderen, hier der Majorität. Die Setzung des Gebrauchs der jeweiligen Nationalsprache als „höflich" verweist auf die Respektlosigkeit derjenigen, die sich eben nicht an diese Regeln halten. In logischer Konsequenz stellt sich dann auch die Frage nach der Relevanz der Muttersprache in der Schule.

S5_1:   Also, die Frage ist, [inwiefern] ist es überhaupt sinnvoll, im Unterricht auf // warum auf die Muttersprache zurückgreifen wenn man die Nationalsprache kann? Türkisch zu sprechen, wenn du Deutsch kannst normal? Also, [außer wenn es]

S(1):   [ja hm]

S5_1:   zur Hilfe [äh dient.]

[…]

S5_1:   Also, aber, grundsätzlich, wenn die beide Sprachen können und sich in Deutsch normal ausdrücken können, soll man sich auch in Deutsch unterhalten.

S3_1:   Also anknüpfend an das, was S4_1 gesagt hat: Es ist ja nun mal so, wenn man Anfangs zu hören bekommt so, du bist jetzt im Kindergarten oder du bist in der Schule und hier hast du einfach die Landessprache zu [sprechen], dann bürgert

S(1)   [ja]

S3_1:   sich das in Anführungsstrichen so ein und dann merken die sich das auch. Was allerdings Zuhause gesprochen wird, wenn der Vater viel besser Türkisch kann als Deutsch, ähm, mit dem Alter wird=s schwieriger =ne Sprache zu lernen, und es ist halt ähm, normal, dass, dass dann Zuhause, in der Familie türkisch gesprochen wird

S1_1:   hmh

S3_1:   aber halt quasi den Schalter umzulegen, das man sagt: So, wir sind hier in der Schule, wir wollen uns einfach der Mehrheit quasi anpassen, [und] äh sagen:

S(1)   [ja]

S3_1:   Ok, wir sprechen hier eine einheitliche Sprache […]. wir sind jetzt hier in [Deutschland], also sprechen wir [Deutsch]. [00:20:33-6]

Kenntnisse der deutschen Sprache negieren in diesem Bild die Notwendigkeit des Gebrauchs der Muttersprache. Als zentral benannt wird eine flächendeckende institutionelle Umsetzung der Verpflichtung auf die Nationalsprache. Postuliert wird die Gewöhnung an den Zwang: „Also anknüpfend an das, was S4_1 gesagt hat: Es ist ja nun mal so, wenn man Anfangs zu hören bekommt so, du bist jetzt im Kindergarten oder du bist in der Schule und hier hast du einfach die Landessprache zu [sprechen], dann bürgert sich das in Anführungsstrichen so ein …". Die Setzung des Deutschen als Verkehrssprache im Unterricht markiert die Abgrenzung pädagogischer Interaktionen als ausschließlich rollenspezifisches Handeln. Muttersprache als individueller Wert wird in den Bereich privater Vorlieben gestellt und damit aus der Öffentlichkeit verbannt. Der Wechsel in die Nationalsprache wird als Automatismus beim Changieren zwischen den Sphären als selbstverständlich erachtet. Die Verpflichtung auf die Nationalsprache konstituiert in diesem Bild den (Mit-)

Bürger. Vorausgesetzt wird der Wille zur Anpassung an die Mehrheit als pädagogischer Auftrag der Schule und Gesellschaft: „So, wir sind hier in der Schule, wir wollen uns einfach der Mehrheit quasi anpassen", „wir sprechen hier eine einheitliche Sprache […], wir sind jetzt hier in [Deutschland]". Problematisiert wird die Frage der Benachteiligung durch die Studentin S1_1

S1_1:   Ist das nicht schon ne Art Diskriminierung? Weil es gehört einfach zu deren Individuum, (was/es) jemand trägt ne Pun//Punkfrisur, oder//oder er meint // dann müsste man auch sagen auf Deutsch hier werden keine umgangssprachlichen Wörter benutzt. In der Schule, komplett, darfst=e nicht, weil wir=s// wir wollen ja Hochdeutsch lernen. Also, weil ich mein, ich//ich seh ein, dass die//dass seh ich auch so jetzt, die, die türkischen Kinder sie sollten jetzt nicht die ganze Stunde nur auf Türkisch reden, oder untereinander. Man sollte denen das schon vorschlagen, aber auf freiwilliger Basis und denen erklären, warum, weil ich glaube, dann, dann machen die das eher und verstehen=s auch eher, als wenn=s einfach heißt, es ist ein Verbot. [00:24:35-3]

Sprache wird von ihr in den Horizont der personalen Identität gerückt und als Ausdruck der Persönlichkeit eines Schülers bzw. einer Schülerin gewertet, vergleichbar anderer individueller Ausdrucksformen wie Aussehen oder sprachlicher Ausdruck. Der Verweis auf Normvorstellungen, wie konformes Aussehen oder „Hochdeutsch" wird von ihr als diskriminierende Praktik bestimmt. Die Anpassung an die Verkehrssprache Deutsch soll auf freiwilliger Basis stattfinden: „man sollte denen das schon vorschlagen, aber auf freiwilliger Basis und denen erklären, warum, …". Unterrichtseinheiten, die ausschließlich in der jeweiligen Muttersprache geführt werden, sind ausgeschlossen: „das seh ich auch so jetzt, die, die türkischen Kinder sie sollten jetzt nicht die ganze Stunde nur auf Türkisch reden, oder untereinander". Auch in den Aussagen der Studentin S1_2 wird das „Verstehen" der Schülerinnen und Schüler als Voraussetzung für pädagogisches Handeln angeführt:

S2_1:   Ja genau, dass ist das wichtige, dass sie das selbst verstehen, dass sie mit (dem/den) Deutschen einfach besser klar kommen, dass sie mit allen dann reden können. Aber so, wenn man von vornherein reinkommt in die Klasse und und es heißt spr// nur Deutsch gesprochen, dann blocken sie ja direkt ab. Weil das, sie sprechen ja zuhause Türkisch. Und die// ich weiß nicht. Viele sind ja dann auch mit dem Türkisch als erste Sprache aufgewachsen und wie du schon gesagt hast, es wird einfach in den Schatten gestellt, das dürfen die sozusagen einfach (nicht). [00:25:05-2]

Anderes als in den Aussagen von S1_1 wird der „monokulturelle Habitus" der Schule als Bewertungsmaßstab erkannt, darüber zu urteilen, was als wertvoll gilt und was nicht. Die Verpflichtung auf die gesellschaftlichen Normen und die damit einhergehende Handlungspraxis werden als Rahmenbedingungen benannt, um gesellschaftlich handlungsfähig zu sein „dass sie mit (dem/den) Deutschen einfach besser klar kommen, dass sie mit allen dann reden können", während die Muttersprachen der Schülerinnen und Schüler diese Anerkennung eben nicht erfahren: „viele sind ja dann auch mit dem Türkisch als erste Sprache aufgewachsen und wie du schon gesagt hast, es wird einfach in den Schatten gestellt". Die Muttersprache als erste Sprache, als Sprache der Familie, wird durch die gängige Handlungspraxis abgewertet.

4 Zusammenfassung

Bei der Rekonstruktion der Orientierungsmuster der Studierenden mit und ohne Migrationshintergrund zur Frage nach ihrem Umgang mit sprachlicher Vielfalt lässt sich ein durchgängiges Schema festhalten. Sämtliche der befragten Studierenden, und dies zeigt sich auch in den anderen geführten Interviews, greifen in ihren Überlegungen und Vorstellungen auf die Grundannahme zurück, dass Gesellschaften einsprachig seien und der Verweis auf die Nationalsprache in der Schule als obligatorisch zu betrachten sei. Unterschiede zwischen den Studierenden zeigen sich lediglich in der Absolutheit des Anspruches und deren Ausgestaltung im Unterricht. Ein generelles Gebot zur Verpflichtung auf die Nationalsprache wird indes von keinem der Studierenden in Frage gestellt. Als diskriminierend bezeichnet wird, wenn überhaupt, nicht die Regel, sondern der generalisierende Umgang mit der Regel.

Zu Beginn der Gruppendiskussion werden von den Studierenden verschiedene Bezüge zum Thema angesprochen: Plakativ wird von der Studentin S1_1 das Unbehagen an einem generellen Verbot des Gebrauchs der Muttersprache in der Schule geäußert: Nicht Zwang, sondern Einsicht solle zur Anpassung an die gesellschaftliche Norm führen. Die Anpassung an die Verkehrssprache Deutsch soll auf freiwilliger Basis stattfinden. Ein generelles Verbot des Gebrauchs der Muttersprache in der Schule steht der „Freiwilligkeit" der Übernahme der Nationalsprache eines Landes als pädagogisch fragwürdige Handlung entgegen. Der monolinguale Habitus an sich wird nicht in Frage gestellt.

Dem entgegen stehen die Aussagen der Studierenden S1_3, S1_4 und S1_5. In Replik auf die gesellschaftlichen Rahmenbedingungen wird ein Konzept entworfen, in welchem der Einsatz der Nationalsprache als unhinterfragter Standard eingeführt wird. Postuliert wird die Gewöhnung an den Zwang. In der Auseinandersetzung mit den unterschiedlichen sprachlichen Voraussetzungen der Schülerinnen und Schüler gilt der Verweis auf das Geburtsland als bindend. Bei den Schülern und Schülerinnen, die in Deutschland aufgewachsen sind oder schon längere Zeit in Deutschland leben, werden schuladäquate Deutschkenntnisse vorausgesetzt. Der Wechsel in die Muttersprache wird in den Horizont des Illegitimen gerückt, als Respektlosigkeit gedeutet. Der Gebrauch der Muttersprache wird in den Bereich privater Vorlieben gestellt und damit aus der Öffentlichkeit verbannt. Sichtbar wird in den Aussagen der Studierenden die unhinterfragte Übernahme und kritiklose Umsetzung monolingualer Überzeugungen.

Und schließlich zeigt sich drittens, in den Aussagen der Studierenden S1_2, eine Bewusstheit für die Deutungshoheit des monolingualen Habitus in Bezug auf soziale Interaktionen. Die gesellschaftlichen Normvorstellungen werden als Maßstab erkannt, darüber zur urteilen, welchen „Marktwert" ein Sprachvermögen besitzt. Erst vor diesem Hintergrund begründet sich der Verweis auf die Notwendigkeit des Gebrauchs der deutschen Sprache um gesellschaftlich handlungsfähig zu sein.

Die Unterschiede in den Aussagen der Studierenden lassen sich, mit Blick auf Bourdieu, entlang der Bewusstheit von gesellschaftlichen Prozessen interpretieren. Veränderungen habitualisierten Handelns sind an die Voraussetzung geknüpft, dass Bewusstsein besteht und Änderungen gewollt sind. In der Bezugnahme auf das Thema des Sammelbands liegt die Vermutung nahe, dass in Abhängigkeit eigener Erfahrungen mit Mehrsprachigkeit weiterführende Reflexionsprozesse zum Tragen kommen. Ein solcher Perspektivenwechsel kann anhand der vorliegenden Daten jedoch nicht nachgezeichnet werden. Die Unterschiede zwischen den Studierenden lassen sich explizit nicht in Zusammenhang stellen mit den migrationsbezogenen Erfahrungen der Studierenden.[3] Die Übernahme monolingualer Überzeugungen trifft sowohl für die Studierenden mit als auch ohne Migrationshintergrund zu. Die Wirkungsmacht des monolingualen Habitus entfaltet sich unabhängig von Migrationshintergrund als geteilter Konsens.

Literatur

Allemann-Ghionda, C.; Auernheimer, G.; Grabbe, H.; Krämer, A. (2006). Beobachtung und Beurteilung in soziokulturell und sprachlich heterogenen Klassen – Die Kompetenzen der Lehrpersonen. *Zeitschrift für Pädagogik*, (*Beiheft 51*), 250–266.

Bohnsack, R. (1993). *Rekonstruktive Sozialforschung*. Opladen: Leske & Budrich.

Gogolin, I.; Kroon, S. (2000). Einsprachige Schule, mehrsprachige Kinder. Erfahrungen aus einem international-vergleichenden Projekt über Unterricht in der Sprache der

---

3   Im Folgenden sind die soziokulturellen Daten der Studierenden aufgelistet: Studierende/r (S1_1) weiblich, Nationalität deutsch, kein Migrationshintergrund, Bildungs-/Ausbildungsabschlüsse der Eltern: Mutter Realschulabschluss, Lehre, Vater Hauptschulabschluss, Lehre; Studierende/r (S2_1): weiblich, Nationalität deutsch, Muttersprache deutsch und türkisch, Muttersprache der Eltern türkisch (zur Ausbildung nach Deutschland), Bildungs-/Ausbildungsabschlüsse der Eltern: beide Fachschulabschluss, Fachhochschulabschluss; Studierende/r (S3_1): männlich; Nationalität Deutsch; Muttersprache Deutsch; Muttersprache der Mutter Deutsch; Muttersprache des Vaters Italienisch (Arbeitsmigrant), Bildungs-/Ausbildungsabschlüsse der Eltern beide Hauptschulabschluss, Meister-Techniker; Studierende/r (S4_1): männlich; Nationalität Deutsch; kein Migrationshintergrund; Bildungs-/Ausbildungsabschlüsse der Eltern: Mutter Realschulabschluss, Lehre; Vater Hauptschulabschluss, Meister/Techniker; Studierende/r (S5_1): männlich; Nationalität ukrainisch und deutsch; Muttersprache Russisch; Muttersprache der Mutter Russisch, Muttersprache des Vaters Ukrainisch, Eltern Spät-Aussiedler; Bildungs-/Ausbildungsabschlüsse der Eltern beide Abitur, beide Hochschulabschluss.

Majorität. In I. Gogolin & S. Kroon (Hrsg.): *„Man schreibt, wie man spricht".* *Ergebnisse einer international vergleichenden Fallstudie über Unterricht in vielsprachigen Klassen.* (S. 1–29). Münster: Waxmann.

Gogolin, I. (1994): *Der monolinguale Habitus der multilingualen Schule.* Münster: Waxmann.

Gomolla, M.; Radtke, F.-O. (Hrsg.) (2007). *Institutionelle Diskriminierung. Die Herstellung ethnischer Differenz in der Schule.* (2., durchges. und erw. Aufl.). Wiesbaden: VS Verlag für Sozialwissenschaft.

Lang, E.; Grittner, F.; Rehle, C.; Hartinger, A. (2010). Das Heterogenitätsverständnis von Lehrkräften im jahrgangsgemischten Unterricht der Grundschule. In A. Hagedorn, V. Schurt, C. Steber, W. Waburg (Hrsg.): *Ethnizität, Geschlecht, Familie und Schule. Heterogenität als erziehungswissenschaftliche Herausforderung.* (S. 315–331), Wiesbaden: VS Verlag für Sozialwissenschaften.

Schiffauer, W. (2001). Staat - Schule - Ethnizität. In F. Gesemann (Hrsg.): *Migration und Integration in Berlin. Wissenschaftliche Analysen und politische Perspektiven.* (S. 233–250), Opladen: Leske + Budrich.

Schlickum, C. (2012). *Zuschreibung oder anerkennende Berücksichtigung ethnischer Unterschiede?* Lehrer/innen mit Migrationshintergrund, unveröffentlichtes Manuskript, Mainz.

Schroeder, C. (2007). Integration und Sprache. *Aus Politik und Zeitgeschichte, 22–23,* 6–12.

Stanat, P.; Christensen, G. (2006). *Schulerfolg von Jugendlichen mit Migrationshintergrund im internationalen Vergleich.* Eine Analyse von Voraussetzungen und Erträgen schulischen Lernens im Rahmen von PISA 2003, Bonn. Verfügbar unter: http://www.wib-potsdam.de/MigrationSchuleInternVergl.pdf [18.01.12].

Walter, O.; Taskinen, P. (2008). Der Bildungserfolg von Jugendlichen mit Migrationshintergrund in den deutschen Ländern. In M. Prenzel, C. Artelt, J. Baumert, W. Blum, M. Hammann, E. Klieme & R. Pekrun (Hrsg.): *PISA 2006 in Deutschland. Die Kompetenzen der Jugendlichen im dritten Ländervergleich* (S. 343–374). Münster: Waxmann.

Wenning, N. (2007). Heterogenität als Dilemma für Bildungseinrichtungen. In S. Boller, E. Rosowski & T. Stroot (Hrsg.): *Heterogenität in Schule und Unterricht. Handlungsansätze zum pädagogischen Umgang mit Vielfalt* (S. 21–31). Weinheim, Basel: Beltz Verlag.

Wischer, B. (2007). Heterogenität als komplexe Anforderung an das Lehrerhandeln. Eine kritische Betrachtung schulpädagogischer Erwartungen. In S. Boller, E. Rosowski & T. Stroth (Hrsg.): *Heterogenität in Schule und Unterricht* (S. 32–41). Weinheim: Belz.

‚Kulturelle Differenz' als positionszuweisendes Deutungsmuster von Akteurinnen und Akteuren in der Praktikumsbegleitung von Lehramtsstudierenden aus Einwanderfamilien

Anna Wojciechowicz

1 Einleitung

Der vorliegende Beitrag setzt sich mit einer in der Interkulturellen Bildungsforschung sowie in der Professionsforschung weitgehend vernachlässigten Frage nach dem Verhältnis von Migration und Hochschulraum exemplarisch am Beispiel der universitären Lehramtsausbildung auseinander. Dabei werden dominante Deutungsmuster von pädagogisch Professionellen bei der Begleitung schulpraktischer Studienphasen von autochthonen und allochthonen Lehramtsstudierenden untersucht. Deutungsmuster, verstanden als konsistente und relativ latente Schemata für die Wahrnehmung, Bewertung und Interpretation der sozialen Wirklichkeit (Lüders & Meuser, 1997), sollen über den Weg rekonstruierter Derivationen erschlossen werden (Ullrich, 1999). Bei der Analyse von Deutungsmustern praktikumsbegleitender Akteurinnen und Akteure sind daher die Fragen leitend, wie Lehramtsstudierende in der Praktikumsphase wahrgenommen/klassifiziert und mit welchen Bedeutungszuschreibungen und Begründungsmomenten diese Klassifizierungen vorgenommen werden. Der vorliegende Text veranschaulicht am Beispiel der Analyse ausgewählter Interviewausschnitte mit Frau Diversity ein spezifisches Deutungsmuster im Umgang mit migrationsbedingten Differenzverhältnissen in universitären Praxisphasen. Die Interpretationsergebnisse zeigen, dass das Studienverhalten von allochthonen Lehramtsstudierenden entlang ethnisch klassifizierter Merkmale durch Defizitzuschreibungen markiert wird und Studienschwierigkeiten mit kulturdeterministischen Erklärungsmustern belegt werden.[1]

---

1 Die Darstellung des vorgefundenen Deutungsmusters kann im Rahmen dieses Beitrags nicht in seiner vollständigen Differenziertheit erfolgen. Hierzu muss auf die abschließende Publikation zum Forschungsprojekt ‚Bremer Regionalstudie zur Studiensituation von Lehramtsstudierenden mit und ohne Migrationshintergrund' verwiesen werden, die in diesem Jahr veröffentlicht werden soll.

2 Forschungsrahmen – Zielsetzung, Fragestellungen und Methoden

Die im Folgenden zu referierenden empirischen Zwischenergebnisse entstammen einem Forschungskontext zur Studienmotivation und -situation von Lehramtsstudierenden mit und ohne Migrationshintergrund an der Universität Bremen.[2] Erkenntnisleitend für die Untersuchung ist dabei die übergeordnete Fragestellung, inwiefern sich spezifische Problemlagen in einzelnen Phasen des Studiums und Schwierigkeiten bei der Bewältigung von Studienanforderungen bei allochthonen Lehramtsstudierenden identifizieren lassen. Auf der Grundlage der generierten Erkenntnisse soll die Frage diskutiert werden, welche Implikationen sich daraus für die Unterstützung des universitären Professionalisierungsprozesses von angehenden Lehrpersonen unter migrationsgesellschaftlichen Verhältnissen ergeben. Das Forschungsdesign umfasst die Verbindung einer quantitativen Fragebogenbefragung mit qualitativen Interviews, wobei die Erhebung der Studierendenperspektive im Vordergrund steht. Die beiden Erhebungselemente der Studie akzentuieren mittels unterschiedlicher methodischer Analytik teilweise unterschiedliche Aspekte und Bereiche der universitären Lehramtsausbildung. Die Darlegung der konzeptionellen und methodischen Strategie sowie die Darstellung ausgewählter Zwischenergebnisse der quantitativen Teilstudie erfolgt in dem Beitrag „Macht ‚Migrationshintergrund' einen Unterschied?" von Sonja Bandorski und Yasemin Karakaşoğlu in diesem Sammelband. Im Mittelpunkt des Erkenntnisinteresses der qualitativen Teilstudie stehen dagegen die Gestaltung und Bewältigung des erziehungswissenschaftlich fokussierten Schulpraktikums aus der Perspektive der Lehramtsstudierenden mit und ohne Migrationshintergrund sowie aus der Sicht praktikumsbetreuender Ausbilderinnen und Ausbilder, die miteinander verglichen werden sollen. Im Rahmen des vorliegenden Beitrags wird lediglich die Perspektive der praktikumsbegleitenden Akteurinnen und Akteure aufgegriffen und danach gefragt, wie die in Praxisphasen involvierten Professionellen aus ihrer Sicht Lehramtsstudierende wahrnehmen, welche Bedeutung dabei ethnisch klassifizierten Merkmalen zukommt, mit welchen weiteren Zuschreibungen die ethnischen Markierungen verknüpft/aufgeladen sind und zuletzt welche Positionszuweisungen im Professionalisierungsprozess sich daraus ergeben. Insgesamt wurden zehn problemzentrierte Interviews (Witzel, 1995) mit Professionellen, die in schulpraktische Studienphasen

---

2 Die Untersuchung wird seitens der Universität Bremen aus hochschuleigenen Mitteln zur gezielten Förderung von Vorhaben, die Fragen zur Migration im Hochschulraum explizit thematisieren, unterstützt und am Arbeitsbereich Interkulturelle Bildung unter der Leitung von Prof. Dr. Yasemin Karakaşoğlu durchgeführt. Ausgewählte Zwischenergebnisse aus dem quantitativen Teil der Untersuchung sind bereits im Beitrag von Yasemin Karakaşoğlu (2011) erschienen. Ergänzend ist darauf hinzuweisen, dass an die hier vorgestellte Untersuchung das Forschungsprojekt von Aysun Kul anknüpft, in dem Professionalisierungsprozesse von Referendarinnen und Referendaren mit und ohne Migrationshintergrund in der zweiten Ausbildungsphase aus rassismuskritischer Perspektive untersucht werden. Erste Zwischenergebnisse dieser Forschungsarbeit präsentiert Aysun Kul in diesem Sammelband, S. 157 ff..

begleitend involviert sind, geführt. Zur Interpretation des qualitativ erhobenen Datenmaterials wurden die einzelnen Analyseschritte der Grounded Theory (Strauss & Corbin, 1996) und der Dokumentarischen Methode (Bohnsack, 2010) einander ergänzend angewandt. Die Untersuchung hat primär einen explorativen Charakter und möchte Anregungen zur weiterführenden Forschung geben.

3 Zuschreibungen im Kontext von Migration und Bildung

Über Deutungsmuster von Professionellen im universitären Raum im Umgang mit migrationsbedingten Differenzverhältnissen liegen keine forschungsgestützten Erkenntnisse vor. Dies mag damit begründet sein, dass bisher schulische Bildungsprozesse im Mittelpunkt der Interkulturellen Bildungsforschung standen und in der Hochschul- sowie Professionsforschung die Analysekategorie ,Ethnizität' bislang keinen Eingang gefunden hat. Ein Blick in den Forschungsstand der Interkulturellen Bildungsforschung scheint jedoch unabdingbar zu sein, denn sie bietet trotz der Beschränkung auf den elementar- und schulpädagogischen Kontext differenzierte Analysen zum Umgang mit migrationsbedingter Heterogenität von Professionellen. Die Ergebnisse dieser qualitativ ausgerichteten Studien (Auernheimer et al. 1998; Bender-Szymanski, 1999; Lanfranchi, 2002; Edelmann, 2007) dokumentieren, dass sich der pädagogische Umgang mit Ambivalenzverhältnissen der Differenzierung im Migrationskontext vielfach als eine Herausforderung für Lehrpersonen darstellt. Resümierend lassen die bisherigen Befunde eine Spannbreite an handlungsleitenden Orientierungsmustern bei pädagogisch Professionellen erkennen, die sich zwischen den Polen der Differenzblindheit, des Ethnozentrismus mit verstärkten Assimilationsforderungen, der reduktionistischen Fixierung auf ,fremde Mentalitäten' und der reflexiven Differenzsetzung bewegen (vgl. Auernheimer, 2005, S. 133f.).

Weiter konnten Gomolla & Radtke (2003, S. 268ff.) zeigen, dass eine Bezugnahme auf kulturalisierende und ethnisierende Problembeschreibungen, vor deren Hintergrund das Lern- und Leistungsvermögen von allochthonen Schülerinnen und Schülern unterschätzt wird, in Prozessen institutioneller Diskriminierung erfolgt. Insbesondere bei Zuweisungsentscheidungen nach der Grundschule werden subtile Auslesepraxen durch die systematische Verwendung von stereotypen kulturellen Bewertungsmustern legitimiert. Die Mängel des deutschen Bildungssystems sowie pädagogischer Handlungspraxen auf der Akteurinnen- und Akteursebene in der Auseinandersetzung mit Differenz werden dagegen kaum in Frage gestellt.

Eine besondere Relevanz für die vorliegende Untersuchung erhält die Forschungsarbeit von Weber (2003, S. 10), denn im Fokus des Forschungsinteresses dieser Arbeit stehen von Professionellen implizit zum Ausdruck gebrachte Bilder über allochthone Schülerinnen im Feld der gymnasialen Oberstufe. Weber versteht „Ethnizität" und „Geschlecht" in Anlehnung an reflexiv-sozialkonstuktivistische Konzepte des „doing ethnicity" und „doing gender" (West & Zimmermann, 1987) als miteinander verschränkte Prozesskategorien. Sie widmet sich daher der Frage, wie ethnisch- und geschlechtsspezifische Unterscheidungen im schulischen Alltag hergestellt werden und mit welchen sozialen Positionierungen diese Zuschreibungen einhergehen. Die Studie kommt zu dem Ergebnis, dass vor allem kopftuchtragenden Schülerinnen muslimischen Glaubens, deren Eltern türkischer Herkunft sind, mangelnde Bildungsvoraussetzungen aufgrund ihrer ‚kulturellen Eigenheit' zugeschrieben werden. Dabei argumentieren die Lehrpersonen vor dem Hintergrund einer Konstruktionsfigur der ‚typisch türkischen Schülerin'. Demnach würden ‚typisch türkische Schülerinnen' durch ethnische Gruppenbildung in ihrer Freizeit verweigern, an ihrer Sprachpraxis im Deutschen zu arbeiten. Weiter würde die muslimische Religiosität der ‚typisch türkischen Schülerin' ihre Selbstreflexion und Autonomieentwicklung verhindern und damit im Widerspruch mit der aufklärerischen Tradition des Gymnasiums stehen. Zudem scheint die ‚typisch türkische Schülerin' für ein Gymnasium nicht geeignet zu sein, da die Lehrpersonen antizipieren, dass sie von ihren Eltern keine Unterstützung erhält. Da die Eltern aus bäuerlichen Verhältnissen kommen, würden sie die Bedeutung der Bildung für ihre Kinder nur unzureichend einschätzen können (vgl. Weber, 2003, S. 269; Weber, 2007, S. 93ff.). Weber (2003, S. 266) betont, dass die essenzialisierende Deutungsfigur der ‚typisch türkischen Schülerin' nicht losgelöst von der Dominanz und Rigidität des hegemonial geführten Diskurses zu Fragen der Integration von Migrantinnen und Migranten betrachtet werden kann, der sich durch *„Stigmatisierung, Ethnisierung, Kulturalisierung und Degradierung"* (Yıldız, 2009) bestimmter Minderheitengruppen auszeichnet. Deutungsmuster von pädagogisch Professionellen stehen in einem engen Verhältnis zu sozial relevanten und legitimen Deutungsmustern auf der Ebene von gesellschaftlichen Diskursen (vgl. Ullrich, 1999, S. 429).

An diese Ausführungen schließt sich für den Zusammenhang von Migration und Hochschulbildung die Frage an, inwieweit kulturalisierende und defizitorientierte Deutungsmuster im Ausbildungsbereich der Hochschule wirksam werden. Allgemeiner: Welche Bilder über Lehramtsstudierende im Kontext schulpraktischer Professionalisierungsprozesse werden von praktikumsbegleitenden Akteurinnen und Akteuren vorgebracht? Um welche Bedeutungen und Kategorien werden dabei die konstruierten Bilder über Lehramtsstudierende organisiert? Und welche Rolle spielen dabei ethnische Differenzierungen? Im Folgenden wird den aufgeworfenen Fragen am Beispiel exemplarischer Interviewausschnitte mit Frau Diversity nachgegangen.

4 Der Fall Frau Diversity – Zwischenergebnisse des Forschungsprojektes „Studiensituation von Lehramtsstudierenden mit und ohne Migrationshintergrund"

Frau Diversity arbeitet an einer Bremer Gesamtschule. Neben ihrer Unterrichtstätigkeit in der Sekundarstufe 5 bis 7 hat Frau Diversity die Funktion als Ausbildungskoordinatorin für das Orientierungspraktikum sowie das erziehungswissenschaftliche Praktikum an ihrer Schule inne. Frau Diversity erschien als potenzielle Interviewpartnerin deshalb besonders geeignet, da sie neben ihrer Koordinationstätigkeit ein Seminar zur Begleitung des erziehungswissenschaftlichen Praktikums an der Universität Bremen anbietet. Vor diesem Hintergrund erlebt sie die Lehramtsstudierenden nicht nur in den schulpraktischen Phasen, sondern begleitet die Studierenden in der Vorbereitung auf das Praktikum, der Reflexion von Erfahrungen und bei der Abfassung des Praktikumsberichtes.

Zur Kontextualisierung der im Folgenden aufgeführten Interviewzitate ist darauf hinzuweisen, dass die Lehramtsstudierenden das erziehungswissenschaftliche Praktikum je nach Schulart zwischen dem 2. und 4. Semester in der vorlesungsfreien Zeit als zusammenhängenden Block von sechs Wochen absolvieren. Das erziehungswissenschaftliche Praktikum wird durch ein Seminar begleitet, das aus vorbereitenden, betreuenden und auswertenden Anteilen besteht. Den Abschluss der schulpraktischen Studien bildet die Abfassung eines Praktikumsberichtes, der von den praktikumsbegleitenden Akteurinnen und Akteuren benotet wird (vgl. Freie Hansestadt Bremen, 2007, S. 907). S.

4.1 Von Studierenden aus dem ‚Südosten' und ‚nördlichen Osten'

Auf die Thematik ‚allochthone Lehramtsstudierende' kommt Frau Diversity im Interview selbst zu sprechen. Dabei nimmt die Thematisierung des persönlichen Umgangs mit Praktikumsberichten von allochthonen Lehramtsstudierenden einen breiten Raum innerhalb der Erzählung von Frau Diversity ein. Bei dem Umgang mit Praktikumsberichten beobachtet Frau Diversity gruppenspezifische Unterschiede unter allochthonen Studierendengruppen. Obwohl die im öffentlichen Diskurs konventionalisierte Bezeichnung ‚Studierende mit Migrationshintergrund' von der Interviewerin im Interviewkontext verwendet wurde, taucht in der Erzählung von Frau Diversity dieser Begriff nicht auf. Stattdessen führt Frau Diversity ihre eigenen Kategorien zur Beschreibung von allochthonen Lehramtsstudierenden ein. Dabei werden die Studierenden in Form einer Binnendifferenzierung zweier spezifischer Lehramtsstudierendengruppen typologisiert. Zum einen werden die Studierendengruppe des „*Südostens*" (756) und zum anderen die Studierendengruppe des „*nördlichen Ostens*" (758) identifiziert, was darauf hinweist, dass Frau Diversity mit Studierenden aus Einwandererfamilien geografische Räume assoziiert. Hier kann ein Konstruktionsprozess beobachtet werden, bei dem zwei Studierendengruppen aufgrund gleicher geografischer Abstammungslage im Sinne kollektiver Identitäten miteinander verbunden und einander gegenübergestellt werden. Der ‚Südosten' und der ‚nördliche Osten' werden als zwei geschlossene Kollektive entworfen. Durch die räumliche Abbildung werden Studierende auf außerhalb Deutschlands gelegene Orte fixiert, die gleichzeitig ihre regionale Abstammung markieren sollen. Dieser Vorgang kann in Anlehnung an Terkessidis (2004, S. 180) als „*Verweisung*" aufgefasst werden. Der geografische Ort, von dem aus der ‚Südosten' bzw.

der ‚nördliche Osten' identifiziert wird, ist der stillschweigend mitkommunizierte innereuropäische Raum ‚Deutschland'.

„Ich muss fertig werden" – Haltung der Studierenden aus ‚Südosten'

> „die haben sie auch ziemlich schnell ‚*hingeschissen*' tschuldigung/ also so *runtergeschrieben*/ ne ‚*ich muss fertig werden*' und ‚ich mach das jetzt fertig'" (14/730–733)

Zur Beschreibung der Leistungen von drei Studentinnen aus dem ‚Südosten', die Frau Diversity im Rahmen des erziehungswissenschaftlichen Praktikums betreut hat, im Hinblick auf die Fertigstellung ihres Praktikumsberichtes wählt Frau Diversity eine unmissverständliche Fäkalsprache, die insofern auffällig ist, als sie sich von ihrem Sprachgebrauch im gesamten Interview unterscheidet. Die Studentinnen haben den Praktikumsbericht „ziemlich schnell ‚*hingeschissen*'" (732), wonach ein „*tschuldigung*" (733) und die Berichtigung der drastischen Ausdrucksweise folgt: „*Runtergeschrieben*" (733). Diese Formulierung unterstellt den Studierenden aus dem ‚Südosten' eine gleichgültige, ja sogar abwertende Haltung bei der Abfassung der Praktikumsberichte. Zudem deutet die Verwendung eines solchen unangenehmen Ausdrucks auf eine emotionale Betroffenheit von Frau Diversity hin, persönlich nicht ernst genommen zu werden. Frau Diversity bedient sich weiter der wörtlichen Rede in gehobener Stimmlage, um den geschilderten Sachverhalt aus der Perspektive der Studentinnen aus dem ‚Südosten' plastisch werden zu lassen: „*Ich muss fertig werden*" (733). Die wörtliche Wiedergabe greift auf die Verwendung des Verbes ‚müssen' zurück, was auf eine Notwendigkeit und Verpflichtung hindeutet. Die Studierenden aus ‚Südosten' erledigen lediglich das, was von ihnen verlangt und erwartet wird. Ein persönlicher motivationaler Zustand der Studierenden ist nicht erkennbar. ‚Ich muss fertig werden' deutet zudem auf eine Hastigkeit, mit der die Praktikumsberichte geschrieben werden.

„Ernsthaftigkeit" – Haltung der Studierenden aus dem ‚nördlichen Osten'

> „so aus dem nördlichen Osten und/ also so aus der ehemaligen Sowjetunion plus drum rum jetzt nicht Asien/ sondern wirklich vielmehr diese diversen Länder und da ist das gar nicht so/ da ist das auch noch mal wieder so ne *ganz andere Haltung* zu/zu oder *Ernsthaftigkeit diesen Arbeiten gegenüber*" (15/758–762)

Frau Diversity konstatiert weiter, Lehramtsstudierende aus dem ‚nördlichen Osten' zeichnen sich hingegen durch eine „*ganz andere Haltung*" (761) und „*Ernsthaftigkeit diesen Arbeiten gegenüber*" (761–762) aus. Die hier beschriebene Haltung kann als eine grundlegende, in der Persönlichkeit mental verortete Einstellung gefasst werden, die die Bereitschaft steuert, auf einen Gegenstand (hier den Praktikumsbericht) wertend zu reagieren. Mit dem Zuordnungsprozess der Studierendengruppen aus dem ‚Südosten' und aus dem ‚nördlichen Osten' auf ihre vermeintlichen

Heimatorte wird ihnen nicht nur eine gemeinsame Abstammung, sondern darüber hinaus eine geteilte ,Haltung' zugeschrieben. Weil Frau Diversity die ,Haltung' im Zusammenhang mit der geografischen Abstammung der Studierenden thematisiert, kann geschlussfolgert werden, dass es sich bei der ,Haltung' um eine Konstruktion handelt, die geografiespezifischen, also kulturell bedingten Einflüssen und kulturellen Wertungssystemen unterliegt. Das Verhalten der Studierenden aus dem ,nördlichen Osten' wird zum einen vergleichend zu Studierenden aus dem ,Südosten' positiv konnotiert und zum anderen durch den geografischen Abstammungsort erklärt. Dabei ist bemerkenswert, dass über die Produktion oppositioneller Dualismen, die eingebettet in die Darstellung zweier Studierendengruppen sind, die Schaffung eines positiv besetzten Leistungskonzeptes für die Studierenden aus dem ,nördlichen Osten' möglich wird. Die Beschreibung der Studierenden aus dem ,Südosten' in Form einer Gegensatzkonstruktion ermöglicht, diese Studierendengruppe mit einem negativ besetzten Leistungskonzept zu markieren. Demnach haben Lehramtsstudierende aus dem ,Südosten' eine nicht ausreichend ernsthafte Haltung gegenüber Praktikumsberichten und scheinen sich deshalb keine besondere Mühe bei der Abfassung ihres Praktikumsberichtes gegeben zu haben.

4.2 „Kulturelle Prägung" als Erklärungsmuster für den differenten Umgang mit akademischen Arbeiten

> „kann ja sein/ dass sie einfach *drei oder vier Freunde noch gebeten haben gegenzulesen* (.) das/das würde auf ne *bessere Organisiertheit* sprechen /äh/ würde dafür sprechen/ würde vielleicht dafür sprechen/ dass es ihnen *wichtig ist nen entsprechendes Ergebnis abzugeben*/ während andere dann gesagt haben (.) ,*Weg und Ende! Nächstes!*' und auch das könnte ja dann/also zumindest war das in dieser *Diversity-Fortbildung* auch wieder so *n Aspekt der kulturellen Prägung* ne " (15/770–778)

Die Studierenden aus dem ,nördlichen Osten' werden weiter als eine Gruppe charakterisiert, die den Anforderungen der Abfassung einer akademischen Arbeit grundsätzlich besser gerecht wird, was daran liegen könnte, „*dass sie einfach drei oder vier Freunde noch gebeten haben gegenzulesen*" (772–773). Diese positiv intendierte Aussage, impliziert gleichzeitig eine Unterstellung mangelnder persönlicher Dispositionen zur Abfassung des Praktikumsberichtes. Ob hier Dispositionen schriftsprachlicher oder konzeptioneller Art gemeint sind, bleibt unklar. In dem jedoch Frau Diversity darauf hinweist, dass die Studierenden aus dem ,nördlichen Osten' nach der Fertigstellung des Praktikumsberichtes noch ,drei oder vier Freunde' zur Optimierungszwecken ihrer Arbeit um Korrekturlesen gebeten haben könnten, verweist sie einerseits auf die Kompetenz, sich durch Kommilitoninnen und Kommilitonen unterstützen zu lassen, andererseits spricht sie ihnen die Fähigkeit zu einer weitgehend fehlerfreien und selbstständigen Abfassung von akademischen Texten grundsätzlich ab. Auf dieser Grundlage wird ein natürlicher Zusammenhang zwischen Studierenden aus dem ‚nördlichen Osten‘ und geringen Bildungsvoraussetzungen für den akademischen Bildungsbereich transportiert. Die Tatsache, dass die Studierenden nicht nur einen Freund oder zwei Freunde um Korrekturlesen gebeten haben, sondern ‚drei oder vier Freunde‘, deutet zudem auf einen großen Korrekturaufwand ihrer schriftlichen Arbeiten hin.

Die Strategie der Studierenden aus dem ‚nördlichen Osten‘, bei der Schlusskorrektur ihres Praktikumsberichtes, fremde Hilfe in Anspruch zu nehmen, würde laut Frau Diversity auf eine „*bessere Organisiertheit*" (773) hinweisen. Vor diesem Hintergrund kann angenommen werden, dass diese Studierenden aus ihrer Sicht ein gewisses Bewusstsein für ihre Schwierigkeiten entwickelt haben. Darüber hinaus würde es „*vielleicht dafür sprechen*" (774), „*dass es ihnen wichtig ist nen entsprechendes Ergebnis abzugeben*" (774–775). Studierenden aus dem ‚nördlichen Osten‘ liegt demnach viel daran, einen den wissenschaftlichen Anforderungen gerechten Praktikumsbericht abzugeben und dafür eine gute Bewertung zu erhalten. Da die Studierenden sich ihrer Mängel in der akademischen Schriftsprache bewusst sind, suchen sie nach möglichen Bewältigungsstrategien, trotz Schwierigkeiten ein gutes Ergebnis bei der Bewertung des Praktikumsberichtes zu erreichen. In dieser Betrachtung werden Studierende aus dem ‚nördlichen Osten‘ als eine Studierendengruppe entworfen, die Mühe aufwendet, ihre Kräfte umfassend mobilisiert und besondere Anstrengungen auf sich nimmt, um sich ihrer studienbezogenen Probleme zu stellen und diese erfolgreich zu überwinden dem Frau Diversity in dem darauffolgenden Satz erklärt: „*Während andere dann gesagt haben (.) ‚Weg und Ende! Nächstes!*‘" (775–776) werden Studierende aus dem ‚Südosten‘ als Vergleichsgruppe und Gegenentwurf eingeführt und erneut als wenig ambitioniert bewertet. Mit dieser Beschreibung nimmt Frau Diversity die argumentative Polarisierung wiederholt auf, die sie in ihren vorangegangenen Ausführungen entworfen hat. In der Abgrenzung zur Konstruktionsfigur der Studierenden aus dem ‚nördlichen Osten‘ erscheinen die Studierenden aus dem ‚Südosten‘ als eine Gruppe, die keine Anstrengungen auf sich nimmt, um einen ‚guten‘ Praktikumsbericht abzugeben. Mit der Einstellung „*Weg und Ende! Nächstes!*" (776) scheinen sie zur studienbezogenen Leistung nicht besonders motiviert, sondern eher an einem stumpfen Abarbeiten studienbezogener Inhalte interessiert zu sein. Eine schlechte Bewertung der Praktikumsberichte wird damit als Folge eines persönlichen Versagens und selbstverschuldeten Desinteresses gedeutet.

Weiter ist an der Sequenz zu beobachten, dass Frau Diversity die „*kulturelle Prägung*" (778) der Studierenden als möglichen Hintergrund für die Unterschiede in der verhaltenswirksamen Einstellung gegenüber akademischen Arbeiten zwischen den zwei Studierendengruppen prinzipiell anerkennt. Dabei betont der Begriff ‚Prägung‘ einen passiven Akt, bei dem sich die ‚Kultur‘ des ‚Südostens‘ bzw. ‚nördlichen Ostens‘ in die Haltung der Studierenden mechanisch und dauerhaft einschreibt. Wenn Kultur als dominierender Deutungsrahmen auf allochthone Studierende ausgemacht werden kann, dann ist davon auszugehen, dass Frau Diversity mit der Einführung der eigenen Differenzkategorien ‚Südosten‘ und ‚nördlicher Osten‘ für allochthone Studierende nicht nur den geografischen Abstammungsort dieser Studierenden markieren wollte, sondern die Unterschiede in der grundlegenden Einstellung gegenüber dem Praktikumsbericht auf die Kultureinflüsse des ‚Südostens‘ und die des ‚nördlichen Ostens‘ zurückführt. Diese Lesart scheint nachvollziehbar zu sein, da sich Frau Diversity auf eine „*Haltung*" (761) bezieht und damit auf beständige Werte hinweist, die von kurzfristigen und situativen Veränderungen relativ ausgenommen sind.

Hinzugefügt werden kann, dass sich Frau Diversity als eine Person präsentiert, die an gesellschaftlichen Themen interessiert ist und die persönliche Bereitschaft aufbringt, sich weiterzubilden. Mit der expliziten Benennung der Teilnahme an einer Diversity-Fortbildung möchte Frau Diversity markieren, dass sich ihr kulturell deutender Blick auf Studierende aus dem ‚Südosten‘ und ‚nördlichen Osten‘ nicht auf eine Eigentheorie bezieht, sondern durch eine professionelle Ausbildung abgesichert ist.

5 Zusammenfassung der Analyse

Frau Diversity beschreibt Probleme im Umgang mit der Abfassung akademischer Arbeiten von allochthonen Lehramtsstudierenden. Die Wahrnehmungskonstruktion von allochthonen Studierenden erhält eine besondere Brisanz dadurch, dass die ‚innere Haltung‘ der Studierenden gegenüber dem Praktikumsbericht im Zusammenhang mit ihrer ‚kulturellen Prägung‘ thematisiert wird, was darauf schließen lässt, dass die Wahrnehmung, Unterscheidung und Bewertung von allochthonen Studierenden auf einer durch den essentialistischen Kulturalismus geprägten Perspektive basiert. Im Prozess der Essentialisierung werden allochthone Lehramtsstudierende auf ihre kulturelle Andersartigkeit und die damit zusammenhängende (Groß-)Kollektivierung von kultureller Differenz verstanden. Dabei entwirft Frau Diversity zwei Studierendengruppen nach dem Kriterium der homogenisierenden kulturellen Räume, die eine Ausweisung aus der Bundesrepublik markieren: Studierende aus dem ‚Südosten‘ und Studierende aus dem ‚nördlichen Osten‘. ‚Kulturelle Prägung‘ wird als zentrale Differenzkategorie zur Untersuchung und Erklärung relevanter Unterschiede in der studentischen Haltung eingesetzt. Damit wird die studentische Haltung als eine aktive Manifestation einer aus dem Herkunftskontext importierten ‚Kultur‘ betrachtet. ‚Kulturelle Prägung‘ dient damit als ein Konstrukt, mit dem etwa eine vollständige Bestimmung der studentischen Haltungs- und Verhaltensweisen versucht wird. Studentische ‚Haltung‘ und ‚kulturelle Prägung‘ werden quasi kausal zusammenhängend konstruiert. Individuelles Handlungspotenzial sowie andere handlungsleitende Differenzlinien und Kategorien werden in die Erklärungsperspektive nicht einbezogen. Demnach bedeutet dies, dass die studentische Haltung im Sinne von Eigenschaften und persönlichkeitsstrukturierenden Bildungsvoraussetzungen für die Bewältigung des Praktikums aus ihrer ‚kulturellen Prägung‘ abgelesen werden, was ihr eine deterministische Tendenz verleiht. Pointiert ließe sich formulieren: Die gleichgültige Haltung der Studierenden aus dem

‚Südosten' wird als Ausdruck einer kollektiven Kultur des ‚Südostens' gelesen, die engagierte und zielstrebige Haltung der Studierenden aus dem ‚nördlichen Osten' wird dagegen als eine Manifestation der kollektiven Kultur des ‚östlichen Nordens' erkannt. Während Studierende aus dem ‚östlichen Norden' mit viel Anstrengung, Fleiß, Leistungsorientierung, Ernsthaftigkeit und Organisiertheit den Anforderungen eines Praktikumsberichtes gerecht werden wollen, verweigern die Studierenden aus dem ‚Südosten' die im akademischen Umfeld üblichen Verhaltenserwartungen (Anstrengung, Mühe, Bildungsbeflissenheit etc.). Mit der hier relationalen und dichotom strukturierten Konzeption von Studierenden aus dem ‚Südosten' und ‚nördlichen Osten' und ihren je kulturspezifischen ‚Haltungen' gehen bewertete Klassifikationen bzw. eine deutliche Abqualifizierung der Ersteren im Hinblick auf den Umgang mit akademisch ausgerichteten Praktikumsberichten einher.

6   Diskussion und Ausblick

Mit dem vorliegenden Datenmaterial ist es nicht möglich, die Realitätsangemessenheit des kulturalisierenden Wahrnehmungsmusters von Frau Diversity zu überprüfen. Schwierigkeiten bei der Abfassung von akademischen Arbeiten können jedoch logisch kaum allein mit der Kategorie ‚kulturelle Prägung' adäquat beschrieben werden, wie ein Blick auf empirische Daten zur Studiensituation von allochthonen Studierenden zeigen. Aus der bisherigen Debatte zum Zusammenhang von Bildung und sozialer Ungleichheit ist bekannt, dass das persönliche Leistungspotential schichtspezifisch entwickelt wird. *„Das höhere ökonomische und kulturelle Kapital in den Familien aus mittleren und insbesondere höheren Schichten fördert die Entwicklung von Fähigkeiten und Motivationen, die eine erfolgreiche Bildungskarriere begünstigen – wie kognitive und sprachliche Fähigkeiten"* (Geissler, 2006, S. 41). Vor diesem Hintergrund ist nach der sozialen Zusammensetzung von allochthonen Studierenden zu fragen. Aus Daten aktueller Datenreports lässt sich ableiten, dass allochthone Studierende überproportional aus einkommensschwachen und bildungsfernen Elternhäusern kommen. Der Anteil von sog. Bildungsinländerinnen und -inländern[3] (44%), die der sozial schwächsten Herkunftsgruppe zuzuordnen sind, ist fast viermal so hoch wie bei den deutschen Studierenden (13%) (vgl. Isserstedt et al. 2010, S. 506). Insbesondere bei der Betrachtung der Studienvoraussetzungen bei

---

3   Bildungsinländerinnen und -inländer ist im Hochschulraum eine fest etablierte Bezeichnung für Studierende, die nicht im Besitz einer deutschen Staatsbürgerschaft sind, aber ihre bisherige formelle Bildungsbiographie im deutschen Bildungssystem durchlaufen und ihre Studienberechtigung in Deutschland erlangt haben (vgl. Isserstedt et al. 2010, S. 434). Die ersten Bildungsinländerinnen und -inländer waren Kinder der ehemaligen ›Gastarbeiter und -arbeiterinnen‹, die im Zuge der Anwerbephase auf der Basis von bilateralen Anwerbeabkommen der Bundesrepublik mit südeuropäischen Staaten, der Türkei und einigen Nordafrikanischen Staaten in der Zeit des ersten wirtschaftlichen Aufschwungs nach dem Zweiten Weltkrieg zwischen 1955 und 1973 nach Deutschland kamen (vgl. Karakaşoğlu & Wojciechowicz, 2012, S. 274).

allochthonen Studierenden, die zum großen Teil mit Deutsch als Zweitsprache aufgewachsen sind, fällt auf, dass etwa ein Drittel von ihnen nur unzureichend in der Lage ist, die Seminardiskussion mitzugestalten oder Fachtexte zu verfassen. Dementsprechend fällt 47% der Studierenden schwer, Lernergebnisse in akademisch schriftlicher Form festzuhalten (vgl. DAAD, 2011, S. 48f.). So wird konstatiert, dass *„offensichtlich [...] die Betreuung dieser Studierenden bislang noch ungenügend darauf ausgerichtet* [ist], *die notwendigen sprachlichen Fähigkeiten zu vermitteln"* (ebd.). Auch die Zwischenergebnisse der Bremer Regionalstudie zu Lehramtsstudierenden weisen darauf hin, dass sich allochthone Lehramtsstudierende doppelt so häufig als ihre Kommilitoninnen und Kommilitonen aus nicht zugewanderten Familien ein schriftliches (28 % gegenüber 14 %) sowie auch ein mündliches (24 % gegenüber 11 %) Fachsprachentraining in Deutsch zur Unterstützung im Studium wünschen (vgl. Karakaşoğlu, 2011, S. 129). Die hohe Studienabbruchquote bei allochthonen Studierenden (45%) im Vergleich zu ihren autochthonen Kommilitoninnen und Kommilitonen (23%) spricht außerdem dafür, dass im Studienalltag besondere Verunsicherungen erlebt bzw. Mechanismen der Verunsicherung wirksam werden (vgl. DAAD, 2011, S. 50f.).

Wenn nun über die Frage nachgedacht wird, aufgrund welcher Ermöglichungsbedingungen sich das Potenzial zur Kulturalisierung bei Frau Diversity herauskristallisiert, dann kann konstatiert werden, dass sich die kulturalisierende Perspektive nicht auf ein Unwissen im Sinne einer passiven Ignoranz zurückführen lässt. Im Gegenteil: Frau Diversity ist bemüht, sich mit dem gegenwärtigen gesellschaftlichen Wandel professionell auseinanderzusetzen. Die Einschränkung des Blickwinkels auf kulturelle Differenzverhältnisse scheint in dem vorgetragenen Fallbeispiel durch die Diversity-Fortbildung bedingt zu sein. Diese stellt anscheinend ein spezifisches Wissen zum kultur-klassifizierenden Denken bereit bzw. die Möglichkeit, sich auf migrationsbedingte Differenzverhältnisse kulturalisierend einzulassen. Im gegenwärtigen Diskurs der reflexiven Interkulturellen Bildung, deren kritische Beschäftigung mit der Kategorie ‚Kultur' stark durch die Überlegungen der Cultural und Postcolonial Studies angestoßen wurde, herrscht dagegen ein Konsens darüber, dass kollektive und kulturelle Zuschreibungen, bei denen das Handeln der ‚Anderen' durch eine kollektive Herkunftskultur verabsolutiert wird, mit pädagogischer Professionalität unter migrationsgesellschaftlichen Verhältnissen unverträglich sind. Eine essentialistische Sicht verhindert *„die konkreten Subjekte und ihre Handlungsgründe differenziert wahrzunehmen"* (Kalpaka, 2005, S. 396). Der reflexhafte Rückgriff auf ‚kulturelle Prägung' vermeidet zudem die Auseinandersetzung mit anderen Ungleichheitsdifferenzlinien. Mit Diversity Education verbundene Konzepte zur pädagogischen Weiterbildung sollten daher nicht die Zementierung der kulturellen Herkunft von Migrantinnen und Migranten fördern, weil sie zur Verfestigung von entsubjektivierenden Kategorien sowie einer (Re-)Produktion der hegemonialen Perspektive der Mehrheitsgesellschaft auf ‚Andere' beitragen. Vielmehr müssten Diversity-Konzepte durch einen intersektionalen Zugang eine die Essentialisierung überwindende, mehrdimensionale, dekonstruierende und reflexive Perspektive auf kulturelle Zugehörigkeiten einnehmen und zur produktiven

Auseinandersetzung mit den Interdependenzen und Verflechtungen verschiedener Differenzkategorien sowie unterschiedlicher Dimensionen struktureller Ungleichheit und Diskriminierung (z.B. Studentin, Klasse, Milieu, Rechtsstatus, Migrationsgeschichte, Geschlecht, Race, Körper) beitragen (vgl. Leiprecht & Lutz, 2009). Problematisch erscheint bei diesem Ansatz allerdings, die Differenz bei den ‚Anderen‘ zu belassen. In einer kulturkritischen Perspektive verlagert sich die Aufmerksamkeit des Blickes von der Dramatisierung der herkunftsbedingten kulturellen Differenz auf die Analyse der Bedingungen von ungleich verteilten Teilhabemöglichkeiten an gesellschaftlichen (materiellen, politischen, sozialen, symbolischen) Strukturen (vgl. Mecheril, 2008, S. 30). Aus der Kritik an dem Gebrauch eines statischen Kulturbegriffes soll mit der Frage: „*Unter welchen Bedingungen benutzt wer mit welchen Wirkungen ‚Kultur‘?*" (ebd., S. 26) ein reflexiver Umgang mit selbstverständlichen Differenzsetzungen gefordert und gefördert werden. Bedingungen, die Unterschiede erst herstellen, sollten stärker thematisiert werden.

7   Perspektiven Interkultureller Hochschulforschung

Empirische Auseinandersetzungen mit migrationsgesellschaftlichen Verhältnissen in der lehramtsbezogenen Professionsforschung stehen weitgehend aus. Die hier referierten Forschungsresultate können lediglich eine erste Einführung in die Thematik bieten. Damit soll nicht unterstellt werden, dass das in der vorliegenden Analyse herausgearbeitete essentialistische Deutungsmuster von Professionellen im lehramtsbezogenen Ausbildungsbereich der Hochschule ein generelles Muster unter praktikumsbegleitenden Akteurinnen und Akteuren darstellt. Das Spektrum der Deutungsmuster von Professionellen, die das Feld der Lehrerausbildung strukturieren, bleibt zu untersuchen. Weiterhin ist zu fragen, in welchem Maß kulturalisierende Positionszuweisungen und Differenzerfahrungen von Professionellen die Studienverläufe und den beruflichen Entwicklungsprozess von Lehramtsstudierenden beeinflussen, welche subjektive Bedeutung diesen auf Seiten der allochthonen Studierenden zugemessen wird und welche Bewältigungsstrategien im Umgang mit solchen Zuschreibungen die Studierenden entwickeln. In zukünftigen Untersuchungen sollten daher durch interpretative Zugänge nach der subjektiven Innenperspektive der Studierenden hinsichtlich ihrer Erfahrungen mit für den Professionalisierungsprozess bedeutenden Akteurinnen und Akteuren gefragt werden.

Literatur

Auernheimer, G. (2005). Forschung zu interkulturellem Lehren und Lernen in der Schule. In R. Leiprecht & A. Kerber (Hrsg.): *Schule in der Einwanderungsgesellschaft. Ein Handbuch* (S. 126–141). Schwalbach/Ts.: Wochenschau Verlag.

Auernheimer, G.; van Dick, R.; Petzel, T.; Sommer, G.; Wagner, U. (1998). Wie gehen Lehrer/innen mit kulturellen Differenzen um? Ergebnisse aus einer Lehrerbefragung. *Zeitschrift für Erziehungswissenschaften*, 4, 597–613.

Bender-Szymanski, D. (1999). Kulturkonflikt als Chance für die Entwicklung normativer Orientierungen. *Politisches Lernen*, 3+4, 7–56.

Bohnsack, R. (2010). *Rekonstruktive Sozialforschung – Einführung in qualitative Methoden*. 8. durchgesehene Auflage, Opladen & Farmington Hills: Verlag Barbara Budrich/UTB.

DAAD (Deutscher Akademischer Austausch Dienst) (2011). *Bildungsinländer 2011.* Daten und Fakten zur Situation von ausländischen Studierenden mit deutscher Hochschulzugangsberechtigung. Bonn.

Edelmann, D. (2007). *Pädagogische Professionalität im transnationalen sozialen Raum. Eine qualitative Untersuchung über den Umgang von Lehrpersonen mit der migrationsbedingten Heterogenität ihrer Klassen* (=Münchner Studien zur Erwachsenenbildung, 4). Wien/Zürich: LIT.

Freie Hansestadt Bremen (2007). Praktikumsordnung für den Professionalisierungsbereich der Bachelorprogramme an der Universität Bremen mit einer für das allgemeinbildende Schulwesen zugelassenen Fächerkombination. *Amtsblatt der Freien Hansestadt Bremen, 105*, 906–916.

Geissler, R. (2006). Bildungschancen und soziale Herkunft. *Archiv für Wissenschaft und Praxis der sozialen Arbeit*, 4, 34–49.

Gomolla, M.; Radtke, F.-O. (2003). *Institutionelle Diskriminierung. Die Herstellung ethnischer Differenz in der Schule*. Opladen: Leske + Budrich.

Isserstedt, W.; Middendorf, E.; Kandulla, M.; Borschert, L.; Leszczensky, M. (2010). *Die wirtschaftliche und soziale Lage der Studierenden in der Bundesrepublik Deutschland 2009. 19. Sozialerhebung des Deutschen Studentenwerks*. Durchgeführt durch HIS Hochschul-Informations-System, hrsg. vom Bundesministerium für Bildung und Forschung. Bonn/Berlin.

Kalpaka, A. (2005). Pädagogische Professionalität in der Kulturalisierungsfalle – Über den Umgang mit ‚Kultur' in Verhältnissen von Differenz und Dominanz. In R. Leiprecht & A. Kerber (Hrsg.): *Schule in der Einwanderungsgesellschaft*. Ein Handbuch (S. 387–405). Schwalbach/Ts.: Wochenschau Verlag.

Karakaşoğlu, Y. (2011). Lehrer, Lehrerinnen und Lehramtsstudierende mit Migrationshintergrund. Hoffnungsträger der interkulturellen Öffnung von Schule. In U. Neumann & J. Schneider (Hrsg.): *Schule mit Migrationshintergrund* (S. 121–135). Münster: Waxmann.

Karakaşoğlu, Y.; Wojciechowicz, A. (2012). Studierende mit Migrationshintergrund an deutschen Hochschulen im Spiegel aktueller Datenlage – Forschungsergebnisse und Handlungserfordernisse. In M. Matzner (Hrsg.): *Handbuch Migration und Bildung* (S. 273–287). Weinheim/Basel: BELTZ-Verlag.

Lanfranchi, A. (2002). *Schulerfolg von Migrationskindern. Die Bedeutung familienergänzender Betreuung im Vorschulalter*. Opladen: Leske + Budrich.

Leiprecht, R.; Lutz, H. (2009). Rassismus – Sexismus – Intersektionalität. In C. Melter & P. Mecheril (Hrsg.): *Rassismuskritik*. Band 1: Rassismustheorie und -forschung (S. 179–198). Schwalbach/Ts.: Wochenschau Verlag.

Lüders, C.; Meuser, M. (1997). Deutungsmusteranalyse. In R. Hitzler & A. Honer (Hrsg.): *Sozialwissenschaftliche Hermeneutik* (S. 57–79). Opladen: Leske + Budrich.

Mecheril, P. (2008). „Kompetenzlosigkeitskompetenz". Pädagogisches Handeln unter Einwanderungsbedingungen. In G. Auernheimer (Hrsg.): *Interkulturelle Kompetenz und pädagogische Professionalität* (S. 15–34). 2. Auflage, Wiesbaden: Verlag für Sozialwissenschaften.

Strauss, A.; Corbin, J. (1996). *Grounded Theory. Grundlagen qualitativer Sozialforschung*. Weinheim: Psychologie Verlags Union.

Terkessidis, M. (2004). *Die Banalität des Rassismus. Migranten zweiter Generation entwickeln eine neue Perspektive*. Bielefeld: transcript Verlag.

Ullrich, C. G. (1999). Deutungsmusteranalyse und diskursives Interview. *Zeitschrift für Soziologie, 28* (6), 429–447.

Weber, M. (2003). *Heterogenität im Schulalltag. Konstruktion ethnischer und geschlechtlicher Unterschiede*. Opladen: Leske + Budrich.

Weber, M. (2007). „Das sind Welten". Intrageschlechtliche Differenzierungen im Schulalltag. In C. Munsch, M. Gemende & S. Weber-Unger Rotino (Hrsg.): *Eva ist emanzipiert, Mehmet ist ein Macho. Zuschreibungen, Ausgrenzung, Lebensbewältigung und Handlungsansätze im Kontext von Migration und Geschlecht* (S. 91–101). Weinheim/ München: Juventa.

West, C.; Zimmerman, D. H. (1987). Doing Gender. *Gender & Society, 1*, 125–151.

Witzel, A. (1995). Das problemzentrierte Interview. In G. Jüttemann (Hrsg.): *Qualitative Forschung in der Psychologie. Grundfragen, Verfahrensweisen, Anwendungsfelder* (S. 227–256), Weinheim: G. Basel.

Yıldız, E. (2009). Vom hegemonialen zu einem diversitätsbewussten Blick auf die Einwanderungsgesellschaft. In: *Heinrich Böll Stiftung*. Verfügbar unter: http://www.migration-boell.de/web/diversity/48_2212.asp [20.01.2012].

Macht ‚Migrationshintergrund' einen Unterschied?

Studienmotivation, Ressourcen und Unterstützungsbedarf von Lehramtsstudierenden mit und ohne Migrationshintergrund

Sonja Bandorski und Yasemin Karakaşoğlu

Die Studierendenschaft an deutschen Hochschulen ist aktuell so heterogen wie niemals zuvor. Dieser Umstand stellt Hochschulen folglich vor die Herausforderung, Studienprogramme und institutionelle Rahmenbedingungen zu hinterfragen und dahingehend zu strukturieren, dass Studierende ihre heterogenen Potenziale auch ausschöpfen können (Leichsenring, 2011, S. 38).

Diese Herausforderung ist im Zuge des bundesweit geführten, bildungspolitischen Diskurses um „Mehr Lehrkräfte mit Migrationshintergrund" besonders evident und rückt Lehramtsstudierende mit Migrationshintergrund in den Fokus hochschulpolitischer und gleichzeitig wissenschaftlicher Betrachtung. Denn vor dem Hintergrund der o.g. Forderung steht ihr Studienerfolg in einem bildungs- und auch integrationspolitischen Interesse, das einer normativen Argumentationslogik folgt, aber bisher kaum auf empirische Belege zurückgeführt werden kann. Im Kontext dieses Diskurses ist jedoch v. a. zu fragen, wie die Studierenden selbst ihre Rolle als gesellschaftliche Hoffnungsträger oder Integrationsbotschafter einschätzen; und nicht zuletzt, welche Rolle diese Aufgabe auch für Lehramtsstudierende ohne Migrationshintergrund spielt.

Der vorliegende Artikel stellt mit den „Bausteinen zur Unterstützung des Studienerfolgs von Lehramtsstudierenden mit Migrationshintergrund" wissenschaftliche und hochschulpolitische Maßnahmen an der Universität Bremen vor, die auf das hier formulierte Desiderat reagieren. Der erste Baustein umfasst die ‚Bremer Regionalstudie zum Studienverlauf und zur Studienzufriedenheit von Lehramtsstudierenden mit und ohne ‚Migrationshintergrund' als eine migrationssensible Grundlagenforschung mit dem Ziel einer empirisch belegten Bedarfsanalyse. Mit den zwei praxisorientierten Bausteinen ‚Wissenschaftssprache Deutsch für Lehramtsstudierende mit Deutsch als Zweitsprache' und dem Projekt ‚MiCoach – Das UniCoachingProjekt zur Studienorientierung für Schüler/innen mit Migrationshintergrund' werden bereits bedarfsorientierte Unterstützungsangebote umgesetzt und parallel evaluiert, sie werden hier in Bezug zu Ergebnissen der Regionalstudie gesetzt.

1   Lehramtsstudierende mit Migrationshintergrund im Spannungsfeld verschiedener Diskurse

Der Ruf nach mehr Lehrerkräften mit Migrationshintergrund gleicht aktuell einer „Beschwörung" (vgl. Karakaşoğlu, 2009) dieses lange Zeit stigmatisierenden Merkmals: Lehrer/innen mit Migrationshintergrund gelten als „wertvolle Brückenbauer' und Ansprechpartner für Zuwandererfamilien" (Bundeszentrale für politische Bildung, 2010), sie könnten „positive Rollenvorbilder vermitteln und bei der kulturellen Verständigung helfen" (KMK, 2010), als „Beispiele gelungener Integration wahrgenommen [werden] und gelten als Wegbereiter für die interkulturelle Öffnung von Schule und Unterricht." (BAMF, 2011, S. 6)

Ein erstes deutliches Signal in diese Richtung wurde im Nationalen Integrationsplan (Bundesregierung, 2007) mit der Absichtserklärung gesetzt, den Anteil von Personen mit einem Migrationshintergrund im öffentlichen Dienst zu erhöhen. Zunehmend artikulieren bildungspolitische Akteure seitdem diese Forderung mit dem konkreten Bezug auf Schule (vgl. Karakaşoğlu, 2009, S. 177; Georgi, Ackermann & Karakaş, 2011, S. 19ff.). Forschungsergebnisse aus verschiedenen Ländern zeigen, dass Lehrkräfte mit Migrationshintergrund eine ausgeprägtere Sensibilität gegenüber interkulturellen Themen aufweisen und dass sie sich selbst als besonders verantwortlich für die Gestaltung der Migrationsgesellschaft verstehen (vgl. Edelmann, 2008, S. 194; Selimovic, 2008, S. 67; Cunningham & Hargreaves, 2007, S. 28 oder auch Leask et al. 1996, Georgi, Ackermann & Karakaş, 2011). Aus dieser Perspektive rückt der Studienerfolg von Lehramtsstudierenden mit Migrationshintergrund zunächst besonders in den Blick, da davon abhängig ist, ob der Anteil dieser Lehrendengruppe, die eine besondere Disposition für den Umgang mit sprachlich-kultureller Vielfalt mitzubringen scheint, in den Schulen gesteigert werden kann

Gleichzeitig wollen jedoch Lehrkräfte mit Migrationshintergrund auch, das belegen einzelne empirische Untersuchungen, als selbstverständlicher Bestandteil des Lehrerkollegiums wahrgenommen und nicht auf eine Experten- und Botschafterrolle für Integration und Verständigung reduziert werden (vgl. Karakaşoğlu, 2011, S. 126; Karakaşoğlu, 2009; Otyakmaz, 2004). Diese Befunde bestätigen Interkulturelle Bildung als eine Entwicklungsaufgabe für alle an Bildungsprozessen beteiligten Personen. Dies hat die KMK bereits 1996 in ihrer Empfehlung zu Interkultureller Bildung als Querschnittsdimension und Schlüsselqualifikation für alle Lehrer/innen sowie Schüler/innen betont (KMK, 1996). Die stärkere Präsenz von Lehrkräften mit Migrationshintergrund kann nicht automatisch mit einer Verbesserung der Unterrichtsqualität oder einer Steigerung vorhandener interkultureller Kompetenz gleichgesetzt werden (vgl. Karakaşoğlu, 2009, S. 178; Neumann & Karakaşoğlu, 2011).

Dennoch bedarf der Blick auf das (Lehramts-)Studium durchaus einer migrationsspezifischen Perspektive. Denn zum einen sind junge Erwachsene mit Migrationshintergrund unter allen Studierenden unterrepräsentiert. Der Bildungsbericht des Jahres 2010 (Autorengruppe Bildungsberichterstattung 2010) weist für das Jahr 2008 unter allen Studierenden im Alter zwischen 20 und 30 Jahren einen Anteil von Personen mit einem Migrationshintergrund von 17% aus. Ihr Anteil an der Gesamtbevölkerung der entsprechenden Altersgruppe lag dagegen bei 23% (ebd., S. 122). Zum anderen verläuft ihr Studium weniger erfolgreich als das der Studierenden ohne Migrationshintergrund. Laut Integrationsmonitoring der Länder der Jahre 2005–2009 lag die Erfolgsquote im Jahr 2009 für deutsche Studierende bei 70% und für Bildungsinländer/innen mit 49% deutlich darunter (vgl. Konferenz der für Integration zuständigen Ministerinnen und Minister/Senatorinnen und Senatoren der Länder, 2011, S. 47). Auch Studienunterbrechungen kommen bei Studierenden mit Migrationshintergrund häufiger vor. Als häufigsten Grund für die Studienunterbrechung geben die Studierenden mit Migrationshintergrund finanzielle Probleme (31%) an und zwar deutlich häufiger als diejenigen ohne Migrationshintergrund (17%) (vgl. Isserstedt u.a., 2010, S. 510). Dieser Verweis auf den ökonomischen Status als Einflussfaktor korrespondiert mit den Angaben der 19. Sozialerhebung, wonach Studierende mit Migrationshintergrund deutlich häufiger aus Familien mit einem niedrigen sozialen Status kommen (34% vs. 13% bei Studierenden ohne Migrationshintergrund; Isserstedt u.a. 2010, S. 506). Aber auch der familiäre Bildungshintergrund kann eine Ursache für den unterschiedlichen Studienverlauf sein: Bildungsinländer/innen kommen zu 17% aus akademisch gebildeten Elternhäusern, wogegen dies für 37% der Studierenden ohne Migrationshintergrund gilt (Isserstedt u.a., 2010, S. 506).

Diese Daten zu Studierenden mit Migrationshintergrund verdeutlichen, dass deutsche Hochschulen die implizite Voraussetzung eines ‚Normalstudierenden', der sich an die Bedingungen der Universität anpasst, aufgeben und vielmehr ihrerseits auf die Heterogenität der Studierenden reagieren müssen. Dies gilt für die Gesamtkonzeption von Studiengängen und Unterstützungsangeboten – sowohl eingebettet in Seminare und Vorlesungen als auch ergänzt durch angebotene Maßnahmen jenseits davon. Von Bedeutung ist dabei ein reflexives Verständnis der Diversitätsdimension „Migrationshintergrund", das intersektionale und hybride Zugehörigkeitskonstellationen und Lebensverhältnisse in ihrem Einfluss auf den Studienverlauf berücksichtigt und sich damit auf struktureller und konzeptioneller Ebene insgesamt der Verknüpfung von Diversitätsdimensionen (z.B. Ethnizität, Gender, Behinderung, soziale Schicht) öffnet.

Eine adäquate Herangehensweise ist der Zugang über die fachliche Motivation der Studierenden. Die Erwartungen an ein Studium, die Studienmotivation und auch die Identifikation mit der Hochschule sind wesentliche Faktoren, die den Studienverlauf beeinflussen (vgl. Leichsenring, 2011, S. 39). Die Bedeutung der Studienmotivation haben Künsting und Lipowsky (2011) für Lehramtsstudierende[1] nachgewiesen. Ein hohes fachliches oder pädagogisches Interesse und auch das Vertrauen in die Fähigkeiten, pädagogisch tätig werden zu können, wirken sich danach positiv auf den Studienverlauf und die Studienzufriedenheit aus (vgl. Künsting & Lipowsky, 2011, S. 106). Außerdem beeinflusst die individuelle Studienmotivati-

---

1   Ohne Berücksichtigung von Ungleichheitsmerkmalen.

on das spätere Engagement und damit auch die Unterrichtsqualität der angehenden Lehrkräfte (vgl. Kunter & Pohlmann, 2009; Watt & Richardson, 2008).

Die Studienmotivation und das pädagogische Interesse sind folglich zentrale Ansatzpunkte, um zwei zentralen Aspekten im Diskurs um Lehramtsstudierende mit Migrationshintergrund nachzugehen. Durch das Ansetzen beim Studieninteresse und der damit zusammenhängenden Einschätzung der Studiensituation bei allen Lehramtsstudierenden kann zum einen untersucht werden, ob und wenn ja, welche Differenzdimensionen zur Konstruktion spezifischer Gruppen, für die Unterstützungsangebote vorgehalten werden sollten, wirksam werden. Zum anderen können Aussagen darüber getroffen werden, welche Studierenden eine besondere Sensibilität gegenüber dem Aspekt Migration aufweisen; ob hier zwischen Studierenden mit und ohne Migrationshintergrund unterschieden werden kann. Belege für den Nutzen dieser nicht auf die Gruppe der Personen mit Migrationshintergrund begrenzten Herangehensweise und erste Antworten auf die hier formulierten Fragen werden wir im Folgenden anhand der Bremer Bausteine vorstellen.

2   Baustein 1 – Migrationssensible Bedarfsanalyse in der „Bremer Regionalstudie zum Studienverlauf und zur Studienzufriedenheit von Lehramtsstudierenden mit und ohne Migrationshintergrund"

2.1 Untersuchung und Grundgesamtheit

Die Bremer Regionalstudie wird unter Verwendung eines Methodenmix aus einem quantitativen und einem qualitativen Forschungsdesign durchgeführt. Mit der quantitativen Erhebung wurden Lehramtsstudierende unterschiedlicher Studienjahre schriftlich in zentralen Vorlesungen befragt.[2] Der verwendete Fragebogen wurde von uns eigens für die Bremer Regionalstudien erstellt. Er orientiert sich im Interesse der Vergleichbarkeit an vorliegenden Untersuchungen wie z.B. den Sozialerhebungen des Deutschen Studentenwerks oder auch der Studie ‚Viele Welten leben' (Boos-Nünning & Karakaşoğlu, 2005). Die Fragen zur Studienzufriedenheit und zur Einstellung zum Studium orientieren sich an den „Skalen zur Erfassung von Lehrer- und Schülermerkmalen" von Schwarzer & Jerusalem (1999). Im qualitativen Teil werden 10 Studierende mit und ohne Migrationshintergrund nach ihren Erfahrungen im Studium und Praktikumsbetreuer/innen zu ihrer Wahrnehmung von Lehramtsstudierenden mit und ohne Migrationshintergrund befragt. Zu ersten Ergebnissen des qualitativen Teils siehe den Beitrag von Wojciechowicz in diesem Band, S. 119ff.

Insgesamt konnten Daten zu 560 Lehramtsstudierenden erhoben werden. Der Großteil der befragten Studierenden stand zum Zeitpunkt der Befragung am An-

---

2   Ein kleinerer Anteil wurde mit demselben Instrument online befragt.

fang des Studiums – 61,1% befindet sich im ersten Studienjahr des Bachelor-Studiums.

Der Anteil männlicher Studierender beträgt 23,6% und liegt damit unter dem in der Universitätsstatistik aber auch in der 19. Sozialerhebung angegebenen Anteil (32% bzw. 36%; Universität Bremen 2012; Isserstedt u.a., 2010, S. 156). Der Migrationsanteil – konstruiert über das eigene Geburtsland sowie dasjenige von Mutter und Vater, die Staatsangehörigkeit und bei denjenigen mit deutscher Staatsangehörigkeit über die Frage nach einer Einbürgerung – liegt dagegen mit 23,6% deutlich über den vom Studentenwerk und auch dem Bildungsbericht angegebenen Anteilen in der Gesamtstudierendenschaft (s.o.). 50% aller Bremer Lehramtsstudierenden sind Bildungsaufsteiger/innen, bei den Eltern verfügt weder Vater noch Mutter über einen (Fach-)Hochschulabschluss. Dies entspricht auch den Ergebnissen einer aktuellen Fächer übergreifenden Studierendenbefragung an der Universität Bremen (QUEST, 2012). Diese Gleichverteilung von akademischen und nicht akademischen Elternhäusern zeichnet sich für unsere befragten Studierenden mit wie ohne Migrationshintergrund in gleichem Maße ab.

2.2 Verschiedene Typen von Lehramtsstudierenden

Den Kern der migrationssensiblen Herangehensweise bildet die Konstruktion von Studierendentypen auf Grundlage der Einschätzung der aktuellen Studiensituation. Dieses Vorgehen ist angelehnt an das von CHE-Consult im Rahmen der Quest-Studierendenbefragung entwickelte Verfahren (vgl. dazu Berthold, Güttner, Leichsenring & Morzick, 2011). Mittels einer Clusteranalyse werden Studierendentypen zunächst unabhängig von Ungleichheitsmerkmalen wie dem Migrationshintergrund, dem familiären Bildungshintergrund oder auch dem Geschlecht gebildet. Diese Merkmale werden erst in einem zweiten Schritt auf ihre Verteilung innerhalb der einzelnen Typen geprüft. So können sie an den Stellen vertieft in die Analysen einbezogen werden, wo sie sich als empirisch bedeutsam erwiesen haben.

Unsere ersten Ergebnisse zeigen, dass in einer alleinigen Berücksichtigung weder das Merkmal Migrationshintergrund, noch der familiäre Bildungshintergrund oder das Geschlecht dazu geeignet sind, spezifische Studierendentypen oder -bedürfnisse abzubilden.

Die Einschätzung der aktuellen Studiensituation ergibt sich aus acht Indizes.[3]

---

3   Sie wurden aus 32 Einzelitems mittels einer Faktorenanalyse gebildet. Die Inhalte der Indizes sind überwiegend aus dem Namen eindeutig abzuleiten, sie werden nur dann, wenn dies nicht der Fall ist, in einer Fußnote knapp erläutert. Zum genaueren Vorgehen in der Datenaufbereitung verweisen wir auf den detaillierten Bericht zur Bremer Regionalstudie der voraussichtlich in diesem Jahr veröffentlicht werden wird. Die Indizes haben ebenso wie die Einzelitems eine vierstufige Skala von 1 (sehr geringe Ausprägung) bis 4 (sehr starke Ausprägung). Dargestellt sind im weiteren Verlauf die Mittelwerte.

Tabelle 1:   Studieneinschätzung der Bremer Lehramtsstudierenden (Mittelwerte gesamt und signifikant verschieden Mittelwerte nach einzelnen Differenzdimensionen)

	Mittelwert gesamt (Skala 1 – 4) < 2,5 – Ablehnung; > 2,5 - Zustimmung	signifikante Unterschiede nach...		
		Migration mM - mit Migrationshintergrund; oM - ohne Migrationshintergrund	fam. Bildungshintergrund naE – nicht akademisches Elternhaus; akE – akademisches Elternhaus	Geschlecht m – männlich; w – weiblich
Inhaltliches Interesse am Studium	2,92	-	-	m 2,78 w 2,97
Selbstvertrauen in Lernfähigkeit	2,83	-	-	-
Studium als Selbstverwirklichung	2,81	-	-	-
Interesse an Studieninhalten in Freizeit	2,79	-	naE 2,71 akE 2,87	-
Frustrationstoleranz	2,78	mM 2,92 oM 2,73	-	m 2,92 w 2,73
Belastung durch das Studium	2,69	-	-	-
Geringschätzung des Studiums	2,30	-	-	-
Überforderung durch formale Anforderungen	2,06	-	-	-

Tabelle 1 zeigt, dass die Bremer Lehramtsstudierenden insgesamt (Spalte Mittelwert gesamt) ein hohes inhaltliches Interesse aufweisen. Sie verfügen außerdem über ein gutes Selbstvertrauen in ihre Lernfähigkeit, sehen das Studium als Selbstverwirklichung, haben auch in ihrer Freizeit Interesse an ihrem Studienfach und verfügen über eine gute Frustrationstoleranz. Sie fühlen sich allerdings auch leicht durch das Studium belastet (2,69). Diese Belastung zeichnet sich vorrangig auf einer allgemeinen Ebene ab, denn eine Überforderung durch die formalen Anforderungen wie Hausarbeiten oder Referate wird klar verneint. Ebenso wird keine Geringschätzung gegenüber dem Studium formuliert.

Die drei rechten Spalten in Tabelle 1 zeigen, dass kaum signifikante Unterschiede entlang der Differenzdimensionen Migration, familiärer Bildungshintergrund und Geschlecht bestehen. Studierende mit und ohne Migrationshintergrund, aus akademischem und nicht akademischem Elternhaus und Männer und Frauen schätzen ihre aktuelle Studiensituation also in hohem Maße gleich ein.

Mittels einer Clusteranalyse (hierarchische Cluster) über diese acht Indizes lassen sich dagegen sieben voneinander zu unterscheidende Studierendentypen identifizieren, die Hinweise auf die Merkmalskombinationen bei denjenigen vermitteln, die spezifische Unterstützungsbedarfe haben, die aber ebenso spezifische Ressourcen in Einstellungen und Fähigkeiten zum Ausdruck bringen.

Sie können einen adäquaten Ausgangspunkt für die Bereitstellung passender Unterstützungsangebote bieten. Wir wollen exemplarisch zwei Typen[4] in diesem Kontext vorstellen: Die *Durchstarter* und die *unterstützungsbedürftigen Motivierten*. Die *Durchstarter* bilden mit 35,9% (N = 175) aller befragten Studierenden den am

---

4   Für die Darstellung aller sieben Studierendentypen verweisen wir ebenfalls auf den im Laufe des Jahres erscheinenden Bericht zur Bremer Regionalstudie.

stärksten besetzten Studierendentyp, die *unterstützungsbedürftigen Motivierten* machen mit 9,2% eine eher kleine Gruppe aus (N = 44).

Durchstarter
Durchstarter sind interessierter, selbstbewusster und weniger belastet als der Durchschnitt der Bremer Lehramtsstudierenden. Entsprechend bedeutet das Studium für sie in hohem Maße Selbstverwirklichung und stellt keine Nebensache in ihrem Leben dar.

Insbesondere das Interesse der *Durchstarter* an ihrem Studienfach liegt weit über dem Durchschnitt, dies gilt explizit auch für das Interesse an Studieninhalten in der Freizeit. In der Zusammensetzung dieses Typs nach den hier berücksichtigten Ungleichheitsdimensionen zeichnen sich keinerlei Besonderheiten ab: 23,4% der *Durchstarter* haben einen Migrationshintergrund (vs. 22,5% in der Gesamtgruppe), 46,5 % kommen aus einem nicht akademischen Elternhaus (vs. 49,7% in der Gesamtgruppe) und etwas weniger als jeder vierte *Durchstarter* ist männlich (23,4% vs. 24,6% in der Gesamtgruppe).

Es handelt sich hierbei also um eine Spitzengruppe, in der sich die Heterogenität der Studierendenschaft ohne Verschiebungen in Richtung bestimmter Diversitätsdimensionen widerspiegelt.

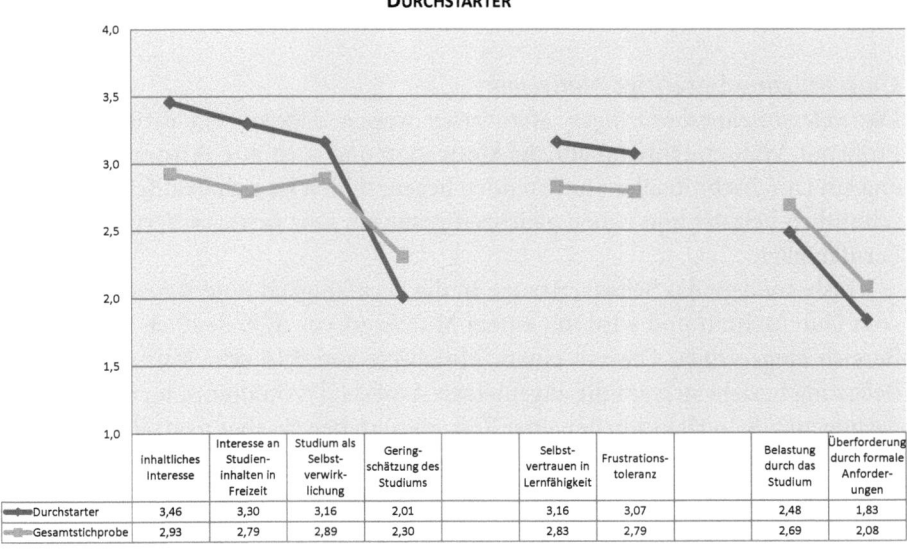

DURCHSTARTER

	inhaltliches Interesse	Interesse an Studien-inhalten in Freizeit	Studium als Selbst-verwirk-lichung	Gering-schätzung des Studiums		Selbst-vertrauen in Lernfähigkeit	Frustrations-toleranz		Belastung durch das Studium	Überforderung durch formale Anforder-ungen
Durchstarter	3,46	3,30	3,16	2,01		3,16	3,07		2,48	1,83
Gesamtstichprobe	2,93	2,79	2,89	2,30		2,83	2,79		2,69	2,08

Abbildung 1: Mittelwertvergleich der Durchstarter mit dem Durchschnitt aller befragten Studierenden

UNTERSTÜTZUNGSBEDÜRFTIGE MOTIVIERTE

	inhaltliches Interesse	Interesse an Studien-inhalten in Freizeit	Studium als Selbst-verwirk-lichung	Gering-schätzung des Studiums		Selbst-vertrauen in Lern-fähigkeit	Frustra-tions-toleranz		Belastung durch das Studium	Überforder-ung durch formale An-forderungen
unt.-bed. Motivierte	2,96	2,91	2,89	2,27		1,96	2,82		3,16	2,56
Gesamtstichprobe	2,93	2,79	2,89	2,30		2,83	2,79		2,69	2,08

Abbildung 2: Mittelwertvergleich der unterstützungsbedürftigen Motivierten mit dem Durchschnitt aller befragten Studierenden

Unterstützungsbedürftige Motivierte

Die *unterstützungsbedürftigen Motivierten* weisen dagegen ein deutlich anderes Profil auf. Während ihre inhaltliche Motivation und auch ihre Frustrationstoleranz eng am Durchschnitt aller Studierenden liegen, fühlen sie sich deutlich überdurchschnittlich belastet und haben gleichzeitig nur ein sehr geringes Vertrauen in ihre Lernfähigkeit.

Insbesondere das Selbstvertrauen in die Lernfähigkeit unterscheidet sich stark vom Durchschnitt und wird mit einem Mittelwert von 1,96 deutlich im negativen Bereich eingeordnet. Die mit einem Mittelwert von 3,16 sehr stark empfundene Belastung bezieht sich auf die allgemeinen Aspekte des Studiums, formalen Anforderungen (z.B. in Hausarbeiten oder Referaten) stehen sie eher neutral – aber damit immer noch klar überdurchschnittlich – gegenüber.

Diese Gruppe von Studierenden steht voraussichtlich für ihren Studienerfolg vor besonderen Herausforderungen und ist eine potenzielle Zielgruppe von Unterstützungsangeboten – gerade wegen des geringen Vertrauens in die eigenen Lernfähigkeiten. Für den Zuschnitt möglicher Unterstützungsangebote zeichnet sich eine Besonderheit ab: Während die Zusammensetzung nach dem Geschlecht und dem familiären Bildungshintergrund auch bei den *unterstützungsbedürftigen Motivierten* dem Durchschnitt der Lehramtsstudierenden entspricht (25,0% männliche Studierende vs. 24,6% in der Gesamtgruppe und 47,7% aus nicht akademischem Elternhaus vs. 49,7% in der Gesamtgruppe), liegt der Anteil von Personen mit

Migrationshintergrund mit 31,1% deutlich über dem Durchschnitt (22,5% in der Gesamtgruppe). Vor diesem Hintergrund wäre für diese Studierendengruppe auch auszuloten, inwiefern – neben den existierenden, allgemeinen Unterstützungsangeboten – die Einrichtung spezieller Angebote für die Zielgruppe der Studierenden mit Migrationshintergrund sinnvoll wäre.

2.3 Blick zurück – Motivation zur Aufnahme des Lehramtsstudiums

Die Studienmotivation bei der Aufnahme des Studiums ist im Kontext dieses Artikels aus zwei Gründen interessant: 1) Sie ergänzt die im vorangegangenen Abschnitt dargestellte Studieneinschätzung und sie kann 2) eine Aussage darüber treffen, mit welchem Selbstverständnis die angehenden Lehrkräfte ihren späteren Beruf ausüben werden – u.a. auch im Hinblick auf eine Sensibilität gegenüber dem Aspekt Migration.

In diesem Zusammenhang möchten wir knapp auf die methodische Vorgehensweise eingehen: Die Studienmotivation wird ebenso wie die Studieneinschätzung über Indizes abgebildet, die aus Einzelitems mittels einer Faktorenanalyse gebildet werden. Im Themenbereich Motivation war eines der insgesamt 24 Einzelitems der Wunsch, sich für Kinder und Jugendliche mit Migrationshintergrund einzusetzen. Wir haben dieses Einzelitem bewusst nicht herausgehoben auf dieser Einzelitem-Ebene ausgewertet, sondern gleichberechtigt mit den übrigen 23 in die Faktorenanalyse gegeben. Dieses Vorgehen ist der migrationssensiblen Herangehensweise geschuldet, deren Ziel es ist, Ergebnisse nicht bereits durch das Forschungsvorgehen zu evozieren. Im Ergebnis geht der Wunsch, sich für Kinder und Jugendliche mit Migrationshintergrund einzusetzen, zusammen mit den fünf weiteren Einzelitems: Einsetzen für Kinder mit Behinderung, für lernschwache Kinder, für begabte Kinder und für Kinder aus bildungsfernen Familien, sowie für die Zusammenarbeit mit Eltern in dem Index ‚ungleichheitssensible pädagogische Motivation' auf. Neben diesem Index der ‚ungleichheitssensiblen pädagogischen Motivation' hat die Faktorenanalyse sechs weitere Indizes ermittelt.

Tabelle 2: Studienmotivation der Bremer Lehramtsstudierenden (Mittelwerte gesamt und signifikant verschieden Mittelwerte nach einzelnen Differenzdimensionen)

	Mittelwert gesamt (Skala 1 – 4)	signifikante Unterschiede nach...			
		Typen	Migration	fam. Bildungs-hintergrund	Geschlecht
	< 2,5 – Ablehnung; > 2,5 - Zustimmung	D – Durchstarter; uM – unterstütz. bed. Motivierte	mM - mit Migrations-hintergrund; oM - ohne Migrations-hintergrund	naE – nicht akademisches Elternhaus; akE – akademisches Elternhaus	m – männlich; w – weiblich
allgemeine pädagogische Motivation	3,55	-	-	-	m 3,33 w 3,62
Motivation durch konkrete Erfahrungen	2,88	-	-	-	m 2,70 w 2,93
Wunsch, ein gutes Vorbild zu sein	2,79	-	mM 2,93 oM 2,75	-	-
ungleichheitssensible pädagogische Motivation	2,76	-	mM 2,87 oM 2,71	-	m 2,53 w 2,82
strukturelle Vorteile des Lehramtes	2,57	-	-	-	-
genderbewusste pädagogische Motivation	2,46	-	mM 2,59 oM 2,41	-	m 2,17 w 2,53
Anregung durch Eltern und Freunde	2,21	D 2,33 uM 2,46	-	naE 2,07 akE 2,35	-

Die allgemeine pädagogische Motivation war der dominierende Antrieb zur Aufnahme des Lehramtsstudiums. Konkrete Erfahrungen, der Wunsch ein gutes Vorbild zu sein und eine ungleichheitssensible pädagogische Motivation liegen in ihren Mittelwerten zwar deutlich darunter, werden aber als Studienmotivation ebenfalls bejaht. Mit Rückbezug auf die einleitend dargestellten Ergebnisse von Künsting und Lipowsky (2011) sind die Bremer Lehramtsstudierenden also in hohem Maße intrinsisch motiviert, was sich positiv auf ihren Studienverlauf auswirken dürfte. Extrinsische Motivationen wie strukturelle Vorteile oder auch Anregungen von anderen spielen eine untergeordnete Rolle. Auch die genderbewusste pädagogische Motivation war, im Gegensatz zur ungleichheitssensiblen pädagogischen Motivation, nicht Ausschlag gebend für die Studienwahl.

Die Studienmotivation unterscheidet sich kaum bei den von uns gebildeten Studierendentypen. Lediglich für die Anregung durch Eltern und Freunde zeigen sich signifikante Unterschiede, allerdings auch nur im Grad der Verneinung. Sowohl nach dem Geschlecht als auch nach dem Migrationshintergrund bestehen dagegen gleich mehrere signifikante Unterschiede. Die weiblichen Studierenden sind stärker allgemein pädagogisch und durch konkrete Erfahrungen motiviert als ihre männlichen Kommilitonen. Studierende mit Migrationshintergrund sind stärker durch den Wunsch, ein gutes Vorbild zu sein, angetrieben als diejenigen ohne. Eine stärkere ungleichheitssensible pädagogische Motivation zeichnet sich sowohl für Studierende mit Migrationshintergrund gegenüber denjenigen ohne als auch für weibliche Studierende im Gegensatz zu männlichen ab.

Die Ergebnisse zeigen also, dass sich Motivationen, die evtl. Rückschlüsse auf ein späteres Engagement zulassen, durchaus an einzelnen Differenzdimensionen festmachen lassen. Hier zeichnen sich allerdings keineswegs nur ‚Eigengruppenorientierungen' ab. Die Ergebnisse bedeuten aber auch, dass in allen bejahten Studienmotivationen keine Unterschiede zwischen den Studierendentypen bestehen. Sie sind alle in gleichem Maße motiviert – also in erster Linie allgemein pädagogisch, aber auch durch den Wunsch, Vorbild zu sein und alle auch ungleichheitssensibel.

2.4 Blick nach vorn – Einschätzung studienrelevanter Fähigkeiten und Unterstützungsbedarf

Die Bremer Regionalstudie fragt die Studierenden u.a. danach, welche Unterstützungsangebote sie sich in ihrem bisherigen Studienverlauf gewünscht hätten, um den Anforderungen des Studiums besser genügen zu können. Diese Angaben können in Bezug gesetzt werden zu einer ebenfalls abgefragten Selbsteinschätzung in studienrelevanten Fähigkeiten. Daraus ergeben sich sehr konkrete Informationen für mögliche Unterstützungsangebote.

Für die Einschätzung studienrelevanter Fähigkeiten ermittelt die Faktorenanalyse aus 16 Einzelitems vier Indizes, die hier kurz erläutert werden sollen: Unter *wissenschaftlichem Arbeiten* werden u.a. Literaturrecherche, das Anfertigung von schriftlichen Arbeiten und Zitiertechniken zusammengefasst. Daneben ist das *kritisch-reflektierte Denken* ein eigener Faktor, bei dem es um das Entwickeln eigener Gedankengänge, Abstraktionsfähigkeit oder auch das kritische Bewerten von Texten geht. *Universitäre Handlungsfähigkeit* fasst Aspekte wie den Umgang mit der Institution Universität, selbständiges Lernen oder auch die Kompetenz im Halten von Referaten zusammen. Den vierten Index bilden die *Sprachfertigkeiten*, in denen drei Items zu den Fertigkeiten in Deutsch (mündlich, schriftlich und grammatikalisch) zusammengefasst sind, ergänzt durch eine Einschätzung in Englisch.

Die Studierenden sollten sich auf einer Skala von 1 bis 5 einschätzen, die an das schulische Notensystem angelehnt ist. Je niedriger der Mittelwert ist, desto besser ist also die Selbsteinschätzung.

Die Bremer Lehramtsstudierenden schätzen sich im Durchschnitt als in allen Bereichen gut ein. Die Sprachfertigkeiten mit einem Mittelwert von 2,08 am besten, die Fähigkeiten im wissenschaftlichen Arbeiten am schlechtesten, mit einem Mittelwert von 2,55 aber immer noch zwischen gut und mittelmäßig.

Zu dieser guten Selbsteinschätzung passt, dass sie sich kaum Unterstützungsangebote wünschen. Die Faktorenanalyse ermittelt vier Indizes auf der Grundlage von 14 Einzelitems. Diese Items und auch die Indizes arbeiten wieder wie schon die Studiensituation und Studienmotivation mit einer vierstufigen Zustimmungsskala.

Tabelle 3:　Einschätzung der Bremer
　　　　　　Lehramtsstudierenden in studienrelevanten
　　　　　　Fähigkeiten (Mittelwerte, gesamt)

	Mittelwert gesamt (Skala 1 – 5) 1 – sehr gut; 5 – sehr schlecht
Sprachfertigkeiten	2,08
kritisch-reflektiertes Denken	2,35
universitäre Handlungsfähigkeit	2,45
wissenschaftliches Arbeiten	2,55

Lediglich eine Unterstützung in der generellen Studienorganisation hätten die Studierenden im bisherigen Studienverlauf für sinnvoll erachtet, allerdings auch nicht in stark ausgeprägtem Maße. Die Stärke der Zustimmung zu dieser Form der Studienunterstützung (2,68) entspricht der Stärke der gefühlten Belastung durch das Studium (2,69, vgl. Kapitel 2.1). Alle übrigen Unterstützungsangebote werden eher abgelehnt, was im Kontext des noch frühen Studienstadiums interpretiert werden muss.

Sowohl in der Einschätzung studienrelevanter Fähigkeiten als auch der Unterstützungsangebote zeigen sich durchgängig signifikante Unterschiede zwischen den Studierendentypen. Für die einzeln betrachteten Differenzdimensionen entsteht ein uneinheitliches Bild:

Tabelle 4:　Gewünschte Unterstützungsangebote
　　　　　　der Bremer Lehramtsstudierenden
　　　　　　(Mittelwerte, gesamt)

	Mittelwert gesamt (Skala 1 – 4) < 2,5 – Ablehnung; > 2,5 - Zustimmung
Unterstützung in genereller Studienorganisation	2,68
Fremsprachentraining	1,89
Herausarbeiten der Studieneignung	1,80
(Fach-)Sprachtraining Deutsch	1,59

Tabelle 5:   Einschätzung der Bremer Lehramtsstudierenden zu studienrelevanten Fähigkeiten und Kompetenzen und gewünschte Unterstützungsangebote (Mittelwerte gesamt und signifikant verschieden Mittelwerte nach einzelnen Differenzdimensionen)

Einschätzung studienrelevanter Fähigkeiten					
	Mittelwert gesamt (Skala 1 – 5)	signifikante Unterschiede nach…			
		Typen	Migration	fam. Bildungs-hintergrund	Geschlecht
	1 – sehr gut; 5 – sehr schlecht	D – Durchstarter; uM – unterstütz. bed. Motivierte	mM - mit Migrations-hintergrund; oM - ohne Migrations-hintergrund	naE – nicht akademisches Elternhaus; akE – akademisches Elternhaus	m – männlich; w – weiblich
Sprachfertigkeiten	2,08	D 1,87 uM 2,52	oM 2,02 mM 2,27	-	-
kritisch-reflektiertes Denken	2,35	D 2,09 uM 2,77	-	naE 2,43 akE 2,26	m 2,18 w 2,40
universitäre Handlungsfähigkeit	2,45	D 2,25 uM 2,67	-	-	m 2,62 w 2,39
wissenschaftliches Arbeiten	2,55	D 2,40 uM 2,50	-	-	-
gewünschte Unterstützungsangebote					
	Mittelwert gesamt (Skala 1 – 4)	signifikante Unterschiede nach…			
		Typen	Migration	fam. Bildungs-hintergrund	Geschlecht
	< 2,5 – Ablehnung; > 2,5 - Zustimmung	D – Durchstarter; uM – unterstütz. bed. Motivierte	mM - mit Migrations-hintergrund; oM - ohne Migrations-hintergrund	naE – nicht akademisches Elternhaus; akE – akademisches Elternhaus	m – männlich; w – weiblich
Unterstützung in genereller Studienorganisation	2,68	D 2,61 uM 2,84	oM – 2,65 mM 2,79	-	-
Fremsprachentraining	1,89	D 1,90 uM 2,11	oM 1,84 mM 2,08	-	-
Herausarbeiten der Studieneignung	1,80	D 1,72 uM 1,96	-	-	-
(Fach-)Sprachtraining Deutsch	1,59	D 1,56 uM 1,87	oM 1,49 mM 1,89	-	-

Sucht man nach migrationsspezifischen Unterschieden, so findet man sie kaum in der Einschätzung der studienrelevanten Fähigkeiten. Für das kritisch-reflektierte Denken, die universitäre Handlungsfähigkeit und auch das wissenschaftliche Arbeiten bestehen keine signifikanten Unterschiede. Nur die Sprachfertigkeiten schätzen die Studierenden mit Migrationshintergrund weniger gut als ihre Kommilitonen ohne Migrationshintergrund, aber mit einem Mittelwert von 2,27 immer noch gut ein.

In der Einschätzung des Unterstützungsbedarfs weisen die Studierenden mit Migrationshintergrund dagegen in drei der vier Indizes einen signifikant höheren Mittelwert auf. Allerdings wird auch von ihnen lediglich die Unterstützung in der generellen Studienorganisation explizit gewünscht. Der Blick auf die Einschätzung der Fähigkeiten zeigt jedoch, dass dieser nicht durch eine schlechtere Selbstein-schätzung ihrer studienrelevanten Fähigkeiten gekennzeichnet ist. Dieses Ergebnis könnte darauf verweisen, dass Studierende mit Migrationshintergrund sensibler ge-

genüber Möglichkeiten der eigenen Kompetenzentwicklung sind und unterstreicht
so die Charakterisierung dieser Gruppe als motiviert und ehrgeizig.

Für Männer im Vergleich zu Frauen bzw. für Studierende aus akademischem
Elternhaus im Vergleich zu einem nicht akademischen Elternhaus zeigen sich dagegen durchaus signifikante Unterschiede in studienrelevanten Fähigkeiten. So schätzen sich sowohl männliche Studierenden im kritischen Denken besser ein als ihre
Kommilitoninnen (2,18 vs. 2,40), als auch Studierende aus einem akademischen
Elternhaus als besser im Vergleich zu denjenigen aus einem nicht akademischen
Elternhaus (2,26 vs. 2,43). Die weiblichen Lehramtsstudierenden schätzen dagegen
ihre universitäre Handlungsfähigkeit etwas besser ein als die männlichen Studierenden (2,39 vs. 2,62). Diese unterschiedliche Selbsteinschätzung führt jedoch nicht
zu spezifischen Unterstützungswünschen. Hier liegen keinerlei signifikante Unterschiede vor.

Für die von uns ermittelten Studierendentypen zeigen sich sowohl in der Einschätzung aller studienrelevanten Fähigkeiten als auch in allen abgefragten Unter-
stützungsmöglichkeiten signifikante Unterschiede. Die Studierendentypen erweisen sich also als angemessenes Instrument zur Identifikation von Personen, auf die
sich die bestehenden Unterstützungsangebote stärker als bisher einstellen müssten
bzw. für die entsprechende Maßnahmen der Unterstützung zu entwickeln wären.
Für die beiden hier exemplarisch vorgestellten Typen zeigt sich folgendes Bild:

Insgesamt schätzen sich die *Durchstarter* deutlich besser ein als die *unterstützungsbedürftigen Motivierten*. Die größten Unterschiede bestehen in der Einschätzung der Sprachfertigkeiten und des kritisch-reflektierten Denkens. *Durchstarter*
schätzen ihre Sprachfertigkeiten als gut bis sehr gut ein. Die Unterscheidung nach
Studierendentypen identifiziert mit einem Mittelwert von 1,87 eine Studierendengruppe mit einer spezifischen Kombination von Merkmalen, wie es die Konzentra-
tion auf einzelne Ungleichheitsmerkmale wie den Migrationshintergrund, das Geschlecht oder den familiäre Bildungshintergrund nicht könnte. Das Vorhandensein
eines Migrationshintergrundes wirkt sich nicht benachteiligend auf die Zugehörigkeit zu dieser Gruppe aus, die offenbar mit guten Ressourcen zur Erreichung des
Studienerfolgs ausgestattet ist – der Migrationsanteil ist mit 23,4% durchschnittlich
(s. Kapitel 2.1).

Mit den *unterstützungsbedürftigen Motivierten* existiert gleichzeitig eine Gruppe, die zwar migrationsunabhängig über die Einschätzung der aktuellen Studiensituation gebildet wurde, in der sich aber durchaus migrationsspezifische Problemlagen andeuten: Sie schätzen ihre Sprachfertigkeiten mit 2,52 als lediglich gut bis
mittelmäßig ein. Dies ist von allen insgesamt sieben ermittelten Studierendentypen
die schlechteste Einschätzung der Sprachfertigkeiten. Der Migrationsanteil liegt bei
den *unterstützungsbedürftigen Motivierten* mit 31,1% über dem Durchschnitt – hier
sind offensichtlich insbesondere solche Studierende mit Migrationshintergrund
verortet, die u.U. einer gezielten Sprachförderung bedürfen. Allerdings schlägt sich
dies nicht in dem expliziten Wunsch einer Sprachförderung nieder. Beide hier vorgestellten Typen wünschen sich lediglich eine Unterstützung in der generellen Studienorganisation: Die *unterstützungsbedürftigen Motivierten* mit einem Mittelwert

von 2,84 etwas stärker als die *Durchstarter* mit 2,61. Bei letzteren liegt der Wert nah am neutralen Bereich, sie stehen also auch dieser Form der Unterstützung eher neutral gegenüber. Bei allen anderen möglichen Unterstützungsangeboten unterscheidet sich lediglich der Grad der Ablehnung.

Der Vergleich dieser beiden Typen im Hinblick auf die Einschätzung ihrer studienrelevanten Fähigkeiten und des formulierten Unterstützungsbedarfs zeigt, dass die Heterogenität der Lehramtsstudierenden mit Migrationshintergrund durch den Zugang über die Selbsteinschätzung der aktuellen Studiensituation angemessen und konstruktiv begegnet werden kann. Sie sind nicht per se als Zielgruppe von Unterstützungsmaßnahmen zu definieren sondern lediglich in einem bestimmten Segment und da mit einem sehr spezifischen Bedarf – der sprachlichen Unterstützung.

3 Bausteine 2 & 3 – Migrationsspezifische Unterstützungsangebote zur Förderung des Studienerfolgs von Studierenden mit Migrationshintergrund

Aus den in Kapitel 2 vorgestellten Ergebnissen schließen wir zweierlei: Allgemeine Unterstützungsangebote am Übergang von der Schule in die Universität und in der Universität selbst müssen sich auf die heterogenen sprachlichen und akademischen Voraussetzungen der Studierende mit und ohne Migrationshintergrund, mit Deutsch als Erst- oder Zweitsprache einstellen und diese angemessen berücksichtigen. Die große Mehrheit der Studierenden mit Migrationshintergrund sieht sich nicht als ‚Gruppe' mit spezifischen Merkmalen und Unterstützungsbedarfen und sollte daher auch nicht als solche adressiert und damit stigmatisiert werden.

Daneben gibt es aber auch eine – wenn auch kleine – Gruppe von Studierenden, die aufgrund ihres Migrationshintergrundes einen spezifischen Unterstützungsbedarf zu haben scheint, auch wenn sie selbst nicht explizit einen Wunsch nach Unterstützung äußert.

Wie einleitend beschrieben, handelt es sich bei den zwei weiteren Bremer Bausteinen um Praxisprojekte. Wir wollen sie an dieser Stelle vorstellen und sie mit Hilfe der Ergebnisse der Bremer Regionalstudie kritisch auf ihre Zielführung prüfen. Es handelt sich hierbei zum einen um das Projekt ‚MiCoach – Das UniCoachingProjekt zur Studienorientierung für Schülerinnen und Schüler mit Migrationshintergrund der gymnasialen Oberstufe', mit dem der Übergang von der Schule in ein (Lehramts-)Studium vorbereitet und erleichtert werden soll und um das Angebot ‚Wissenschaftssprache Deutsch für Lehramtsstudierende mit Deutsch als Zweitsprache', das dazu dient, mit Methoden aus dem Bereich Deutsch als Zweitsprache/Deutsch als Fremdsprache die Kompetenzen der Studierenden in der Wissenschaftssprache Deutsch zu erweitern und damit letztlich ihren Studienerfolg in einem Bereich zu unterstützen, der in den Seminaren der studierten Fächer nur selten berücksichtigt wird.

3.1 MiCoach – Das UniCoachingProjekt zur Studienorientierung für Schülerinnen und Schüler mit Migrationshintergrund der gymnasialen Oberstufe

Das am Arbeitsbereich Interkulturelle Bildung der Universität Bremen durchgeführte Mentoring-Projekt begleitet und unterstützt Schülerinnen und Schüler mit Migrationshintergrund der Sekundarstufe II in der Phase ihres Schulabschlusses und hier insbesondere in der Studienorientierung und Studienwahlentscheidung. Dieser Übergang Schule – Universität stellt für Jugendliche mit Migrationshintergrund aus bildungsfernen Familien eine besondere Hürde dar, legt jedoch entscheidende Weichen für den Studienerfolg. Denn die adäquate Studienfachwahl sowie das Vertrautwerden mit dem Hochschulmilieu und seiner völlig anderen Strukturierung als Lehr- und Lernort gegenüber einer Schule sind wesentliche Voraussetzungen für einen erfolgreichen Studienverlauf.

In der von uns betrachteten Gruppe Lehramtsstudierender ist der Anteil von Studierenden mit Migrationshintergrund mit 23,6% überdurchschnittlich hoch. Der Übergang wurde also überdurchschnittlich oft gemeistert, aber für diese Gruppe sind erschwerende Erlebnisse vor Aufnahme des Studiums in der Schullaufbahn zu konstatieren. Die Bremer Regionalstudie fragt u.a. angeregt durch entsprechende Befunde aus qualitativen Studien (Hummrich, 2002; Ofner, 2003; Weber, 2003) danach, ob die Studierenden in ihrer Schulzeit von ihren Lehrer/innen zur Aufnahme eines Studiums angeregt wurden oder ob ihre Lehrer/innen ihnen das Abitur zugetraut haben.

In der Ermunterung zur Aufnahme eines Studiums lassen sich keine signifikanten Unterschiede zwischen Studierenden mit und ohne Migrationshintergrund feststellen. Beide Gruppen geben überwiegend an, dass ihre Lehrer sie eher oder auf jeden Fall dazu ermutigt hätten (insgesamt 70,1% der Studierenden ohne Migrationshintergrund und 65,4% derjenigen mit Migrationshintergrund). Die Studierenden mit Migrationshintergrund haben dagegen signifikant häufiger als diejenigen ohne Migrationshintergrund in ihrer Schullaufbahn die Erfahrung gemacht, dass ihnen von ihren Lehrern das Abitur nicht zugetraut wurde.

Dies trifft auf beinahe jeden dritten (32,8%) Lehramtsstudierenden mit Migrationshintergrund zu. Auch Studierende ohne Migrationshintergrund machen diese Erfahrung, jedoch mit insgesamt 14,7% deutlich seltener. 71,9% von ihnen geben an, dass ihnen von ihren Lehrern das Abitur auf jeden Fall zugetraut wurde. Ihnen wurde damit deutlich seltener eine ‚Selbstplatzierungsleistung‘ (Leenen, Grosch & Kreidt, 1990, S. 762) am Übergang in eine akademische Ausbildung abverlangt als den Studierenden mit Migrationshintergrund.[5] Der in u.a. in PISA nachgewiesene Befund einer relativ ausgeprägten Motivation zum Bildungsaufstieg und eines Zutrauens in die eigenen Fähigkeiten bei Schüler/innen mit Migrationshintergrund ist also auch in der Bremer Regionalstudie zu finden. Um diese Motivation positiv auf-

---

5   Ein Vergleich der Studierenden aus akademischem oder nicht akademischem Elternhaus kann keine signifikanten Unterschiede in diesen Punkten ermitteln.

zugreifen und dazu beizutragen, dass auch die Aufnahme eines Studiums als nächster Schritt erfolgreich verläuft, wurde 2008 das Projekt MiCoach ins Leben gerufen.

Das Projekt ist als ‚Ableger' des seit 2006 an der Universität Bremen stattfindenden Förderunterrichts für Schüler/innen mit Migrationshintergrund (vgl. dazu Haberzettl & Karakaşoğlu, 2011) entstanden und inzwischen fest etabliert. Studentische Coaches begleiten in einer Einzelbetreuung Schüler/innen der Sekundarstufe II in ihrer Studienorientierung (vgl. Wojciechowicz, 2010). Die Unterstützung in diesem Projekt beschränkt sich nicht auf eine Förderung in bestimmten Fächern, sondern bietet eine individuell ausgerichtete Bildungsberatung. Erfahrungen aus der Schulzeit können aufgegriffen und die potentiellen Studierenden am Übergang in ein Studium im Hinblick auf ihre Studierfähigkeit motiviert werden. Mit praktischen Tipps und anschaulichen Erfahrungen (z.B. Universitätsbegehungen, Teilnahme an Seminaren etc.) werden sie mit den Spezifika der Institution Universität bekannt gemacht, mit denen sie aufgrund mangelnder Vorerfahrungen in Familie und Bekanntenkreis nicht vertraut sind. Zielgruppe sind also diejenigen, die sich nach einem teilweise schwierigen Schulverlauf mit hohen Anforderung an ihre ‚Selbstplatzierung' (s.o.) für ein Studium entschieden haben. Der Erfolg für die Coachees lässt sich nicht nur an der regelmäßigen Auslastung (derzeit arbeiten 30 Coaches mit 60 studieninteressierten Coachees) ablesen, sondern nicht zuletzt daran, dass mittlerweile ehemalige Coachees Studierende an der Universität Bremen sind und selbst als Coaches im Projekt mitarbeiten.

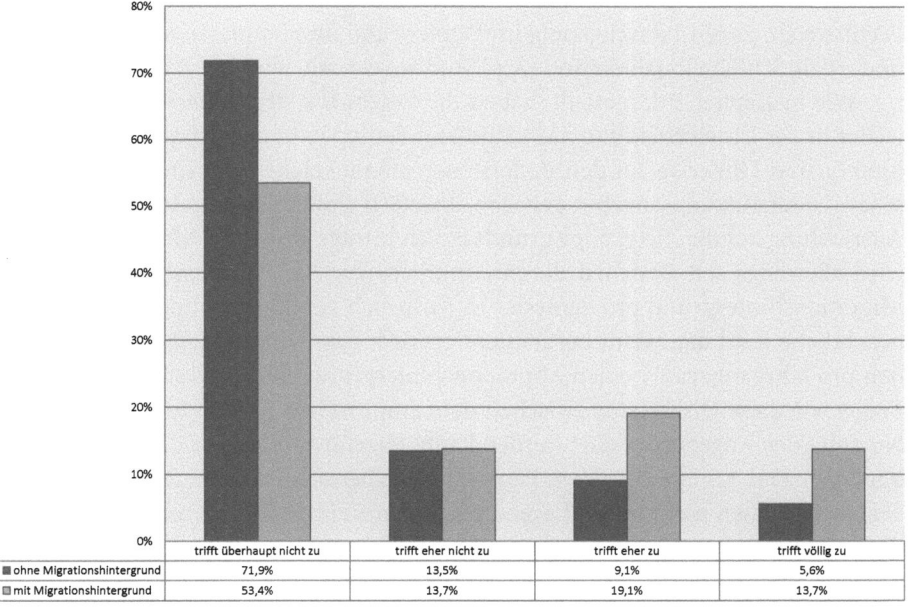

	trifft überhaupt nicht zu	trifft eher nicht zu	trifft eher zu	trifft völlig zu
ohne Migrationshintergrund	71,9%	13,5%	9,1%	5,6%
mit Migrationshintergrund	53,4%	13,7%	19,1%	13,7%

Abbildung 3: Erfahrungen der Studierenden mit und ohne Migrationshintergrund, ob ihre Lehrer/innen ihnen das Abitur nicht zugetraut haben (CC = .198; p = .000)

Die studentischen Coaches werden im Projekt über Vorbereitungsseminare im Rahmen der Schlüsselqualifikation für die Beratungsarbeit qualifiziert und können sich dies als ECTS-Leistung anrechnen lassen. Damit ist gewährleistet, dass die erworbenen Qualifikationen im Bereich von Beratung und Diagnose von Beratungs- und Unterstützungsbedarf in die Lehrerausbildung einfließen und die Erkenntnisse des Projektes auch in die Schulpraxis einmünden. Den Nutzen der Coaching-Arbeit für die Studierenden im Hinblick auf eine realistische Einschätzung der Studienmotivation und Studierfähigkeit, sowie auf sprachliche Kompetenzen belegt eine qualitative Evaluation (Wojciechowicz, 2010, S. 99ff).

3.2 Wissenschaftssprache Deutsch für Lehramtsstudierende mit Deutsch als Zweitsprache

Seit dem Wintersemester 2009 wird am Fachbereich Erziehungs- und Bildungswissenschaften der Universität Bremen ein spezielles Seminar sowie eine Beratung in der Wissenschaftssprache Deutsch für Lehramtsstudierende mit Migrationshintergrund angeboten. Anregung dafür waren positive Erfahrungen, die mit einem ähnlichen Angebot an der Universität Duisburg-Essen bereits seit den frühen 2000er Jahren gemacht werden. Beides erfolgt durch eine Lehrkraft mit besonderer Expertise in der Erwachsenensprachdidaktik des Deutschen. Das Angebot ergänzt die sich an alle Studierenden richtenden Angebote der Studierwerkstatt im gleichen Fachbereich. Es wird durchgängig im Winter- und im Sommersemester angeboten und ist als Schlüsselqualifikation (3cp) studienrelevant, aber nicht benotet.

Wie in Kapitel 2 dargestellt, haben die Ergebnisse der Bremer Regionalstudie weder in der Unterscheidung nach Studierendentypen noch nach dem Migrationshintergrund Hinweise auf den Bedarf nach einem solchen, spezifisch zugeschnittenen Unterstützungsangebot gegeben. Insofern müsste es in seiner spezifischen Ausrichtung auf die Zielgruppe grundsätzlich infrage gestellt werden. Das Angebot wird allerdings seit Bestehen durchschnittlich von 20 Lehramtsstudierenden mit Migrationshintergrund pro Semester in Anspruch genommen, und dies stellt eine beachtliche Zahl dar, wenn berücksichtigt wird, dass von 400 Lehramtsstudierenden pro Jahrgang, ca. ¼ einen Migrationshintergrund haben. Es stellt sich also die Frage, wie diese Diskrepanz zwischen dem empirischen Befund und der aktuellen Nutzung des Angebots erklärt werden kann. Hierfür wählen wir den Weg, die Daten ergänzend aus einer anderen Perspektive zu betrachten, denn der Mittelwert ist bekanntermaßen nicht in der Lage, die äußeren Ränder von Verteilungen abzubilden. Entsprechend ergibt sich ein anderes Bild, wenn die konkrete Verteilung des gewünschten (Fach-)Sprachtrainings in Deutsch betrachtet wird.

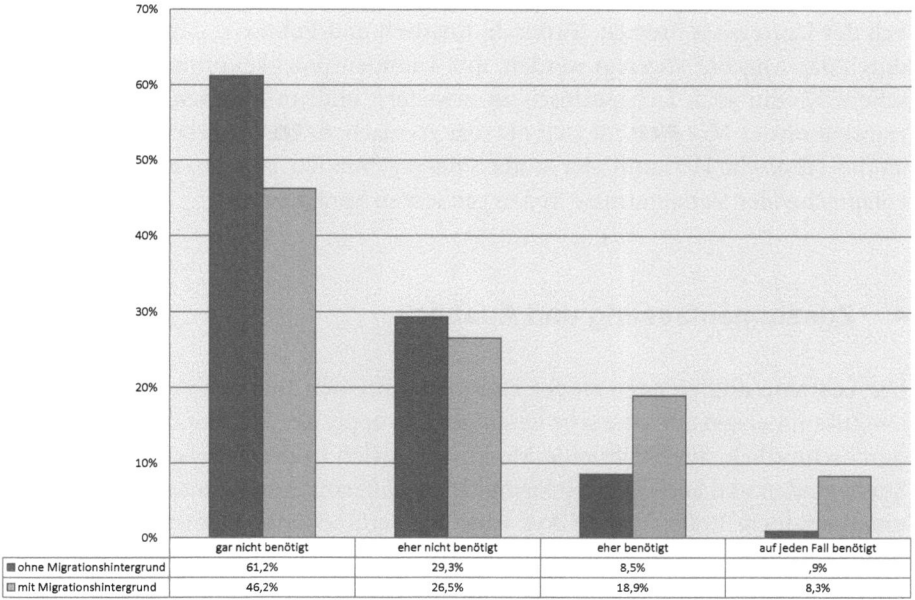

	gar nicht benötigt	eher nicht benötigt	eher benötigt	auf jeden Fall benötigt
■ ohne Migrationshintergrund	61,2%	29,3%	8,5%	,9%
▥ mit Migrationshintergrund	46,2%	26,5%	18,9%	8,3%

Abbildung 4: Verteilung des Wunsches nach einem (Fach-)Sprachtraining Deutsch nach Migrationshintergrund (CC = .242; p = .000)

Auch die Verteilung bestätigt zunächst, dass der Großteil der Studierenden mit Migrationshintergrund ein solches Angebot ‚gar nicht' oder ‚eher nicht' benötigt. Gleichzeitig ist zu erkennen, dass sich eine Minderheit identifizieren lässt, die sich ein solches Angebot ‚eher' oder ‚auf jeden Fall' wünscht. Diese Minderheit, die immerhin 27,2% aller Lehramtsstudierenden mit Migrationshintergrund ausmacht, geht in der Betrachtung des Mittelwerts unter. Genau diese Studierenden sind es jedoch, die in dem Angebot ‚Wissenschaftssprache Deutsch' eine angemessene und gewünschte Unterstützung zur Sicherung ihres Studienerfolgs finden. Eine auf einer schriftlichen Leitfadenbefragung beruhende Zwischenevaluation des Projektes für die Jahrgänge 2009 und 2010, basierend auf 60 Teilnehmenden, belegt die Sinnhaftigkeit des Angebots: Alle würden die Teilnahme an der Veranstaltung anderen empfehlen, bis auf eine Ausnahme fühlen sich alle durch den Besuch der Veranstaltung sicherer beim Verfassen wissenschaftlicher Texte und gehen nun bewusster mit Sprache in wissenschaftlichen Texten um. Die Teilnehmenden schätzen insbesondere das Arbeiten in einem geschützten Raum unter Personen mit ähnlichen sprachlichen Voraussetzungen (vgl. Wulff, 2010).

Neben diesen zielgruppenspezifischen Unterstützungsangeboten, geht die Universität Bremen mit dem Angebot „Akademische Mehrsprachigkeit", das seit Wintersemester 2011/12 als Angebot im Rahmen der Schlüsselqualifikationen/General Studies zu belegen ist, ähnlich wie die Universität Bielefeld oder Regensburg, auch einen anderen Weg der verstärkten Ressourcenorientierung durch Aufwertung der durch familiäre oder transnationale Sozialisation ‚mitgebrachten' Kenntnisse in zentralen Sprachen großer Studierendengruppen mit Migrationshintergrund (im Fall der Universität Bremen: Türkisch, Russisch und Polnisch). Studierende sollen durch das Angebot angeregt werden, ihre Familiensprachkenntnisse auf akademischem Niveau auch fachspezifisch zu erweitern und im Rahmen von inter- und transnationaler Mobilität für sich nutzbar zu machen. Das Angebot ist dabei nicht an die ‚ethnische Herkunft' der Studierenden gebunden, sondern an das Vorliegen entsprechender Vorkenntnisse in den genannten Sprachen.

4   Zusammenfassung und Ausblick

Die Lehramtsstudierenden an der Universität Bremen sind in ihrer soziokulturellen Zusammensetzung eine sehr heterogene Gruppe, der Migrationsanteil ist überdurchschnittlich. Soziokulturelle Merkmale spielen in der Selbsteinschätzung der Studierenden und auch in ihren formulierten Unterstützungswünschen jedoch eine untergeordnete Rolle. Viel stärker wirkt als verbindendes Element die Tatsache, dass die Bremer Lehramtsstudierenden sehr stark pädagogisch motiviert und auch interessiert an den Studieninhalten sind.

Studierende mit Migrationshintergrund sehen sich nicht als besonders förderbedürftig, vielmehr treten sie in ihrer Selbstwahrnehmung als ausgesprochen belastbar in Erscheinung. Der überdurchschnittliche Anteil von Studierenden mit Migrationshintergrund im Typus der *unterstützungsbedürftigen Motivierten* sowie ein tendenziell stärkeres Interesse an Unterstützungsangeboten in der Wissenschaftssprache Deutsch verweist allerdings darauf, dass bei einer Minderheit durchaus ein spezifischer Unterstützungsbedarf besteht. Für entsprechende Angebote besteht die Herausforderung darin, diese bedarfsgerecht zu konzipieren und ggf. an spezifischen Zielgruppen zu orientieren ohne ein weder von den Studierenden selbst noch von Seiten der Universität gewünschtes allgemeines ‚Labeling' von Lehramtsstudierenden mit Migrationshintergrund als ‚förderbedürftig' vorzunehmen. Die Nachfrage nach den beiden an der Universität Bremen etablierten Angeboten ‚MiCoach' und ‚Wissenschaftssprache Deutsch' wird von uns als Nachweis dafür gewertet, dass das Bremer Modell offensichtlich in der Lage ist, auf die Heterogenität innerhalb der Gruppe der Studierenden mit Migrationshintergrund angemessen zu reagieren.

Für ihre von der Bildungspolitik antizipierte Rolle als Hoffnungsträger interkultureller Öffnung von Schule und als Vorbilder für Kinder mit Migrationshintergrund lassen sich vorsichtig bestätigende Hinweise in unseren Daten finden. Lehramtsstudierende mit Migrationshintergrund sind etwas stärker als diejenigen ohne Migrationshintergrund ungleichheitssensibel pädagogisch motiviert. Allerdings erweist sich diese Differenzierung, wenn sie nur entlang des Merkmals ‚Migrationshintergrund' betrachtet wird, als zu einseitig. Denn eine beinahe genauso starke ungleichheitssensible Motivation findet sich auch bei Frauen im Vergleich zu Männern und etwas stärker noch als eine ungleichheitssensible Motivation ist bei den Studierenden mit Migrationshintergrund die Motivation ausgeprägt, in der Schule ein Vorbild sein zu wollen. Diese Vorbildfunktion bezieht sich nicht spezifisch auf die Gruppe der Kinder oder Jugendlichen mit Migrationshintergrund, also die von der Politik als ‚Eigengruppe' der Lehrenden mit Migrationshintergrund identifizierte Bezugsgröße, sondern besteht unabhängig von bestimmten Zielgruppen wie Migranten/Nicht-Migranten, Mädchen/Jungen etc.

Der vielleicht wichtigste Aspekt ist, dass für Studierende mit wie ohne Migrationshintergrund die allgemeine pädagogische Motivation der zentrale Antrieb für die Aufnahme des Lehramtsstudiums ist. Studierende mit Migrationshintergrund wollen dabei Vorbild für alle ihre Schüler/innen sein und auch die Studierenden ohne Migrationshintergrund, wollen sich u.a. für Schüler/innen mit Migrationshintergrund verstärkt einsetzen. Die Ergebnisse der Bremer Regionalstudie verweisen in diesem Zusammenhang also weniger auf eine spezifische Gruppe von Hoffnungsträgern, sondern vielmehr auf eine generell begründete Hoffnung auf eine verstärkt interkulturell zusammengesetzte und insgesamt interkulturell sensible zukünftige Lehrer- und Lehrerinnengeneration.

Literatur

Autorengruppe Bildungsberichterstattung (2010). *Bildung in Deutschland 2010. Ein indikatorengestützter Bericht mit einer Analyse zu Perspektiven des Bildungswesens im demografischen Wandel.* Bielefeld: W. Bertelsmann Verlag.

Berthold, C.; Güttner, A.; Leichsenring, H.; Morzick, B. (2011). *Study-related Diversity. Brief description of a methodology and identified student types,* CHE–QUEST. An Analysis Tool for Diversity Management at Higher Education Institutions [online Dokument]. Verfügbar unter: http://www.che.de/downloads/Study_related_diversity_CHE_Consult_Briefing_1_1_english.pdf [01.03.2012].

Boos-Nünning, U.; Karakaşoğlu, Y. (2005). *Viele Welten leben. Zur Lebenssituation von Mädchen und jungen Frauen mit Migrationshintergrund.* Münster: Waxmann.

Bundesamt für Migration und Flüchtlinge (2011). *Lehrkräfte mit Migrationshintergrund. Handlungsempfehlungen zum Netzwerkaufbau.* Nürnberg.

Bundesregierung (2007). *Der Nationaler Integrationsplan. Neue Wege – Neue Chancen.* Berlin.

Bundeszentrale für politische Bildung (2010). *Deutschland: Diskussion um Migranten im Öffentlichen Dienst .Newsletter Migration und Bevölkerung.* Ausgabe 1, Februar 2010.

Cunningham, M.; Hargreaves, L. (2007). *Minority Ethnic Teachers Professional Experiences. Evidence from the Teacher Status Project.* Research Report RR853.

Edelmann, D. (2008). *Pädagogische Professionalität im transnationalen sozialen Raum. Eine qualitative Untersuchung über den Umgang von Lehrpersonen mit der migrationsbedingten Heterogenität ihrer Klassen.* Berlin: LIT-Verlag.

Georgi, V.; Ackermann, L.; Karatas, N. (2011). *Vielfalt im Lehrerzimmer. Selbstverständnis und schulische Integration von Lehrenden mit Migrationshintergrund in Deutschland.* Münster: Waxmann.

Haberzettl, S.; Karakaşoğlu, Y. (2011). *Interkulturelle Schülerförderung auf dem Campus.* Stuttgart: ibidem-Verlag.

Hummrich, M. (2002). *Bildungserfolg und Migration. Biographien junger Frauen in der Einwanderungsgesellschaft.* Univ.-Diss., Opladen.

Isserstedt, W.; Middendorff, E.; Kandulla, M.; Borschert, L.; Leszczensky (2010). *Die wirtschaftliche und soziale Lage der Studierenden in der Bundesrepublik Deutschland. 19. Sozialerhebung des Deutschen Studentenwerks.* Durchgeführt durch HIS Hochschul-Informations-System. Bonn/Berlin: Bundesministerium für Bildung und Forschung.

Karakaşoğlu, Y. (2009). Beschwörung und Vernachlässigung der Interkulturellen Bildung im ‚Integrationsland' Deutschland – ein Essay. In W. Melzer & R. Tippelt (Hrsg.): *Kulturen der Bildung. Beiträge zum 21. Kongress der Deutschen Gesellschaft für Erziehungswissenschaft* (S. 177–198). Opladen: Verlag Barbara Budrich.

Karakaşoğlu, Y. (2011). Lehrer, Lehrerinnen und Lehramtsstudierende mit Migrationshintergrund. Hoffnungsträger der interkulturellen Öffnung von Schule. In U. Neumann & J. Schneider (Hrsg.): *Schule mit Migrationshintergrund* (S. 121–135). Münster: Waxmann.

Karakaşoğlu, Y.; Wulff, N. (2010). *Wissenschaftssprache Deutsch*: Ein Projekt im Arbeitsbereich Interkulturelle Bildung an der Universität Bremen. Unveröffentlichter PowerPoint-Vortrag im Rahmen der Klausursitzung zu Lehramtsstudierenden mit Migrationshintergrund, organisiert und durchgeführt von der ZEIT-Stiftung. Hamburg, [19.11.2010].

Konferenz der für Integration zuständigen Ministerinnen und Minister/Senatorinnen und Senatoren der Länder (Hrsg.) (2011). *Erster Bericht zum Integrationsmonitoring der Länder 2005–2009.* o.O.

Künsting, J.; Lipowsky, F. (2011). Studienwahlmotivation und Persönlichkeitseigenschaften als Prädiktoren für Zufriedenheit und Strategienutzung im Lehramtsstudium. *Zeitschrift für pädagogische Psychologie, 25,* 105–114.

Kunter, M.; Pohlmann, B. (2009). Lehrer. In J. Möller & E. Wild (Hrsg.): *Einführung in die Pädagogische Psychologie* (S. 261–282). Berlin: Springer.

Leask, M.; Turner, S.; Turner, T. (1996). Recruiting Science Teachers from Ethnic Minority Groups: selection for initial teacher education. *Research in Science & Technological Education, 14* (1), 5–20.

Leenen, W. R.; Grosch, H.; Kreidt, U. (1990). Bildungsverständnis, Plazierungsverhalten und Generationenkonflikt in türkischen Migrantenfamilien. *Zeitschrift für Pädagogik, 5,* 753–771.

Leichsenring, H. (2011). Was heißt Diversität in Lehre und Studium? In Heinrich-Böll-Stiftung (Hrsg.): *Öffnung der Hochschule. Chancengerechtigkeit, Diversität, Integration* [Online-Dossier] (S. 38–43). Verfügbar unter: http://www.migration-boell.de/web/integration/47_2759.asp [01.03.2012].

Neumann, U.; Karakaşoğlu, Y. (2011). Anforderungen an die Schule in der Einwanderungsgesellschaft: Integration durch Bildung, Schaffung von Bildungsgerechtigkeit und interkulturelle Öffnung. In U. Neumann & J. Schneider (Hrsg.): *Schule mit Migrationshintergrund* (S. 47–59). Münster: Waxmann.

Ofner, U.S. (2003). *Akademikerinnen türkischer Herkunft: Narrative Interviews mit Frauen aus zugewanderten Familien.* Berlin: Weißensee-Verlag.

Otyakmaz, B. Ö. (2004). Dequalifizierung von Professionellen mit Migrationshintergrund im psychosozialen Arbeitskontext. In Y. Karakaşoğlu & J. Lüddecke (Hrsg.): *Migrationsforschung und Interkulturelle Pädagogik* (S. 117–130). Münster: Waxmann.

Schwarzer, R.; Jerusalem, M. (Hrsg.) (1999). *Skalen zur Erfassung von Lehrer- und Schülermerkmalen. Dokumentation der psychometrischen Verfahren im Rahmen der Wissenschaftlichen Begleitung des Modellversuchs Selbstwirksame Schulen.* Berlin.

Sekretariat der Ständigen Konferenz der Kultusminister der Länder in der Bundesrepublik Deutschland (1996). *Empfehlung „Interkulturelle Bildung und Erziehung in der Schule".* Verfügbar unter: http://www.kmk.org/fileadmin/veroeffentlichungen_beschluesse/1996/1996_10_25-Interkulturelle-Bildung.pdf [01.03.2012].

Selimovic, S. (2008). *Die Motivation zur Wahl des Lehrerberufs – Eine ethnographische Studie mit Studentinnen und Studenten mit türkischem Migrationshintergrund.* Kassel: Grin.

Ständige Konferenz der Kultusminister der Länder in der Bundesrepublik Deutschland (KMK) (2010). *Bildungsinvestitionen rechnen sich und fördern die Integration.* Pressemitteilung vom 27.05.2010.

Universität Bremen (2012). *Statistik der Studienfälle nach Fachsemestern; WS 2011/12.* [online Dokument]. Verfügbar unter: http://www.finanzcontrolling.uni-bremen.de/download/Bunte%20Blaetter/BB112F.pdf [01.03.2012].

Watt, H.M.G.; Richardson, P.W. (2008). Motivations, perceptions, and aspirations concerning teaching as a career for different types of beginning teachers. *Learning and Instruction, 18,* 408–428.

Weber, M. (2003). *Heterogenität im Schulalltag. Konstruktion ethnischer und geschlechtlicher Unterschiede.* Opladen: Leske + Budrich.

Wojciechowicz, A. (2010). Bildungsberatung unter Bedingungen von Migration. Ergebnisse qualitativer Interviews von Teilnehmenden mit Migrationshintergrund an einem Bildungscoaching im Übergang Schule – Studium. In Y. Karakaşoğlu & H.-G. Hiesserich (Hrsg.): *Migration und Begabungsförderung. Beiträge der Akademie für Migration und Integration. 12,* 95–112.

„Jetzt kommen die Ayşes auch ins Lehrerzimmer und bringen den Islam mit."

Subjektiv bedeutsame Erfahrungen von Referendarinnen und Referendaren im Rassismuskontext

Aysun Kul

1 Einleitung – Die Zusammenführung professionstheoretischer und rassismuskritischer Ansätze

Der vorliegende Aufsatz fasst erste Zwischenergebnisse eines Forschungsprojektes zur Professionalisierung angehender Lehrkräfte in der zweiten Ausbildungsphase zusammen, die auf besondere Herausforderungen von Referendar/inn/en mit dem sog. Migrationshintergrund im Kontext von Rassismus aufmerksam machen. Im Zusammenhang rassismustheoretischer Ansätze untersucht das Forschungsprojekt, inwieweit das Feld der zweiten Professionalisierungsphase in der Lehrberufsausbildung von einer hierarchisch strukturierten Ordnung entlang ethnischer Markierungen durchzogen ist. Insbesondere soll herausgearbeitet werden, ob allochthone Referendarinnen und Referendare mit rassifizierenden Positionszuweisungen konfrontiert werden und in welchem Verhältnis diese mit der Einschätzung und Beurteilung der Befähigung zum professionellen beruflichen Handeln als angehende Lehrpersonen stehen. Aus einer subjektiven Perspektive wird danach gefragt, wie sich Referendarinnen und Referendare mit rassifizierenden Positionszuweisungen innerhalb der zweiten Professionalisierungsphase auseinandersetzen, welche Handlungsstrategien im Umgang mit rassifizierenden Positionszuweisungen sie einsetzen und zuletzt welche Bedeutung diese rassifizierenden Erfahrungen für die Ausbildung resp. Aushandlung des eigenen beruflichen Selbstverständnisses im Rahmen der beruflichen Sozialisation haben.

Im Rahmen des Forschungsprojektes wurden insgesamt 18 qualitativ angelegte, episodische Interviews mit Referendar/inn/en durchgeführt (vgl. Flick, 2004).[1] Bei der Ansprache der Interviewpartner/innen wurde weder eine Vergeschlechterung noch eine Zuschreibung als Person mit oder ohne Migrationshintergrund vorgenommen. Im Mittelpunkt stand lediglich die Fragestellung, wie sie ihre zweite Ausbildungsphase erleben. Intendiert wurde mit dieser Strategie, eine Reifizierung im Interviewverlauf zu vermeiden und den Referendar/inn/en Selbstpositionierungen sowie individuelle Relevanzsetzungen zu ermöglichen. Ergänzt wurde die Befragung durch eine Hospitation in ihrem Unterricht während eines Unterrichtsbesuches von Fachleiter/inne/n sowie durch die Teilnahme an dem anschließenden Reflexionsgespräch. Über diesen methodischen Schritt konnte sowohl ein Einblick

---

[1] 6 Frauen mit und 6 ohne den sog. Migrationshintergrund sowie 3 Männer mit und ohne den sog. Migrationshintergrund.

in das Praxisfeld und in die Interaktion mit Schüler/inne/n und Fachleiter/inne/n gewonnen als auch der Kontakt zu Fachleiter/inne/n hergestellt werden, die als Expert/inn/en ebenso zur zweiten Ausbildungsphase befragt wurden.

Das gewonnene Datenmaterial wird mit Hilfe des Verfahrens der dokumentarischen Methode (Bohnsack) analysiert und interpretiert. Dabei wird über die Differenzierung nach ‚Geschlecht' und insbesondere nach der Kategorie ‚Migrationshintergrund' eine Auswertungsfolie aufgespannt und entlang dieser Differenzierung analysiert, ob in den Perspektiven und Erfahrungen der angehenden Lehrkräfte Unterschiede resp. Gemeinsamkeiten vorzufinden sind und welche inhaltliche Qualität diese aufweisen. Über die Vergleiche mit Referendar/inn/en *ohne Migrationshintergrund* soll herausgearbeitet werden, ob und inwiefern sich im Ausbildungsprozess von „angehenden Lehrkräften mit Migrationshintergrund" spezifische Erfahrungsräume und Herausforderungen manifestieren, die über *diese* soziale Positionierung verhandelt und generiert werden. Die geschlechtsspezifische Differenzierung erscheint dabei insofern relevant, als davon ausgegangen wird, dass über diese Kategorisierung auch die Kategorisierung ‚Migrationshintergrund' als Differenzlinie eine eigene Dimension im Interaktionsfeld der Ausbildung erhält. Die Interviews mit den Fachleiter/inne/n dienen als weitere Vergleichsgruppe und fokussieren ebenso die ggf. vorhandenen differenzierenden Sichtweisen auf die Referendarinnen und Referendare entlang der o.g. Differenzlinien.[2]

Exemplarisch wird für den vorliegenden Beitrag das Interview mit der Referendarin Ayşe auf Grund der starken Verdichtung in den Erzählsequenzen dargestellt. Diese Auswahl begründet sich zudem über seine Repräsentanz für Erfahrungen von Referendarinnen mit dem sog. Migrationshintergrund, die sich in der bisherigen Erhebungsphase bereits abzeichnen. Auch wenn das Vorhaben sich gegenwärtig im Arbeitsprozess befindet und ein Bewusstsein über die Begrenztheit der in Abschnitt 3 dargestellten Analyse besteht, wird davon ausgegangen, Einblicke in Perspektiven von Referendarinnen während der zweiten Ausbildungsphase und damit Impulse zum Diskurs zu Lehrkräften mit dem sog. Migrationshintergrund geben zu können.

Anhand einer thematischen Analyse (Flick, 2004) des Interviews mit Ayşe wird beschrieben, wie ihre subjektiv bedeutsamen Erfahrungen über eine rassistische Ordnung generiert und eingerahmt werden. Deutlich wird zudem, wie diese maßgeblich auf ihre Verarbeitungsmodi wirkt und ihren Handlungsspielraum bestimmt. Ihre Wahrnehmungs- und Deutungsmuster geben dabei nicht nur Hinweise, wie sie die Orientierungsrahmen in ihrem Ausbildungsfeld im Hinblick auf sich selbst wahrnimmt und deutet und wie sie darüber ihren eigenen Orientierungsrahmen konzeptionalisiert, sondern auch, wie sich ihre Erfahrungen verdichten, zu einer besonderen Herausforderung werden und ihren beruflichen Professionalisierungsprozess beeinflussen. Im Vordergrund stehen dabei die Interaktionen im Kollegium und mit ihren Ausbilder/inne/n, in denen sich eine Aktivierung von

---

2   Angebunden ist das Projekt an den Forschungsschwerpunkt zu Lehramtsstudierenden resp. angehenden Lehrkräften an der Universität Bremen (vgl. Karakaşoğlu, 2011 und Karakaşoğlu/Bandorski, S. 133ff., sowie Wojciechowicz, S. 119ff., in diesem Band).

Kategorisierungen herauskristallisiert, die simultan und in Relationen reproduziert werden (vgl. u.a Gutiérrez Rodríguez, 2011).

Zunächst wird in Abschnitt 2 das Referendariat als Ausbildungsfeld skizziert und seine Relevanz als Untersuchungsfeld im Kontext der *bildungspolitischen Forderung nach mehr Lehrkräften mit dem sog. Migrationshintergrund* (vgl. Kapitel 1 in diesem Band) dargelegt. Schließlich werden im Abschnitt 3 Ausschnitte aus dem Interview mit Ayşe auf der Grundlage einer rassismuskritischen Analyseperspektive und thematischen Kodierung vorgestellt und in der abschließenden Zusammenfassung (Abschnitt 4) auf Forschungsperspektiven verwiesen.

2 Zum Referendariat und seiner Relevanz als Untersuchungsfeld

Wird Professionalisierung als Entwicklungsaufgabe konzeptionalisiert (vgl. Terhart, 2001; Hericks, 2006), soll das Referendariat die Rahmenbedingungen bieten, erste Handlungsroutinen einzuüben und theoretisch reflektierend aufzubauen. Fokussiert wird dabei die situationsangemessene Arbeit im Alltag des Lehrberufs (vgl. Schubarth & Pohlenz, 2006; Terhart, 2004; Lenhard, 2004) und das Einfinden in die Institution Schule als Berufsfeld. Dies impliziert im besonderen Maße die Entwicklung von Unterrichtskompetenz, Schulentwicklungskompetenz und Selbstkompetenz (vgl. Werner-Benkte, 2010). Initiiert und unterstützt wird dieser Prozess im Referendariat durch die Anbindung an Ausbildungsschulen über die selbstständige Unterrichtstätigkeit und der Beteiligung an Schulentwicklungsprozessen mit der kontinuierlichen Begleitung durch Mentor/inn/en vor Ort. Zudem sind Referendarinnen und Referendare angebunden an Landesinstitute und werden von Fachleiter/inne/n der einzelnen Fächer und der Erziehungs- und Bildungswissenschaft im Rahmen von fachspezifischen Seminaren und Unterrichtsbesuchen begleitet. Im Anschluss an die theoriegeleitete universitäre Ausbildung ist das Ziel des Referendariats folglich die Qualifizierung für das jeweilige Lehramt an öffentlichen Schulen, die mit der erfolgreich abgeschlossenen zweiten Staatsprüfung in der Endphase des Referendariats nachgewiesen und zertifiziert wird (vgl. ebd.).

Konstitutiv für das Referendariat ist eine hohe Belastungsgrenze in der Regel für die meisten Referendarinnen und Referendare (vgl. Terhart, 2001), die über vielfältige sich verdichtende Herausforderungen generiert wird.[3] Neben den parallel verlaufenden Entwicklungsaufgaben, den Prüfungsleistungen und der Koordination der Aufgaben und Pflichten an zwei Ausbildungsorten besteht eine permanente Beobachtungs-, Bewertungs- und Abhängigkeitssituation, die von ihrem beruflichen *Übergangsstatus* eingerahmt wird. Evident ist dabei die Positionierung zwischen abgeschlossenem Studium und (noch unklarem) Berufseintritt im berufs-

---

3 Auf Unterschiede im Erleben und in der Einschätzung des Referendariats verweisen allerdings Evaluationsstudien und bspw. die Studie von Werner-Bentke (vgl. Werner-Bentke, 2010).

biographischen Verlauf und die im Ausbildungsprozess – möglicherweise widersprüchliche – Doppelrolle als Lehrende und Lernende zugleich (vgl. Wernet, 2006).

Als zweite Ausbildungsphase markiert das Referendariat folglich einen zentralen Abschnitt der Bildungs- und Berufsbiographie angehender Lehrkräfte und offeriert die Möglichkeit, ihren Professionalisierungsprozess zwischen Studium und Berufseingangsphase im Kontext der Bedeutung und besonderen Herausforderung von Übergangspassagen in der Bildungs- und Berufsbiographie zu betrachten.

In der bildungswissenschaftlichen Expertise lässt sich für die zweite Ausbildungsphase, die als der ‚vergessene Teil der Ausbildung‘ gekennzeichnet wird (vgl. Terhart, 2001)[4], mit den unzufriedenstellenden Ergebnissen der internationalen Vergleichsstudien und der in Folge dessen initiierten Standardisierung der Lehrerausbildung (vgl. KMK, 2004)[5] ein Anstieg an empirischen Arbeiten feststellen, die vornehmlich als Evaluationsstudien quantitativ angelegt sind und die Qualität und Wirksamkeit des Referendariats – auch aus der Perspektive der Referendarinnen und Referendare – in der Regel auf lokaler Ebene messen (für eine Übersicht der Evaluationsstudien vgl. Schubarth & Pohlenz, 2006).[6] In seiner fallanalytischen Skizze zu Kollegialitätsproblemen im Referendariat kommt Wernet allerdings zu dem Schluss, dass „[...] eine im wesentlichen auf standardisierten Befragungen der Beteiligten sich gründende Evaluationsforschung zweifelsohne (wichtig) ist; unverzichtbar scheinen [...] daneben qualitative Studien zu sein, die ein genaueres Bild der konkreten Problemlagen, mit denen Akteure des pädagogischen Handelns im Kontext der Ausbildung konfrontiert sind, zu geben vermögen.“ (Wernet, 2006, S. 206).[7] Ihm zufolge kann die empirische Betrachtung der eher diffusen und untergründigen Unzufriedenheiten, die als verwobenes Geflecht eines unverorteten, latenten Unbehagens in Erscheinung treten, *Deutungssicherheiten* im Hinblick auf die Lehrer/innen/ausbildung ins Wanken bringen und auf die ihr immanenten komplizierten Probleme – insbesondere in der zweiten Phase – aufmerksam machen (vgl. ebd.).

Ob und inwiefern *konkrete Problemlagen* im Ausbildungsprozess generiert werden können, wenn die soziale Positionierung von Referendar/inn/en als *angehende Lehrkraft mit Migrationshintergrund* zum Gegenstand der Betrachtung eingesetzt wird, findet sich im gegenwärtigen bildungswissenschaftlichen Diskurs ebenso wenig wie in der theoretisch-empirischen Auseinandersetzung um Lehrkräfte mit dem sog. Migrationshintergrund. Dabei lässt sich das Referendariat insbesondere als *Übergangshindernis* insofern deuten, als eine Diskrepanz der Anzahl Lehramts-

---

4   Zu konstatieren ist, dass die zweite Ausbildungsphase nur selten Gegenstand empirischer Untersuchungen ist (vgl. u.a. Lenhard, 2004). Ein zentrales Dokument für den Diskurs zur Lehrerbildung und konkret zum Referendariat ist der Abschlussbericht der von der KMK eingesetzten Kommission (vgl. Terhart, 2000).

5   Zu den Konsequenzen der Output-Steuerung für Lehrer/innen/professionalität im Kontext der Standards siehe Böttcher (2008).

6   Vgl. auch Zeitschrift für Erziehungswissenschaft. Schwerpunkt: Start in den Lehrerberuf. Ausgabe 1/2011.

7   Insbesondere im Rahmen von Qualifizierungsarbeiten findet sich eine Orientierung an qualitativen Forschungsdesigns.

studierender und tatsächlich in der schulischen Praxis ankommender Lehrkräfte mit dem sog. Migrationshintergrund zu konstatieren ist (vgl. Karakaşoğlu, 2011). Dieser Relation fehlen allerdings bisher sowohl für das Studium als auch für das Referendariat empirisch belegte Erklärungsmuster, die Hinweise auf ggf. besondere Herausforderungen bei Referendar/inn/en mit dem sog. Migrationshintergrund in der zweiten Ausbildungsphase geben könnten.

Im Hinblick auf den Diskurs zu Lehrkräften mit dem sog. Migrationshintergrund wäre ebenso bedeutungsvoll, wie der Ausbildungs- und Professionalisierungsprozess verläuft, *ohne* dass der Übergang grundsätzlich als Hindernis zur Disposition steht (vgl. Studienverlaufsanalyse in Universität Bremen, Kapitel II in diesem Band). Dass hierbei die Strukturierung des Ausbildungsfeldes sich für Referendarinnen und Referendare über subtile und konkrete Diskriminierungsformen zeigen kann, wird in der von Georgi, Ackermann und Karakaş durchgeführten Studie zum „Selbstverständnis und zur schulischen Integration von Lehrenden mit Migrationshintergrund in Deutschland" konstatiert. Sie kommen zu dem Schluss, dass diese Lehrkräfte „[...] sich deshalb nolens volens persönlich und strukturell mit Rassismen auseinandersetzen (müssen)" (vgl. Georgi, Ackermann & Karakaş, 2011, S. 239). Die Unausweichlichkeit in der Auseinandersetzung mit Rassismen kann als Indikator für die deprivilegierte Positionierung gelesen werden, der das Privileg, sich *nicht* mit Rassismen auseinandersetzen zu müssen (vgl. Rommelspacher, 2009), gegenübersteht und die gleichzeitig auf Rassismus als *sozialen Tatbestand* verweist. Welchen Einfluss diese Erfahrungen und Zwangsläufigkeit der Auseinandersetzungen auf den Professionalisierungsprozess und den antizipierten Wirkungseffekten ausüben, ist bisher nicht beschrieben und auch kein Gegenstand der Forschung. Gleichzeitig könnte diese Perspektive – dem Diskurs im Kontext von Interkultureller Bildung (vgl. Karakaşoğlu, 2009) und Rassismuskritik (vgl. Melter & Mecheril, 2009) folgend – auf Strukturen und Ordnungen im Ausbildungsfeld verweisen, die nicht nur Einfluss auf die Professionalisierung von angehenden Lehrkräften und ihren Zugang in das Berufsfeld haben, sondern auch wegweisende Hinweise für eine ‚*Schule in der Migrationsgesellschaft*' geben (vgl. Georgi, Ackermann & Karakaş, 2011; Karakaşoğlu, 2000 im Hinblick auf Lehramtsstudierende; Karakaşoğlu, Gruhn & Wojciechowicz, 2011; Leiprecht & Kerber, 2009).

3 Subjektiv bedeutsame Erfahrungen der Referendarin Ayşe im Kontext von Rassismus

Für die Kontextualisierung der subjektiv bedeutsamen Erfahrungen von Referendarinnen wird im Folgenden eine Analyseperspektive eingenommen, in der Rassismus als *eine* Form *symbolischer Ordnungen* konzeptionalisiert und von der *Normalität* rassistischer Ordnung ausgegangen wird (vgl. u.a. Broden & Mecheril, 2010; Räthzel, 2008). In diesem Sinne werden subjektiv bedeutsame Erfahrungen in der Referendariatsausbildung nicht nur als ein *Spiegelbild des Subjekts* und seiner Deutungsmuster der sozialen Welt, sondern gleichzeitig und insbesondere als eine *Dokumentation* seiner subjektivierenden Auseinandersetzungen in beruflichen Positionierungsprozessen verstanden. Im Kontext von Rassismus ist damit auf Positionierungen hingewiesen, die sich entlang ungleichheitsgenerierender und insbesondere rassifizierender Kategorisierungen entfalten und als solche Dominanz- und Machtverhältnisse widerspiegeln (vgl. Rommelspacher, 2009; Leiprecht & Lutz, 2009).

Von besonderem Interesse ist im Folgenden die *Herstellung* und *Reproduktion* einer rassistischen Ordnung im Ausbildungsfeld der zweiten Professionalisierungsphase angehender Lehrkräfte und deren Wirkungsrelevanz auf die Erfahrungswelt von Referendarinnen, die im öffentlichen Diskurs als Referendarinnen resp. angehende Lehrkräfte mit dem sog. Migrationshintergrund bezeichnet werden. Diese Bezeichnung folgt dabei der Strategie, eine *soziale Gruppe* mittels statistischer Konstruktionen der Kategorie *Migrationshintergrund* zu erfassen, die über diese Kategorisierung markiert wird, jedoch keine Selbstpositionierungen anspricht resp. erfragt (vgl. bspw. Statistisches Bundesamt, 2006). Für diesen Kontext wird der *Migrationshintergrund* als Analysekategorie konzeptionalisiert und auf seine Bedeutungsdimension als *Differenzierungslinie* hingewiesen, in die Markierungen insbesondere über *Ethnizität*, *Nationalität*, *Kultur* und *Religion* als sozial konstruierte und ungleichheitsgenerierende Kategorisierungen eingeflochten sind. Angeknüpft wird damit an die Konzipierung von ‚Rassismus ohne Rassen‘, dem immer auch Prozesse der Essentialisierung, Naturalisierung und Verallgemeinerungen ebenso immanent sind wie die Konstruktion und Bewertung des Trennenden und der Unvereinbarkeit. Für den gegenwärtigen Rassismus betont Balibar „[...] den Zusammenhang eines ‚Rassismus ohne Rassen‘ [...] eines Rassismus, der – jedenfalls auf den ersten Blick – nicht mehr die Überlegenheit bestimmter Gruppen oder Völker über andere postuliert, sondern sich darauf ‚beschränkt‘, die Schädlichkeit jeder Grenzverwischung und die Unvereinbarkeit der Lebensweise und Traditionen zu behaupten.“ (Balibar, 1992, S. 28; vgl. auch Hall, 1989).

3.1 Entsetzlich – Ayşes „Wort" zu ihrem Referendariat

Ayşe befindet sich zum Zeitpunkt des Interviews in der Endphase ihres Referendariats. Außer einer mündlichen Prüfung hat sie alle Prüfungsleistungen abgeschlossen. Sie ist 32 Jahre alt, lebt alleine und hat vor ihrem Referendariat unterschiedliche berufliche Tätigkeiten ausgeübt. Für den Lehrberuf hat sie sich schließlich aufgrund ihrer Affinität zum Unterrichten und den sicheren Arbeitsbedingungen entschieden. Sie unterrichtet die Fächer Geschichte und Spanisch. Die Betrachtung ihrer Berufsbiographie zeigt einen erfolgreichen Verlauf, der über Auslandsaufenthalte und gute Sprachkenntnisse in Englisch und Spanisch zusätzlich aufgewertet wird. Zu Beginn des Interviews wurde sie gebeten, ein Wort resp. einen Satz zu formulieren, der ihre Erfahrungen im und mit dem Referendariat kennzeichnet.

„Entsetzlich. (…), entsetzlich war das. Auch weil ich mich diskriminiert ge-fühlt habe. Entsetzlich." (Z. 5)

Die Bezeichnung „entsetzlich" wird von Ayşe dreimal in Folge benannt und offen-bart über ihre Stimmlage und Betonung, sowohl ihre persönliche Betroffenheit als auch, dass dieses Entsetzen zum Zeitpunkt des Interviews noch gegenwärtig ist. Entsetzen impliziert einen Schreck, der unerwartet ausgelöst und zunächst unbe-herrschbar ist. In dieser Konnotation kann ein Schockmoment festgestellt werden, der mit der Überforderung einer Situation und nicht vorhandenen Bewältigungs-strategien verbunden ist. Deutlich wird dieser Zustand über die weiteren Erzählun-gen von Ayşe, in denen das Gefühl der Diskriminierung und des „*Mobbings"* (Z. 7), wie sie es auch nennt, sowie die Beschreibungen der Erfahrungen im Vordergrund stehen.

3.2 Rassifizierung vs. Individualität und Position als Refendarin

„Ich hatte keine Chance mich im Kollegium vorzustellen." (Z. 6)

Ihrem Anfangssatz folgt eine Erzählung über die ersten Tage im Referendariat. Als neue Referendarin an ihrer Ausbildungsschule betritt Ayşe das Lehrer/innen/zim-mer und setzt sich zu einer ihrer Kolleg/inn/en. Diese beginnt das Gespräch mit der Frage, ob Ayşe einen „*Deutschen heiraten dürfe"* (Z. 15). Diese Fragestellung stellt den *Rahmen* dar, in dem das erste Gespräch mit einer Kollegin stattfindet und in dem sich Ayşe auf irgendeine Weise positionieren muss, da sie dazu explizit aufge-fordert wird. Als Rahmen sind dieser Gesprächssequenz *symbolische Ordnungen* inhärent, mit denen Ayşe *angesprochen* wird und die als *rassistische Ordnung* erfasst werden können, denn über die Fragestellung erfolgt eine Markierung von Ayşe als *nicht* Deutsche mit der impliziten Annahme, dass sie als solche möglicherweise ei-nen „*Deutschen"* nicht heiraten dürfe resp. selbst nicht entscheiden darf, wen (und ob) sie heiraten möchte. Diese Frage löst bei Ayşe Irritationen aus, die sie im Inter-view mit dem Unverständnis darüber beschreibt, dass sie als 32-jährige Frau mit der Bezeichnung ‚heiraten dürfen' konfrontiert wird und sie ärgert sich darüber, dass sie nicht als Frau, die selbstbestimmt Entscheidungen treffen kann, wahrgenommen wird. Gleichzeitig ist für sie nicht nachvollziehbar, warum sie einen „*Deutschen"* (Z. 15) nicht heiraten dürfen sollte und reagiert damit auf eine rassifizierende Kul-turalisierung resp. Ethnisierung (vgl. Balibar, 1992, S. 28). Die Frage der Kollegin löst zudem in Ayşe Unbehagen aus, was sie in dem konkreten Moment nicht ex-plizit verorten kann. Sie antwortet ihrer Kollegin mit einem „*Ja"* (Z. 20). Auch, wie sie erklärt, um nicht eine spannungsvolle Atmosphäre zu erzeugen. Ihr Status als neue Referendarin sowie die Wirkungsmächtigkeit der Kategorisierung von Ayşe in Kopplung mit spezifischen Zuschreibungen, die sie als abwertend – nicht gese-hen werden – empfindet, ermöglicht Ayşe lediglich zu antworten, aber die Frage an sich nicht in Frage zu stellen, so wie sie dies im Interview tut. Sie antizipiert, dass andernfalls eine unangenehme Spannung erzeugt wird und ist gleichzeitig in einem Zustand der Irritation, in dem sie ihre diffusen Empfindungen nicht beschreiben kann und dies im Interview versucht. Dieser diffuse Zustand zeigt auch, dass Ayşe mit der Frage ihrer Kollegin „*kalt erwischt*" (Z. 20) wurde.

Ayşes Kollegin bewertet ihre Antwort als „*nicht selbstverständlich*" (Z. 23). Den Bezugsrahmen für ihre Bewertung erläutert sie schließlich nach Ayşes Erzählung über die Angabe, dass „*ja ganz viele türkische Schülerinnen an der Schule zwangsverheiratet werden*" (Z. 24). Damit markiert sie Ayşe gleichermaßen als (nicht selbstverständliche) Türkin und setzt sie mit dem Status der Schülerinnen gleich, ohne zu be*merken*, dass sie ihr als Referendarin gegenübersitzt. Neben der Frage, ob Ayşe einen „*Deutschen*" (Z. 15) heiraten darf, wird an dieser Stelle festgelegt, dass (ganz viele) Türkinnen zwangsverheiratet werden. Ayşe nimmt keinen Bezug zu diesem Bezugsrahmen und stellt nicht in Frage, dass ihr Eintritt in das Lehrerzimmer offensichtlich das *Wissen* der Kollegin über „*türkische Schülerinnen*" (Z. 24) aktiviert und sie über die Kategorien *Türkisch* und *Frau* ebenso wie diese Schülerinnen wahrgenommen und diskreditiert wird. Ayşe thematisiert die sog. Zwangsheirat. Auf ihre genaueren Nachfragen bleiben diese „*vielen Schülerinnen*" (Z. 24) jedoch bis ans Ende ihres Referendariats eine ‚anonyme Masse', denn das Thema Zwangsheirat erscheint im Kollegium als ein ‚Topthema' und beschäftigt auch Ayşe aufgrund ihrer Verwunderung, dass ‚Zwangsheirat' eine gängige Praxis bei ‚Türken' sein soll. Sie kann das nicht nachvollziehen, da sie Zwangsverheiratung weder aus ihrem persönlichen Umfeld kennt, noch in der Ausbildungsschule ihr ein konkreter Fall begegnet sei.

In dieser kurzen Gesprächssequenz wird Ayşes Empfinden, keine Chance bekommen zu haben, sich als neue Referendarin bzw. angehende Lehrperson vorzustellen, deutlich. Die Frage der Kollegin richtet sich nicht an Ayşe, um *sie* als neue Kollegin und als Referendarin kennenzulernen. Auch scheint sie zunächst gar nicht als Referendarin wahrgenommen zu werden, sondern eher als eine ‚türkische' Schülerin. Dies wird auch durch weitere Kolleg/inn/en verstärkt, die sich dazu stellen. Es folgen weitere Aussagen zur „*Leugnung der Türken zum Armeniermassaker*" (Z. 30) bis hin zu „*Verhaltensweisen der türkischen Schüler/innen*" (Z. 33) und die Konstruktion Ayşes in der Kombination „Frau-Migrationshintergrund-Lehrerin" als *Sonderfall* – „*typisch sei das ja nicht*" (Z. 35). Ayşe positioniert sich im Interview vehement dagegen und verweist auf „*zahlreiche erfolgreiche Menschen mit Migrationshintergrund in unterschiedlichen Berufsfeldern*" (Z. 37). Sie leitet aus den Aussagen ihrer Kolleg/inn/en ab, dass Migrant/inn/en in Berufsfeldern mit geringerem sozialen Status resp. migrantische (türkische) Frauen als nicht erwerbstätige Hausfrauen verortet werden und ärgert sich darüber.

Während sie die Bezeichnung ‚Migrationshintergrund' wählt, verwenden ihre Kolleg/inn/en die Bezeichnung ‚türkisch' resp. Synonym zu ‚Migrationshintergrund'. Dies spricht Ayşe nicht explizit aus. Jedoch wird es aus ihren Erzählungen und den jeweiligen Bezeichnungen besonders deutlich. Als Rassifizierung (vgl. Terkessides, 2004, S. 98) kann dieser Interaktionsprozess insofern erfasst werden, als über die Kategorisierung *türkisch* eine Differenzlinie reproduziert wird, in der natürliche, in sich geschlossene Gruppen mit spezifischen Merkmalen konstruiert werden und Ayşe jenseits dieser Linie – entgegengesetzt zu den Kolleg/inn/en – platziert wird. Evident ist in diesem Fall zudem die simultane Relation zur Vergeschlechtlichung und Inanspruchnahme heteronormativer Argumentationslogiken. Ayşe wird *nicht* als Referendarin angesprochen und thematisiert, sondern als eine ,der türkischen Mädchen', die ,zwangsverheiratet' werden (können).

3.3 Auswirkungen der Rassifizierungen und Handlungsstrategien im Kontext von Rassismus

„Ich habe sie einfach nicht mehr gegrüßt." (Z. 33)

Nach diesem Tag beginnt Ayşe die an dem Gespräch beteiligten Lehrkräfte nicht mehr zu grüßen und, wie sie sagt, zu ignorieren. Sie erläutert, dass dies zu diesem Zeitpunkt ihre einzige Handlungsstrategie und Möglichkeit war, sich zu wehren. Ihrem unausgesprochenen diffusen Gefühl folgt Verletzung und Wut, die sie lediglich auf diese Weise ausdrücken kann.

Schließlich entschließt sie sich, mit ihrem Mentor zu sprechen. Dieser bestätigt sie in ihrer Wahrnehmung, da eine der Lehrer/innen auch ihn angesprochen hätte, ob ihn „Ayşe's *Anwesenheit nicht störe, sie sei beunruhigt, jetzt kämen die Ayşes auch ins Lehrerzimmer und bringen den Islam mit"* (Z. 53). Ayşe erfährt nicht, von wem diese Äußerung kam, lediglich eine weitere Verletzung macht sich in ihr breit. Sogar ihr Name, betont sie, wird „*stigmatisiert und mit einer missionarischen Tätigkeit im Namen des Islams verknüpft"* (Z. 56). Diese Aussage kommt bei Ayşe an, unabhängig davon, ob diese Äußerung von einer Lehrerin tatsächlich getätigt wurde. Auch an dieser Stelle wird eine Rassifizierung deutlich, die nicht nur mit der Aktivierung von Differenzierungslinien einhergeht, sondern auch eine Verdinglichung und Homogenisierung aufzeigt, die zudem eine spezifische Perspektive auf *den Islam* verdeutlicht (vgl. Attia, 2009).

Angesprochen ist hier ebenso der bildungspolitische Diskurs um Lehrkräfte mit dem sog. Migrationshintergrund. Zu Fragen wäre, welche Wirkungseffekte von mehrheitsdeutschen Lehrkräften möglicherweise konkret in der schulischen Praxis *auch* erwartet werden resp. im Kontext von Rassismus erwartet werden könn(t)en und Lehrkräften mit dem sog. Migrationshintergrund zugeschrieben werden. In Ayşes Erzählungen zeigt sich nicht nur eine Rassifizierung ihrer Person, sondern auch Handlungsstrategien auf Seiten des Kollegiums, die – wie Ayşe berichtet wird – über ihre Anwesenheit beunruhigt sind, jedoch in dieser Beunruhigung verharren und nicht in eine reflexive Interaktion mit Ayşe treten.

Die Wirkungskraft von Rassismus zeigt sich im weiteren Verlauf des Interviews zudem über die Erzählungen von Ayşe im Hinblick auf Kolleg/inn/en, mit denen sie ein gutes Verhältnis hat. Hier erhält sie zunächst Bestätigung ihrer Wahrnehmung, wie auch von den Fachleiter/inne/n, mit denen sie sich austauscht. Allerdings bleibt es bei dieser Bestätigung und einer Folge von Berichterstattungen darüber, was die *„kleine Gruppe von Lehrkräften"* (Z. 102), mit denen Ayşe im Konflikt steht, über sie erzählen. Der Umgang mit diesem Konflikt deutet allerdings auf seine *Personifizierung* hin, für den die übrigen Kolleg/inn/en und Ausbilder/innen Mitgefühl zeigen, jedoch keine Notwendigkeit zur Intervention sehen. Zumindest wird dies im Interview nicht expliziert. Vielmehr kristallisiert sich eine Haltung heraus, die *Rassismen* als *individuelle Vorurteile* konzeptionalisiert, die es zudem überall und immer geben wird. Impliziert wird damit eine *Konstante*, auf die die Einzelnen keinen Einfluss haben und sich folglich – überspitzt formuliert – in Akzeptanz üben müssen. Ayşe betont schließlich, dass auch ihre Schulleiterin gesagt hätte, dass sie überall Vorurteilen begegnet wird, und deutet damit an, dass einerseits die Situation an der Schule keine besondere ist und auch das Phänomen der sog. Vorurteile sich auf Grund seiner Allgegenwärtigkeit einer Besonderheit entzieht. Die Schulleitung muss somit auch nicht aktiv werden und sich dagegen einsetzen.

Die eingangs postulierte rassistische Ordnung wird im Ausbildungsfeld von Ayşe bestätigt, jedoch als individuelles Vorurteil und zugleich überall gegenwärtiges Phänomen umgedeutet resp. konzeptionalisiert. Dass jedoch auch die *„bestätigenden Kolleg/inn/en"* in die rassistische Ordnung eingebunden sind, zeigt sich über die Dethematisierung und über ihren weiteren Umgang mit Ayşe, die ebenfalls als Handlungsstrategien gelesen werden können.

Denn aus dieser Konzeptionalisierung heraus wird im weiteren Verlauf auch Ayşes Umgang mit den Kolleg/inn/en kritisiert und eine *Disziplinierung* über ihren Referendarinnen-Status vorgenommen. Als solche müsste sie sich *„auch mal zurückhalten"* und *„nicht so selbstbewusst"* (Z. 119) auftreten. Deutlich wird hierbei möglicherweise auch eine Haltung gegenüber Referendar/inn/en, von denen zwar selbstständiges Unterrichten und die Mitwirkung an Schulentwicklungsprozessen erwartet, jedoch gleichermaßen eine gewisse Anpassung und Unterordnung verlangt wird. So scheint es, dass die von ihr problematisierten Ereignisse als solche im 'luftleeren Raum' eine Eigendynamik entwickeln. Diese *„kleine Gruppe"* (Z. 102) erhält wie sie betont einen überdimensionierten Raum, der seine Macht in Ayşe's Erleben entfaltet und zu Verunsicherungen im Hinblick auf ihre eigene Wahrnehmung, Deutung und Handlungsweisen führt. Sie erlebt *„Mobbing"*, was sie als *„Ausgrenzung, Diskreditierung und Schädigung ihres sozialen Ansehens"* (Z. 115) bezeichnet. In dieser Interviewsequenz beginnt Ayşe, sich selbst in Frage zu stellen und Ambivalenzen in ihrer Deutungsperspektive zu formulieren. Fast entschuldigend führt sie schließlich auf, dass sie *„die erste mit diesem Migrationshintergrund"* (Z. 127) in der Ausbildungsschule ist, es gäbe auch andere, aber die würden aus *„westlichen Ländern stammen. Das ist ein anderer Schnack."* (Z. 129) So ist sie einerseits wütend und verletzt, andererseits fragt sie sich, ob sie das *„alles in den falschen Hals"* (Z. 135) bekommen hätte und dass die Fragen natürlich auch *„Neugierde"* ausdrücken könnten – *„vielleicht aber auch nicht"* (Z. 136). Sie weiß es nicht und kann es nicht deuten. Das Aufführen von Neugierde und/oder Interesse folgt dabei einem gängigen Argumentationsmuster (vgl. Terkessidis, 2004; Broden & Mecheril, 2010), welches Ayşe übernimmt und gleichzeitig in Frage stellt, und zeigt auch in ihrem Fall, dass der Sinngehalt dieser Begriffe nicht erfüllt wird: Weder ein Interesse an ihrer Person, noch Fragen, die neues Wissen generieren sollen, wird in ihren Erzählungen über die Kolleg/inn/en deutlich. Bei Ayşe zeigt sich ein Schwanken zwischen der Klarheit über ihre Wahrnehmung und Gefühle einerseits und den verunsichernden Rückmeldungen aus ihrem Ausbildungsfeld andererseits. Ihre Ambivalenzen zeigen sich schließlich in ihren Aussagen, in denen sie *„Augenwischerei aufgrund der Schule-ohne-Rassismus-Tafel"* diagnostiziert, die sie *„jeden Tag aufs Neue"* (Z. 94) in der Realität der Schule wahrnimmt und dem resignierten, *„vielleicht doch alles mit bisschen Humor nehmen und das Ignorieren sein lassen"* (Z. 195).

Zusammenfassend kann festgehalten werden, dass die Ansprache von Ayşe zu Beginn ihres Referendariats – hier als Rassifizierung bezeichnet – Verletzung und Wut bei ihr auslöst. Ihre Reaktionen darauf (zunächst Schweigen, schließlich ignorieren und sich anderen Kolleg/inn/en und Ausbilder/inne/n anvertrauen und zum Zeitpunkt des Interviews sich mit Ambivalenzen und Verletzungen auseinandersetzen) zeigen einerseits das *Ausmaß* ihrer Verletzung und andererseits die Schwierigkeit, Rassismus im Ausbildungsfeld zu thematisieren und konstruktiv zu bearbeiten. Stattdessen folgt eine subtile Eskalation, die Ayşe bis zum Ende ihres Referendariats als Mobbing erlebt und in der sie gleichzeitig über ihren Status als Referendarin diszipliniert wird. Dies verstärkt sich über die Dethematisierung und Konzeptionalisierung von Rassismus als allgegenwärtige Vorurteile, die die Mechanismen von Rassismen unantastbar und als solche sowohl *nicht erkennbar* als auch *wirkungsmächtig* machen.

3.4 Ausschluss von symbolischen Ressourcen im Referendariat

> *„Ohnmachtsgefühle, Hilflosigkeit, Aussichtslosigkeit, aus diesem Problem nicht aussteigen zu können, und Existenzängste. Das Gefühl, ich bin nichts wert, nicht anerkannt und erfüllt zu sein. Dazu braucht doch der Mensch das Gefühl der Zugehörigkeit und Akzeptanz."* (Z. 253)

So beschreibt Ayşe den Gefühlszustand zum Ende ihres Referendariats. Dieses ist begleitet von der Angst, dies auch an anderen Schulen erleben zu müssen, und *„deprimiert und ausgelaugt"* (Z. 255) zu sein. Schließlich müsse sie dies noch alles verarbeiten. So hätte die *„kleine Gruppe"* es auch geschafft, dass sie sich wegbeworben hat. Einen Ort in ihrem Referendariat zur Aufarbeitung und Reflexion, an dem sie mit ihrer Wahrnehmung und Deutung ernst genommen wird, hat sie nicht erhalten. Vielmehr wurde, nach eigenen Aussagen, ihr selbstbewusstes Verhalten insgesamt kritisiert, da ihr ihre *„Rolle als Referendarin"* (Z. 117) (sic!) nicht bewusst wäre und sie mit diesem Auftreten nur *„spalten"* könnte. Für sie entstand der Eindruck, an der *„untersten Stufe der Hierarchiekette zu sein, weil sie Referendarin und Frau mit Migrationshintergrund"* (Z. 257) ist.

Was Ayşe benennt sind einerseits die Verwehrung von Zugehörigkeit und Anerkennung im Referendariat resp. Kollegium, die hier als symbolische Ressourcen (vgl. Hall, 1989, Rommelspacher, 2009) bezeichnet werden sollen, und andererseits die Gefühlszustände und körperlichen Auswirkungen, die diese Erfahrungen mit sich bringen können. Bei Ayşe zeigen sich ein Erschöpfungszustand und Ambivalenzen, die zum Zeitpunkt des Interviews noch wirksam sind und ihre Vorstellungen von ihrer zukünftigen Tätigkeit als Lehrerin beeinflussen. Ihr *„entsetzliches"* Referendariat wird dann auch präziser, wenn ihr gegenwärtiger Zustand als *entsetzt* beschrieben wird. Dies zeigt auf, dass sie von ihrem Platz resp. ihrem Ort weggesetzt wurde und sich in einem ortlosen Zustand befindet, von dem sie gleichermaßen ergriffen ist und erst noch *„Kraft tanken muss"* (Z. 265), um ihren Platz von Neuem zu finden.

4 Ausblick – Jetzt kommt die Ayşe auch ins Lehrer/innen/zimmer

Dargestellt wurden Teilanalysen aus dem Interview mit Ayşe, ihre Perspektive auf die soziale Wirklichkeit innerhalb ihrer zweiten Ausbildungsphase sowie ihre Relevanzsetzungen und subjektiv bedeutsamen Erfahrungen. Die Rahmung über eine rassismuskritische Analyseperspektive sollte dabei helfen, auf die Normalität rassistischer Ordnung hinzuweisen und zu verdeutlichen, dass diese sich über die ihr eigenen Argumentationslogiken entfaltet (vgl. auch Scherschel, 2006), in denen Normierungen gesetzt werden und in die Selbstverständlichkeiten des Selbst- und Weltverhältnisses – auch im professionellen Kontext – einfließen.

Dabei ging es nicht darum, eine moralisierende Schuld-Opfer-Perspektive zu eröffnen, einzelne Lehrkräfte als Rassist/inn/en zu entlarven und Ayşe als Diskriminierungsopfer zu deklarieren (vgl. Leiprecht & Lutz, 2009; Rommelspacher, 2009). Vielmehr sollte die rassistische Ordnung und ihre Argumentationslogik dargelegt werden, die aufzeigen, wie Rassismus funktionieren und seine Wirkungskraft im Ausbildungsfeld entfalten kann. Denn erst eine analytische Perspektive kann konkrete Hinweise geben und Reflexionsmöglichkeiten eröffnen, die den Weg zu Schulen in der Migrationsgesellschaft ebnen. Auch kann Ayşes Auseinandersetzung im Interviewverlauf als Reflexion gelesen werden. Möglicherweise ist ihre Handlungsstrategie des Ignorierens nicht die einzige Alternative. Allerdings zeigt sie zugleich die Schwierigkeit, über Rassismus – insbesondere in der Position als Referendarin – zu sprechen und die Notwendigkeit, einen angemessenen Rahmen im Ausbildungsprozess zu schaffen. In ihren Erzählungen erscheint Rassismus wie eine Mauer, die es verhindert, dass sie sich im Kollegium *vorstellen* und sich im Lehrer/innen/beruf einfinden kann. Nicht nur, dass ihr Professionalisierungsprozess maßgeblich von diesen Erfahrungen dominiert wird, ist evident. Ebenso wird deutlich, dass im Umgang mit Referendarinnen die interkulturelle Inkompetenz der Institutionen reproduziert wird und weder eine Vorbereitung auf die zukünftige Rolle als Lehrkraft mit dem sog. Migrationshintergrund stattfindet, noch das Innovationspotential sich entfalten kann und genutzt wird.

Dabei gibt Ayşe mit ihrer Frage: *„Was ist denn heute noch Deutsch?"* (Z. 99) einen zentralen Hinweis, der den gesamten Diskurs um und im Umgang mit migrationsbedingter Heterogenität ebenso anspricht, wie die Mechanismen im Kontext von Rassismus. Folglich wird dafür plädiert, Rassismus nicht (lediglich) als ein Manko einzelner Lehrkräfte im Ausbildungsfeld zu konzeptionalisieren, sondern seine *Argumentationslogiken zum Gegenstand der Analyse* zu erheben. Im Hinblick auf den Diskurs um Lehrkräfte mit dem sog. Migrationshintergrund erscheint es daher notwendig, *Dynamiken im Kollegium* ebenso Beachtung zu schenken, wie der Frage, welche *Rahmenbedingungen im Ausbildungsprozess* vorhanden sind und ggf. initiiert werden müssen, damit alle (zukünftigen) Lehrkräfte sich kontrovers und konstruktiv mit den Bedingungen und Notwendigkeiten einer Schule in der Migrationsgesellschaft auseinandersetzen und die möglicherweise innovativen Perspektiven von Referendar/inn/en mit dem sog. Migrationshintergrund in interkulturelle Schulentwicklungs- und Transformationsprozesse eingebunden werden können.

Literatur

Attia, I. (2009). *Die „westliche Kultur" und ihr Anderes. Zur Dekonstruktion von Orientalismus und antimuslimischem Rassismus.* Bielefeld: Transcript Verlag.

Balibar, E. (1992). Gibt es einen „Neo-Rassismus"? In E. Balibar & I. Wallerstein (Hrsg.): *Rasse. Klasse. Nation. Ambivalente Identitäten* (S. 23–38). 2. Auflage. Hamburg: Argument.

Böttcher, W. (2008). Standards. Konsequenzen der Output-Steuerung für die Lehrerprofessionalität. In W. Helsper et al. Hrsg.): *Pädagogische Professionalität in Organisationen. Neue Verhältnisbestimmungen am Beispiel der Schule* (S. 187–203). Wiesbaden: VS Verlag.

Broden, A.; Mecheril, P. (2010). Rassismus bildet. Einleitende Bemerkungen. In A. Broden & P. Mecheril (Hrsg.): *Rassismus bildet. Bildungswissenschaftliche Beiträge zu Normalisierung und Subjektivierung in der Migrationsgesellschaft* (S. 7–23). Bielefeld: Transcript Verlag.

Flick, U. (2004). *Qualitative Sozialforschung. Eine Einführung.* Reinbek: Rowohlt Taschenbuch Verlag.

Georgi, V.B.; Ackermann, L.; Karakaş, N. (2011). *Vielfalt im Lehrerzimmer. Selbstverständnis und schulische Integration von Lehrenden mit Migrationshintergrund in Deutschland.* Münster: Waxmann.

Gutiérrez Rodríguez, E. (2011). Intersektionalität oder: Wie nicht über Rassismus sprechen? In A. Hess, N. Langreiter & E. Timm (Hrsg.): *Intersektionalität revisited. Empirische, theoretische und methodische Erkundungen* (S. 77–100). Bielefeld: Transcript Verlag.

Hall, S. (1989). Rassismus als ideologischer Diskurs. *Das Argument 178*, 913-921.

Hericks, U. (2006). *Professionalisierung als Entwicklungsaufgabe. Rekonstruktion zur Berufseingangsphase von* Lehrerinnen und Lehrer. Wiesbaden: VS Verlag.

Karakaşoğlu, Y. (2000). *Religiöse Orientierungen und Erziehungsvorstellungen: Eine empirische Untersuchung zu Orientierungen bei türkischen Lehramts- und Pädagogik-Studentinnen im Ruhrgebiet.* Frankfurt: IKO Verlag für Interkulturelle Kommunikation.

Karakaşoğlu, Y. (2009). Beschwörung und Vernachlässigung der Interkulturellen Bildung im ‚Integrationsland' Deutschland ? Ein Essay. In W. Melzer & R. Tippelt (Hrsg.): *Kulturen der Bildung. Beiträge zum 21. Kongress der Deutschen Gesellschaft für Erziehungswissenschaft* (S. 177–198). Opladen: Verlag Barbara Budrich.

Karakaşoğlu, Y. (2011). Lehrer, Lehrerinnen und Lehramtsstudierende mit Migrationshintergrund: Hoffnungsträger der interkulturellen Öffnung von Schule. In U. Neumann & J. Schneider (Hrsg.), *Schule mit Migrationshintergrund* (S. 121–135). Münster u.a.: Waxmann.

Karakaşoğlu, Y.; Gruhn, M.; Wojciechowicz, A. (2011). *Interkulturelle Schulentwicklung unter der Lupe. (Inter-)Nationale Impulse und Herausforderungen für Steuerungsstrategien am Beispiel Bremen.* Münster u.a.: Waxmann.

KMK (2004). *Standards für die Lehrerbildung: Bildungswissenschaften.* Beschluss der Kultusministerkonferenz vom 16.12.2004.

Lenhard, H. (2004). Zweite Phase an Studienseminaren und Schulen. In S. Blömeke et al. (Hrsg.): *Handbuch Lehrerbildung* (S. 275–290). Braunschweig: Westermann/ Klinkhardt.

Leiprecht, R.; Kerber, A. (Hrsg.) (2009): *Schule in der Einwanderungsgesellschaft. Ein Handbuch.* Schwalbach/Ts.: Wochenschauverlag.

Leiprecht, R.; Lutz, H. (2009). Rassismus – Sexismus – Intersektionalität. In C. Melter & P. Mecheril (Hrsg.): *Rassismuskritik. Band 1: Rassismustheorie und -forschung* (S. 179–198). Schwalbach/Ts.: Wochenschauverlag.

Melter, C.; Mecheril, P. (Hrsg.) (2009). *Rassismuskritik. Band 1: Rassismustheorie und -forschung.* Schwalbach/Ts.: Wochenschauverlag.

Räthzel, N. (2008). Rassismustheorien: Geschlechterverhältnisse und Feminismus. In A. Becker & B. Kortendiek (Hrsg.): *Handbuch Frauen- und Geschlechterforschung. Theorie, Methoden, Empirie.* 2., erweiterte und aktualisierte Auflage (S. 276–284). Wiesbaden: VS Verlag.

Rommelspacher, B. (2009). Was ist eigentlich Rassismus? In C. Melter & P. Mecheril (Hrsg.): *Rassismuskritik. Band 1: Rassismustheorie und -forschung* (S. 25–38). Schwalbach/Ts.: Wochenschauverlag.

Statistisches Bundesamt – Pressestelle Wiesbaden (2006). *Leben in Deutschland. Haushalte, Familien und Gesundheit – Ergebnisse des Mikrozensus 2005.*

Schubarth, W.; Pohlenz, P. (2006). Zur Einführung. In W. Schubarth & P. Pohlenz (Hrsg.): *Qualitätsentwicklung und Evaluation in der Lehrerbildung. Die zweite Phase: Das Referendariat* (=Potsdamer Beiträge zur Lehrerevaluation 2) (S. 7–11). Potsdam: Universitätsverlag.

Terhart, E. (2000). *Perspektiven der Lehrerbildung in Deutschland. Abschlussbericht der von der Kultusministerkonferenz eingesetzten Kommission.* Weinheim: Beltz Verlag.

Terhart, E. (2001). *Lehrerberuf und Lehrerbildung. Forschungsbefunde, Problemanaly-sen, Reformkonzepte*. Weinheim: Beltz Verlag.

Terhart, E. (2004). Struktur und Organisation in der Lehrerbildung in Deutschland. In S. Blömeke et al. (Hrsg.): *Handbuch Lehrerbildung* (S. 37–59). Braunschweig: Westermann/Klinkhardt.

Terkessides, M. (2004). *Die Banalität des Rassismus. Migranten zweiter Generation ent-wickeln eine neue Perspektive*. Bielefeld: Transcript.

Werner-Bentke, F. (2010). *Lehrerausbildung aus der Perspektive von Gymnasialreferen-darInnen. Eine Deutungsmusteranalyse vor dem Hintergrund der Professionalisie-rungsdebatte*. Hamburg: Verlag Dr. Kovac.

Wernet, A. (2006). „Man kann ja sagen, was man will: es ist ein Lehrer-Schüler-Ver-hältnis". Eine fallanalytische Skizze zu Kollegialitätsproblemen im Referendariat. In W. Schubarth & P. Pohlenz (Hrsg.): *Qualitätsentwicklung und Evaluation in der Lehrerbildung. Die zweite Phase: Das Referendariat* (=Potsdamer Beiträge zur Leh-rerevaluation 2) (S. 193–207). Potsdam: Universitätsverlag.

Zeitschrift für Erziehungswissenschaft. Schwerpunkt: Start in den Lehrerberuf. Ausgabe 1/2011. Wiesbaden: VS Verlag.

b) Lehrer/innen mit Migrationshintergrund im Berufsalltag

Erfahrungen von Lehrenden mit Migrationshintergrund mit migrantischen Eltern

Nurten Karakaş und Lisanne Ackermann

1 Einleitung

In jüngster Zeit ist in der Forschung und Praxis eine ausgedehnte Diskussion zu Elternbeteiligung im schulischen Kontext entstanden (Fürstenau & Gomolla, 2009). Insbesondere in Schulen mit einer großen Heterogenität wird die Forderung nach interkultureller Elternarbeit laut, die auch Erfahrungen, Sichtweisen und Erwartungen von Eltern mit Migrationshintergrund berücksichtigt (Hawighorst, 2009). Gleichzeitig herrscht ein defizitorientierter Diskurs zu Eltern mit Migrationshintergrund, wonach sie schwer erreichbar seien, Einladungen zu Elternabenden nicht folgten und wenig Interesse an der schulischen Entwicklung ihrer Kinder zeigten. Empirisch ist jedoch belegt, dass migrantische Eltern eine starke Bildungsaspiration nachweisen und dies ein wesentlicher Faktor für den Bildungserfolg darstellt (Boos-Nünning & Karakaşoğlu, 2005; Georgi, Ackermann & Karakaş, 2011; Hummrich, 2002; Raiser, 2007).

Lehrenden mit Migrationshintergrund werden in der aktuellen bildungspolitischen Debatte besondere interkulturelle Kompetenzen zugeschrieben, die sie für erfolgreiche interkulturelle Elternarbeit als prädestiniert erscheinen lassen. In der Studie „Vielfalt im Lehrerzimmer" (Georgi et al., 2011) wurde aufgezeigt, dass es Lehrenden mit Migrationshintergrund durchaus gelingt, die Kooperation zwischen Schule und Elternhaus voranzubringen (Ackermann & Georgi, 2011, S. 171ff.).

Der folgende Artikel untersucht vor dem Hintergrund des defizitorientierten Diskurses über migrantische Eltern, welche Rolle Lehrende mit Migrationshintergrund in interkultureller Elternarbeit spielen. Es wird diskutiert, wie sich Lehrende mit Migrationshintergrund aufgrund ihrer biographischen Erfahrungen – direkt oder indirekt – mit dem existierenden Diskurs zu migrantischen Eltern auseinandersetzen und sich dazu positionieren. Es soll außerdem untersucht werden, welche biographischen und migrationsspezifischen Ressourcen Lehrende mit Migrationshintergrund im Zugang zu migrantischen Eltern einsetzen.

2 Diskurse über migrantische Eltern

Insbesondere über Eltern mit türkischem oder arabischem Hintergrund kursieren in der schulischen Praxis Stereotype und negativ geprägte Bilder der „bildungsfernen" migrantischen Eltern mit geringer formaler Bildung. Es dominiert ein defizitorientierter Diskurs, der unterstellt, dass Migranteneltern ihre Kinder nicht ausreichend schulisch begleiten und überholte traditionelle Erziehungsstile praktizieren, die den schulischen Werten und Normen in Deutschland nicht entsprechen, und so den institutionellen Integrationsforderungen nicht nachkommen (Boos-Nünning & Karakaşoğlu, 2005, S. 126). Auch in der öffentlich medialen Repräsentation bilden „Eltern mit Migrationshintergrund" und „Bildungsferne" oft ein Begriffspaar, das implizit Migrationshintergrund und fehlende Bildung oder gar fehlendes Interesse für Bildung als unzertrennliches Additiv gebraucht und somit das defizitäre Bild von migrantischen Eltern zementiert. Auffallend ist, dass diese Zuschreibungen vor allem an migrantische Eltern aus sozioökonomisch benachteiligten Strukturen adressiert sind, d.h. ein eigentlich sozioökonomisches Problem hier kulturalisiert wird (vgl. Karakaşoğlu, 2010).

Eltern mit Migrationshintergrund werden oft als schwierige schulische Akteure wahrgenommen. So berichten Lehrende ohne Migrationshintergrund von frustrierenden Erfahrungen bei der Kontaktaufnahme und dem Zugang zu migrantischen Eltern. Aktive Elternbeteiligung und eine wechselseitige Verständigung zwischen Eltern und Schule gelten jedoch inzwischen als Erfolgsschlüssel für schulisches Lernen (Gomolla, 2009, S. 21).

Neuere Untersuchungen deuten darauf hin, dass Lehrende beim Beurteilen der Leistung ihrer Schüler/innen durch ihre Wahrnehmung der Eltern beeinflusst sind. Demnach sind Notenvergabe und Selektionsentscheidungen nicht nur dem meritokratischen Prinzip folgend nur von den erbrachten Leistungen der Schüler/innen beeinflusst, sondern auch von sozioökonomischen Hintergründen der Elternhäuser. Kinder aus sozial benachteiligten Familien erhalten bereits in der Grundschule bei gleicher Leistung schlechtere Noten und niedrigere Schullaufbahnempfehlungen (Maaz; Baeriswyl; Trautwein, 2011). Gomolla und Radtke (2009) zeigten auf, dass Lehrende bei Selektionsentscheidungen Schüler/innen mit Migrationshintergrund benachteiligen; dies äußert sich z.B. in einem nachweislich höheren Risiko von Klassenwiederholungen oder Überweisungen auf Förderschulen. Dabei legitimieren Lehrende ihre Entscheidungen nicht selten mit mangelnder Elternunterstützung (ebd., S. 249ff.). Die Autoren bezeichneten dieses Phänomen als *institutionelle Diskriminierung*, wobei den Lehrenden keine bewusste Diskriminierungsabsicht unterstellt wird. Vielmehr werden die institutionslogischen Handlungsmuster, denen Lehrende folgen, als Erklärung herangezogen.

Auch Stocké (2010) sieht einen Zusammenhang zwischen schulbezogenem familiären Sozialkapital und Schulerfolg. So steht das Fernbleiben von Elternabenden als Indikator für fehlende Aufmerksamkeit und mangelndes Interesse für die schulische Entwicklung, dies wirkt sich folglich negativ auf die Leistungsbeurteilungen der Schülerinnen und Schüler aus. Stocké erklärt dies mit den in der Theorie statistischer Diskriminierung vorhergesagten Ursachen von Ungleichbehandlung, nachdem Lehrpersonen, wenn ihnen als Grundlage für ihre Beurteilung keine individuellen Einschätzungen zu Leistungen einer Schülerin oder eines Schülers vorliegen, die durchschnittlichen „beobachtbaren Merkmalsausprägungen" der zu dieser Einzelperson gehörenden Gruppe heranziehen (ebd., S. 84). Kinder, deren Eltern wenig Kontakt zur Schule und geringes Sozialkapital haben, sind folglich von Diskriminierung betroffen. Die Erkenntnis einer Wechselwirkung zwischen Elternbeteiligung und Beurteilung des Schulerfolgs von Schülerinnen und Schülern unterstreicht umso mehr die Bedeutung einer gelungenen Elternarbeit, der möglicherweise eine Schlüsselrolle beim Abbau von Bildungsbenachteiligung migrantischer Schülerschaft zukommt.

Dass vor allem jene im Bildungssystem erfolgreich abschneiden, die die Normalitätserwartungen der Schule erfüllen und Kenntnisse über Bildungsinstitutionen, ihre Arbeits- und Funktionsweise haben, hinterfragen Dirim und Mecheril kritisch (2010). Diese Kenntnisse können nur durch eigene Erfahrung oder durch Teilhabe an schulischen Kommunikationsnetzwerken wie z.B. Elternabende und Elternsprechstunden erworben werden. Für Eltern mit Migrationsgeschichte kommt erschwerend hinzu, dass die angesprochenen Netzwerke in der Regel sprachlich, nach Stil und Inhalten der hier bedeutsamen kulturellen Praxen einseitig orientiert und damit potentiell ausschließend sind (ebd., S. 125f.).

Eine kulturalisierende, stigmatisierende Darstellung von Eltern mit Migrationshintergrund ist auch bei kritischer Lektüre in wissenschaftlichen Untersuchungen zu finden. So verfällt Sacher (2008) in seinem Fachbuch zu Elternarbeit, die auch die Teilnahme von migrantischen Eltern an Elternabenden aufgreift, in seinen Erklärungen, warum Eltern mit Migrationshintergrund als schwer erreichbar gelten, an verschiedenen Stellen ohne eine Binnendifferenzierung vorzunehmen in stereotype Beschreibungen von migrantischen Eltern: „Türkische Frauen z.B. haben oft beträchtliche Fertigkeiten in Stricken, Häkeln und Kochen.", oder „Selbstverständlich sollte man von bloßen Vorträgen und Vortragsreihen Abstand nehmen (schon allein, weil Migranten damit sprachliche Schwierigkeiten haben)" (ebd., S. 244f.). Unterschiedliche Wertesysteme erklärt Sacher mit einem aus deutscher Sicht „antiquierten Verständnis der Geschlechterrollen" (ebd., S. 240). Das dafür herangezogene Beispiel von Elternarbeit soll im Folgenden kritisch beleuchtet werden:

> „Türkische Väter sind es gewohnt Entscheidungsträger zu sein und die Geschicke der Familien zu lenken. Sie fühlen sich dementsprechend bei Veranstaltungen der Elternarbeit oft deplatziert unter der überwältigenden Mehrheit deutscher Mütter, die normalerweise diese Rolle ausüben. Türkische Mütter, die schließlich anstelle ihrer Ehemänner in die Schule kommen, sind es wiederum nicht gewohnt, für die Familien zu sprechen und zu handeln." (ebd.)

Das hier vermittelte Verständnis von kulturellen Geschlechterrollen produziert und verfestigt das stereotype reduktionistische Bild des rückständigen, ungebildeten patriarchalen türkischen Vaters und einer passiven, unsicheren, unselbständigen, entscheidungsunfähigen türkischen Mutter. Auffallend ist, dass hier paradoxerweise nicht hinterfragt wird, welche Geschlechterrolle „antiquiert" ist, ob die der türkischen Familie, dessen Vater in dieser Beschreibung zwar als dominierend und bestimmend, aber dennoch an Elternarbeit teilnehmend beschrieben wird, oder die der deutschen Mutter, die „normalerweise" diese Rolle ausüben, d.h. wo die Väter den Elternabenden fernbleiben, diese Aufgabe den Müttern überlassen. Dieser Umstand gilt hier unhinterfragt als Norm. So können sich dichotome Konstruktionen der „antiquierten" *Anderen* gegenüber dem „normalen" Wir mangels kritischer wissenschaftlicher Reflektionen in Theorie festsetzen.

In der Schulpraxis hat sich gezeigt, dass Lehrende mit Migrationshintergrund in der Elternarbeit in Situationen wie der oben geschilderten eine Vermittlerfunktion übernehmen (Ackermann & Georgi, 2011, S. 178ff.). Denn eine gelingende interkulturelle Elternarbeit setzt voraus, dass die „Andersartigkeit" nicht als Problem angesehen wird, sondern als Chance eines Aushandlungsprozesses im Sinne eines interkulturellen Dialogs (Lanfranchi, 2008, S. 239). Dazu muss dem vorherrschenden defizitorientierten und teils rassistisch anmutenden Diskurs über migrantische Eltern aktiv entgegengewirkt werden. Im nächsten Abschnitt soll daher anhand von ausgewählten Interviewausschnitten die Rolle von migrantischen Lehrenden in der Elternarbeit diskutiert werden.

3   Die Rolle migrantischer Lehrender in der Elternarbeit[1]

In der Interaktion mit migrantischen Eltern erbringen Lehrende mit Migrationshintergrund eine Brückenleistung, in der sie ihre verschiedenen Rollen in Einklang bringen müssen. Als Migrantin oder Migrant haben sie biographische migrationsbedingte Erfahrungen, sie sind Teil einer migrantischen *Community*, gleichzeitig stehen sie in der Verantwortung, die institutionellen Interessen der Schule gegenüber Eltern mit Migrationshintergrund zu vertreten. Es ist davon auszugehen, dass migrantische Lehrende lebensweltgeschichtlich mit Themen von Differenz und Dominanz befasst sind (Mecheril, 2008, S. 18). Als Angehörige der Minderheitengesellschaft machen sie nicht selten Erfahrungen von Marginalisierung und Rassismus, sowohl in privaten Lebenszusammenhängen als auch in ihrem beruflichen schulischen Alltag (vgl. Karakaş, 2011, S. 230ff.). Ihre biographisch bedingt geschärfte Wahrnehmung für Diskriminierung kann zu einer kritischen Perspektive führen, hinsichtlich gängiger Diskurse zu Eltern mit Migrationshintergrund einzunehmen. Lehrende mit Migrationshintergrund sind darüber hinaus oft in der

---

1   In diesem Artikel nutzen die Autorinnen das empirische Material der Studie „Vielfalt im Lehrerzimmer" (Georgi, Ackermann, Karakaş, 2011). Es handelt sich um die erste bundesweite explorative Untersuchung zu Lehrenden mit Migrationshintergrund. Im Zeitraum von Januar 2009 bis Juli 2009 wurden insgesamt 60 Interviews mit Lehrer/inne/n, Referendarinnen und Referendaren mit Migrationshintergrund geführt. 45 Interviews wurden nach theoretischem Sampling für die Analyse ausgewählt. Die Studie bedient sich der Methoden der Biographieforschung, der qualitativen Inhaltsanalyse und der Fragebogenerhebung. Quantitative und qualitative Daten wurden in einem Verfahren der Triangulation miteinander verknüpft. Im Zentrum der qualitativen Datenauswertung stand die Rekonstruktion ausgewählter individueller Migrations- und Bildungsbiographien von Lehrer/inne/n mit Zuwanderungsgeschichte. Hierfür wurden die Daten auf der Grundlage der gegenstandsbezogenen Theoriebildung, der „Grounded Theory", ausgewertet. Im quantitativen Teil der Studie wurden relevante statistische Daten über Lehrende mit Migrationshintergrund mittels des Instruments des Online-Fragebogens erhoben. So konnten Daten zu 198 Lehrer/inne/n mit Migrationshintergrund generiert werden.

Lage, eine persönliche Beziehung zu den migrantischen Eltern aufzubauen und ihren Vertrauensvorschuss zu nutzen, um Nähe und Verbindlichkeit herzustellen. Eine wechselseitige Konstruktion und Projektion von Nähe, jenseits von ethnischen Zugehörigkeiten, basierend auf angenommenen oder tatsächlich geteilten Erfahrungen als Minderheitenangehörige in der Mehrheitsgesellschaft, stellt eine Gemeinsamkeit zwischen Lehrenden und Eltern mit Migrationshintergrund her (Ackermann & Georgi, 2011, S. 173).

Im Folgenden wird der Frage nachgegangen, wie Lehrende mit Migrationshintergrund die Bedeutung sprachlich-kultureller Gemeinsamkeiten und geteilte migrationsspezifische Erfahrungen beim Zugang zu migrantischen Eltern, insbesondere in Elterngesprächen und bei Elternabenden, einschätzen. Hierzu wird das empirische Material der Studie „Vielfalt im Lehrerzimmer" entlang der Kategorien Teilnahme an Elternabenden und Elternsprechstunden analysiert. Außerdem wird beleuchtet, wie sich migrantische Lehrende innerhalb des defizitären Diskurses über Eltern mit Migrationshintergrund bewegen und positionieren.

Im ersten Beispiel hebt Frau Berber, eine Haupt- und Realschullehrerin mit türkischem Migrationshintergrund, bei Elterngesprächen den Einsatz ihrer türkischen Sprachkenntnisse als Erfolgsfaktor hervor:

Kommunikation in der Muttersprache fördert Zusammenarbeit

> Ich habe einen ganz anderen Draht zu den Eltern. Bei mir waren auch beim Elternsprechtag Mütter, die kein Deutsch sprechen können, und haben sich mit mir über ihre Kinder unterhalten. Das sind Mütter, die sonst eigentlich nicht kommen, weil sie die Sprache nicht können. Die sagen dann: „Rufen Sie an, wenn was ist!" Das finde ich schon positiv. Die kommen zu den Elternabenden, oder auch so, wenn ich sie zum Gespräch einlade, weil sie wissen, sie können mit mir auch auf Türkisch sprechen. Die Zusammenarbeit klappt einfach besser. Einige kamen nur aus Neugier, weil sie gehört haben, da ist jetzt eine junge türkische Kollegin und wollten mich mal kennenlernen. Das gab es natürlich auch. (Frau Berber, 29 Jahre, türkischer Migrationshintergrund, Haupt- und Realschule)

Frau Berber grenzt sich mit ihrer Betonung auf ihren „ganz anderen Draht" zu migrantischen Eltern von ihrem Kollegium ab. Ihre Besonderheit liegt für sie darin, eine Zielgruppe zu erreichen, die unter „normalen" Bedingungen als schwer erreichbar gilt. Sie nimmt damit indirekt Bezug auf den beschriebenen defizitären Diskurs. Die gemeinsame Sprache ist für sie ein wesentlicher Faktor zum Gelingen der Kommunikation. Sie dient nicht nur als Kommunikationsmedium, sondern stellt darüber hinaus ein gegenseitiges Gemeinschaftsgefühls her. Die Zugehörigkeit zur selben *Community* scheint nach Ansicht von Frau Berber identitätsstiftenden Charakter zu haben, die sich darin äußert, dass Eltern mit demselben ethnisch-kulturellen Hintergrund die Lehrerin aus „Neugier" aufsuchen. Frau Berber setzt mit der Betonung ihrer sprachlichen Kompetenzen und ihres ethnisch-kulturellen Hintergrundes als Faktor für gelungene Elternarbeit zwei Aspekte in den Vordergrund, die eher als biographisch bedingte Ressource und migrationsbedingte Kompetenz erachtet werden können. Sie bedient sich somit einer wichtigen persönlichen Ressource und lässt diese in ihre professionelle Elternarbeit einfließen (vgl. Ackermann & Georgi, 2011, S. 177).

Auch Frau Fernandez, eine Realschullehrerin spanischer Herkunft, sucht in ihrer Schulpraxis immer wieder nach Wegen, Eltern mit Migrationshintergrund zu erreichen und sie in schulische Entscheidungen einzubinden, um die Distanz zwischen Schule und Elternhaus zu überwinden. Sie berichtet von Situationen, in der sie ihre Islamkenntnisse in der Elternarbeit einsetzt und schildert ein Gespräch, in dem sie einen türkischen Vater versucht zu überzeugen, dass seine Tochter an einer Klassenfahrt teilnehmen kann.

Ich begegne diesen Eltern auf Augenhöhe

Ich habe das auch schon durchgesetzt bei türkischen Vätern, dass sie ihre Töchter mitfahren lassen, und begegne diesen Eltern auch auf Augenhöhe. Also ich komme nicht irgendwie von oben herab und sage: „Wir sind hier in Deutschland, pass Dich an!", sondern ich frage, was eigentlich das Problem ist, und mache denen halt klar, dass es für die intellektuelle Entwicklung der Mädchen nicht förderlich ist, wenn sie ausgeschlossen werden, und dass das unter Umständen schlechte Noten nach sich zieht. Ich versuche dann sozusagen, die Kausalzusammenhänge aufzudröseln und denen das irgendwie auf einer Vernunftebene zu erklären. Und ich sage dann auch, dass das mit Religion nur bedingt was zu tun hat und dass die mir da nix erzählen sollen. Es geht ja eigentlich immer nur um die Ehre und um das Ehrgefühl der Familie und das hat ja nichts mit Religion zu tun. Das ist ja was ganz anderes ja und ich versuche dann schon irgendwie auch, auf einer sachlichen Ebene das zu behandeln und die meisten Kollegen machen das nicht. (Frau Fernandez, 42 Jahre, Realschullehrerin, spanischer Migrationshintergrund)

Frau Fernandez leistet im Interesse ihrer Schülerinnen Überzeugungsarbeit bei ihren Eltern und setzt dabei ihre Islamkenntnisse gezielt in ihre Argumentation ein. Gleichzeitig grenzt sie sich mit ihrer Paraphrasierung von Kolleginnen und Kollegen ab, die den migrantischen Eltern eine normative Integrationsleistung in Deutschland abverlangen, ohne diese als gleichwertige Beteiligte zu sehen. Sie grenzt sich nachdrücklich von einem gesellschaftlichen begründeten Überlegenheitsanspruch ab und verweist auf eine gleichberechtigte Kommunikationslinie. Im Unterschied zu ihren Kolleginnen und Kollegen, die ihrer Meinung nach in diese mehrheitsgesellschaftlichen Argumentationsmuster verstrickt sind, beansprucht sie den Eltern „sachlich" und „auf gleicher Augenhöhe" die individuellen Konsequenzen und Benachteiligungen eines Fernbleibens von Klassenfahrten für ihre Tochter zu vermitteln. Auffallend bei diesem Beispiel ist auch, dass Frau Fernandez nicht denselben Migrationshintergrund hat, wie die Familie der Schülerin. Dennoch scheint sie ihr kultur- und religionsspezifisches Hintergrundwissen mit Erfolg einbringen zu können.

Frau Pahlawi, eine Haupt- und Realschullehrerin mit persischem Migrationshintergrund, nimmt an einem Elterngespräch teil, welches die Verhaltensauffälligkeiten einer migrantischen Schülerin zum Gegenstand hat. An dem Gespräch, das von der Klassenlehrerin ohne Migrationshintergrund geführt wird, nehmen auch die Mutter und der Onkel des Mädchens teil.

Autoritäre patriarchale Strukturen zu Hause

> Diese Klassenlehrerin hat dann irgendwann das Gespräch dahin gelenkt zu sagen, also es war ihre Art, Verständnis aufzubringen, sowohl für die Schülerin als auch für die ganze Situation zu sagen: Es ist generell ein Problem unserer Schüler, weil sie zu Hause in autoritären, patriarchalen Strukturen erzogen werden und aufwachsen und dann in die Schule kommen und die Schule und die Lehrer versuchen relativ liberal und im Geiste der Freiheit, die Schüler zu erziehen. Und diese zwei Welten klaffen auseinander. (Frau Pahlawi, 32 Jahre, Haupt- und Realschule, persischer Migrationshintergrund)

Die dichotome Gegenüberstellung der Kollegin in einen „autoritär patriarchalen" Erziehungsstils, den sie bei der Familie meint zu beobachten, gegenüber dem „liberalen Geist und Freiheit", den sie der deutschen Schule zuschreibt, stößt bei Frau Pahlawi auf Kritik. Frau Pahlawi äußert im weiteren Verlauf des Interviews, dass sie die Zuschreibung patriarchaler Familienverhältnisse seitens der Kollegin als problematisch und kulturalisierend empfinde und versucht habe, die Aufmerksamkeit auf die individuelle Problematik der Schülerin zu lenken. Mit dieser korrigierenden Intervention hinterfragt sie indirekt die vorhandenen kulturalisierenden Ansichten der Lehrerin.[2]

Auch Frau Köksal, eine Gesamtschullehrerin mit türkischem Hintergrund, widersetzt sich der im Kollegium vorherrschenden pessimistischen Grundstimmung gegenüber migrantischen Eltern und veranstaltet entgegen den Empfehlungen ihrer Kolleginnen und Kollegen einen Elternabend, der sich hoher Beteiligung erfreut.

Und es kamen alle, ja!

> Ich war Klassenlehrerin in einer Klasse mit 90% Migrantenkindern aus allen möglichen Ländern. Und dann habe ich einen Elternabend gemacht. Alle meine Kollegen haben zu mir gesagt: „Ach, das kannste dir eh schenken, da kommt eh keiner, mach dir die Arbeit nicht. Sag den Elternabend ab und geh lieber mit den Elternbeiräten einen Kaffee trinken und besprich da die wichtigsten Punkte und dann sollen die das irgendwie an die Elternschaft weiter tragen." Dann habe ich gesagt: „Nein, wieso denn? Warum sollen die denn nicht kommen? Die sind genauso interessiert." Und es ka-

---

2 Für die gesamte Fallstudie Frau Pahlawis siehe Karakaş (2011, S. 103ff.).

men alle, ja ((lacht)). Das ist ganz merkwürdig. Die blühen förmlich auf
und kommen sehr gerne. Die nehmen das sehr, sehr gerne wahr und die
bekunden ihr Interesse an ihrem Kind, sind sehr bemüht, ja. Ich glaube, da
spielt der Migrationshintergrund eine ganz große Rolle. Also, ich glaube
schon, dass die mich sozusagen als eine von sich wahrnehmen. Da wird
den Eltern dann ganz schnell klar, dass jemand hinter ihnen und hinter
ihrem Kind steht und sich Mühe gibt und das Beste sozusagen für das Kind
rausholen will. Und dann kommen sie auch gerne, dann sitzen sie gerne
am Tisch und reden mit mir über alles Mögliche. (Frau Köksal, 43 Jahre,
türkischer Migrationshintergrund, Integrierte Gesamtschule)

Frau Köksal bringt ihre Überzeugung, wonach Eltern grundsätzlich Interesse an
der schulischen Entwicklung ihrer Kinder haben und deshalb auch potentiell an
Elternabenden interessiert sind, zum Ausdruck. Mit dieser Einstellung setzt sie
sich über die resigniert und abwertend konnotierten Äußerungen des Kollegiums
hinweg und stellt ein hohes Engagement auf Seiten der Eltern fest, wie es in den
Bezeichnungen „blühen auf", „kommen gerne", „sind interessiert" deutlich wird,
und begründet dies mit dem gemeinsamen Migrationshintergrund. Frau Köksal
nimmt an, dass die Eltern sie als Teil ihrer Community wahrnehmen und diese
migrationsbedingte Zugehörigkeitskonstruktion sowohl Motivationspotential birgt
als auch Ausgangspunkt für positive Zuschreibungen seitens der Eltern darstellt, die
ihr vertrauensvoll persönliches Engagement für das Wohl ihrer Kinder unterstellen
bzw. diese von ihr erwarten.

Um Projekte zur Förderung der Elternpartizipation professionell begleiten zu
können, hat sich Frau Beti, eine deutsch-kamerunische Gesamtschullehrerin, zusätzlich zur Elternberaterin qualifiziert. Elternabende, die von Frau Beti und ihrem
Kollegen gemeinsam durchgeführt werden, beschreibt Frau Beti, entgegen der allgemeinen Erfahrung an ihrer Schule, als gut besucht.

Ich habe den anderen Multikulti-Background

Ich glaube, dass in unserer Klasse mehr Eltern mit Migrationshintergrund
zum Elternabend kommen, dass die Teilnahme sich gesteigert hat. Ohne
dass jetzt explizit darüber gesprochen wird, sondern es ist mehr so: „Ach ja,
da sind wir jetzt vereint …" Mein Kollege hat den deutschen Background
und ich den anderen Multikulti-Background, wir symbolisieren etwas. Sie
fühlen sich alle glaube ich ganz wohl. (Frau Beti, 42 Jahre, Gesamtschullehrerin, deutsch-kamerunischer Herkunft)

Hier wird nicht die geteilte Migrationserfahrung oder derselbe sprachlich-kulturelle Hintergrund als Ursache für zahlreiches Erscheinen der Eltern hervorgehoben,
sondern, dass eine migrantische Lehrerin mit einem „Multikulti-Background" im
Team vertreten ist. Neben einer positiven Symbolwirkung des multi-ethnischen
Lehrteams, die Ausdruck einer Wertschätzung kultureller Vielfalt ist, sieht Frau Beti
spezifische Vorteile, die sie mit ihrem Migrationshintergrund begründet:

Ich darf mir bestimmte Dinge herausnehmen

Was hilft, wenn es um problematische Dinge geht, ist, dass ich mir bestimmte Dinge herausnehmen darf zu sagen, die sich vielleicht ein anderer Kollege nicht so herausnehmen dürfte. Das hat schon manchmal geholfen, zu dem Punkt zu kommen, wirklich über die Inhalte zu sprechen und nicht an solchen oberflächlichen Auseinandersetzungen – der mag mich, der mag mich nicht – zu bleiben. (Frau Beti, 42 Jahre, Gesamtschullehrerin, deutsch-kamerunischer Herkunft)

Frau Beti stellt fest, dass ihr Migrationshintergrund bei einigen Eltern positive Wirkung zeigt, sie Themen offener und tiefer ansprechen kann, ohne mit Zuschreibungen, Rassismusvorwürfen und Mistrauen konfrontiert zu werden, die Migranten Angehörigen der Mehrheitsgesellschaft gegenüber haben.[3]

Die dargestellten Beispiele zeigen auf, dass Lehrende mit Migrationshintergrund unterschiedliche Zugangsstrategien zu migrantischen Eltern entwickelt haben, bei denen sie gezielt ihre migrationsspezifischen Ressourcen für eine höhere Beteiligung von migrantischen Eltern an Elternabenden und bei Elterngesprächen einsetzen. Als Erfolgsfaktor wird dabei neben einer gemeinsamen Herkunftssprache und Migrationshintergrund auch grundsätzlich ihre Repräsentanz als Symbol eines multikulturell zusammengesetzten Teams hervorgehoben. Die Analyse verdeutlicht, dass Lehrende mit Migrationshintergrund sich – direkt oder indirekt – über abwertende Äußerungen zu migrantischen Eltern hinwegsetzen, sich ggf. explizit vom Diskurs ihrer Kolleginnen und Kollegen abgrenzen, oder sich bei kulturalisierenden Zuschreibungen als Korrektiv einbringen, um Barrieren zwischen migrantischen Eltern und Schule abzubauen.

4 Resümee

Die Beispiele illustrieren, dass Lehrende mit Migrationshintergrund biographisch- und migrationsbedingte Ressourcen mitbringen, die eine wichtige Rolle in der interkulturellen Elternarbeit spielen können. Ihre Zugänge zu Eltern mit Migrationshintergrund sind vielfältig und zeugen von persönlichem Engagement. Allerdings sind die Bemühungen noch zu losgelöst von umrahmenden schulischen Strukturen, als dass sie als Baustein einer interkulturell ausgerichteten heterogenitätsbewussten Schule und Teil eines interkulturellen Gesamtkonzeptes angesehen werden können. Die Ressourcen der Lehrenden mit Migrationshintergrund könnten ein wichtiger Baustein dessen sein. Dies bedeutet allerdings nicht, dass alle migrantischen Lehrenden per se interkulturelle Kompetenzen mitbringen. Vielmehr bedarf es für professionelles Handeln einer Reflexion und Systematisierung der eingesetzten Kompetenzen, die durch flankierende Schulungen ausgebaut werden sollten. Auch kann das Ziel einer breiten Elternbeteiligung nur erreicht werden,

---

3 Für die gesamte Fallstudie Frau Betis siehe Karakaş (2011, S. 117ff.).

wenn das gesamte Kollegium sensibilisiert ist. Dazu ist es erforderlich, dass Schule in der Einwanderungsgesellschaft sich machtkritisch mit dem defizitorientierten Diskurs zu migrantischen Eltern auseinandersetzt und positioniert. Sie muss ihre pädagogische Handlungen so ausrichten, dass schulische Benachteiligungs- und Diskriminierungsmechanismen hinterfragt und aufgebrochen werden. Ihr kommt die Aufgabe zu, im gesamten Kollegium eine reflektierte Auseinandersetzung über diskriminierende Diskurse anzuregen und zu unterstützen sowie geeignete Rahmenbedingungen – wie Fortbildung für alle Lehrenden und zeitliche und personelle Ressourcen – dafür zu schaffen.

Literatur

Ackermann, L.; Georgi, V. B. (2011). Lehrende mit Migrationshintergrund und Elternarbeit. In V. B. Georgi, L. Ackermann, N. Karakaş (Hrsg.): *Vielfalt im Lehrerzimmer. Selbstverständnis und schulische Integration von Lehrenden mit Migrationshintergrund in Deutschland.* (S. 171–183). Münster: Waxmann.

Boos-Nünning, U.; Karakaşoğlu, Y. (2005). *Viele Welten leben. Zur Lebenssituation von Mädchen und jungen Frauen mit Migrationshintergrund.* Münster: Waxmann.

Dirim, I.; Mecheril, P. (2010). Die Schlechterstellung Migrationsanderer. Schule in der Migrationsgesellschaft. In P. Mecheril, S. Andresen, K. Hurrelmann, Chr. Palentien, W. Schroer (Hrsg.): *Migrationspädagogik.* (S. 121–149). Bachelor/Master. Weinheim & Basel: Beltz Verlag.

Fürstenau, S.; Gomolla, M. (2009). *Migration und schulischer Wandel: Elternbeteiligung.* Wiesbaden: VS Verlag für Sozialwissenschaften.

Georgi, V. B.; Ackermann, L.; Karakaş, N. (2011). *Vielfalt im Lehrerzimmer. Selbstverständnis und schulische Integration von Lehrenden mit Migrationshintergrund in Deutschland.* Münster: Waxmann.

Gomolla, M. (2009). Elternbeteiligung in der Schule. In S. Fürstenau & M. Gomolla (Hrsg.): *Migration und schulischer Wandel: Elternbeteiligung.* (S. 21–49). Wiesbaden: VS Verlag für Sozialwissenschaften.

Gomolla, M.; Radtke, F.- O. (2009). *Institutionelle Diskriminierung. Die Herstellung ethnischer Differenz in der Schule.* Opladen: VS Verlag für Sozialwissenschaften.

Hawighorst, B. (2009). Perspektiven der Einwandererfamilien. In S. Fürstenau & M. Gomolla (Hrsg.), *Migration und schulischer Wandel* (S. 51–69). Wiesbaden: VS Verlag für Sozialwissenschaften.

Hummrich, M. (2002). *Bildungserfolg und Migration. Biographien junger Frauen in der Einwanderungsgesellschaft.* Opladen: VS Verlag für Sozialwissenschaften.

Karakaş, N. (2011). Benachteiligungs- und Diskriminierungserfahrungen. In V. B. Georgi, L. Ackermann, N. Karakaş (Hrsg.): *Vielfalt im Lehrerzimmer. Selbstverständnis und schulische Integration von Lehrenden mit Migrationshintergrund in Deutschland.* (S. 214–241). Münster: Waxmann.

Karakaş, N. (2011). Frau Pahlawi: Engagiert im sozialen Brennpunkt. In V. B. Georgi, L. Ackermann, N. Karakaş (Hrsg.): *Vielfalt im Lehrerzimmer. Selbstverständnis und schulische Integration von Lehrenden mit Migrationshintergrund in Deutschland.* (S. 103–116). Münster: Waxmann.

Karakaş, N. (2011). Frau Beti: In der Welt zu Hause. In V. B. Georgi, L. Ackermann, N. Karakaş (Hrsg.): *Vielfalt im Lehrerzimmer. Selbstverständnis und schulische Integration von Lehrenden mit Migrationshintergrund in Deutschland.* (S. 117–137). Münster: Waxmann.

Karakaşoğlu, Y. (2010). „Sozio-ökonomisches Problem wird kulturalisiert". *BQM Newsletter, 26* (11), 3.

Lanfranchi, A. (2008). Interkulturelle Kompetenz als Element pädagogischer Professionalität - Schlussfolgerungen für die Lehrerausbildung. In G. Auernheimer (Hrsg.): *Interkulturelle Kompetenz und pädagogische Professionalität* (S. 231–260). Opladen: VS Verlag für Sozialwissenschaften.

Maaz, K.; Baeriswyl, F.; Trautwein, U. (2011). *Herkunft zensiert? Leistungsdiagnostik und soziale Ungleichheiten in der Schule.* Verfügbar unter: http://www.vodafone-stiftung.de/scripts/getdata.php?DOWNLOAD=YES&id=16478 [31.03.2012].

Mecheril, P. (2008). „Kompetenzlosigkeitskompetenz". Pädagogisches Handeln unter Einwanderungsbedingungen. In G. Auernheimer (Hrsg.): *Interkulturelle Kompetenz und pädagogische Professionalität* (S. 15–34). Opladen: VS Verlag für Sozialwissenschaften.

Raiser, U. (2007). *Erfolgreiche Migranten im deutschen Bildungssystem – es gibt sie doch: Lebensläufe von Bildungsaufsteigern türkischer und griechischer Herkunft.* Münster: LIT.

Sacher, W. (2008). *Elternarbeit. Gestaltungsmöglichkeiten und Grundlagen für alle Schularten.* Bad Heilbrunn: Verlag Julius Klinkhardt.

Stocké, V. (2010). Schulbezogenes Sozialkapital und Schulerfolg der Kinder: Kompetenzvorsprung oder statistische Diskriminierung durch Lehrkräfte? In B. Becker & D. Reimer (Hrsg.): *Vom Kindergarten bis zur Hochschule. Die Generierung von ethnischen und sozialen Disparitäten in der Bildungsbiographie* (S. 81–115). Wiesbaden: VS Verlag für Sozialwissenschaften.

Der Migrationshintergrund im Vordergrund

Gesellschaftliche Differenzordnungen und individuelle Umgangsstrategien einer Lehrerin

Yalız Akbaba

1 Einleitung

Forschung über Lehrer/innen, die im Kontext selbst- und fremdzugeschriebener Zugehörigkeiten als Lehrer/innen mit Migrationshintergrund bezeichnet werden, beschränkt sich meist auf explizites Wissen der Akteure. Der vorliegende Beitrag richtet den Blick mit einem ethnographischen Zugang auf das implizite Wissen der Akteure, das in beobachtbaren Interaktionen zwischen Lehrer/inne/n, die sich zur gesellschaftlichen Zuschreibung der Kategorie Migrationshintergrund zu positionieren haben, und ihren Schüler/inne/n zutage tritt.

Der Beitrag geht dabei davon aus, dass Bedeutungen auf Interaktionsebene entstehen (Doing Difference), primär aber dadurch, „dass sich soziale Akteure der in Diskursen hergestellten sozialen Repräsentationen bedienen." (Auernheimer, 2011, S. 419) Für die vorliegende Analyse hat diese Perspektive zu bedeuten, dass Interaktionen zwischen Lehrer/inne/n und ihren Schüler/inne/n nicht ohne Rückgriff auf Differenzordnungen stattfinden können, die Bezug auf den Migrationshintergrund nehmen. Angesichts der diskursiv stark repräsentierten „Lehrer/innen mit Migrationshintergrund"[1] stellt sich also erstens die Frage, inwiefern sich diese Diskurse auf Interaktionsebene niederschlagen. Diese sozialstrukturelle Perspektive wird durch eine pädagogische Frageperspektive ergänzt: Bei aller Eingrenzung der Handlungsspielräume durch gesellschaftliche Positionsmerkmale interessiert mich, wie die Akteure mit den vorstrukturierten Handlungsspielräumen individuell umgehen. Der „jeweils aktuell vorliegende […] Möglichkeitsraum ist sowohl in seinen Dimensionen wie in seiner Reichweite, obwohl durch gesellschaftliche Bedeutungszusammenhänge bestimmt, dennoch ein individueller, nur von meinem konkreten subjektiven Standort innerhalb der gesellschaftlichen Bedeutungskonstellation ausmachbarer Handlungsspielraum" (Auernheimer, 2011, S. 421, zit. nach Leiprecht/ Lutz). Ich frage also zweitens danach, wie die in der Situation virulent werdenden Differenzordnungen von der einzelnen Lehrerin verhandelt werden. Wie geht sie mit Paradoxien um, die sich etwa in Bezug auf Festschreibungsrisiken innerhalb von Differenzordnungen ergeben?

Im Folgenden erläutere ich zunächst das methodische Vorgehen der Analyse, der ein ethnographisches Feldprotokoll als empirischer Zugang zugrunde liegt. Nach einer kurzen Darstellung von Differenzordnungen als Basistheorie der Analyse, wende ich diese auf den empirischen Fall an. Der Hauptteil gliedert sich in

---

[1] Da diese zentrales Thema des Sammelbandes sind, setzt der Beitrag die mediale und bildungspolitische Debatte zum Thema als bekannt voraus.

die Analyse der Differenzordnungen, auf die in der Szene verwiesen wird (Kap. 3), und die Umgangsstrategien der Lehrerin, die mit eigenen Differenzsetzungen die Ordnung reproduziert, aber auch transformiert (Kap. 4). Am Ende fasse ich die Überlegungen zusammen und formuliere anschlussfähige Forschungsfragen.

2   Methodisches Vorgehen

2.1 Ethnographischer Zugang

Ethnographische Datenerhebung erfolgt in Form von Feldnotizen, deren Übertragung in verdichtete Beschreibungen (Geertz, 1983) schließlich das Feldprotokoll als Datenträger ergeben. Diese Beobachtungs- und Reflexionspraxis folgt dem Ziel, die komplexe soziale Wirklichkeit durch die Reduktion in Verschriftlichung für die Bearbeitung, Nachbetrachtung und Reflexion zu konservieren (vgl. Atkinson, 2008; Breidenstein, 2006; Emerson, 2010; Hünersdorf, 2008). Diesen durchaus selektiven Beobachtungsprozess versteht die Ethnographie zugleich als Stärke: Mit steigender Intensität der Erfahrungen im Feld bringt die teilnehmende Beobachtung den Vorteil, in der originalen Situation das zu fokussieren, was für theoretische Analyseperspektiven anschlussfähig erscheint. Im ethnographischen Forschungsprozess verschränken sich demnach Erhebungs- und Auswertungsphasen. Die offenen Beobachtungen unterrichtlicher und anderer schulischer Situationen werden mit den Kodierungsmethoden der Grounded Theory (Glaser & Strauss, 1998) und mit theoretischer Sensibilität regelmäßig in theoretische Kontexte übersetzt, mit dem Ziel, Phänomene mit erziehungswissenschaftlicher Terminologie und unter Einbeziehung vorhandener Konzepte und Theorien zu analysieren und neue analytische Ideen zu generieren.

Auch wenn das offene Kodieren der breiten Suche nach Strukturen, Relevanzen und Themen im Material dient, geschieht diese Kodierung nicht ohne einen bereits thematisch selektiven Blick, denn die beobachtete soziale Situation eröffnet unendlich viele Themen und Blickwinkel. Interessiert hat zunächst, wie Ethnizität in Lehrer-Schüler-Interaktionen hergestellt wird. Theoretisch folgte man in Anlehnung an „Doing Gender" von West und Zimmerman (1987) der Annahme, dass Ethnizität wie Geschlecht einem ständigen Verfestigungs- und Verankerungsprozess unterliegen (Diehm, 2000). Nach der Kodierung der Kategorie „Besonderung" (der in-vivo-Kode dazu ist „außergewöhnlich") und der Übersetzung der empirischen Daten in den theoretischen Kontext von herrschenden Differenzordnungen (Mecheril, 2008), zentrierte die Beobachtung den Gegenstand der in Interaktionen sichtbar werdenden „Verweisungen auf gesellschaftliche Verhältnisse" (Scharathow, 2012, S. 19). Diese stellten sich als komplexer dar, als es die Kategorie Ethnizität erfassen kann. Demnach erscheint es plausibel, Migrationshintergrund als soziale Konstruktion im Kontext von Zugehörigkeits-, Dominanz- und Ungleichheitsverhältnissen zu betrachten und „gesellschaftliche Bedingungen und Diskurse als wirkmächtige Einflussfaktoren in konkreten Situationen wahrzunehmen" (Schara-thow, 2012, S. 38).

Die konkrete Fragestellung danach, welche gesellschaftlichen Differenzord-nungen in Bezug auf Merkmale, mit denen die Besonderheiten von Lehrer/inne/n hergestellt werden, in Interaktionen wirkmächtig werden und wie einzelne Lehrer/inne/n die Differenzordnungen situativ mitverhandeln, stellt demnach bereits das erste Ergebnis des Forschungsprozesses dar.

2.2 Methodologische Anmerkung zur Beherrschung des Gegenstands

Es stellt sich die Frage, wie man sich im Forschungsprozess zur Differenzlinie „Migrationshintergrund" verhält, wenn dieser das (Zwischen-)Ergebnis von Pro-zessen gesellschaftlicher Zuschreibung und Kategorisierung aufgreift, sich aber im Forschungsprozess Zuschreibungen und Kategorisierungen nicht aktualisieren und reproduzieren sollen. Dieses Problem besteht genauso bei den Bezeichnun-gen „Mann" und „Frau", die als Differenzmarkierung ebenfalls lediglich auf das Zwischenergebnis geschlechtsbezogener sozialer Zuschreibungsprozesse rekurrie-ren, jedoch trotzdem in der Geschlechtsforschung nicht abgeschafft wurden. Auch wenn – oder gerade weil – er konstruiert ist, verliert der Migrationshintergrund seine Wirkmächtigkeit in der sozialen Realität nicht, wenn man ihn als Begriff da vermeidet, wo er seine symbolischen Bedeutungen bereits zur Geltung gebracht hat. Ich umgehe daher die Bezeichnung Migrationshintergrund nicht auf künstliche Weise. Für Reflexionszwecke und zum Zweck der Beleuchtung seiner Entstehungs- und Verhandlungsprozesse muss Migrationshintergrund als sozial auftauchendes Bezugssystem sogar benannt werden, weil nur so die diffuse Kategorie zu kontrol-lieren ist.

2.3 Ethnographisches Protokoll

Das folgende Feldprotokoll ist ein Ausschnitt aus Aufzeichnungen an einer Schu-le, die den ethnographischen Feldzugang für ein Dissertationsprojekt über Leh-rer/innen mit Migrationshintergrund bildet. Begleitet wird eine Lehrerin, die sich selbst als Lehrerin mit Migrationshintergrund bezeichnet. In der Schule sind viele Schüler/innen, die türkische Sprachkenntnisse besitzen und diese im Schulalltag untereinander auch nutzen. Dieser Feldzugang wurde so gewählt, weil sich hier für die Akteure ein größeres Spektrum an Handlungsanlässen bietet, um kulturelles, sprachliches Mehrwissen zu Tage treten zu lassen. Als Kontextwissen für die Inter-pretation der vorliegenden Situation ist noch wichtig, dass bei allen Lehrer/inne/n an dieser Schule der Konsens besteht, die Unterrichtssprache sei ausschließlich Deutsch.

Der Tag meines Besuchs ist ein muslimischer Feiertag (4-tägiges Opferfest) und als ich die Lehrerin zur Lernzeitaufsicht begleite, läuft sie am Kabuff des Hausmeisters vorbei, wo sie stehenbleibt, um ihm ein frohes Fest zu wünschen. Dieser Hausmeister spricht türkisch mit der Lehrerin und bietet ihr (und mir) eine Tasse Tee aus dem Samowar an, der auf seiner Theke steht. Sie tauschen kurz Nettigkeiten aus, dann nimmt sie das Glas Tee und geht lächelnd und amüsiert weiter. Ich frage, ob der Hausmeister anlässlich des Feiertags türkischen Tee da hätte, sie antwortet, er hätte öfter Tee da und biete ihn regelmäßig an. Als nächstes sagt sie, sie frage sich, ob die Schüler ihr wieder ein frohes Fest wünschen würden. Früher hätten sie das gemacht, jetzt sei sie allerdings nicht mehr so „attraktiv" und „außergewöhnlich" für die Schüler. Sie führt dies nicht aus.

Im Vorraum der Klassenzimmer angekommen, wo nun die Lernzeitbetreuung stattfindet, läuft sie an einer Tischgruppe mit Lernenden vorbei und fragt, ob sie nicht vorhätten, ihr ein frohes Fest zu wünschen. Sie tut dies umgehend selbst und wünscht auf Türkisch Frohes Fest. Die Schülerinnen und der Schüler antworten freundlich auf Türkisch „Sizin de": „Ihnen auch." Die Lehrerin setzt sich an einen leeren Tisch und beschäftigt sich mit Korrekturen, wobei sie für die Lernenden ansprechbar bleibt.

Im Folgenden analysiere ich die Szene mit Blick auf die Differenzordnungen, die hier ihre Wirkung entfalten.

3   Differenzordnungen als Bezugssystem der Interaktion

Differenzordnungen sind nach Mecheril „eine im Innenraum von gesellschaftlicher Realität angesiedelte, projeziierte (sic!) und wirkende Macht (…), die dort, also intern Sinn schaffen." (Mecheril, 2008, S. 78). Differenzordnungen führen Unterscheidungen ein, die sowohl dem Geschehen, als auch der eigenen Position innerhalb des Geschehens ihre Bedeutung und Relevanz verleihen. „Differenzordnungen strukturieren und konstituieren Erfahrungen, sie normieren und subjektivieren, rufen, historisch aufklärbar, Individuen als Subjekte an." (ebd.) Ihre Macht bringen Differenzordnungen also dadurch zur Geltung, dass Individuen je nach Angebot der Differenzordnungen zu Subjekten werden. Die Subjektpositionen sind dabei hierarchisiert, bestimmte Zugehörigkeiten sind also im Vergleich zu anderen mehr oder weniger privilegiert. Die „exklusive Logik" (ebd., S. 79) bringt es mit sich, dass sich die Einzelnen in Bezug zur *Ordnung* eben zu*ordnen* (lassen), und zwar als das Eine oder das Andere. Die Macht bezieht sich also auf die eingeschränkte Freiheit, keine hybriden oder undefinierten Positionen einnehmen zu können, also nicht Nicht-Positionierte sein zu können.

3.1 Subjektivierende Differenzordnung:
Die „außergewöhnliche" Lehrerin

Im Folgenden betrachte ich die Selbstdarstellung der Lehrerin aus der theoretischen Perspektive, dass Subjekte durch diskursive Differenzordnungen zu dem werden was sie sind. Dazu deute ich die vorliegende Situation als den Versuch der Lehrerin, ihr Verhältnis gegenüber sich selbst, gegenüber den Schüler/inne/n und gegenüber der Beobachterin zu bestimmen. Wie inszeniert sich die Lehrerin als Person „mit Migrationshintergrund"? Wie setzt sie sich als solche in Beziehung zu den Schüler/inne/n?

Ihre Selbstdarstellung vollzieht die Lehrerin hier über personenbezogene und inhaltliche Differenzdimensionen. Mit ihrem Selbstbild als „außergewöhnlich" behauptet sie eine Differenz zu anderen Lehrerinnen und Lehrern, an die sich Schüler/innen im Unterschied zu ihr nicht gewöhnen müssen. Ihre personenbezogene Differenz gewinnt an inhaltlicher Dimension, als sie gegenüber der Beobachterin ein muslimisches Fest thematisiert. Sie zieht in Betracht (und setzt die Beobachterin darüber in Kenntnis), dass die Schüler/innen ihr unter Adressierung ihrer Andersartigkeit zum Fest gratulieren könnten. Dabei stellt sie in ihrer Selbstdarstellung das Bild der Besonderung nach, das diskursiv in Politik und Öffentlichkeit gezeichnet wird (vgl. Akbaba/Bräu/Zimmer in diesem Band, S. 37ff.). Die Inszenierung der eigenen Besonderung kann mit Bezug auf Mecheril als im Innenraum von gesellschaftlicher Realität wirkmächtig gewordene Projektion von Unterscheidungen interpretiert werden. Betrachten wir ihre Annahme als Ergebnis eines Lernziels – etwa im Sinne einer bestimmten „interkulturellen Kompetenz", die sie ihren Schülerinnen und Schülern abverlangt – dann könnte man hier interpretieren, dass sich die Erwartung des bildungspolitischen Diskurses (als System der Differenzordnung) in dieser Kompetenzkontrolle widerspiegelt.

3.2 Exklusive Differenzordnung: Kein Zustand zwischen
Besonderung und Normalität

Ob die Schüler/innen ihr wieder zum Fest gratulieren würden, hängt aus Sicht der Lehrerin von ihrer aktuellen „Außergewöhnlichkeit" ab. Damit führt sie eine zeitliche Differenzierung ein, die infrage stellt, ob sie im Vergleich zu früher wohl immer noch als „außergewöhnlich" wahrgenommen wird. Ich betrachte jetzt die zeitliche Veränderung der Selbstwahrnehmungen und die daraus resultierenden Zuordnungsprobleme der Lehrerin. Hierin spiegelt sich die Macht von Differenzordnungen wider, die mit ihrer exklusiven Logik keinen Zustand *zwischen* der binären Zuordnung als ‚Besondere' und ‚Normale' erlauben.

Festzustellen ist zunächst, dass das Selbstbild der Lehrerin in Abhängigkeit vom Bild der Schüler/innen steht, denn diese haben in der Vergangenheit die Lehrerin auf das Fest angesprochen, mit dem die Lehrerin ihren Status als „Außergewöhnliche" direkt verknüpft. Wenn sich das Bild der Schüler/innen nun ändert bzw. die Lehrerin sich nicht mehr als „so außergewöhnlich" wahrgenommen erfährt, als was stellt die Lehrerin sich dann gegenüber den Schülerinnen und Schülern dar? Wie verändert sich dann die Bestimmung ihres Verhältnisses zu sich selbst und zur Beobachterin?

Zunächst fragt sie sich selbst und die Beobachterin, ob sie wohl gratulieren werden. Die Ankündigung impliziert, dass sie abwarten wird, ob die Schüler/innen initiativ werden und die Lehrerin wieder als „außergewöhnlich" adressieren, ihr also zum Fest gratulieren. Nun entsteht ein Bruch in der Vollzugslogik, die sie selbst angekündigt hat: Indem sie die Schüler/innen nämlich selbst fragt, ob sie nicht gratulieren wollen, macht sie es gerade unmöglich herauszubekommen, ob das der Fall ist. Abwarten birgt das Risiko, vor sich und vor der Beobachterin möglicherweise als nicht außergewöhnlich zu gelten. Statt dieses Risiko einzugehen, löst sie die Spannung mit der Eigeninitiative auf, indem sie das zur Herausstellung ihrer Besonderung zur Verfügung stehende Fest selbst thematisiert und sich vor sich, vor den Schülerinnen und Schülern und vor der Beobachterin besonders in Szene setzt.

Die scheinbar inkonsequente Eigeninitiative der Lehrerin lässt sich aber auch als konsequente Wiederherstellung von Besonderung interpretieren. Hier wird wieder die Macht der exklusiven Logik von Differenzordnungen sichtbar: Es entsteht eine ordnungstechnische Instabilität, weil die Lehrerin eine Lehrerin „mit Migrationshintergrund" sein soll, diese aber nicht sein kann, weil das zugeschriebene Merkmal, das sie zu einer solchen macht, nämlich die Besonderung, in Zweifel steht. Innerhalb der exklusiven Logik der Differenzordnung gibt es keinen Raum, in dem sie Lehrerin „mit Migrationshintergrund" sein kann ohne außergewöhnlich zu sein, da sich die Kategorie des Migrationshintergrundes genau aus wahrgenommener Außergewöhnlichkeit speist. Sie kann nicht das sein, was sie sein soll, wenn ihr die Zuschreibung des Merkmals entzogen wird, das sie dazu macht. Mit der Analysebrille des binären Ordnungszwangs von Differenzordnungen lässt sich also die eigene Besonderung der Lehrerin als konsequente Vollzugslogik interpretieren, die sich in Bezug zur vorgegebenen Differenzordnung setzt, nämlich das eine oder das andere sein zu müssen. Der Bruch durch die eigene Besonderung ist logisch, wenn wir sie als kompensatorische Folge von ausbleibender Besonderung von außen interpretieren.

Interessant ist hier, dass, wie eingangs mit Auernheimer angenommen, die in Diskursen hergestellten sozialen Repräsentationen tatsächlich nicht auf interaktive Herstellung angewiesen sind. Obwohl offensichtlich der Migrationshintergrund im Schulalltag in den buchstäblichen Hintergrund geraten ist und situativ nicht relevant wird, findet die diskursiv hergestellte Besonderung trotzdem ihren Weg in die Interaktion und verleiht dem Geschehen und den Beteiligten ihre Bedeutung.

4   Individuelle Verhandlungen von Differenzordnungen

Bis hier ging es darum, wie sich Differenzordnungen auf die Selbstdarstellung der Lehrerin auswirken. Nun stellt sich die Frage, was die Lehrerin mit den Differenzordnungen macht. Interpretiert wird im Folgenden, dass sie Differenzsetzungen in der Adressierung ihrer Schüler/innen zum einen selbst reproduziert, zum anderen aber auch transformiert.

4.1 Reproduzierte Differenzsetzungen

Die Differenzordnung macht aus der Lehrerin ein Subjekt, das sich als außergewöhnlich versteht. Inwiefern nimmt die Lehrerin nun die strukturgleiche Subjektkonstitution an den Schüler/inne/n vor? Von der besonderen Lehrerin wird eine besondere Beziehung zu bestimmten Schüler/inne/n erwartet. Nun erwartet sie selbst eine besondere Beziehung zu bestimmten Schüler/inne/n und stellt diese gleich selbst her, indem sie in einer vergemeinschaftenden Ansprache den Schüler/inne/n Wissen zuschreibt. Mit Mecherils Verständnis interpretiert, findet hier die zugeschriebene besondere Verbindung zwischen Lehrer/inne/n und Schüler/inne/n ihre Projektionsfläche auf der Interaktionsebene. Hier zeigt sich die Wirkmächtigkeit der Differenzordnungen.

Der Subjektivierungsprozess strukturiert Handlungsspielräume, in denen die eigene Position Bedeutung verliehen bekommt. Im vorliegenden Fall sind die Handlungsoptionen der Schüler/innen klar strukturiert: Entweder sie erwidern die Ansprache in erwarteter Weise gemäß bestimmter Gratulationsrituale und gehen die Vergemeinschaftung damit ein; oder sie verweigern die Vergemeinschaftung, indem sie das Angebot ignorieren oder explizit zurückweisen. Im ersten Fall werden die Schüler/innen zu Subjekten gemacht, die dem Bild ihrer Lehrerin entsprechen. Der zweite Fall ist dahingehend problematisch, dass die Schüler/innen es neben einer Vergemeinschaftungspraxis auch mit einer Lehrer-Schüler-Interaktion zu tun haben, in der die heteronome Position Handlungs- und Entscheidungsräume einengt. Feiern die Schüler/innen also möglicherweise gar nicht dieses Fest, erwidern sie aber die Aufforderung regelkonform und auf die erwartete Weise, dann haben wir es mit einer künstlichen Vergemeinschaftung zu tun, bei der es sich eigentlich um die Unterwerfung von Schülerinnen und Schülern innerhalb einer asymmetrischen Erziehungsinteraktion handelt. Die Deutung der hergestellten Ordnung muss also verschiedene Analysebrillen berücksichtigen, die in schulischen Situationen virulent werden.

Die Lehrerin unterscheidet zwischen Schüler/inne/n mit und ohne Wissen zu diesem Fest. Mit ihrer Ansprache auf Türkisch unterscheidet sie zudem zwischen Schüler/inne/n, die Türkisch verstehen und solchen, die kein Türkisch verstehen. Die Dimensionen der Differenzsetzungen, mit denen sie die Schüler/innen adressiert, sind damit inhaltlich die gleichen wie in der Differenzordnung, die die Selbstdarstellung der Lehrerin vorstrukturiert hat. Interpretieren lässt sich hier, dass sie selbst Differenzordnungen an die Schüler/innen heranträgt und sie damit reproduziert.[2]

4.2 Transformierte Differenzsetzungen

Mit dem stereotypen Verhalten scheint die Lehrerin zunächst alle Differenzen der diskursiv hergestellten Ordnungen von Lehrer/inne/n und Schüler/inne/n „mit Migrationshintergrund" zu bestätigen. Die Art, wie die Lehrerin die Differenzsetzungen verhandelt, beinhaltet aber auch transformative Elemente, auf die ich in der folgenden Interpretation den Blick richte.

Die Erwartungen, die die Lehrerin im Vorfeld ihrer Vergemeinschaftungspraxis an die Schüler/innen richtet, sind ergebnisoffen. Dies wird daran deutlich, dass sie auf die implizit erwartete Schülerinitiative, ihr zu gratulieren, verzichtet, indem sie das Fest selbst zum Thema macht. Damit schafft sie einen innovativen Umgang mit Kulturwissen und verpflichtet die Schüler/innen eben nicht auf vorbestimmte Rollen bzw. auf eine möglicherweise traditionelle Art des Gratulierens. An der Transformation der Differenzsetzungen sind auch die Schüler/innen beteiligt: Oben wurde festgestellt, dass die Selbstdarstellung der Lehrerin als „außergewöhnlich" im Einklang mit der diskursiven Besonderung steht. Dagegen steht das Verhalten der Schüler/innen nicht im Einklang mit den Erwartungen der Lehrerin, ihr nämlich initiativ zum Fest zu gratulieren.

In gewisser Weise ermöglicht die Interaktion hier eine Besonderung in Bezug auf geteiltes kulturelles Wissen und Praxen, ohne dass Beteiligte starr auf Positionen festgeschrieben werden. Neben der offenen Erwartungshaltung der Lehrerin gelingt dies womöglich auch dadurch, dass ihre Bezugnahmen den spielerischen Charakter einer Inszenierung tragen: Das amüsierte Plaudern mit dem Hausmeister, der *Tee to go* und die informelle und ins Türkische wechselnde Ansprache sind Inszenierungselemente ihres zusätzlichen Repertoires, das sie situativ und zwanglos aktiviert. Die kleine Inszenierung in der großen Inszenierung macht den von Zuschreibungen und Paradoxien geprägten Handlungsraum situativ beherrschbar.

Die paradoxe Anforderungsstruktur besteht indessen darin, dass der Lehrerin eine funktionale Sonderrolle in Bezug auf bestimmte Schüler/innen herangetragen wird. Nimmt sie die Rolle aber an, schreibt sie sich und die Schüler/innen auf Positionen der Sonderbehandlung fest. Interessant ist nun, dass sie sich in die Differenzordnung der Lehrkräfte mit Migrationshintergrund einordnet, gegenüber ihren

---

2   Im Sinne eines Tests über die erworbenen „Interkulturellen Kompetenzen" ihrer Schüler/innen wäre es hier allerdings konsequent, nicht bestimmte Schülergruppen zu adressieren, da es nicht plausibel erscheint, für die Vermittlung von „Interkultureller Kompetenz" zwischen Schülerinnen und Schülern zu unterscheiden, statt alle einzubeziehen. Die Interpretation der Situation als Abbild oder Spiegelung der bildungspolitischen Erwartungen wird hierdurch nur zusätzlich bestätigt: Die „Ressource Lehrkräfte mit Migrationshintergrund" richtet sich in erster Linie auf den Einsatz für Schüler/innen „mit Migrationshintergrund", und weniger auf Integrationsprozesse allgemeiner sozialer Art.

Schülerinnen und Schüler Bezüge zu Merkmalen von kollektiven Minderheitszugehörigen herstellt und gerade durch die überzogene Bestätigung von stereotypen Erwartungen die Paradoxie der Anforderungsstruktur aufzulösen scheint und die Schüler/innen nicht auf Positionen festlegt. Im Gegensatz zu der überzogenen Bestätigung stereotyper Erwartungen einer besonderen Lehrerin steht auch der Bruch mit den Erwartungen, sowohl vonseiten der Lehrerin als auch der Schüler/innen.

Mit dem Bruch der Erwartungen und der spielerischen Inszenierung der Besonderung kann die Szene als Replik der Lehrerin auf den Diskurs gelesen werden. So interpretiert und beinhaltet die Szene neben ihrer Leichtigkeit auch die Macht, die Grenzen der vorstrukturierten Räume aufzuweichen und zu verschieben und ihre Dimensionen und Facetten kreativ mitzugestalten.

5 Zusammenfassung und Forschungsperspektiven

Ziel des Beitrags war es, genau nachzuzeichnen, inwiefern die Differenzordnungen, die im Diskurs über Lehrer/innen mit Migrationshintergrund hergestellt werden, auch in Interaktionen angesiedelt sind. Es wurde analysiert, wie die Lehrerin in Form von reproduzierten Differenzsetzungen die vorgegebene Ordnung gegenüber den Schülerinnen und Schülern weiterträgt, und wie es ihr dabei situativ gelingt, eine mit Festschreibungsgefahr belegte kulturelle Praxis auf spielerische Weise dennoch zu berücksichtigen.

Während es im ersten Teil um die Verhältnisse ging, deren symbolische Ordnungen zu Bezugspunkten der sozialen Realität werden, betrachtete der zweite Teil die Interaktion als Handlungsraum von Individuen und den spezifischen Umgang der Lehrerin innerhalb der zuvor erläuterten Verhältnisse. Letztendlich ging es auch hier um Verhältnisse, denn gefragt wurde danach, wie das Handeln der Lehrerin sich ins Verhältnis zu den Differenzordnungen setzt.

Die Wirkungen von Differenzordnungen in Interaktionen zum Ausgangspunkt nehmend war es mir wichtig, nicht auf der sozialstrukturellen Ebene zu verharren, sondern im zweiten Schritt in Anlehnung an die Kritische Psychologie (Holzkamp, 1983) die individuellen Umgangsstrategien mit den Handlungsspielräumen in den Blick zu nehmen. Die gespiegelten Differenzordnungen sollten somit nicht als starre Determinanten festgeschrieben werden, die die in ihnen handelnden Akteure dann als strukturell Determinierte viktimisieren würden. Empirische Forschung, die sich als Beitrag zur Aufklärung sozialer und pädagogischer Verhältnisse versteht, muss solche potentiellen Effekte reflektieren, um soziale Akteure nicht zu Diskursopfern zu stigmatisieren.

Mit Blick auf Akteure als wirkungsvolle Mitgestalter ihrer vorstrukturierten Verhältnisse stellt sich für weitere Forschungsperspektiven auch die Frage nach dem Differenzmanagement der Schüler/innen, also wie sie auf Differenzkonstruktionen reagieren und ihre Subjektwerdung mitverhandeln. Die Umgangsstrategien von Lehrer/inne/n und Schüler/inne/n mit Differenzordnungen auf Interaktionsebene stehen möglicherweise in Rückkopplungsbeziehungen mit der Diskursebene, deren Mechanismen zu erforschen aufschlussreich wäre.

Literatur

Atkinson, P.; Coffrey, A.; Delamont, S.; Lofland, J., Lofland, L. (Eds.) (2018). *Handbook of Ethnography*. Reprinted. Los Angeles: SAGE.

Auernheimer, G. (2011). Diversity und Intersektionalität – neue Perspektiven für die Sozialarbeit? *Neue Praxis, 41* (4), 409–424.

Breidenstein, G. (2006). *Teilnahme am Unterricht. Ethnographische Studien zum Schülerjob*. Wiesbaden: VS Verlag für Sozialwissenschaften.

Diehm, I. (2000). "Doing Ethnicity": Unintended Effects of Intercultural Education. In: P. Alheit, J. Beck, E. Kammler, R. Taylor & H. Salling Olesen (Eds.): *Lifelong Learning Inside and Outside Schools. Collected Papers* Vol. 2 (pp. 610–623). Roskilde University, Universität Bremen, Leeds University.

Emerson, R.; Fretz, R.; Shaw, L. (2010). *Writing Ethnographic Fieldnotes*. Chicago: University of Chicago Press.

Geerzt, C. (1983). Dichte Beschreibung. Beiträge zum Verstehen kultureller Systeme. Frankfurt am Main: Suhrkamp.

Glaser, B.; Strauss, A. (1998). *Grounded theory. Strategien qualitativer Forschung*. Bern: Huber.

Holzkamp, K. (1983). *Grundlegung der Psychologie*. Frankfurt am Main: Campus Verlag.

Hünersdorf, B. (Hrsg.) (2008). *Ethnographie und Erziehungswissenschaft. Methodologische Reflexionen und empirische Annäherungen*. Weinheim: Juventa Verlag.

Mecheril, P. (2008). "Diversity". Differenzordnungen und Modi ihrer Verknüpfung. In Heinrich-Böll-Stiftung (Hrsg.): *Politics of Diversity. Dossier* (S. 77–84). Verfügbar unter: http://www.migration-boell.de/web/diversity/48_1712.asp [28.3.2012].

Scharathow, W. (2012). '… weil ich für die irgendwie anders bin'. Zur subjektiven Bedeutsamkeit alltäglicher Differenzierungspraxen in der Migrationsgesellschaft. *Zeitschrift für Sozialpädagogik. 10* (1), 19–40.

West, C.; Fenstermaker, S. (1995). Doing Difference. *Gender and Society, 9* (1), 8–37.

Lehrkräfte mit Migrationshintergrund – ein Potenzial pädagogischer Professionalität im Umgang mit migrationsbedingter Heterogenität

Doris Edelmann

1 Einführung

Zu Beginn des 21. Jahrhunderts prägen anhaltende Migrationsprozesse die soziale Realität in der Schweiz ebenso wie in zahlreichen anderen Staaten. Zudem zeichnen sich immer deutlicher veränderte Migrationsprozesse ab, die sich ergänzend zu traditionellen Wanderungen, die entweder in eine „Rückkehr in die Herkunftsregion", eine „dauerhafte Integration in die Ankunftsregion" oder eine „Herausbildung von Diasporanetzwerken" (Pries, 2000, S. 419) führten, als zeitlich unbegrenzte zirkulär verlaufende Pendelprozesse manifestieren, die sich transnational zu relativ stabilen Lebensformen entfalten. Diese transnationalen Räume bilden den Bezugspunkt für die soziale Positionierung ihrer Beteiligten und stehen quer zur „Illusion der Sesshaften, dass man sich räumlich und kulturell auf ein Territorium festlegen muss, um eine Antwort auf die Frage der Identität zu finden" (Römhild, 2003, S. 14).

Die zunehmende transnationale Vernetzung des sozialen Raums und die darin einhergehende gesellschaftliche Pluralität wirken sich sowohl auf die Bildungssysteme, die einzelnen Schulen, ihre Schüler/innen und deren Eltern als auch auf das unterrichtliche Handeln der Lehrkräfte aus. Es ist daher längst als eine dauerhafte Verpflichtung aller am Bildungssystem Beteiligter zu verstehen, sich pädagogisch professionell mit der migrationsbedingten Heterogenität auseinanderzusetzen. In diesem Zusammenhang kommt der Lehrer/innenbildung die zentrale Verantwortung zu, angehende sowie amtierende Lehrkräfte bei der Entwicklung ihrer pädagogischen Professionalität im Kontext der migrationsbedingten Heterogenität ihrer Schülerschaft und deren Eltern adäquat zu fördern.

Die zunehmende ‚Heterogenität' in Gesellschaft und Schule steht allerdings einer anhaltenden ‚Homogenität' der Lehrerschaft, der Mitglieder der Schulbehörden und nicht zuletzt auch der Dozierenden an Pädagogischen Hochschulen und Universitäten gegenüber. Kinder, Jugendliche und Erwachsene erleben folglich Schulen und Hochschulen als gesellschaftliche Einrichtungen, in denen Erwachsene mit Migrationshintergrund kaum vertreten sind. Insbesondere Schülerinnen und Schülern und Studierenden mit Migrationshintergrund entgehen damit bedeutsame Optionen, auf Lehrende zu treffen, an denen sie ihre eigenen Lebensentwürfe orientieren könnten (vgl. Edelmann, 2006; 2008).

Vor diesem Hintergrund stellte sich mir als damalige Dozentin im Bereich ‚Sozialisation und Differenz' an der Pädagogischen Hochschule Zürich zunehmend die Frage, wie sich (m)eine Zugehörigkeit zur Mehrheitsgesellschaft auf die Perspektive bezüglich der migrationsbedingten Heterogenität auswirken kann und wie wohl

Lehrkräfte mit einem eigenen Migrationshintergrund damit umgehen – oder anders formuliert (vgl. Howard, 1999): können wir überhaupt unterrichten, was wir selber nicht kennen? Ergänzend entwickelte sich das Erkenntnisinteresse, ob die Präsenz von Lehrenden mit Migrationshintergrund in ‚monokulturellen' Lehrerkollegien zu einer Erweiterung der Perspektiven und letztlich zu einer Stärkung der pädagogischen Professionalität im Umgang mit der migrationsbedingten Heterogenität beitragen könnte.

Ausgehend von diesen Fragestellungen entstand das Dissertationsprojekt zum Thema „Pädagogische Professionalität im transnationalen sozialen Raum" (vgl. Edelmann, 2008), in dessen Zentrum die Untersuchung stand, wie Primarlehrer/innen *mit* und *ohne* Migrationshintergrund mit der migrationsbedingten Heterogenität ihrer Klassen umgehen, welche Potenziale und Herausforderungen von ihnen wahrgenommen und welche Strategien sowie Routinen für die typischen Anforderungen in der Praxis entwickelt werden. Mit der Klärung dieser Fragestellungen wurde insbesondere angestrebt, Orientierungswissen zu gewinnen, das zur Entwicklung von pädagogisch professionellem Handeln beiträgt und das darauf basiert, dass es wissenschaftlichen Erkenntnissen folgt und nicht Ausdruck zufälliger Erfahrungen, Vorlieben oder Beliebigkeiten ist. Nur auf diese Weise wird es möglich, Bildung und Erziehung „rational und nicht egoistisch, empirisch gesättigt und nicht prinzipienillusionistisch zu gestalten" (Lenzen, 1999, S. 176).

Nachfolgend werden die Studie und zentrale Ergebnisse vorgestellt, wobei der Schwerpunkt auf Erkenntnisse über Lehrkräfte mit Migrationshintergrund gelegt wird. Abschließend werden Konsequenzen für die Aus- und Weiterbildung von Lehrkräften sowie Forschungsdesiderate reflektiert.

2 Die empirische Untersuchung

Durchgeführt wurde die Untersuchung in Zürich, die mit rund einer halben Million Einwohner/innen die größte Schweizer Stadt ist und deren Schulen von durchschnittlich 40% Schülerinnen und Schülern ausländischer Staatsangehörigkeit besucht werden, wobei Schulen mit einem Anteil von 80% und mehr keine Seltenheit sind (vgl. Bundesamt für Statistik, 2004/2011). Zur Untersuchung der vorliegenden Fragestellungen wurde ein dreistufiges Design entwickelt, dessen erste Phase die Aufarbeitung des theoretischen und empirischen Forschungsstandes umfasste. In der zweiten Phase wurden Experteninterviews (vgl. Bogner, Littig & Menz, 2002) mit acht international renommierten Sozialwissenschaftlerinnen und -wissenschaftlern im Bereich der ‚Interkulturellen Pädagogik' sowie mit sieben Mitgliedern der Schulbehörde (= Schulpräsidentinnen und -präsidenten) der Stadt Zürich durchgeführt.

In der dritten Untersuchungsphase wurden auf der Basis eines qualitativen Stichprobenplans (vgl. Kelle & Kluge, 1999), der die Anzahl der Jahre an Unterrichtserfahrungen, die Herkunft der Lehrpersonen sowie das Ausmaß an Heterogenität in den Schulkassen berücksichtigte, 40 ausgewählte Primarlehrer/innen (= 1. bis 6. Klasse) aus 29 verschiedenen Schulen mit problemzentrierten Interviews (vgl. Witzel, 2000) befragt. Gemäß einer Selbstzuschreibung verfügten 15 von ihnen über einen Migrationshintergrund, was nahezu einer Vollerhebung von Lehrkräften mit Migrationshintergrund entsprach, die zum damaligen Zeitpunkt in der Stadt Zürich auf der Ebene der Primarstufe unterrichteten.

Die biographischen Hintergründe dieser Lehrkräfte waren sehr unterschiedlich. So wurden einige in der Schweiz geboren, andere migrierten im Laufe ihrer Kindheit oder als junge Erwachsene. Alle Interviews wurden in Anlehnung an die „literarische Umschrift" (vgl. Mayring, 2002, S. 89) vollständig transkribiert und mit Unterstützung des Computerprogramms Atlas.ti analysiert.

Da in der vorliegenden Untersuchung die Fragestellung nach dem *typischen* Umgang von Lehrkräften mit der migrationsbedingten Heterogenität im Zentrum stand, erfolgte die Auswertung des Datenmaterials auf der Grundlage eines typenbildenden Stufenmodells (vgl. Kluge, 1999), das eine Charakterisierung der Typen in Anlehnung an den ‚Idealtypus' nach Weber (1904/1988) zuließ. Es wurde somit möglich, die „komplexe soziale Realität sowie Sinnzusammenhänge" (Kelle & Kluge, 1999, S. 75) mit einer überschaubaren Anzahl von Typen abzubilden. Wichtig ist diesbezüglich der Hinweis, dass sich die Bezeichnung ‚ideal' nicht auf die alltagssprachliche Bedeutung von Erstrebenswertem, sondern auf die „logische Vollkommenheit" (Weber, 1904/1988, S. 200) einer Typologie bezieht.

3   Ergebnisse

Insgesamt verdeutlichen die Ergebnisse, dass subjektive Wahrnehmungen sowie persönliche Interessen den Umgang von Lehrkräften mit der migrationsbedingten Heterogenität ihrer Klassensituation entscheidend beeinflussen. Wie anhand der entwickelten Typologie deutlich wurde, reicht die Spannweite von einer abgrenzend-distanzierten Haltung, die dazu führt, die migrationsbedingte Heterogenität weitgehend zu ignorieren, bis hin zu einer kooperativ-synergieorientierten Haltung, die dafür kennzeichnend ist, dass die vielfältigen Hintergründe als Potenzial wahrgenommen und im gesamten unterrichtlichen Handeln konstruktiv berücksichtigt werden (vgl. ausführliche Beschreibungen der Typen in Edelmann, 2008, S. 188ff.).

Weiterhin wurde in der Untersuchung deutlich, dass das Kollegium einen entscheidenden Einfluss darauf hat, wie der Umgang mit der migrationsbedingten Heterogenität thematisiert und realisiert wird. Dabei spielen die Sichtweisen und Haltungen der Schulleitungen sowie gemeinsam entwickelte Schulleitbilder ebenso eine Rolle wie der kollegiale Austausch, die Implementierung von klassenübergreifenden Förderprojekten sowie regelmäßige Teamweiterbildungen – insbesondere wenn sie vor Ort in den Schulen stattfinden. Insgesamt schätzen Lehrkräfte, die in Lehrerkollegien arbeiten, die der Auseinandersetzung mit der migrationsbedingten Heterogenität eine hohe Bedeutung zumessen, ihre Arbeitssituation positiv ein und sie fühlen sich in ihrem pädagogischen Handeln unterstützt, was zu ihrer Arbeitszufriedenheit beiträgt (vgl. Edelmann, 2008, S. 191ff.).

3.1 Lehrkräfte mit Migrationshintergrund

In Bezug auf die Zuordnung von Lehrkräften mit Migrationshintergrund zur vorliegenden Typologie zeigten sich zwei interessante Erkenntnisse, die verdeutlichten, dass biographische Aspekte einen Einfluss auf den Umgang mit der migrationsbedingten Vielfalt ausüben können. So konnte erstens festgestellt werden, dass Lehrkräfte mit Migrationshintergrund bei allen Typen außer dem distanzierten Typus vertreten sind, der die migrationsbedingte Heterogenität seiner Schüler/innen schlichtweg ignoriert. Zweitens entspricht die Orientierung auffallend vieler, vor allem junger Lehrkräfte mit Migrationshintergrund, dem anerkennungsorientierten Typus, der eine ,stillschweigende' Anerkennung der Heterogenität favorisiert, die mögliche Differenzen und Gemeinsamkeiten unausgesprochen lässt. Diesbezüglich wurde in der Analyse des Datenmaterials deutlich, dass es diesen Lehrkräften oftmals aufgrund eigener, negativ erlebter Erfahrungen während ihrer Schulzeit besonders wichtig ist, ihre Schüler/innen niemals direkt auf ihre Herkunft oder sogar als Vertreter/innen einer Kultur anzusprechen (vgl. Edelmann, 2008, S. 193ff.). Nachfolgend werden die Erkenntnisse – vier Themenbereichen zugeordnet – ausführlicher erläutert: persönliche Erfahrungen, Vorbildfunktion, Elternzusammenarbeit und Teamkooperation.

Persönliche Erfahrungen

> *„Was ich sagen kann ist, dass ich mich sehr gut in Kinder einfühlen kann, die später in die Schweiz kommen. Ich sehe mich immer wieder in diesen Kindern. Ich war acht Jahre alt, als ich in die Schweiz kam und ich konnte kein Wort Deutsch. [....] Ich sage daher immer wieder, auch wenn Kinder im späteren Alter kommen, das bedeutet nicht, dass es zu spät ist. Aber der Erfolg ist an Arbeit geknüpft und es braucht Durchhaltevermögen."*

Alle interviewten Lehrkräfte mit Migrationshintergrund brachten zum Ausdruck, dass transnationale Orientierungen für ihre Identitätskonstruktion und ihren Lebensweltbezug von Relevanz sind, indem sie beispielsweise angaben, regelmäßig in die Herkunftsländer ihrer Familien zu reisen und dort Kontakte zu Verwandten und Bekannten zu pflegen. Gleichzeitig sprachen sie auch in der Schweiz den Freundschaften mit Personen, die über dieselbe Herkunft verfügen, eine große Bedeutung zu. Weiterhin betonten diejenigen, die eigene Kinder haben, dass es für sie eine Selbstverständlichkeit sei, ihre Kinder dabei zu unterstützen, eine Beziehung zum Herkunftsland der Familie aufzubauen und dass zu Hause auch die Herkunftssprache(-n) gesprochen würden.

Es überrascht folglich kaum, dass diese Lehrkräfte bei der Beantwortung der Fragestellung, ob sie ihren persönlichen Hintergrund als Ressource in den Unterricht einbringen könnten, vor allem darauf hinwiesen, dass sie aufgrund ihrer persönlichen Erfahrungen vor allem über Empathie bezüglich der Situation ihrer Schüler/innen mit Migrationsintergrund verfügten, weil sie wüssten, was es bedeuten würde, mit verschiedenen kulturellen Orientierungen und Sprachen aufzuwachsen. Viele Lehrkräfte berichteten zudem, dass sie sich aufgrund ihrer persönlichen Geschichte sehr gut in Schüler/innen einfühlen könnten, die den sprachlichen Anforderungen des Unterrichts nicht gerecht würden. Ebenfalls vertraut ist ihnen die Erfahrung, dass manchmal geringste Unterschiede im Vergleich zu Kindern der Mehrheitsgesellschaft Gefühle der Ausgrenzung oder Nichtzugehörigkeit auslösen können. Zudem erzählten einige von ihnen, dass ihr Migrationshintergrund oder ihre mangelnden Deutschkenntnisse bei der Einschulung als fehlende Intelligenz bewertet worden seien. Später im Gymnasium oder in Institutionen der Lehrer/innenbildung seien sie – durchaus im Sinne einer ‚positiven Diskriminierung' (vgl. Hummrich, 2002) – darauf angesprochen worden, dass es ungewöhnlich sei, dass junge Menschen mit einem Migrationshintergrund den Lehrer/innenberuf anstrebten.

> *„Und wenn ich dann sage, ‚nein, ich komme aus X', dann ist die Irritation groß. Und es folgt in der Regel der Kommentar: ‚was, und du bist Lehrerin geworden? [...] Das zeigt, wie deutlich das in der Bevölkerung verankert ist, dass man mit zweisprachigen Eltern kaum Chancen hat, einen Beruf zu ergreifen, der ein Abitur voraussetzt oder so."*

Vorbildfunktion

> *„Ich glaube ich bin vor allem ein Vorbild. Ich glaube stark an Vorbilder [...], denn ich gehöre auch einer religiösen Minderheit an. Ich zeige den Kindern als Beispiel, dass man hier in der Schweiz leben kann, dass man seine Identität wahren kann und dabei Erfolg haben kann. Und das erscheint mir ein sehr wichtiger Aspekt. Und ich habe den Eindruck, dass sie dies auch wertschätzen."*

Die Mehrheit dieser Lehrkräfte erachtete es als wichtig, dass sie für ihre Schüler/innen mit Migrationshintergrund als Vorbild wirken können. Dabei möchten sie ihnen insbesondere zeigen, dass es möglich ist, Elemente der Herkunftskultur und der Mehrheitskultur gleichzeitig zu leben, die Identität also transnational zu entfalten. Darüber hinaus verstanden sie sich als Vorbilder bezüglich ihres eigenen Bildungserfolgs, was in hohen Leistungsanforderungen und -erwartungen an ihre Schüler/innen mit Migrationshintergrund zum Ausdruck kam.

> *„Es gibt für diese Kinder aber auch einen Nachteil, einen Nachteil in Anführungszeichen. Ich weiß, was möglich ist. [...] Das ist die andere Seite: ich weiß, was in der Schweiz möglich ist, auch wenn man nicht so gut Deutsch spricht. Die Kinder werden von daher gefordert, auch herausgefordert. Ich sehe nicht die Opferseite, das sind für mich nicht primär die ‚armen Kinder‘. Ich sehe die Potenziale, primär, die Ressourcen und ich fordere sie auf, etwas daraus zu machen.“*

In Bezug auf ihre Vorbildfunktion erwähnten viele, dass ihre Schüler/innen beeindruckt seien, wenn sie erfahren würden, dass ihre eigene Lehrkraft zu Hause auch eine andere Sprache als (Schweizer-)Deutsch sprechen würde und dass sie unter ähnlichen Bedingungen aufgewachsen sei. Weiterhin gaben die Lehrkräfte an, dass ihnen ihre Erfahrung, Deutsch als Zweitsprache zu erlernen dabei helfen würde, die Schüler/innen bei der Sprachförderung zu unterstützen, da sie mit den ‚Hürden‘ der deutschen Sprache vertraut seien. Die Möglichkeit, für gewisse Erklärungen die Erstsprache zu nützen – sofern sie mit derjenigen der Schüler/innen übereinstimmt – wurde von einigen Lehrkräften als Chance erachtet, andere betonten hingegen, dass sie dies unterlassen würden, weil sie Schüler/innen mit der gleichen Herkunft nicht ‚bevorzugen‘ möchten. Für alle interviewten Lehrkräfte mit Migrationshintergrund war es selbstverständlich, dass sie ihre Schüler/innen mit Migrationshintergrund für die Teilnahme am Unterricht in ihrer Herkunftssprache motivierten. Mehrere jüngere Lehrkräfte betonten diesbezüglich, dass sie selber ihre Herkunftssprachen nie perfekt erlernt hätten, weil ihre damaligen Lehrkräfte den Eltern davon abgeraten hätten, sie zweisprachig zu erziehen.

Elternzusammenarbeit

> *„Mit den Kollegen, das ist die eine Seite, aber wie wird es mit den Eltern sein? Darüber habe ich mir natürlich Gedanken gemacht! Ich habe keine schlechten Erfahrungen gemacht. Und das hängt sicher auch damit zusammen, dass nur drei Schüler/innen wirklich Schweizer Eltern haben. Und daher merkt man eine gewisse Toleranz von den Eltern. [...] Ich habe wirklich keine einzige Reaktion erhalten, die nicht gut war.“*

In Bezug auf die Fragestellungen, ob sie die Eltern ihrer Schüler/innen über ihre Herkunft informieren würden und welche Reaktionen sie diesbezüglich feststellten, zeigte sich, dass es für Lehrkräfte mit italienischem oder spanischem Migrationshintergrund offensichtlich leichter ist, über ihre Herkunft zu sprechen, als für Lehrkräfte anderer Herkunftsstaaten, da sie in der Schweiz zu den ‚etablierten Migrantengruppen‘ (vgl. Juhasz & Mey, 2003) gehören. Nur eine erfahrene Lehrkraft berichtete, dass sie nie über ihren Migrationshintergrund sprechen würde, weil sie vermeiden wolle, dass irgendwelche Vorurteile entstehen würden.

Was den Zugang zu Eltern mit Migrationshintergrund betrifft, sind sich alle Interviewten einig, dass er ihnen aufgrund ihrer eigenen Biographie leicht fällt, insbesondere dann, wenn diese über denselben Hintergrund verfügen würden. Besonders häufig scheint sich ein unmittelbares Verständnis zwischen Lehrkräften und Eltern mit ‚lateinisch-sprachigem‘ Hintergrund zu entwickeln. So berichteten Lehrkräfte mit diesem Hintergrund, dass sie an ihrer Schule oftmals auch von Eltern angesprochen würden, deren Kinder eine andere Klasse besuchten – selbst dann, wenn sie nur annähernd die gleiche Sprache sprechen würden. Die meisten Lehrkräfte waren der Ansicht, dass es für Elterngespräche eine Erleichterung sei, wenn sie die gleiche Sprache sprechen würden wie die Eltern, nicht zuletzt, weil dies die Entwicklung eines Vertrauensverhältnisses unterstützen würde.

> *„Und ich spreche mit den Eltern daher auch auf ‚X‘, wenn es möglich ist. Ich weiß, es gibt dagegen auch den Einwand, dass die Eltern sich dann zu wenig bemühten, Deutsch zu lernen, wenn es für die Schule nicht notwendig ist – das hat sicher zwei Seiten. [...] Aber für mich geht es letztlich um das Wohl der Kinder und diesbezüglich merke ich einfach, dass es sehr schön ist, wenn ich diesen herzlichen und persönlichen Kontakt zu den Eltern haben kann. [...] Und wenn ich die Sprache spreche, die sie beherrschen, dann weiß ich einfach, ja, es ist angekommen, es ist klar. Und die Eltern können dann auch viel leichter zurückfragen."*

Nicht zuletzt wurde in den Interviews deutlich, dass sich diese Lehrkräfte der Tatsache bewusst sind, dass Eltern von Schülerinnen und Schülern mit Migrationshintergrund oftmals ergänzende Informationen – auch in der eigenen Sprache – benötigen, damit sie das durchaus komplexe Schweizer Schulsystem verstehen können. In diesem Zusammenhang berichteten einige der interviewten Lehrkräfte mit Migrationshintergrund von Erfahrungen ihrer eigenen Eltern, die damit Schwierigkeiten hatten oder enttäuscht von Elternabenden zurückkehrten, weil sie aufgrund mangelnder (Schweizer-)Deutschkenntnisse die Informationen der Lehrkräfte nicht verstanden.

Teamkooperation

> *„Sicher, es würde die pädagogische Arbeit befruchten. Das Ganze würde offener. Häufig haben Menschen, die aus multikulturellen Verhältnissen stammen, einen weiteren Horizont – nicht alle. Es gibt auch in diesen Kreisen Menschen, die einen engen Horizont haben. Aber so generell gesagt, da bin ich der Ansicht, dass es eine Bereicherung wäre."*

Alle waren der Meinung, dass es die pädagogische Arbeit im Kontext der migrationsbedingten Heterogenität unterstützen könnte, insbesondere die Sichtweisen erweitern würde, wenn vermehrt Lehrkräfte mit Migrationshintergrund in den

Lehrerkollegien vertreten wären. Unterschiedlich waren dagegen die Ansichten und Erfahrungen bezüglich der Möglichkeit, persönliche Ressourcen im Zusammenhang mit dem Migrationshintergrund ins Lehrerkollegium einzubringen. Aufgrund der Interviewaussagen kann davon ausgegangen werden, dass dies nur an Schulen möglich ist, die erstens ein echtes Interesse an der Professionalisierung im Umgang mit der migrationsbedingten Heterogenität haben und zweitens über gut funktionierende Teamstrukturen verfügen. Insgesamt war es den Interviewten ein zentrales Anliegen, dass ihnen innerhalb ihres Kollegiums weder die Rolle einer Vertreterin oder eines Vertreters ihrer Herkunftskultur, noch die Verantwortung für sämtliche Schüler/-innen und Eltern mit Migrationshintergrund oder etwa die Funktion einer Fachperson für Migrationsfragen zugewiesen wird.

> *„Ich habe hier diese Rolle nicht und ich bin nicht ‚unfroh' darüber. Das wäre mir auch zu eng, wenn ich in diese Rolle des Kulturvermittlers gedrängt würde oder immer zuständig wäre, wenn es um etwas Interkulturelles geht. Nein, diese Rolle strebe ich auch gar nicht an, überhaupt nicht, nein."*

4   Ausblick

Die Ergebnisse der vorliegenden Studie verweisen insgesamt auf einen anhaltenden Bedarf an Aus- und Weiterbildungen für Lehrkräfte im Kontext der migrationsbedingten Heterogenität. Dabei gilt es einerseits zu beachten, dass es ebenso „utopisch wie ideologisch" wäre, „dem Bildungssystem wie auch den Bildungsberufen die Bewältigung gesellschaftlich-kultureller Probleme zu übertragen" (Keuffer & Oelkers, 2001, S. 150). Andererseits gilt es zu berücksichtigen, dass in der Diskussion um die Professionalisierung von Lehrkräften durchaus kritisch reflektiert werden muss, inwiefern Aus- und Weiterbildungen tatsächlich nachhaltig zu einer Verbesserung der Unterrichtsqualität beitragen können.

Es ist daher grundsätzlich als wichtig zu erachten, die Wirksamkeit von Aus-und Weiterbildungen im Kontext der migrationsbedingten Heterogenität noch intensiver zu untersuchen und ebenso pädagogische Interventionen in diesem Bereich umfassend zu evaluieren, so dass zukünftig die pädagogische Professionalität im Umgang mit der migrationsbedingten Heterogenität noch deutlicher auf einer empirischen Grundlage weiterentwickelt werden kann. Bisherige Erkenntnisse zeigen diesbezüglich, dass es besonders zielführend sein kann, Weiterbildungen im Team durchzuführen und die Inhalte innerhalb des Kollegiums nicht nur zu reflektieren und zu diskutieren, sondern konkrete Maßnahmen und Zielsetzungen zu entwickeln, diese in den schulischen Alltag zu implementieren und deren Wirkungen fortlaufend zu evaluieren (vgl. Edelmann, 2009a; 2009b).

Aufgrund der Deutlichkeit, mit der in den empirischen Ergebnissen der vorliegenden Untersuchung zum Ausdruck kommt, dass individuelle Sichtweisen und subjektive Wahrnehmungen den Umgang mit der migrationsbedingten Heterogenität im Unterricht entscheidend prägen, kommt über die entsprechende Fachkompetenzen hinaus weiterhin der eigenkulturellen Sensibilisierung von angehenden und amtierenden Lehrkräften eine große Bedeutung zu, die mitunter den reflektierten Umgang mit der ‚Dialektik' zwischen Gleichheit und Differenz, mit Stereotypen, Attributionen und Ethnozentrismen unterstützen kann (vgl. Ogay & Edelmann, 2011; Edelmann, 2008).

Bezüglich Lehrpersonen mit Migrationshintergrund ist festzuhalten, dass in der Schweiz seit längerem die bildungspolitische Zielsetzung besteht, junge Menschen mit Migrationshintergrund für den Lehrer/innenberuf zu interessieren. Aktuell wurde in einer Überblicksstudie von Bader und Fibbi (2012), zur Thematik ‚Kinder mit Migrationshintergrund: ein großes Potenzial' in den pädagogischen Implikationen erneut darauf hingewiesen, dass es für eine Professionalisierung des Umgangs mit der migrationsbedingten Vielfalt an den Schulen eine Prämisse sei, dass sich zukünftig mehr junge Menschen mit Migrationshintergrund angesprochen fühlten, ein Lehramtsstudium aufzunehmen. Konkrete Maßnahmen zur Einlösung dieses Desiderats wurden bislang nicht entwickelt. Ebenso stehen weiterführende Untersuchungen zu angehenden und amtierenden Lehrpersonen mit Migrationshintergrund seit der Durchführung der in diesem Beitrag besprochenen Studie weitgehend aus. Allerdings ist die Studie ‚DIVAL' (= Diversität angehender Lehrpersonen) in Vorbereitung,[1] mit der angehende Lehrkräfte mit Migrationshintergrund auf der Basis eines longitudinalen Designs vom Studienbeginn bis zu ihrer beruflichen Einmündung – unter besonderer Berücksichtigung qualitativer Forschungsmethoden – wissenschaftlich begleitet werden.

Das bildungspolitische Desiderat, vermehrt junge Menschen mit und ohne Migrationshintergrund für den Lehrer/innenberuf zu interessieren, besteht ebenfalls in weiteren Staaten. So wird beispielsweise in Österreich aufgrund von Analysen des nationalen OECD-Berichts zur ‚Migrant Education' (vgl. Herzog-Punzenberger & Wroblewski, 2010) sowie den Ergebnissen des nationalen Bildungsberichts (vgl. Herzog-Punzenberger, 2009), die fehlende sprachliche und kulturelle Diversität in der Lehrerschaft als eine Problematik diskutiert, deren Bewältigung dazu beitragen würde, den Umgang mit der migrationsbedingten Schülerschaft zu professionalisieren und zur Chancenerhöhung von Schülerinnen und Schülern mit Migrationshintergrund beizutragen.

In Deutschland wurden zur Einlösung des Desiderats, mehr bildungserfolgreiche junge Menschen mit Migrationshintergrund für den Lehrerberuf zu gewinnen, bereits einige Programme implementiert und wissenschaftlich begleitet (vgl. Beiträge in der vorliegenden Publikation) sowie beispielsweise das Programm ‚MigraMENTOR' in Hamburg und Berlin, das unter anderem von der Stiftung ZEIT, der Stiftung Hertie und dem Bundesministerium für Bildung und Forschung gefördert wird (vgl. Bader & Fibbi, 2012; Karakaşoğlu, 2011).

Für die US-amerikanische Bildungsraum diskutieren aktuell Bone und Slate (2011) auf der Grundlage von Statistiken und Studien, die sich mit der Relevanz

---

1   Diese Studie wird derzeit von Sonja Bischoff und Doris Edelmann am Institut ‚Bildung und Gesellschaft' an der Pädagogischen Hochschule St.Gallen vorbereitet. Es ist geplant, die Untersuchung in Kooperation mit anderen Pädagogischen Hochschulen durchzuführen.

der Diversität von Lehrpersonen befassen, die gesellschaftliche Notwendigkeit einer migrationsbedingten Vielfalt in der Lehrerschaft (frühere Analysen z.B. Cochran-Smith, Davis & Fries, 2004; Villegas & Irvine, 2010). Analoge Desiderate formulierte Mujawamariya (2003) für den kanadischen Bildungsraum, mit einem besonderen Bezug zur Situation in der französischsprachigen Region des Landes.

Auch wenn der empirische Erkenntnisstand zur Thematik noch gering ist, kann festgehalten werden, dass drei zentrale Bedingungen zu erfüllen sind, damit die Perspektiven von Lehrkräften mit Migrationshintergrund tatsächlich als Potenzial der pädagogischen Professionalität im Umgang mit der migrationsbedingten Heterogenität in die Schulen eingebracht werden können. Erstens verweist die Tatsache, dass sich nach wie vor nur wenige bildungserfolgreiche Menschen mit Migrationshintergrund für den Lehrer/innenberuf entscheiden auf einen klaren Forschungsbedarf bezüglich der Fragestellung, wie diese Profession für *alle* attraktiv werden könnte. Zweitens gilt es nochmals zu verdeutlichen, dass die Befunde der vorliegenden Studie verdeutlichen, dass Lehrpersonen mit Migrationshintergrund an ihren Schulen keinesfalls einen Sonderstatus einnehmen möchten und sie die einseitige Wahrnehmung ihres biographischen Hintergrunds verständlicherweise klar ablehnen. Drittens wird es als notwendig erachtet, dass es in den Lehrerkollegien nicht zu einer Rollenteilung kommt, die Lehrpersonen mit Migrationshintergrund die alleinige Verantwortung für interkulturelle Belange und Schüler/innen sowie Eltern mit Migrationshintergrund zuweist. Bildungspolitische Zielsetzungen müssen sich folglich in erster Linie darauf konzentrieren, die Repräsentanz von Menschen mit Migrationshintergrund im Lehrer/innenberuf aus legitimer Position zu stärken, weil sie Vertreter/innen der Gesellschaft sind, sodass Lehrerkollegien in Zukunft nicht mehr länger als ‚monokulturelle Inseln' in der multikulturellen Gesellschaft stehen werden.

Literatur

Bader, D.; Fibbi, R. (2012). *Kinder mit Migrationshintergrund: ein großes Potenzial. Studie im Auftrag der Kommission Bildung und Migration der Schweizerischen Konferenz der kantonalen Erziehungsdirektoren (EDK)*. Forum suisse pour l'étude des migrations et de la population [SFM]: Neuchâtel.

Bone, J.; Slate, J. R. (2011). Student Ethnicity, Teacher Ethnicity, and Student Achievement: On the Need for a more diverse Teacher Workforce. *The Journal of Multiculturalism in Education*, 7. Verfügbar unter http://www.wtamu.edu/journal/volume-7-number-1 [16. 06. 2012].

Bogner, A.; Littig, B.; Menz, W. (Hrsg.) (2002). *Das Experteninterview. Theorie, Methode, Anwendung*. Opladen: Leske + Budrich.

Bundesamt für Statistik (2004/2011). *Ausländerinnen und Ausländer in der Schweiz*. Neuchâtel: Bundesamt für Statistik.

Cochran-Smith, M.; Davis, D.; Fries, K. (2004). Multicultural Teacher Education. Research, Practice, Policy. In J. A. Banks & C. A. McGee Banks (eds.): *Handbook of Research on Multicultural Education* (p. 931–978.). San Francisco: Jossey Bass.

Edelmann, D. (2006). Pädagogische Professionalität im transnationalen sozialen Raum. *Zeitschrift für Pädagogik, 51,* 235–250.

Edelmann, D. (2007). Lehrer/-innenbildung im Kontext migrationsbedingter Heterogenität. Welche Kompetenzen brauchen Lehrpersonen, damit sie in mehrsprachigen Klassen effektiv unterrichten können? In C. Allemann-Ghionda & S. Pfeiffer (Hrsg.): *Bildungserfolg, Migration und Zweisprachigkeit* (S. 129–139). Berlin: Frank & Timme.

Edelmann, D. (2008). *Pädagogische Professionalität im transnationalen sozialen Raum. Eine qualitative Untersuchung über den Umgang von Lehrpersonen mit der migrationsbedingten Heterogenität ihrer Klassen* (2. Aufl.). Wien/Zürich: LIT.

Edelmann, D. (2009a). Konzepte kultureller Differenz in der Aus- und Weiterbildung von Lehrpersonen – unter besonderer Berücksichtigung der Situation in der Schweiz. In A. Moosmüller (Hrsg.): *Konzepte kultureller Differenz* (S. 121–136). Münster: Waxmann.

Edelmann, D. (2009b). Qualität in multikulturellen Schulen (QUIMS). Maßnahmen zur Stärkung der Chancengerechtigkeit im Kanton Zürich. In Bundesamt für Migration und Flüchtlinge [BMF] (Hrsg.), *Hochschule in der Zuwanderungsgesellschaft: Sprachliche Bildung und Integration* (S. 226–246). Nürnberg: BMF.

Herzog-Punzenberger, B.; Wroblewski, A. (2010). *OECD Thematic Report on Migrant Education. Country Background Report Austria.* Wien: bmukk.

Herzog-Punzenberger, B. (2009). Migration – Interkulturalität – Mehrsprachigkeit. In K. Specht, Kunst und Kultur Österreich & Bundesministerium für Unterricht (Hrsg.): *Nationaler Bildungsbericht Österreich 2009. Band 2. Fokussierte Analysen bildungspolitischer Schwerpunktthemen* (S. 161–182). Graz: Leykam.

Howard, G. R. (1999). *We can't teach what we don't know. White teachers, multiracial schools.* New York: Teachers College Press.

Hummrich, M. (2002). *Bildungserfolg und Migration. Biographien junger Frauen in der Einwanderungsgesellschaft.* Opladen: Leske + Budrich.

Juhasz, A.; Mey, E. (2003). *Die zweite Generation: Etablierte oder Außenseiter? Biographien von Jugendlichen ausländischer Herkunft.* Wiesbaden: Westdeutscher Verlag.

Karakaşoğlu, Y. (2011). Lehrer, Lehrerinnen und Lehramtsstudierende mit Migrationshintergrund. Hoffnungsträger der interkulturellen Öffnung von Schule. In U. Neumann & J. Schneider (Hrsg.): *Schule mit Migrationshintergrund, i.A. der Heinrich-Böll-Stiftung* (S. 121–135). Münster: Waxmann.

Kelle, U.; Kluge, S. (1999). *Vom Einzelfall zum Typus. Fallvergleiche und Fallkontrastierung in der qualitativen Sozialforschung.* Opladen: Leske + Budrich.

Keuffer, J.; Oelkers, J. (Hrsg.) (2001). *Reform der Lehrerbildung in Hamburg.* Weinheim: Beltz.

Kluge, S. (1999). *Empirisch begründete Typenbildung. Zur Konstruktion von Typen und Typologien in der qualitativen Sozialforschung.* Opladen: Leske + Budrich.

Lenzen, D. (1999). *Orientierung Erziehungswissenschaft. Was sie kann, was sie will.* Reinbek: Rowohlt-Taschenbuch-Verlag.

Mayring, P. (2002). *Einführung in die qualitative Sozialforschung. Eine Anleitung zum qualitativen Denken* (5. Aufl.). Weinheim: Beltz.

Mujawamariya, D. (2003). L' intégration des minorités visibles et ethnoculterelles dans la profession enseignante au Canada: un pas vers la formation des enseignants à l' éducation multiculturelle. In A. Gohard-Radenkovic, D. Mujawamariya & S. Perez (éds.), *Intégration des 'minorités' et nouveau espaces interculturels* (p. 79–99). Bern: Peter Lang.

Ogay, T.; Edelmann, D. (2011). Penser l'interculturalité: l'incontournable dialectique de la différence culturelle. In F. Dervin, A. Gajardo & A. Lavanchy (éds.), *Anthropologies de l'interculturalité* (p. 47–71). Paris: L'Harmattan.

Pries, L. (2000). ,Transmigranten' als ein Typ von Arbeitswanderern in plurilokalen sozialen Räumen. In I. Gogolin & B. Nauck (Hrsg.): *Migration, gesellschaftliche Differenzierung und Bildung* (S. 415–437). Opladen: Leske + Budrich.

Römhild, R. (2003). Welt Raum Frankfurt. In S. Bergmann & R. Römhild (Hrsg.): *Global Heimat. Ethnographische Recherchen im transnationalen Raum* (S. 7–19). Frankfurt a. M.: Institut für Kulturanthropologie und Europäische Ethnologie.

Villegas, A.M.; Irvine, J.J. (2010). Diversifying the teaching force: An examination of major arguments. *Urban Review, 42,* 175–192.

Weber, M. (1904/1988). Die ,Objektivität' sozialwissenschaftlicher und sozialpolitischer Erkenntnis. In ders.: *Gesammelte Aufsätze zur Wissenschaftslehre* (7. Aufl.) (S. 146–214). Tübingen: Mohr.

Witzel, A. (2000). *Das problemzentrierte Interview* [26 Absätze]. Forum Qualitative Sozialforschung/Qualitative Social Research [Online Journal], 1(1). Verfügbar unter: http://www.qualitative-research.net/fqs-texte/1-00/1-00witzel-d.htm [15.12.2011].

Interkulturelle Kompetenz und emotionale Belastung von Lehrkräften mit Migrationshintergrund

Kerstin Göbel

1 Einführung – Interkulturelle Schule

In der Schule, dem gesellschaftlichen Raum, in dem sich die innerhalb unserer Gesellschaft existierende Multikulturalität und Multilingualität in deutlichem Maße abbildet, wird die Notwendigkeit von beidseitigen Anpassungsleistungen besonders augenfällig. Bildungseinrichtungen sind wichtige Agenten der Integration von Migranten in die Gesellschaft und die Enkulturation von Migranten und Nichtmigranten in die Gesellschaft findet nicht zuletzt in der Schule statt. Für das Bildungssystem ergibt sich dadurch, dass Schulleitung und Lehrpersonen innerhalb ihrer Schule und ihres Unterrichts mit Schülerinnen und Schülern unterschiedlicher kultureller und sprachlicher Herkunft umgehen müssen. Die Ergebnisse internationaler Akkulturationsstudien machen deutlich, dass die psychischen und soziokulturellen Anpassungsprozesse, die jugendliche Migranten in einer Gesellschaft zu leisten haben, entscheidend vom Umfeld moderiert werden (Berry et al. 2006).

2 Professionelle Voraussetzungen des Lehrpersonals

Im Hinblick auf die Integration von Lernenden mit Migrationshintergrund wird die mangelnde Professionalisierung von Lehrkräften von verschiedenen Autoren angeprangert und eine systematische Förderung interkultureller Kompetenzen gefordert (z.B. Thomas et al., 2005; Allemann-Ghionda, 2008). Vereinzelt vorliegende empirische Studien im deutschsprachigen Raum zeigen, dass ein Teil der Lehrpersonen im Umgang mit Lernern anderskultureller Herkunft Unsicherheiten zeigt. Es zeichnet sich ein Unterstützungsbedarf bei der Herausbildung interkultureller Kompetenz ab. Einigen Lehrpersonen ist eine ethnozentrische Haltung zu eigen, d.h. sie stellen eigene Wahrnehmungs- und Bewertungsschemata selten in Frage, blenden kulturelle Differenzen oft aus und lassen die vielfältigen Lebensumstände von Lernenden mit Migrationshintergrund häufig unberücksichtigt oder vereinfachen diese durch stereotype Vorstellungen (Auernheimer, 2010; Bender-Szymanski, 2001). Der Anspruch, tolerant mit anderskulturellen Lernenden umzugehen, wird im Hinblick auf tatsächliche Anerkennung und Wertschätzung dieser Andersartigkeit nach Auernheimer (z.B. Auernheimer et al. 1998) oft nicht eingelöst. Nachgewiesenermaßen haben negative Stereotype einen ungünstigen Einfluss auf die fachliche Entwicklung der Lernenden (Rosenthal & Jacobsen, 1968). Viele Migranten unterscheiden sich in Bezug auf ihre Haut- oder Haarfarbe von jugendlichen Nichtmigranten, ihre äußere Erscheinung lässt oftmals Rückschlüsse auf ihre kulturelle Herkunft zu und ist somit ein Merkmal, das sie potenziell von der Residenzgesellschaft differenziert. Diese Unterscheidungsmerkmale sind in vielen Fällen Ursache für Ausgrenzung und Diskriminierung von Jugendlichen mit Migrationshintergrund. Eine international vergleichende Untersuchung liefert empirische Hinweise für die Annahme, dass wahrgenommene Diskriminierung und Probleme in der psychischen und der schulischen Anpassung der Jugendlichen mit Migrationshintergrund eng miteinander zusammenhängen (Berry et al., 2006). In der deutschsprachigen Forschung zu Vorurteilen und Diskriminierung wird deutlich, dass Lehrpersonen einen großen Einfluss auf die Vorurteilsentwicklung ihrer Lernenden und damit auch auf Diskriminierungsprozesse innerhalb der Klasse und auch in der Schule allgemein haben (Wagner, van Dick et al. 2001; Husfeld, 2006). Negative Stereotype von Lehrkräften, wie beispielsweise geringe Leistungserwartungen, beeinträchtigen darüber hinaus auch die Schulleistungen ihrer Lernenden in ungünstiger Weise (Ward-Schofield, 2006). Für die schulische Eingliederung von Lernenden mit Migrationshintergrund wird es daher für wichtig befunden, Diskriminierungen sowohl im Hinblick auf die kulturelle Herkunft, als auch im Hinblick auf die Herkunftssprachen von Migranten zu vermeiden und eine positive Bewertung verschiedener ethnischer Identitäten zu unterstützen sowie auf Bezüge zur ethnischen Herkunft in der Identitätsentwicklung zu achten (Vedder et al. 2006). Lehrpersonen sollten für Diskriminierungserfahrungen sensibilisiert sein und dafür sorgen, dass Lernende ein eigenes kulturelles Selbstverständnis entfalten und darstellen können; dies beinhaltet auch einen reflektierten Umgang mit eventuell anderen kulturellen Vorstellungen, die in der Beziehung zu den Eltern deutlich werden können (Thomas et al., 2005).

2.1 Lehrpersonen mit Migrationshintergrund

Um Bildungserfolge von Kindern und Jugendlichen mit Migrationshintergrund zu steigern und eine interkulturelle Öffnung in der Schule zu realisieren, wird der Gewinnung von Lehrkräften mit Migrationshintergrund in Deutschland inzwischen ein großes Potenzial beigemessen (Stiller & Zeoli, 2010; Özdil, 2011). Ihnen werden spezielle Ressourcen zugeschrieben, die sie aufgrund ihrer eigenen Erfahrungen mitbringen sollen: Es wird angenommen, dass Lehrkräfte mit Migrationshintergrund aufgrund ihrer erfolgreichen Bildungsbiographien als Vorbilder für Lernende mit Migrationshintergrund dienen können (siehe dazu Akbaba, Bräu & Zimmer in diesem Band, S. 37ff.). Sie können weiterhin aufgrund ihrer Erfahrungen interkulturelle Perspektiven auf Schule und Unterricht beisteuern und auf diese Weise zu einer interkulturellen Schulentwicklung beitragen. Sie spiegeln zudem die soziokulturelle Vielfalt der Gesellschaft in den Klassenzimmern wider und es wird davon ausgegangen, dass sie ein besonderes Vertrauen von Eltern mit Migrationshintergrund genießen und ein besonderes Verständnis für die Situation zugewanderter Schülerinnen und Schüler sowie ihrer Eltern mitbringen können (Schulministerium NRW, 2007; Die Bundesregierung, 2007). Den politischen Desideraten und

Anstrengungen zur Rekrutierung von Lehrpersonen mit Migrationshintergrund in Deutschland stehen bislang nur wenige Studien gegenüber, welche die Erwartungen, die sich auf diese Lehrpersonengruppe richten auch empirisch beleuchten. In diesem Zusammenhang verweist Rotter (2009) auf US-amerikanische Untersuchungen aus denen hervorgeht, dass die Ethnizität der Lehrpersonen sich positiv auf den Lernprozess der Lernenden ethnischer Minderheiten auswirken könnte. Die berichtete Befundlage ist jedoch nicht immer einheitlich und es ist unklar, inwiefern sich die Ergebnisse der US-amerikanischen Untersuchungen, die sich vornehmlich auf „visible ethnic minorities" beziehen, auf die Situation in Deutschland übertragen lassen.

2.2 Interkulturelle Kompetenz

Lehrpersonen müssen auf die Herausforderungen in einem multikulturellen Schulumfeld vorbereitet werden, damit sie sich in diesem professionell verhalten können. Mangelndes Wissen über kulturelle Unterschiede und Gemeinsamkeiten sowie eine geringe interkulturelle Erfahrung, stellen ein Konfliktpotenzial im Umgang zwischen Lehrpersonen und Schülern dar (Bender-Szymanski et al. 2000). Spätestens seit der Verankerung von interkultureller Kompetenz in den Richtlinien der Kultusministerkonferenz (KMK, 1996) wird innerhalb der Pädagogik interkulturelle Kompetenz als wichtige Teilkompetenz pädagogischer Professionalität betrachtet. Ob Lehrpersonen mit Migrationshintergrund per se über ein Mehr an interkultureller Kompetenz verfügen, muss im Rahmen empirischer Studien noch untersucht werden. Grundsätzlich kann als interkulturelle Kompetenz von Lehrenden einerseits eine positive Einstellung gegenüber anderen Kulturen verstanden werden, aber andererseits auch die Fähigkeit, mit Situationen angemessen umgehen zu können, die von Akteuren unterschiedlicher kultureller Hintergründe gestaltet werden (Wagner, van Dick & Christ, 2007). Auernheimer (2010) betont, dass sich interkulturell kompetentes Verhalten in der Schule durch den Grundsatz der Gleichbehandlung und den Grundsatz der Anerkennung anderer Identitätsentwürfe sowie kultureller Andersartigkeit auszeichnet. Eine Definition interkultureller Kompetenz, die die Funktionalität im jeweiligen Handlungskontext berücksichtigt, findet sich bei Thomas und Kollegen: „Interkulturelle Handlungskompetenz zeigt sich in der Fähigkeit, kulturelle Bedingungen und Einflussfaktoren im Wahrnehmen, Denken, Urteilen, Empfinden und Handeln, einmal bei sich selbst und zum anderen bei kulturell fremden Personen zu erfassen, zu würdigen, zu respektieren und produktiv zu nutzen" (Thomas, Kinast & Schroll-Machl, 2000, S. 103). Thomas (2000) geht davon aus, dass personale Faktoren, d.h. Voraussetzungen der Persönlichkeit und Prozessfaktoren, z.B. Erfahrungen, miteinander interagieren und das Ergebnis dieser Interaktion sich in der interkulturellen Kompetenz niederschlägt, dabei spielen für ihn neben der interkulturellen Handlungskompetenz auch die Flexibilität, Reflexibilität und interkulturelle Selbstwirksamkeitsvorstellungen eine Rolle.

Im Modell von Bennett (*Developmental Model of Intercultural Sensitivity* – DMIS; Bennett, 1993) werden darüber hinaus mögliche Entwicklungsverläufe interkulturell kompetenten Handelns konzipiert. Bennett (1993) geht in seinem Modell davon aus, dass sich interkulturelle Sensibilität durch Kulturkontakt von ethnozentrischen zu ethnorelativen Haltungen hin entwickelt, woraus sich pädagogisch-didaktische Interventionsmöglichkeiten ableiten lassen, mit deren Hilfe interkulturelle Sensibilität gefördert werden kann (Bennett, Bennett & Allen, 2003). Zusammenfassend kann man die Entwicklung interkultureller Kompetenz als das Ablegen ethnozentrischer Einstellungen und die Entwicklung ethnorelativer Haltungen einerseits sowie die Entwicklung kuluradäquater Handlungsstrategien andererseits beschreiben (Bennett, 1993; Auernheimer, 2010; Leenen & Grosch, 1998; Thomas, 2000).

Hinweise darauf, dass Lehrpersonen mit Migrationshintergrund interkulturell sensiblere Einstellungen aufweisen als Lehrpersonen ohne Migrationshintergrund liegen bislang nur vereinzelt vor (Edelmann, 2008), stimmen jedoch optimistisch. Man kann jedoch vor dem Hintergrund der Literaturlage davon ausgehen, dass Kulturkontakterfahrungen bei der Entwicklung interkultureller Kompetenzen grundsätzlich eine wichtige Rolle spielen (Pettigrew & Tropp, 2000). Der positive Einfluss interkultureller Erfahrung ist für den Lehrerberuf generell empirisch verschiedentlich bestätigt worden. So hat sich im Rahmen von Lehreraustauschprogrammen gezeigt, dass Lehrkräfte, die Auslandsstudien und Auslandsaufenthalte realisieren, im Hinblick auf ihre Perspektivenerweiterung deutlich profitieren, sie ihre interkulturelle Sensibilität stärken und dies einen positiven Einfluss auf ihren Unterricht hat (z.B. Lee, 2009). So scheint interkulturelles Lernen und die Entwicklung interkultureller Kompetenz gerade bei Lehrpersonen insbesondere durch professionell motivierte Auslandsaufenthalte positiv beeinflussbar zu sein.

Eigene empirische Forschungsarbeiten im Kontext der Vermittlung interkultureller Kompetenz im Fremdsprachenunterricht weisen darauf hin, dass Schüler/innen von Lehrpersonen mit vielfältigen interkulturellen Erfahrungen bessere interkulturelle Lernergebnisse aufweisen, als Lernende die von Lehrpersonen mit geringerer interkultureller Erfahrung unterrichtet wurden (Göbel & Hesse, 2008). Schüler/innen profitieren offenbar von den Erfahrungen ihrer Lehrkräfte. Unterrichtsanalysen zeigen, dass es für interkulturell erfahrenere Lehrpersonen selbstverständlicher zu sein scheint, interkulturelle Themen im Unterricht zu implementieren, auf interkulturelle Erfahrungen ihrer Schüler/innen einzugehen und vorschnellen Simplifizierungen und Polarisierungen Einhalt zu gebieten (Göbel, 2007; Göbel & Helmke, 2010). Für weniger interkulturell erfahrene Lehrpersonen stellt die Implementierung interkultureller Themen eine größere Schwierigkeit dar. Die zuvor dargestellten empirischen Befunde könnten auch für eine positive Einschätzung der interkulturellen Erfahrungen von Lehrpersonen mit Zuwanderungshintergrund sprechen und damit ein weiteres Argument für den verstärkten Einsatz dieser Lehrpersonengruppe in der Schule bieten.

2.3 Stressbewältigung als Teilaspekt interkultureller Kompetenz

Interkulturelle Konflikte in der Schule tragen zur Belastung von Lehrkräften bei und können als Symptom für die Verunsicherungen auf der Seite der Lehrpersonen angesehen werden (Ringeisen, Buchwald & Mienert, 2007). Der Lehrerberuf stellt hohe Ansprüche an die psychische Belastungsfähigkeit von Lehrpersonen (Schaarschmidt, 2009). Dabei gehen Burke und Greenglass (1989) davon aus, dass zwei wesentliche Charakteristika für die Erhöhung des Belastungsempfindens von Lehrkräften verantwortlich sind, nämlich die Anzahl der Schüler, die sie versorgen müssen und die mit den Schülern zusammenhängenden Schwierigkeiten (*difficulty of the clients*). Als Teilaspekt interkulturell kompetenten Handelns stellt die Bewältigung von interkulturellen Konfliktsituationen eine wichtige Kompetenz dar, die von Lehrpersonen entwickelt werden muss. Empirische Ergebnisse legen nahe, dass die Heterogenität der Schülerschaft eine zusätzliche Belastung darstellt, die von den Lehrkräften zu bewältigen ist und die mit Ängsten und Befürchtungen einhergehen kann (Freeman, Brookhart & Loadman, 1999; vgl. auch Eisikovits, 2008). In einer israelischen Studie zum „diversity related burnout" haben sich folgende Faktoren für interkulturelle Schulsituationen als belastungsrelevant herausgestellt: Grundschullehrpersonen sind stärker belastet als Lehrpersonen der Sekundarstufe und Lehrpersonen mit einem hohen Zuwandereranteil in der Schule sind weniger durch den Umgang mit Migrantenschülern belastet als Lehrpersonen aus Schulen mit einem geringeren Migrantenanteil (Tatar & Horenczyk, 2003). Dieser letztgenannte Befund deckt sich mit US-amerikanischen Studien von Freeman und anderen (1999), die herausgefunden hatten, dass Lehrpersonen in Schulen mit geringerem Anteil an Migranten Schwierigkeiten aufweisen, eine positive Beziehung zu Lernenden mit Zuwanderungshintergrund aufzubauen. Vermutlich sind Schulen mit hohem Zuwandereranteil besser auf die Anforderungen interkultureller Gegebenheiten vorbereitet und haben bereits Unterstützungsstrukturen für Lernende und Lehrkräfte entwickelt, die das gemeinsame Lernen und Lehren erleichtern. Die grundsätzliche Haltung der Lehrpersonen gegenüber der interkulturellen Situation in der Schule spielt beim Belastungserleben ebenfalls eine bedeutsame Rolle. Eine assimilatorische Haltung von Lehrpersonen hat sich als eher stresserhöhend herausgestellt. Eine Verleugnung der Diversität scheint die Belastungssymptome offenbar zu verstärken und zwar sowohl auf der Individualebene als auch auf der Ebene der Schule (Tatar & Horenczyk, 2003). Lehrpersonen, die assimilatorische Haltungen gegenüber Migranten hegen, fühlen sich belasteter als Lehrpersonen, die pluralistisch eingestellt sind. Weiterhin berichten Lehrpersonen, die in Schulen mit einer assimilationsorientierten Organisationkultur tätig sind, über stärkere Belastungen als Lehrpersonen, die in einem pluralistisch ausgerichteten Umfeld tätig sind (Tatar & Horenczyk, 2003). Es ist davon auszugehen, dass sich die interkulturellen Einstellungen und Belastungen von Lehrkräften negativ auf das akademische Selbstkonzept und auf die akademischen Leistungen insbesondere bei Schülerinnen und Schülern mit Zuwanderungshintergrund auswirken können. Daher ist es wichtig, den kulturell und sprachlich heterogenen Situation aktiv zu begegnen (Ringeisen, Buchwald & Mienert, 2007; Schofield, 2006).

Aufgrund des Fehlens systematischer interkultureller Trainings- und Kompetenzförderangebote sind Lehrkräfte jedoch bislang vor allem ihren eigenen Erfahrungen und Heuristiken überlassen, um interkulturelle Situationen in der Schule zu bewältigen. Die eigenen interkulturellen Erfahrungen der Lehrkräfte mit Migrationshintergrund können im Umgang mit einer kulturell heterogen zusammengesetzten Schülerschaft sehr wertvoll sein. Eine Studie aus Israel zu Selbstwirksamkeitsvorstellungen von Lehrpersonen mit Migrationshintergrund zeigt, dass die untersuchten Lehrpersonen mit russischem Migrationshintergrund insgesamt über eine hohe Selbstwirksamkeitserwartung im Hinblick auf ihre Kompetenzen im Unterrichten, ihre Kompetenzen im Umgang mit Schülerinnen und Schülern im Allgemeinen sowie den Umgang mit Lernenden mit Zuwanderungshintergrund verfügen. Auch Lehrpersonen mit Migrationshintergrund, die eine eher assimilatorische Einstellung zu Lernenden mit Zuwanderungsgeschichte aufweisen, haben im Vergleich zu Lehrpersonen mit einer pluralistischen Einstellung eine geringere Selbstwirksamkeitserwartung im Hinblick auf den Umgang mit Lernenden mit Zuwanderungshintergrund (Tatar, Ben-Uri & Horenczyk, 2011). Die Autoren befürworten vor dem Hintergrund ihrer Ergebnisse eine verstärkte Einstellung von Lehrkräften mit Migrationshintergrund. Möglichst solche, die durch ihre professionelle Ausbildung und durch ihre eigenen Erfahrungen eine pluralistische Einstellung entwickeln konnten. Die Autoren betonen die potenziellen Ressourcen, die diese Lehrkräfte mitbringen, um einerseits eine Brücke zwischen der Residenzgesellschaft und den Lernenden mit Zuwanderungsgeschichte bauen zu können und andererseits für Lehrpersonen ohne Migrationshintergrund als kulturelle Vermittler dienen zu können.

Trotz der zuvor berichteten positiven Befunde hinsichtlich der Kompetenzen von Lehrpersonen mit Migrationshintergrund weisen andere Autoren auch auf problematische Aspekte des Einsatzes von Lehrkräften mit Migrationshintergrund hin. Tartarkowska & Ackermann (2008) berichten von Diskriminierung, die Lehrpersonen mit Migrationshintergrund in ihrem beruflichen Umfeld und oftmals schon in ihrer Bildungslaufbahn erfahren. Sie verweisen hierbei auf Beispiele aus den USA, die zeigen, wie sich Lehrkräfte mit internalisierten Stereotypen und Vorurteilen auseinandersetzen müssen, um ihre eigene Diskriminierung zu bekämpfen. Erfahrungen von Diskriminierung sollten daher im Rahmen von Forschungsarbeiten zu Lehrpersonen mit Migrationshintergrund immer mit in Betracht gezogen werden. Es ist folglich davon auszugehen, dass Lehrpersonen mit Zuwanderungshintergrund aufgrund ihrer positiven wie auch negativen Erfahrungen im Zusammenhang mit der Wahrnehmung ihres Migrationshintergrundes durch die Mehrheitsgesellschaft, spezifische Ressourcen mit in den Lehrerberuf einbringen können. Es muss allerdings dennoch auch damit gerechnet werden, dass diese Erfahrungen, z.B. weil sie nicht angemessen verarbeitet wurden, im Hinblick auf die Interaktion in der Schule problematische Aspekte aufweisen können. Im Folgenden soll im Rahmen der Darstellung eines Ausschnittes eigener empirischer Forschungsergebnisse ein Aspekt beleuchtet werden, der die emotionale Belastung im Hinblick auf interkulturelle Situationen in den Blick nimmt.

3 Eine explorative Studie zum Umgang mit interkulturellen Situationen in der Schule

Wie bereits dargelegt, fordert der wachsende Anteil von Schülerinnen und Schülern mit Migrationshintergrund in deutschen Schulen von Lehrerpersonen eine erhöhte Flexibilität und Offenheit für die Reflexion über kulturell bedingte Unterschiede und Gemeinsamkeiten sowie einen kompetenten Umgang mit einer kulturell heterogen zusammengesetzten Schülerschaft. Da kulturelle Heterogenität auch ein Belastungspotential für Lehrpersonen in sich birgt, ist es vor allem in Anbetracht der demographischen Entwicklung von besonderem Interesse, ein differenziertes Bild subjektiver Deutungs- und Bewältigungsmuster von Lehrerinnen und Lehrern in solchen Situationen zu erhalten. Unter Rückgriff auf zuvor berichtete, zum Teil eigene Forschungsarbeiten (Lee, 2009; Göbel & Hesse, 2008, Göbel & Helmke, 2010,) stellt sich die Frage, inwieweit Kulturkontakterfahrung und hier speziell eigene Migrationserfahrung von Lehrkräften mit unterschiedlichem Belastungserleben und unterschiedlichen Bewältigungsstrategien in interkulturellen Situationen einhergeht.

3.1 Forschungsmethode

Im Folgenden sollen Teilergebnisse einer Studie vorgestellt werden, in der Lehrpersonen zu ihren Vorstellungen und emotionalen Reaktionen auf interkulturelle Situationen befragt wurden (Göbel, 2007; Göbel & Buchwald, in Vorbereitung). Dabei wurde in methodischer Hinsicht von der Annahme ausgegangen, dass Vorstellungen über Situationen, in denen differierende kulturelle Handlungsweisen miteinander konfrontiert sind, sich gut mit der Critical Incidents Technik[1] abbilden lassen (Göbel & Hesse, 2007; Göbel, 2003; Göbel, 2001; Over, Mienert, Grosch & Hany, 2007).

Auf der Basis eigener Voruntersuchungen im Rahmen von Interviews mit Lehrpersonen in NRW und Hessen sowie unter Heranziehung von empirischen Arbeiten von Wagner (Wagner et al. 2001) wurden fünf als für die schulische Realität relevant eingeschätzte kritische Ereignisse (Critical Incidents) ausgewählt, um die Reflexion der Lehrpersonen über die Interaktion mit Lernenden mit Migrationshintergrund anzuregen. Die eingesetzten Critical Incidents sind im Folgenden dargestellt:
CI 1: Eine muslimische Schülerin trägt ihr Kopftuch im Unterricht.

---

1 Critical Incidents Technik – hier werden den Probanden kritische bzw. konfliktbehaftete Situationen vorgelegt über die sie reflektieren sollen.

CI 2: Männliche Schüler mit Migrationshintergrund akzeptieren die Mädchen nicht als gleichwertig. Auch die Autorität von weiblichen Lehrkräften wird nicht ernst genommen.

CI3: In der Klasse gibt es Anzeichen von Ausländerfeindlichkeit, es werden ausländerfeindliche Äußerungen gemacht.

CI4: Die Teilnahme an Klassenfahrten und Klassenaktivitäten außerhalb der Schule ist für Schülerinnen mit Migrationshintergrund aufgrund von Vorbehalten ihrer Eltern oft schwierig.

CI5: Das Engagement von Eltern mit Migrationshintergrund in Bezug auf die schulische Entwicklung ihrer Kinder ist gering. Sie kommen oft nicht zu den Elternabenden und in die Elternsprechstunde.

Eine Stichprobe von insgesamt 59 Lehrerinnen und Lehrern aus NRW mit unterschiedlichem interkulturellem Erfahrungshorizont wurden unter Nutzung der zuvor beschriebenen Critical Incidents zu ihren interkulturellen Vorstellungen befragt. Dabei hatten neun Lehrpersonen[2] einen Migrationshintergrund, der entweder in ihrer eigenen Biographie oder in der ihrer Eltern begründet war; die übrigen Lehrpersonen hatten keinen Migrationshintergrund. Die Erhebung des subjektiven emotionalen Erlebens im Hinblick auf die Critical Incidents sollte einen Hinweis auf die Belastungsqualität der Situationen erlauben. Zu diesem Zwecke wurde die deutsche Version der PANAS-Skalen[3] (Krohne et al. 1996) eingesetzt, mit denen die positive und negative emotionale Reaktion auf die Critical Incidents der einzelnen Lehrkräfte abgebildet werden sollte. Die Skaleneigenschaften der PANAS-Skalen sind insgesamt als gut bis befriedigend zu bezeichnen (Cronbachs Alpha: .85 bis .73).

3.2 Forschungsergebnisse

Die im Folgenden dargestellten Ergebnisse fokussieren auf die negative emotionale Reaktion der Lehrpersonen auf die Critical Incidents. Sie stellen lediglich einen Auszug aus den insgesamt erhobenen Daten dar, darüber hinaus liegen noch Interviewdaten vor, die noch nicht abschließend ausgewertet sind. Abbildung 1 zeigt dabei die negative emotionale Reaktion von Lehrpersonen mit und ohne Migrationshintergrund im Hinblick auf die fünf Critical Incidents.

---

2   Dabei haben sechs der Probanden einen türkisch-muslimischen Migrationshintergrund, die anderen haben einen jugoslawischen, polnischen und französischen Migrationshintergrund. Alle Lehrpersonen mit Migrationshintergrund, die an der Studie teilgenommen haben, sind in Deutschland geboren.

3   Die PANAS-Skalen fragen die positiven und negativen Emotionen bezüglich einer Situation ab. Jeweils 20 Adjektive von denen 10 eher positive und 10 eher negative Empfindungen beschreiben, sollen von den Probanden hinsichtlich ihrer Intensität auf einer 5-stufigen Skala eingeschätzt werden.

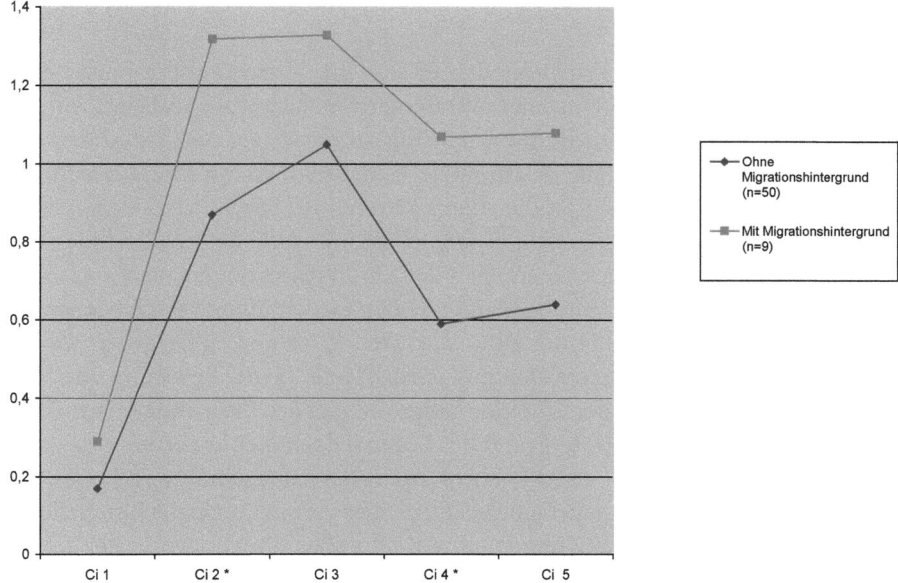

Abbildung 1: Vergleich des Belastungserlebens von Lehrpersonen mit und ohne Migrationshintergrund (N=59)

Die Darstellung der Ergebnisse in Bezug auf die negative emotionale Reaktion auf die Critical Incidents macht deutlich, dass Lehrpersonen mit Migrationshintergrund im Hinblick auf alle fünf vorgelegten Critical Incidents eine höhere emotionale Belastung angeben als Lehrpersonen ohne Migrationshintergrund. Dieser Unterschied ist bei dem ersten Critical Incident eher gering, bei den anderen ist dieser Unterschied jedoch deutlicher. Vor allem bei den Critical Incidents 2 und 4 ist diese Differenz besonders markant und bei einem Alphafehler (Fehlerwahrscheinlichkeit) von 5% auch statistisch signifikant (CI2: df=2, F=4,233, p<0.05; CI 4: df=2, F=4,028, p=0.05). Dieser statistisch überzufällige Befund ist gerade wegen der relativ kleinen Substichprobe von Lehrpersonen mit Migrationshintergrund besonders überraschend, wenngleich diese Ergebnisse an einer größeren Stichprobe noch bestätigt werden müssten. Erste qualitative Analysen der Interviews mit den Lehrpersonen weisen darauf hin, dass die Lehrpersonen mit Migrationshintergrund eher komplexere Deutungen im Hinblick auf die interkulturellen Situationen vornehmen. Die Antworten fallen ergiebiger aus als bei den Lehrpersonen ohne Migrationshintergrund und die Lösung der interkulturellen Situationen wird zumeist in der kommunikativen Auseinandersetzung und Abwägung mit den Beteiligten gesucht. Lehrpersonen ohne Migrationshintergrund variieren in der Komplexität ihrer Deutung stärker und rekurrieren im Hinblick auf die Situationslösung auch häufiger auf ihre Autorität als Lehrperson.

4   Diskussion und Ausblick

Bei den zuvor berichteten Daten handelt es sich um Forschungsergebnisse einer explorativen Studie, die nicht an einer repräsentativen Stichprobe realisiert wurden. Entsprechend sind diese Ergebnisse vorsichtig zu bewerten. Nichtsdestotrotz ist die deutlich höhere emotionale Belastung der Lehrpersonen mit Migrationshintergrund, die im Rahmen dieser Studie zutage getreten ist, beachtlich. Lehrpersonen mit Migrationshintergrund weisen größere Belastungswerte auf und zeichnen sich gleichzeitig durch komplexere Deutungen der Konfliktsituationen aus. Es scheinen gerade diese komplexeren Deutungen und die Berücksichtigung verschiedener Akteursperspektiven zu sein, die mit einer stärkeren Belastung einhergehen. Ob die Belastung durch die komplexere Deutung entsteht oder ob die Belastung durch die stärkere Identifikation mit der Situation aufgrund eigener Erfahrungen zu verstehen ist, lässt sich vor dem Hintergrund der Daten jedoch nicht beurteilen.

Der vorgelegte Befund und die zuvor berichteten Forschungsergebnisse zeigen, interkulturelle Erfahrung ist eine wichtige aber vermutlich keine hinreichende Voraussetzung für die Bewältigung von interkulturellen Situationen in der Schule. Trotz der vielfältigen interkulturellen Erfahrungen der Lehrpersonengruppe mit Migrationshintergrund erleben diese Lehrpersonen eine stärkere Belastung in interkulturellen Konfliktsituationen. Weiterhin zeigen sich Lehrpersonen mit Migrationshintergrund zwar tatsächlich interkulturell sensibler im Umgang mit multikulturellen Lerngruppen und erleben sich in interkulturellen Situationen auch als kompetent, dennoch scheint auch für diese Personengruppe eine offene und akzeptierende interkulturelle Haltung eine wichtige Voraussetzung für die psychische Gesundheit und das Kompetenzerleben zu sein (siehe Tatar & Horenczyk, 2003).

Vor dem Hintergrund der verfügbaren empirischen Befunde und der politischen Desiderate ist es nicht von der Hand zu weisen, dass Lehrpersonen mit Migrationshintergrund einen bedeutsamen positiven Beitrag im Hinblick auf kulturelle Verständigung und auf die Eingliederung von Lernenden mit Zuwanderungsgeschichte in der Schule leisten können. Es kann jedoch aufgrund der vorgelegten Ergebnisse nicht davon ausgegangen werden, dass die Beschäftigung von Lehrpersonen mit Migrationshintergrund alleine auftretende interkulturelle Irritationen in der Schule zu lösen in der Lage ist (Karakaşoğlu, 2011). Die beschriebenen Daten weisen vielmehr darauf hin, dass auch und gerade Lehrkräfte mit Migrationshintergrund durch die Anforderung, interkulturelle Situationen kompetent zu meistern in besonderem Maße belastet sind und auch für diese Lehrpersonengruppe Unterstützungskonzepte entwickelt werden müssen.

Für die Lehrerbildung und schulische Organisationsentwicklung bedeutet dies, dass man nicht erwarten kann, dass Lehrpersonen mit Migrationshintergrund die interkulturellen Probleme und die interkulturelle Organisationsentwicklung qua biographischer Erfahrung lösen. Alle Lehrpersonen müssen eine theoretisch fundierte und praxisrelevante Ausbildung erhalten, in der sie auf interkulturelle Situationen, Irritationen und – wie gezeigt werden konnte – damit durchaus verbundenem höheren Belastungserleben angemessen vorbereitet werden, indem ihnen z.B. interkulturell sensible Perspektiven und Handlungsmöglichkeiten vermittelt werden. Darüber hinaus sollten Lehrpersonen neben interkulturellen Weiterbildungsangeboten und selbstreflexiven interkulturellen Trainingseinheiten auch Unterstützungsangebote (z. B. im Sinne von Supervision oder Coaching) zum Umgang mit Belastungen im Rahmen ihrer Tätigkeit erhalten. Gerade die Unterstützung in der Verringerung von Belastungen durch hohe Erwartungen an die eigene Fähigkeit, kompetente Lösungen für (interkulturellen) Konflikte zu finden, scheint für Lehrpersonen mit Migrationshintergrund eine wichtige und notwendige Hilfestellung zu sein. Schulen sollten ein geeignetes Konzept entwickeln, in dem Lehrkräfte gemeinsam eine interkulturelle Perspektive ihres schulischen Handelns und Maßnahmen zur Unterstützung der anforderungsreichen Aufgaben entwickeln.

Literatur

Allemann-Ghionda, C. (2008). Vom Postulat zur bildungspolitischen und didaktischen Umsetzung. Anmerkungen zur Interkulturalität in Lehrplänen. In L. Rosen & S. Farrokhzad (Hrsg.): *Macht – Kultur - Bildung* (S. 147–163). Münster: Waxmann.

Auernheimer, G. (Hrsg.) (2010). *Interkulturelle Kompetenz und pädagogische Professionalität*. 3. Auflage, Wiesbaden: Verlag für Sozialwissenschaften.

Auerheimer, G.; van Dick, R.; Petzel, T.; Sommer, G. & Wagner, U. (1998). Wie gehen Lehrer/innen mit kulturellen Differenzen um? Ergebnisse aus einer Lehrerbefragung. *Zeitschrift für Erziehungswissenschaft 4 (1)*, 597–611.

Bender-Szymanski, D. (2001). Kulturkonflikt als Chance für Entwicklung? In G. Auernheimer, R. van Dick, T. Petzel & U. Wagner (Hrsg.): *Interkulturalität im Arbeitsfeld Schule. Empirische Untersuchungen über Lehrer und Schüler* (S. 63–98). Opladen: Leske + Budrich.

Bender-Szymanski, D.; Hesse, H.G. & Göbel, K. (2000). Akkulturation in der Schule: Kulturbezogene Konflikte und ihre Auswirkung auf Denken und Handeln junger Lehrer in multikulturellen Schulklassen. In I. Gogolin & B. Nauck (Hrsg.): *Migration, gesellschaftliche Differenzierung und Bildung* (S. 213–244). Opladen: Leske und Budrich.

Bennett, M. (1993). Towards Ethnorelativism: A Developmental Model of Intercultural Sensitivity. In M. Paige (Hrsg.): *Education for the Intercultural Experience* (pp. 21–72). Yarmouth: Intercultural Press.

Bennett, J.; Bennett, M. & Allen, W. (2003). Developing Intercultural Competence in the Language Classroom. In D. L. Lange & M. Paige (Hrsg.): *Culture as the core* (pp. 237–270). Greenwich: IAP.

Berry, J. W.; Phinney J. S.; Sam, D. L. & Vedder P. (2006). Immigrant Youth: Acculturation, Identity and Adaptation. *Applied Psychology 55(3)*, 303–332.

Bundesregierung (Hrsg.) (2007). *Nationaler Integrationsplan. Neue Wege-Neue Chancen*. Berlin: Presse- und Informationsamt der Bundesregierung. Verfügbar unter: http://www.bundesregierung.de/Content/DE/Archiv16/Artikel/2007/07/Anlage/2007-10-18-nationaler-integrationsplan.pdf?__blob=publicationFile&v=2 [05.03.2012].

Burke, R. J. & Greenglas, E. (1989). The clients' role in psychological burnout in teachers and administrators. *Psychological Reports, 73*, 1299–1306.

Edelmann, D. (2008). *Pädagogische Professionalität im transnationalen sozialen Raum.* Berlin: Lit-Verlag.

Eisikovits, R. A., (2008). Coping with high-achieving transnationalist immigrant students: The experience of Israeli teachers. *Teaching and Teacher Education, 24*, 277–289.

Freeman, I. A.; Brookhart, S. M. & Loadman, W. E. (1999). Realities of teaching in racially/ethnically diverse schools: Feedback from entry-level teachers. *Urban Education, 34*, 89–114.

Göbel, K. (2007). *Qualität im interkulturellen Englischunterricht – eine Videostudie.* Münster, Waxmann.

Göbel, K. (2003). *Critical Incidents – aus schwierigen Situationen lernen.* Verfügbar unter:www.dipf.de/publikationen/volltexte/vortrag_goebel_critical_incidents_2003.pdf -[02.03.2012]

Göbel, K. (2001). Die Bedeutung der Analyse interkultureller Konfliktlösestrategien für die interkulturelle Erziehung in der Schule: Forschungsergebnisse einer Akkulturationsstudie in Chile. In G. Auernheimer, R. van Dick, T. Petzel & U. Wagner (Hrsg.): *Interkulturalität im Arbeitsfeld Schule* (S. 161–175). Opladen: Leske + Budrich.

Göbel, K. & Buchwald, P. (in Vorbereitung). Dealing with cultural heterogeneity in school: A stressor for teachers? *International Journal of Intercultural Relations.*

Göbel, K. & Helmke, A. (2010). Intercultural learning in English as a foreign language instruction: The importance of teachers' intercultural experience and the usefulness of precise instructional directives. *Teaching and Teacher Education 26 (8)*, 1571–1582.

Göbel, K. & Hesse, H. G. (2008). Vermittlung interkultureller Kompetenzen im Englischunterricht. In DESI-Konsortium unter Leitung von Eckhard Klieme (Hrsg.): *Unterricht und Kompetenzerwerb in Deutsch und Englisch. Ergebnisse der DESI-Studie* (S. 398–410). Weinheim: Beltz.

Hesse, H.G. & Göbel, K. (2007). Interkulturelle Kompetenz. In B. Beck & E. Klieme (Hrsg.): *Sprachliche Kompetenzen - Konzepte und Messung - DESI-Studie* (S. 253–269). Weinheim: Beltz.

Husfeld, V. (2006). Negative Einstellungen gegenüber Immigranten und der Einfluss der Schule. Eine Analyse der deutschen Daten aus der IEA-Civic-Education-Study. *Empirische Pädagogik 20(1)*, 49–69.

Karakaşoğlu, Y. (2011). Lehrer, Lehrerinnen und Lehramtsstudierende mit Migrationshintergrund. In U. Neumann & J. Schneider (Hrsg.): *Schule mit Migrationshintergrund* (S. 121–135). Münster: Waxmann.

KMK (1996). *Empfehlung interkulturelle Bildung und Erziehung in der Schule.* (Beschluss der Kultusministerkonferenz vom 25. 10. 1996).

Krohne, H. W.; Egloff, B.; Kohlmann, C-W. & Tausch, A. (1996). Untersuchung mit einer deutschen Version der „Positive and Negative Affect Schedule" (PANAS). *Diagnostica Zeitschrift für psychologische Diagnostik und differenzielle Psychologie, 42 (2)*, 139–156.

Lee, J. F. K. (2009). ESL student teachers' perceptions of a short-term overseas immersion programme. *Teaching and Teacher Education, 25(8)*, 1095–1104.

Leenen, W. R.; Grosch, H. (1998). *Bausteine zur Grundlegung interkulturellen Lernens. Interkulturelles Lernen* (S. 29–47). Bonn: Bundesministerium für politische Bildung.

Özdil, E. (2011). Wer könnte es besser …? *Grundschule: Magazin für Aus- und Weiterbildung, 43*, 34–36.

Over, U.; Mienert, M., Grosch, C. & Hany, E. (2007). Interkulturelle Kompetenz: Begriffsklärung und Methoden der Messung. In T. Ringeisen, P. Buchwald & C. Schwarzer (Hrsg.): *Interkulturelle Kompetenz in Schule und Weiterbildung.* (S. 65–79) Berlin: LIT Verlag.

Pettigrew, T. & Tropp, L. (2000). Does Intergroup Contact Reduce Prejudice? Recent Meta-Analytic Findings. In S. Oskamp (Ed.): *Reducing Prejudice and Discrimination* (pp. 93–114). Mahwah, NJ: Lawrence Erlbaum Associates.

Ringeisen, T.; Buchwald, P. & Mienert, M. (2007). Lehrer-Schüler-Interaktion aus interkultureller Perspektive: Chancen und Probleme für Lehrkräfte. In T. Ringeisen, P. Buchwald & C. Schwarzer (Hrsg.): *Interkulturelle Kompetenz in Schule und Weiterbildung.* (S. 25–37) Berlin: LIT Verlag.

Rosenthal, R. & Jacobson, L. (1968). *Pygmalion in the classroom.* New York: Holt, Rinehart & Winston.

Rotter, C. (2009). Lehrkräfte mit Zuwanderungsgeschichte: von der Politik umworben, von der Forschung vernachlässigt. *Tertium Comparations. Journal für International und Interkulturell Vergleichende Erziehungswissenschaft, 15 (1)*, 3–20.

Schaarschmidt, U. (2009). Beanspruchung und Gesundheit im Lehrberuf. In O. Zlatkin-Troitschanska, K. Beck, D. Sembill, R. Nickolaus & R. Mulder (Hrsg.): *Lehrprofessionalität. Bedingungen, Genese, Wirkungen und ihre Messung* (S. 605–616). Weinheim & Basel: Beltz Verlag.

Schofield, J. W. (2006). Migrationshintergrund, Minderheitenzugehörigkeit und Bildungserfolg – Forschungsergebnisse der pädagogischen Entwicklungs- und Sozialpsychologie. AKI-Forschungsbilanz 5. Berlin: AKI/WZB.

Schulministerium NRW (2007). *Lehrkräfte mit Zuwanderungsgeschichte.* Verfügbar unter: http://www.schulministerium.nrw.de/ZBL/Wege/Zuwanderungsgeschichte/ [25.02.2012].

Stiller, E. & Zeoli, A. (2010). Lehrkräfte mit Zuwanderungsgeschichte - für einen ressourcenorientierten Perspektivenwechsel in der Personalentwicklung. *Die Deutsche Schule, 4*, 338–346.

Tatar, M. & Horenczyk, G. (2003). Diversity-related burnout among teachers. *Teaching and Teacher Education, 19*, 397–408.

Tatar, M.; Ben-Uri, I. & Horenczyk, G. (2011). Assimilation attitudes predict lower immigrant-related self-efficacy among Israeli immigrant teachers. *European Journal of Psychology of Education, 26 (2)*, 247–255.

Thomas, A.; Kammhuber, S. & Schmid, S. (2005). Interkulturelle Kompetenz und Akkulturation. In U. Fuhrer & H.H. Uslucan (Hrsg.): *Familie, Akkulturation und Erziehung* (S. 187–205). Stuttgart: Kohlhammer Verlag.

Thomas, A.; Kinast, E.-U. & Schroll-Machl, S. (2000). Entwicklung interkultureller Handlungskompetenz von international tätigen Fach- und Führungskräften durch interkulturelle Trainings. In K. Götz. (Hrsg.): *Interkulturelles Lernen / Interkulturelles Training* (S. 97–122). München: Rainer Hampp.

Vedder, P. H.; Horenczyk, G.; Liebkind, K. & Nickmans G. (2006). Ethno-Culturally Diverse Educational Settings; Problems, Challenges and Solutions. *Educational Research Review (1)*, 157–168.

Wagner, U.; van Dick, R. & Christ, H. (2007). Interkulturalität in der Schule. In S. Thomas, A. Kammhuber & S. Schroll-Machl (Hrsg.): *Handbuch Interkulturelle Kommunikation und Kooperation*. Band 2: Länder, Kulturen und interkulturelle Berufstätigkeit (S. 377–384). Göttingen: Vandenhoeck & Ruprecht.

Wagner, U.; van Dick, R.; Petzel, T. & Auernheimer, G. (2001). Der Umgang von Lehrerinnen und Lehrern mit interkulturellen Konflikten. In G. Auernheimer, R. van Dick, U. Wagner & T. Petzel (Hrsg.): *Interkulturalität im Arbeitsfeld Schule* (S. 17–40). Opladen: Leske + Budrich.

Ward-Schofield, J. (2006). *Migrationshintergrund, Minderheitenzugehörigkeit und Bildungserfolg Forschungsergebnisse der pädagogischen, Entwicklungs- und Sozialpsychologie, AKI-Forschungsbilanz 5*. Verfügbar unter: http://www2000.wzb.eu/alt/aki/files/aki_forschungsbilanz_5.pdf [05.03.2012].

Selbstwirksamkeitsüberzeugungen von Lehrkräften mit Migrationshintergrund

Empirische Schlaglichter auf den Umgang mit Mehrsprachigkeit und kultureller Heterogenität

Viola B. Georgi

Das deutsche Bildungssystem tut sich bislang schwer im Umgang mit Heterogenität. Das „Homogenisierungsdenken" bei Lehrkräften wird dabei als größte Herausforderung schulischer Praxis beschrieben (Wischer, 2007, S. 32). In diesem Zusammenhang geraten Lehrer/innen mit Zuwanderungsgeschichte als Hoffnungsträger in den Blick. Ihnen wird zugetraut, unterstellt oder zugeschrieben, dass sie aufgrund ihres biographischen und lebensweltlichen Befasst-Seins mit Differenzerfahrungen (Sprache, Kultur, Religion) interkulturelle Kompetenzen ausbilden, die für die Bewältigung des schulischen Alltags mit höchst heterogenen Schulklassen hilfreich sind und sich zudem positiv auf die schulische Motivation von Schüler/inne/n aus Einwandererfamilien auswirken. Dabei werden beständig die Bilder der „Rollenmodelle", „Kulturübersetzer" „und Brückenbauer" bemüht. Wie sehen sich aber die Lehrer/innen selbst? Wie verorten sie sich im Kreuzfeuer der bildungspolitischen Erwartungen? Welche Rollen und Aufgaben schreiben sie sich zu? Welche Selbstwirksamkeitserwartungen bzw. Überzeugungen[1] entwickeln sie? Welche Beobachtungen und Erfahrungen machen sie, wenn sie kulturelle und sprachliche Differenz im Klassenzimmer thematisieren? Folgender Beitrag geht von diesen Fragen aus und präsentiert ausgewählte empirische Schlaglichter auf die Untersuchungsfelder „Mehrsprachigkeit" und „Kulturelle Heterogenität" der Studie *Vielfalt im Lehrerzimmer* (Georgi, Ackermann & Karakaş, 2011). Zwecks Kontextualisierung der empirischen Ergebnisse schicke ich einen kurzen Forschungsüberblick zum Umgang mit Heterogenität in der Schule voraus.

1 Zum Umgang mit Heterogenität in der Schule

Schul- und Unterrichtsentwicklung öffnen sich nur zögerlich für eine systematische Reflexion des Aufwachsens in Auseinandersetzung mit vielfältigen kulturellen, sozialen, religiösen und sprachlichen Prägungen und Orientierungen. Dabei ist wohl unumstritten, dass auch das deutsche Bildungssystem gehalten sein müsste, Kinder

---

1 Selbstwirksamkeitserwartungen werden hier mit Albert Bandura definiert als *„beliefs in one's capabilities to organize and execute courses of action required to produce given attainments"* (1997, S. 3). Die Selbstwirksamkeitsüberzeugung ist also der subjektive Glaube an eigene Fähigkeiten und Fertigkeiten, die aber den tatsächlichen Handlungsressourcen nicht entsprechen müssen.

und Jugendliche (mit und ohne Migrationshintergrund) auf ein Leben in gesellschaftlichen Verhältnissen vorzubereiten, die durch fortschreitende Globalisierung,
Internationalisierung, europäische Integration und anhaltende Migrationsbewe-
gungen geprägt sind.

Vielerorts ist „interkulturelle Schulentwicklung" noch ein Fremdwort.[2] Denn
trotz der durch die Kultusministerkonferenz bereits 1996 ausgesprochenen Empfehlung zur „Interkulturellen Bildung und Erziehung in der Schule" und der Verankerung interkultureller Bildung als Querschnittsaufgabe in vielen Lehrplänen,
ist die interkulturelle Schulentwicklung in Deutschland nur schleppend oder gar
nicht in Gang gekommen bzw. stagniert (vgl. Auernheimer, 2004). Nur durch
eine interkulturelle Öffnung unserer Bildungsinstitutionen können aber die dort
initiierten Bildungsprozesse eine inklusive Kraft entfalten. Damit einher geht die
Notwendigkeit von Ressourcenorientierung in Bezug auf Migrationserfahrungen,
Mehrfachidentitäten, Multiperspektivitäten und Mehrsprachigkeiten. Ressourcenorientierung setzt zugleich einen kompetenten Umgang mit Heterogenität voraus.
Genau hier liegt aber – folgt man der Forschung zur Lehrerprofessionalität, insbesondere den Einstellungserhebungen – das Kernproblem. Jüngere empirische Arbeiten, wie etwa die von Baumert et al. 2003) dokumentieren im Einklang mit den
Befunden der TIMS-Studie, dass Lehrkräfte in Deutschland Leistungsheterogenität
als „starke" Berufserschwernis und Belastung begreifen. Auernheimer (1995) konstatiert zudem eine große Unsicherheit unter Lehrkräften bezüglich des Umgangs
mit kulturellen Unterschieden innerhalb der Schülerschaft. Tillmann (2004) attes-
tiert den Lehrkräften in Deutschland eine „Sehnsucht nach der Homogenität der
Lerngruppe" (S. 9). Flankiert wird dieser Befund durch Reh (2005) und Bender-
Szymanski (2000), die unterstreichen, dass Lehrkräfte vielfach einräumen, mit heterogenen Gruppen nicht in geeigneter Weise umgehen zu wissen. Und nicht zuletzt
ist der seit PISA skandalisierte mangelnde Bildungserfolg, der sich an verschiedene
Dimensionen von Diversität knüpft, ein Indikator für bestehende Kompetenzde-
fizite im Umgang mit Differenz. Dabei stellt die empirisch durch internationale
Vergleichsstudien sowie ihre nationalen Ergänzungen nachgewiesene Benachteiligung von Kindern und Jugendlichen mit Migrationshintergrund in unterschiedlichen Segmenten des deutschen Bildungssystems (Baumert, Cortina & Leschinsky,
2003; Bildungsberichterstattung 2006)[3] eine besondere Herausforderung für die
Bildungsgerechtigkeit in der Migrationsgesellschaft dar. Paul Mecheril spricht in
diesen Zusammenhang von der „Schlechter-Stellung Migrationsanderer" (2004,
S. 133) und Georg Auernheimer diagnostiziert dem deutschen Schulsystem gar
„Dysfunktionalität für die Einwanderungsgesellschaft" (2003). Zu dieser gehören
auch institutionelle Diskriminierung entlang der Herstellung ethnischer Differenz

---

2   Eine aktuelle Übersicht zu Konzepten und zur Praxis „Interkulturellen Schulentwicklung"
    geben Karakaşoğlu, Gruhn und Wojciechowic (2011).
3   Es sei an dieser Stelle aber ausdrücklich darauf hingewiesen, dass es sich bei Menschen mit
    Migrationshintergrund um eine außerordentlich heterogene Gruppe handelt. Schulischer
    Erfolg und Bildungsteilhabe zwischen verschiedenen Einwanderergruppen variieren stark
    (vgl. Prenzel, Baumert & Blum et al. 2004).

in der Schule (Gomolla & Radtke, 2003), institutionell verankerte Inkompetenz im Umgang mit kultureller Differenz in Form von diskriminierenden Selektionsmechanismen (Krohne, Meier & Tilmann, 2004), die unzureichende Würdigung und Förderung von Zweisprachigkeit (Allemann-Ghionda, 2006), pejorative Einstellungen von Lehrenden gegenüber Migrantenkindern (Marburger, Helbig & Kienast, 1997; Bender-Szymanski et al. 2000; Weber, 2003) sowie in der Lehrerschaft verbreitete Fehleinschätzungen der Leistungen und Fähigkeiten von Kindern aus Einwandererfamilien (Allemann-Ghionda, 2006; Gomolla & Radke, 2002; Weber, 2005; Grabbe & Krämer, 2006). Viele dieser empirischen Befunde lassen sich unter dem von Ingrid Gogolin und Ursula Neumann geprägten Begriff des „monokulturellen und monolingualen Habitus der deutschen Schule" (Gogolin & Neumann, 1997; Gogolin, 2006) zusammenfassen.[4] Dieser bezeichnet schulische Lehrroutinen, die auf der Annahme basieren, dass die Schülerinnen und Schüler in *einer* Sprache und in *einer* Kultur aufwachsen. Genau an dieser Beobachtung macht sich vielfach im Diskurs um Lehrende mit Migrationshintergrund die Hoffnung fest, dass diese durch das Aufwachsen in mehr als einer Sprache, einer Kultur und einer Religion, in der Lage seien, die Monokulturalität der deutschen Schule und den hierin angelegten Homogenitätsanspruch aufzubrechen.

Die bildungspolitische, aber auch die wissenschaftliche Diskussion zur Erhöhung des Anteils von Lehrenden mit Migrationshintergrund[5] nimmt viele der genannten Defizite hinsichtlich des schulischen Umgangs mit migrationsbedingter Vielfalt auf und formuliert auf dieser Basis zugleich eine ganze Reihe von Erwartungen, in denen diese Lehrenden je nach Perspektive als Vertraute, Brückenbauer, Kulturvermittler, Übersetzer und Vorbilder vorgestellt werden. Die empirische Forschungslage und der wissenschaftliche Diskurs zu Lehrenden mit Migrationshintergrund haben sich im deutschsprachigen Raum im letzten Jahr mit rasanter Geschwindigkeit entwickelt (siehe Georgi in diesem Band, S. 85ff.).

---

4   Krüger-Potratz (2004) veranschaulicht in ihren historischen Analysen zum Umgang mit Heterogenität im deutschen Schulsystem Wurzeln und Kontinuität des Monolingualitäts- und Monokulturalitätsparadigmas im Kontext der Nationalstaatenbildung etwa am Beispiel der sorbischen, dänischen und polnischen Sprachminderheiten. Sie unterstreicht damit einerseits die Tatsache, dass sprachliche und kulturelle Vielfalt keine neuen Erscheinungen im Bildungssystem sind. Zum anderen zeigt sie aber auch, wie der Umgang mit dieser Heterogenität in der Geschichtsschreibung zur Institution Schule systematisch unterschlagen wurde und deshalb in Vergessenheit geriet (vgl. Krüger-Portratz, 2004).

5   Vgl. hierzu etwa folgende Dokumente: Verband Bildung und Erziehung 2006, Handlungsempfehlungen des BAMF 2009 und 2011, Unveröffentlichter Forschungsbericht *Lehrende mit Migrationshintergrund in Deutschland. Eine empirische Studie zu professionellem Selbstverständnis und schulischer Integration von Lehrenden mit Migrationshintergrund in Deutschland* (Georgi, Ackermann & Karakaş, 2010), Integrationsprogramm der Bundesregierung.

2   Umgang mit Mehrsprachigkeit und Heterogenität bei Lehrenden mit Migrationshintergrund – ausgewählte empirische Befunde

Im Folgenden möchte ich ausgewählte Ergebnisse der ersten explorativ angelegten empirischen Studie zu Lehrkräften mit Migrationshintergrund darstellen, die wir zwischen 2009 und 2010 deutschlandweit durchgeführt haben.[6] Die Studie *Vielfalt im Lehrerzimmer. Selbstverständnis und schulische Integration von Lehrenden mit Migrationshintergrund* (Georgi, Ackermann & Karakaş, 2011) nimmt Bezug auf die Hypothesen, Ergebnisse und Forschungsdesiderate vorliegender Untersuchungen aus dem englischsprachigen Raum (siehe Georgi in diesem Band, S. 85ff.), weist zugleich aber in der methodischen Anlage und im Erkenntnisinteresse über diese hinaus.[7] Während die empirischen Untersuchungen aus Großbritannien, Kanada und den USA die politisch propagierten „Idealbilder" über *minority teachers, teachers of color* und Lehrende mit Migrationshintergrund (etwa Brückenbauer, Übersetzer, Advokat der Minderheiten, Kulturvermittler) empirisch flankieren und damit die Erwartungen und Zuschreibungen an die Lehrkräfte verstärken, konzentrierte sich unser Erkenntnisinteresse auf die Frage, wie die betroffenen Lehrkräfte mit diesen vielfältigen Erwartungen und Zuschreibungen umgehen, diese auch selbst generieren und welches berufliche Selbstbild sie dabei entwickeln. Dabei bediente sich die Studie der Methoden der Biographieforschung (Schütze, 1977), der Inhaltsanalyse (Mayring, 1990 u. 2001) und der Fragebogenerhebung. Quantitative und qualitative Daten wurden getrennt voneinander ausgewertet und partiell durch Triangulation (Flick, 2000) miteinander verknüpft. Im quantitativen Teil der Studie wurden relevante statistische Daten über Lehrende mit Migrationshintergrund mittels eines standardisierten Online-Fragebogens erhoben. Folgende Themenfelder wurden durch geschlossene und offene Fragen untersucht: Herkunftskontext, Zuwandererbiographie, Bildungslaufbahn, beruflicher Status und Schulpraxis, Fächerwahl, Interaktion mit Schüler/inne/n, den Eltern und dem Kollegium sowie Zukunftsvorstellungen zur Schule in der Einwanderungsgesellschaft. Mittels dieses Fragebogens konnten Daten zu 198 Lehrer/inne/n mit Migrationshintergrund generiert werden. Parallel hierzu wurden insgesamt 60 Interviews mit Lehrer/inne/n, Referendarinnen und Referendaren aus Einwandererfamilien geführt und transkribiert, von denen 45 nach der Methode der *Grounded Theory* (Glaser & Strauss, 1967) ausgewer-

---

6   Die Studie wurde gefördert von der gemeinnützigen Hertiestiftung und der Zeit Stiftung Ebelin und Gerd Bucerius.

7   Trotz ähnlicher Befundlage in einzelnen Teilbereichen unserer Studie, sei darauf hingewiesen, dass Forschungsergebnisse etwa zu „*black minority teachers*" aus den klassischen Einwanderungsländern oder Großbritannien nicht einfach auf den deutschen Kontext übertragen werden können. In Rechnung gestellt werden müssen die jeweiligen migrationshistorischen und integrationspolitischen Rahmenbedingungen, d.h. die spezifischen Kolonialgeschichten dieser Länder sowie die Geschichte der Sklaverei, die bis in die Gegenwart hineinwirken (Postkolonialismus) und Zugehörigkeitskonstruktionen sowie spezifische Bilder der „Anderen" prägen.

tet wurden, die übrigen 15 Interviews flossen in die Inhaltsanalyse des gesamten Datenmaterials mit ein.

In allen Interviews erzählen die Befragten von Situationen aus dem schulischen Alltag, in denen Facetten interkulturellen Handelns aufscheinen. Je nach Situation und Kontext stehen unterschiedliche Handlungsstrategien im Vordergrund. Das Erfahrungsspektrum der interviewten Lehrerinnen und Lehrer ist breit: mal geht es um den Einsatz der Muttersprache bei Konflikten oder Elterngesprächen, mal geht es um die gezielte und didaktisch aufbereitete Auseinandersetzung mit kultureller Differenz im Klassenzimmer, mal geht es um die Konfrontation von stereotypen Zuschreibungen im Lehrerzimmer. In den hier zusammengefassten Studienergebnissen wird der Umgang mit Mehrsprachigkeit und kultureller Heterogenität als Dimension der eignen Selbstwirksamkeitsüberzeugung untersucht. Ausgehend von ausgewählten Befunden der quantitativen Untersuchung, sollen im Wesentlichen qualitative Daten aus der Inhaltanalyse zu diesem Themenkomplex vorgestellt werden.

2.1 Umgang mit Mehrsprachigkeit

Grundsätzlich ist der schulische Umgang mit Mehrsprachigkeit ein kontrovers diskutiertes integrations- und bildungspolitisches Schlüsselthema in Deutschland. Die zu beobachtende Reduktion dieser Debatten auf Sprachdefizite bilingual bzw. mehrsprachig aufwachsender Kinder, mangelnde sprachliche Förderung durch die Eltern und die Bereitstellung kompensatorischer Maßnahmen zum Erwerb der deutschen Sprache dürfen in diesem Zusammenhang als problematisch erachtet werden, weil sie die besonderen Bedingungen mehrsprachiger Sozialisation ebenso ausblenden, wie die strukturellen und gesellschaftlichen Hürden zur Anerkennung und zum Erwerb der Herkunftssprachen in der Schule (vgl. Fürstenau & Gomolla, 2011, S. 15)

Dem Einsatz der Herkunftssprache als Bestandteil interkultureller Kompetenz kommt besondere Bedeutung zu, da Sprache Träger und Vermittler von Kultur ist. Lehrende mit Migrationshintergrund signalisieren „Mehrsprachigkeit" und stehen in diesem Sinne häufig für lebensweltliche Mehrsprachigkeit und gelebte sprachliche Vielfalt in der Schule. Die in unseren Interviews generierten Aussagen zum Sprachgebrauch im Schulalltag sowie die von Lehrkräften dargestellten schulischen Konflikte und Auseinandersetzungen um Mehrsprachigkeit zeigen, dass sich die Befragten intensiv mit dem Thema Sprache beschäftigen. Die unterschiedlichen Positionierungen der Lehrkräfte sind abhängig von der Zugehörigkeit zu bestimmten Sprachgemeinschaften, der eigenen Sprachsozialisation bzw. Sprachbiographie und reflektieren schließlich auch deren integrationspolitische Perspektiven.

Zunächst möchte ich einen Blick auf die quantitativen Daten werfen.[8] Der Aussage „Ich setze meine Muttersprache bewusst im Unterricht ein" stimmen nur 25,8% der Befragten *ziemlich* bis *sehr* zu, während 61,8% der Befragten diese Aussage nur als *wenig* bis *nicht zutreffend* bewerten. Der Aussage „Ich setze meine Muttersprache bewusst außerhalb des Unterrichts ein" stimmen hingegen 42,6% der Befragten *ziemlich* bis *sehr* zu, während 32,2% der Befragten diese Aussage nur als *wenig* bis *nicht zutreffend* bewerten. Der Aussage „Es ist an meiner Schule verboten oder nicht gewünscht, innerhalb des Unterrichts meine Muttersprache zu sprechen" stimmen 39,5% der Befragten *ziemlich* bis *sehr* zu, während 46,7% der Befragten diese Aussage nur als *wenig* bis *nicht zutreffend* bewerten. Der Aussage „Es ist an meiner Schule verboten oder nicht gewünscht, außerhalb des Unterrichts meine Muttersprache zu sprechen" stimmen 21% der Befragten *ziemlich* bis *sehr* zu, während 61,3% der Befragten diese Aussage nur als *wenig* bis *nicht* zutreffend bewerten.

Von diesen quantitativen empirischen Befunden untermauert, werden im Folgenden einige Fallbeispiele aus dem qualitativen Material vorgestellt. Die erzählten Episoden aus den Interviews mit den Lehrkräften, bieten differenzierte Einblicke in die hinter den quantitativen Daten liegenden persönlichen Überzeugungen und situationsspezifischen Strategien im Umgang mit Mehrsprachigkeit.

Herr Yildiz unterrichtet die Fächer Biologie und Mathematik an einem Gymnasium in München. Er gibt an, dass er neben Türkisch auch Arabisch spricht. Im ausgewählten Interviewausschnitt reflektiert er über die Bedeutung seiner Mehrsprachigkeit für seine Schulpraxis:

> Ich verstehe sie eben einfach
>
> Also, grundsätzlich ist meine Herkunft einfach ein Vorteil, wenn ich natürlich in einer Klasse bin, wo sehr viele Kinder als Muttersprache türkisch oder arabisch haben. Ich verstehe sie eben einfach. Und ob das jetzt Pausengespräche sind oder auch mal im Unterricht: Ich kann hören, was sie sagen und verstehe es und kann sie auch ganz anders, ja, zurechtweisen und wenn hin und wieder mal Kommentare kommen im Unterricht, dann kann ich natürlich auch dementsprechend schlau antworten. (Herr Yildiz, 37 Jahre, Gymnasiallehrer, türkischer Migrationshintergrund)

Herr Yildiz beobachtet, dass die Beherrschung der türkischen und der arabischen Sprache sich positiv auf die Kommunikation mit den Schülerinnen und Schülern auswirkt und unterstreicht sein Potential in unterschiedlichen Situationen auf die Herkunftssprachen der Lernenden zurückgreifen zu können. Herr Yildiz nutzt seine Sprachkompetenz dabei nicht nur zum besseren Verstehen, sondern auch zur Disziplinierung.

Frau Badem unterrichtet Deutsch, Mathematik und Sachkunde an einer Hamburger Grundschule. Auch sie setzt ihre Muttersprache im Schulalltag gezielt ein:

---

8   Vgl. hierzu den quantitativen Teil der Studie *Vielfalt im Lehrerzimmer* (Georgi, Ackermann & Karakaş, 2011, S. 258).

Man muss die Kinder auch in ihrer Muttersprache ansprechen

Ich habe durch meine Sprache und durch meine Vergangenheit, sag ich mal, zusätzlich noch Dinge, die das Schulleben erleichtern. Und das schätzen meine Kollegen natürlich auch. Wenn es irgendwie Probleme gibt, ach komm mal, kannst du nicht kurz helfen, mit der Mutter das klären. Also Elterngespräche führen. Auch mit Schülern Gespräche führen. Es gibt auch einfach Momente, Situationen, was ich jetzt die Jahre über erfahren habe, die Erfahrung gemacht habe, dass sich Schüler in gewissen Situationen näher fühlen, wenn sie dann türkisch sprechen können. Sie sind dann irgendwie erleichtert. Das ist für sie bekannter, in gewissen Situationen, können sie sich in Türkisch besser ausdrücken oder möchten das dann auch auf Türkisch machen. Ihnen diese Möglichkeit geben zu können, das finde ich ganz toll. Ich bedauere es, dass ich nicht noch mehr Sprachen sprechen kann, ja. Ganz viele Sprachen, die es dann auch gibt. Weil ich einfach merke, natürlich ist das toll, die Kinder auch in ihrer Muttersprache ansprechen zu können, weil sie nicht nur das eine sind, sondern eben auch das andere und das finde ich sehr wichtig. (Frau Badem, 26 Jahre, Grundschullehrerin, türkischer Migrationshintergrund)

Frau Badem berichtet von der Bedeutung und dem Einsatz ihrer Herkunftssprache mit Blick auf das Kollegium und die Schülerschaft. Im Kollegium wird ihre Mehrsprachigkeit als Ressource geschätzt und ganz selbstverständlich „abgerufen." Darüber hinaus betont Frau Badem, dass sie ihren Schülerinnen und Schülern türkischer Herkunftssprache ein zusätzliches Kommunikations- und Identifikationsangebot machen könne, insbesondere wenn es um Inhalte gehe, die die Kinder „besser" oder „lieber" in der Erstsprache ausdrücken können bzw. möchten. Sie unterstreicht dabei die Verknüpfung von Sprache, Identität und Anerkennung und bedauert, dass sie nicht weitere Herkunftssprachen der Kinder beherrscht. Ähnlich, wie Herr Yildiz nutzt auch Frau Badem die Herkunftssprache zur Disziplinierung von Schülerinnen und Schülern:

Habibi jetzt ist Schluss!

Wenn Kinder sich streiten, oder ich etwas mehrmals gesagt habe und sie nicht auf meine Ansprache reagieren und es dann noch mal auf Türkisch sage jetzt: „Yeter artik! Susar misin? Ders yapiyorum ben. Saygisizlik yapma." [Übersetzung aus dem Türkischen: Es reicht! Bist du jetzt ruhig? Ich mache Unterricht. Sei nicht respektlos!] Dann sind sie erstarrt. Das kennen sie dann doch von zu Hause. Es ist noch mal anders und sie reagieren dann noch einmal anders. Oder mit ein paar Wörtern auf Arabisch versuche ich das genauso und sie freuen sich. Sie freuen sich einfach, wenn ich sage; „Habibi [Übersetzung aus dem Arabischen: Schatz, Liebling] jetzt ist Schluss!" Es ist nicht viel, aber ich versuche, ihnen damit einfach auch ein

Zeichen zu setzen: „Ich nehme Dich so wahr, wie Du bist." (Frau Badem, 26 Jahre, Grundschullehrerin, türkischer Migrationshintergrund)

Frau Badem argumentiert, dass sie durch den sporadischen Einsatz der Herkunftssprachen der Kinder in der Schule auch ein Zeichen setzen möchte. Damit meint sie, dass sich die Kinder durch die Präsenz ihrer Herkunftssprachen im schulischen Raum wahrgenommen fühlen sollen. Frau Struk, Grundschullehrerin, argumentiert in dieselbe Richtung:

Viele Sprachen Sprechen

Bis jetzt haben die Kinder immer positiv auf andere Sprachen reagiert, auch wenn wir jetzt das Thema Islam hatten und so einige Wörter aus dem Koran gelernt haben. Und ein türkisches Mädchen sagt: Ich verstehe es auch nicht, aber ich muss es eben, beten. Dann haben wir das auch versucht in der Klasse. Und natürlich so ganz simple Sachen: Ja, wie heißt das auf Russisch, immer zwischendurch auch andere Sprachen, so wie man zwischendurch auch mal auf Englisch einen Satz sagt. Oder das man dann auch zu dem Schüler etwas auf Russisch sagt und er darf das dann noch mal übersetzen der Klasse. Wenn die Kinder wissen, dass man selber auch andere Sprachen spricht, ist es gut, das mit einzubinden in den Unterricht. Wir leben jetzt in Europa und da soll das Viele-Sprachen-Sprechen auch weiterentwickelt werden. (Frau Struk, 35 Jahre, Grundschullehrerin, ukrainischer Migrationshintergrund)

Frau Struk ordnet ihren offenen Umgang mit Mehrsprachigkeit im Klassenzimmer aber auch einer politischen Programmatik zu: Sie macht sich in ihren Ausführungen für ein mehrsprachiges Europa stark und beabsichtigt hierzu einen Beitrag zu leisten. Lebensweltliche Mehrsprachigkeit spielt auch für die Berufsschullehrerin Frau Öztürk eine große Rolle. Wie Frau Badem und Herr Yildiz, erzählt sie davon, dass sie die Herkunftssprache zum Aufbau eines Vertrauensverhältnisses zu den Schülerinnen und Schüler als auch zu deren „Disziplinierung" einsetze:

Mehrsprachigkeit spielt eine sehr große Rolle

Mehrsprachigkeit spielt eine sehr große Rolle. Dass die schon wissen, dass sie mich in der Pause sozusagen auf Türkisch ansprechen können. Das schafft schon ein Vertrauensverhältnis, also das tut denen wirklich gut. Auch in Konfliktsituationen, wenn ich zu denen auf Türkisch spreche ja, du das ist aber vom Verhalten her jetzt nicht in Ordnung. Wenn ich das auf Deutsch sagen würde, wirkt das nicht so, wie wenn ich das auf Türkisch sage. Dann ist es wohl eher so eine Respektperson, irgendwie. Und die denken dann, es ist Vater und Mutter in dem Moment, die auf Türkisch sprechen, weil sie ja zuhause nicht deutsch sprechen. Ich weiß es nicht, also es hat schon eine größere Wirkung wenn ich mit denen Türkisch spreche.

(Frau Öztürk, 46 Jahre, Berufsschullehrerin, türkischer Migrationshintergrund)

Frau Gülen ist Englisch- und Deutschlehrerin an einem Gymnasium in Stuttgart. In ihrem Fremdsprachenunterricht spricht sie grundsätzlich nur Deutsch und Englisch, bezieht aber Türkisch – wo immer möglich – vergleichend ein:

Es ist auch wichtig, die Sprachen wertzuschätzen

> Aber es ist nicht so, dass in der Klasse so die Atmosphäre herrscht: Okay, die Schüler können Türkisch, ich kann Türkisch und dann versuchen wir jetzt, uns zu verbünden. Also ich habe bis jetzt noch nie irgendwie Türkisch geredet. Aber es ist auch wichtig, die Sprachen wertzuschätzen, nicht nur die Türkische sondern alle Sprachen. Ich bin auch Fremdsprachelehrerin in erster Linie und muss auch interkulturelle Kompetenzen vermitteln und wenn ich im Deutschen oder im Englischen irgendwelche Begriffe einführe, dann lasse ich die Schüler auch in der Regel vergleichen. Dann sag ich: im Deutschen wäre das so und so, wie wäre das denn im Türkischen? Dann sag ich das nicht, sondern lass die Schüler das sagen. Und das ist so eine Wertschätzung der Sprache nicht nur der Deutschen, der Englischen, sondern auch der Türkischen. (Frau Gülen, 35 Jahre, Gymnasiallehrerin, türkischer Migrationshintergrund)

Für Frau Gülen geht es als Fremdsprachenlehrerin auch darum, interkulturelle Kompetenzen zu vermitteln sowie die in der Schülerschaft vorhandenen Herkunftssprachen im Unterricht anzuerkennen und für den Fremdspracherwerb zu nutzen, etwa durch sprachliche Vergleiche. Damit macht sie die Mehrsprachigkeit im Klassenzimmer nicht nur sichtbar, sondern wertschätzt die anderen Sprachen als gleichwertige und erkenntnisfördernde Ressource für den Unterricht.

Frau Tekin hingegen lehnt den Einsatz von Herkunftssprachen im Unterricht kategorisch ab. Sie unterrichtet Erdkunde und Psychologie an einem kleinstädtischen Gymnasium im Raum Stuttgart. Wenn ihre Schülerinnen und Schüler auf Türkisch kommunizieren, bittet sie diese, deutsch zu sprechen. Dabei argumentiert sie mit der Notwendigkeit der Verständigung im Unterricht und dass diese nur gewährleitstet werden könne, wenn alle das Gesagte verstehen:

Wir sprechen hier nicht chinesisch oder sonst irgendwas

> Also oft sage ich: wir sprechen hier nicht chinesisch oder sonst irgendwas. Und letztens ((lacht)) hat mich auch ein Schüler gefragt: „Warum sagen Sie denn nicht türkisch sondern chinesisch oder sonst irgendwas? Und dann habe ich erklärt, dass ich das sage, damit die türkische Sprache nicht als Sprache so negativ eingestuft wird, sondern, dass es nur darum geht, dass es eine Sprache ist, die die restlichen Schüler nicht verstehen, ob es jetzt türkisch ist oder chinesisch oder japanisch, das ist völlig egal, damit die Schüler eben nicht denken, ich würde das sagen, weil ich die türkische

Sprache schlecht finde, sondern, dass es nur darum geht, dass in der Schule grundsätzlich deutsch gesprochen werden soll. (Frau Tekin, 38 Jahre, Gymnasiallehrerin, türkischer Migrationshintergrund)

Auch wenn Frau Tekin davon überzeugt ist, dass die Verkehrssprache in der Schule die Landessprache sein muss, so ist sie bereit, Ausnahmen zu machen. In der Elternarbeit mit türkischsprachigen Eltern wird die Beherrschung der türkischen Sprache für sie zu einem wichtigen Instrument der Kommunikation:

Auf Elternabenden spreche ich Deutsch und auch Türkisch

Auf Elternabenden spreche ich Deutsch und auch Türkisch. Ich finde es besser, weil wenn man in der eigenen Muttersprache spricht, die Botschaft klarer ist. Dann geht sie auch direkt dahin, wo sie hingehen soll. Dann ist die türkische Sprache, einfach direkter. Ich finde das okay. Im Unterricht spreche ich allerdings nie Türkisch. Die Schüler wollen das immer mit mir, also am Anfang z.B. wollen sie mit mir Türkisch sprechen. Ich habe immer gesagt: „Nicht in der Schule. Wenn ihr wollt, auf der Straße." (…) Aber mit den türkischen Eltern finde ich es besser, Türkisch zu sprechen. Es ist natürlicher und die Eltern können auch mehr sagen und fühlen sich besser verstanden. (Frau Tekin, 38 Jahre, Gymnasiallehrerin, türkischer Migrationshintergrund)

Bezüglich des Sprechens der Herkunftssprache unterscheidet Frau Tekin in ihrem schulischen Alltag zwischen unterrichtlichen und außerunterrichtlichen Aktivitäten. Während im Unterricht das Nur-Deutsch-Gebot herrscht und sie dies ihren Schülerinnen und Schülern auch klar signalisiert, ist sie außerhalb des Unterrichts durchaus bereit, mit den Jugendlichen, Türkisch zu sprechen und die Herkunftssprache auch in der Elternarbeit zu nutzen. Dabei scheinen zwei Überlegungen tragend: Zum einen scheint Frau Tekin davon überzeugt, dass die „Botschaft" ihrer Ausführungen durch den Einsatz der Herkunftssprache deutlicher kommuniziert werden kann. Zum anderen empfindet sie es als „natürlich", dass man sich in der geteilten Herkunftssprache unterhält. Schließlich beobachtet sie, dass die migrantischen Eltern, mehr partizipieren und sich auch verstanden fühlen. Beide Aspekte unterstreichen die positive Wirkung herkunftssprachlicher Kommunikationsangebote durch mehrsprachige Lehrende im Schulalltag – zumindest aus der Perspektive der Selbstwirksamkeitsüberzeugungen der Lehrkräfte.

Wie Frau Tekin, vermeidet auch Frau Bayrak den Einsatz der Herkunftssprache im Unterricht sehr bewusst. Sie ist aber durchaus bereit, ihre Herkunftssprache außerhalb des Unterrichts zur Klärung von unterrichtsbezogenen inhaltlichen Sachverhalten einzusetzen:

Du musst mit mir schon Deutsch reden

Ich setze meine Herkunftssprache nur ein, wenn ich mit dem Kind unter vier Augen bin und wenn ich denke, dass es notwendig ist. Also manchmal spaßen die Kinder auch so, grüßen mich auf Türkisch und sagen so: Wie geht's? Dann sage ich so: Hey, Du musst mit mir schon Deutsch reden. Privat ok, aber hier in der Schule nicht. Weil ich denke, dass es auch wichtig ist, weil nur durch das Sprechen kann man das fördern. Und nur, wenn sie etwas nicht verstehen, dann versuche ich das schon. Aber nur unter vier Augen und nach dem Unterricht. Weil ich denke, sonst fühlen sich die anderen ein bisschen zurückgesetzt. Also dieses Gefühl möchte ich nicht aufkommen lassen. Es geht nicht nur um türkische Kinder wie gesagt, es geht um Kinder, die zweisprachig allgemein aufwachsen, egal welcher Nationalität. Und auch die deutschen Kinder, also die sollen sich alle von mir verstanden fühlen. Nicht nur die eine Gruppe. Weil ich bin für alle da und ich versuche, alle zu fördern. (Frau Bayrak, 32 Jahre, Hauptschullehrerin mit türkischem Migrationshintergrund).

Frau Bayrak macht im Zusammenhang des „Deutschgebots" in der Schule auch deutlich, dass sie keinesfalls durch ihre sprachlich-kulturelle Herkunft einer Gruppe zugeordnet werden möchte und dass sie sich zudem auch nicht in besonderem Maße für türkische Schüler/innen verantwortlich fühle. Es ist ihr ein Anliegen darauf hinzuweisen, dass sie als Lehrerin alle Kinder angemessen fördern wolle. Damit verweist Frau Bayrak auf einen für Lehrende mit Migrationshintergrund problematischen Konnex: Wenn die Lehrkräfte dieselbe sprachlich-kulturelle Herkunft besitzen, wie die von ihnen unterrichteten Schüler/innen, besteht die Gefahr, dass ihnen seitens der Kinder anderer Herkunftssprachen eine Bevorzugung der gleichsprachigen Kinder unterstellt wird. Um dem entgegenzuwirken, müssen sie offenbar ganz besonders darauf achten, einen solchen „Verdacht" der Bevorzugung gar nicht erst aufkommen zu lassen und alle Kinder „gleich" zu behandeln, d.h. Deutsch als Verkehrssprache durchzusetzen.

Die analysierten Interviewausschnitte präsentieren zwar unterschiedliche Umgangsweisen mit Mehrsprachigkeit in Schule und Unterricht, verweisen jedoch zugleich auf einige Strategien, die für Lehrende mit Migrationshintergrund typisch erscheinen. Zum einen ist auffällig – und das deckt sich mit den quantitativen Daten – dass die Herkunftssprache im Unterricht eher selten zum Einsatz gebracht wird und die Lehrenden die Schüler/innen in der Regel auf die deutsche Sprache als Schulsprache verweisen und verpflichten. Trotz eigener „lebensweltlicher Mehrsprachigkeit" orientieren sich die befragten Lehrkräfte am „monolingualen Habitus" (Gogolin, 1994) und geben der deutschen Sprache in der Regel den Vorzug. In gewisser Weise akzeptieren und reproduzieren sie damit den angesichts der sprachlichen Pluralisierung als Anachronismus zu charakterisierenden „Monolingualismus der deutschen Schule" (Gogolin, 2008).

Ein Teil der Befragten macht sich aber auch für eine bewusste und wertschätzende Verwendung der Herkunftssprachen der Schüler/innen stark und unterstreicht damit die Notwendigkeit der Herausbildung eines „multilingualen Habitus" der Schule. Allerdings geht es hier – wie die Beispiele zeigen – zumeist nicht um grundsätzliche strukturelle Veränderungen und die schulische Integration der von den Lernenden gesprochenen Sprachen im Sinne eines Aufbrechens des monolingualen Habitus, sondern um eher pragmatische Regelungen schulischer Alltagsangelegenheiten. Außerhalb des Unterrichts – und auch diese Beobachtung deckt sich mit den quantitativen Daten – besteht durchweg Bereitschaft, die Herkunftssprache in der Kommunikation mit Schülerinnen und Schülern sowie Eltern vielfältig einzusetzen. Die eigene „lebensweltliche Mehrsprachigkeit" und die Fähigkeit zur Kommunikation in den Herkunftssprachen der Kinder werden von den Befragten als Ressource beschrieben, etwa als Möglichkeit der Förderung, der Anerkennung und als Grundlage für den Aufbau eines guten Schüler-Lehrer-Verhältnisses.

2.2 Umgang mit kultureller Heterogenität

Das mannigfaltige Einsetzen kulturspezifischen Wissens seitens der Lehrerinnen und Lehrer mit Migrationshintergrund lässt sich auf Grundlage des für die Studie generierten Datenmaterials vielfältig belegen. Dabei unterliegen die schulischen Akteure mit migrantischem Hintergrund offenbar häufig der wechselseitigen Konstruktion bzw. auch Projektion von „geteilten Erfahrungen" als Angehörige einer Minderheit in Schule und Gesellschaft. Diese tatsächlich vorhandenen oder unterstellten konjunktiven Erfahrungen, scheinen in den Interaktionen von Lehrenden und Lernenden – quasi ohne explizites Zutun der Akteure – eine positive Wirkung auf das Schüler-Lehrer-Verhältnis und das Unterrichtsklima zu entfalten. Ich möchte hier die Hypothese formulieren, dass Migrationserfahrung (Minderheitenerfahrung) als „konjunktiver Erfahrungsraum" (Bohnsack, 1998) beschrieben werden kann, der für die Akteure eine gemeinschaftsstiftende Wirkung entfaltet. Da es im Zusammenhang von Schulentwicklung in der Einwanderungsgesellschaft aber vor allem auch um den bewussten und reflektierten Umgang mit kultureller Heterogenität geht, sollen im folgenden Interviewsequenzen präsentiert werden, in denen der Umgang mit kultureller Differenz[9] sowie die gezielte Förderung interkultureller Lernprozesse durch Unterrichtseinheiten und Projekte thematisiert werden. Den Ausgangspunkt bilden auch hier wieder einige signifikante Daten aus der quantitativen Befragung.[10]

Im quantitativen Teil der Untersuchung stimmen 77,9% der Befragten der Aussage „Ich gehe bewusst mit der kulturellen und sprachlichen Differenz innerhalb der Schülerschaft um" *ziemlich* bis *sehr* zu, während nur 7% der Befragten diese Aussage nur als *wenig* bis *nicht zutreffend* bewerten. Ebenso stimmen 66,9% der Befragten der Aussage „Ich sorge dafür, dass kulturelle und sprachliche Unterschie-

---

9   Die Befunde zum Umgang mit religiöser Differenz können hier leider nicht berücksichtigt werden. Sie sind nachzulesen in *Vielfalt im Lehrerzimmer* (Georgi, Ackermann & Karakaş, 2011).

10 Vgl. hierzu den quantitativen Teil der Studie *Vielfalt im Lehrerzimmer* (Georgi, Ackermann & Karakaş, 2011, S. 257).

de an unserer Schule als Bereicherung erlebt werden" *ziemlich* bis *sehr* zu, während 10,7% der Befragten diese Aussage nur als *wenig* bis *nicht zutreffend* bewerten.

Die folgenden episodischen Darstellungen aus dem qualitativen Material der Studie ermöglichen einen Blick auf die Unterrichtspraxis und die Selbstwirksamkeitsüberzeugungen der Befragten.

Frau Tekin erzählt, dass sie im Unterricht, etwa bei der Aufteilung in Arbeitsgruppen auf Heterogenität in der Komposition der Lerngruppen achte. Darüber hinaus ist ihr die Thematisierung und Reflexion von Kulturdifferenz im Unterricht ein wichtiges Anliegen.

> Gut, dass es Kulturen gibt, dass die eben anders sind
>
> Also, ich versuche, wenn ich z.B. Gruppenarbeiten durchführe, dass sie sich eher durchmischen die Gruppen. Und nicht die türkischen Schüler unter sich bleiben und auch in Gesprächen aufzeige, dass es zwar unterschiedliche Kulturen gibt, beispielsweise in Erdkunde bietet sich das an, aber in Psychologie auch, dass ich den Schülern versuche aufzuzeigen, es gibt unterschiedliche Kulturen und der Kulturkreis, in dem man aufgewachsen ist, wird dann vielleicht als wichtig oder als richtig aufgezeigt. Ich sage, dass es gut ist, dass es Kulturen gibt, dass die eben anders sind, aber nicht schlechter oder besser. Also, dass die ein bisschen auch so über den Tellerrand hinausgucken und nicht denken, meine Kultur und der Islam, das ist das einzig Richtige und alles andere ist schlecht, sondern, dass sie davon ein bisschen wegkommen und begreifen, es gibt andere Kulturen, die sind gleichwertig. Aber nicht schlechter oder besser als meine eigene Kultur. (…) Dass die Kinder das in der Schule mitbekommen und ja vielleicht das Ganze kritisch hinterfragen. (Frau Tekin, 38 Jahre, Gymnasiallehrerin, türkischer Migrationshintergrund)

Herr Bilen, Haupt- und Realschullehrer, bearbeitet Kulturunterschiede mit seiner Klasse vor allem im Zusammenhang mit traditionellen und/oder religiösen Festen. Er behandelt diese Feste im Unterricht ganz praktisch, indem er sie – soweit möglich – mit seinen Schülerinnen und Schüler den jeweiligen Traditionen folgend feiert.

> Gemeinsam Feste feiern
>
> Weil wir beide Kulturen und beide Länder kennen, können wir sehr gut Kulturen vermitteln. Ich habe immer mit meiner Klasse Weihnachten gefeiert, aber wir haben auch gemeinsam das Opferfest und das Ramadanfest gefeiert. Ich habe noch nie gehört: Warum feiern wir eigentlich? Die waren voll dabei und alle haben gesagt wunderbar und da haben sie gefragt, was macht man da. Und irgendwann mal ist das ein ganz normales Ritual für uns alle geworden. Manchmal habe ich ja überhaupt nichts gesagt und nicht mitgeteilt, dass wir irgendwas feiern müssen. Ein oder zwei Wochen vor dem Fest haben sie gesagt, Herr Bilen, was ist los, demnächst ist ein Fest,

haben Sie das vergessen? Ich sage, wann denn? Ja, jetzt ist Opferfest. Das habe ich von deutschen Kindern gehört. Ja, das waren damals mehrheitlich Deutsche gewesen, in Dänemark, habe ich eine Klassenreise gemacht. Da war ein Fest, in der Zeit. Da haben sie gesagt, das ist unser Ritual, wir feiern auch in Dänemark. Das haben wir gemacht. Ich musste nach Flensburg fahren und Süßigkeiten kaufen, denn Süßigkeiten sind in Dänemark sehr teuer. Da konnte man nicht viel kaufen. Da bin ich nach Flensburg gefahren, habe ich da reichlich Süßigkeiten gekauft und da haben wir gefeiert. (…) man kann ja nicht Menschen zu irgendetwas zwingen, es passiert automatisch, man muss nur die Rahmenbedingungen schaffen und dann geschieht das Zusammenleben automatisch. (Herr Bilen, 58 Jahre, Haupt- und Realschullehrer, türkischer Migrationshintergrund)

Herr Bilen erzählt, dass das Feiern von kulturell geprägten Festen in seiner Klasse zu einer Art gemeinsamen Ritual geworden sei und berichtet, dass die Schülerinnen und Schüler, ganz gleich welcher Herkunft, dieses Ritual auch einforderten und mit Begeisterung auch ohne sein Zutun aufrecht erhielten. Er wertet dieses Verhalten als Ausdruck gelungener interkultureller Begegnung, für die er – wie er sagt – nur die Rahmenbedingungen geschaffen habe. Es ist aber die bewusste Schaffung ebensolcher Rahmenbedingungen, die einen konstruktiven und offenen Umgang mit kultureller und religiöser Heterogenität in der Schule ermöglicht.

Von einem ähnlichen Zugang erzählt Frau Struk. Allerdings bezieht sich der kulturelle Austausch, von dem sie berichtet, auf eine einmal im Jahr außerhalb der Schulzeit stattfindende Veranstaltung. Die Kinder werden in kleinen Gruppen von Familien unterschiedlicher Herkunft nach Hause eingeladen und sollen dort etwas über andere Länder und Kulturen erfahren:

Die Kinder reisen in andere Kulturen

Diesen Austausch mit den Schülern empfinde ich immer als Bereicherung. In der Schule wird auch, jedes Jahr, eine Veranstaltung angeboten. Am Nachmittag dann dürfen die Kinder reisen in andere Kulturen. Sie werden eingeladen von Familien und dürfen dann zu Gast zu zweit oder zu dritt eine andere Kultur kennen lernen mit denen entweder deren Spiele spielen oder sie kochen mit denen zusammen, oder sie sehen einfach nur Bilder aus dem anderen Land an. Ein schönes Projekt. Die Kinder sind da sehr offen und deswegen hat das Miteinander bisher immer gut funktioniert. Wenn man die Kinder einfach mitmachen lässt und erzählen lässt über ihre Feste über ihre Bräuche, was für die wichtig ist, einfach auch im Klassenzimmer leben zu lassen. (Frau Struk, 35 Jahre, Grundschullehrerin, ukrainischer Migrationshintergrund)

Frau Struk unterstreicht, dass sie die im Projekt gemachten Erfahrungen auch im Klassenzimmer weiter bearbeitet, indem sie die Kinder einlädt, über sich und ihre in der Familie gefeierten Feste zu erzählen. Mit dem Satz „Was für die wichtig ist, einfach auch im Klassenzimmer leben zu lassen" macht sie die Dimension der Anerkennung deutlich, die eine solche Unterrichtspraxis neben dem Explorieren von Gemeinsamkeiten und Differenzen transportieren kann. Gleichzeitig läuft ein solcher eher landeskundlich orientierter Austausch aber auch Gefahr, Migrantenfamilien zu kulturalisieren.

Auch Herr Spinello bewegt sich in seinen Bemühungen um interkulturellen Austausch zwischen seinen Gymnasiasten unterschiedlicher Herkunft auf einer landeskundlichen und national-kulturellen Ebene von Zuschreibung:

> Ich habe schon sehr oft diese Brücke geschlagen zwischen Schülern
>
> Und aufgrund dieser Kursfahrten [nach Italien] oder mit dem Austausch [mit Italien], den wir auch anbieten, habe ich schon sehr oft diese Brücke geschlagen zwischen deutschen Schülern und ausländischen Schülern in Anführungsstrichen. Um auch banale Sachen einfach zu verdeutlichen: wenn man in der Klasse ausländische Schüler fragt: „Ja, Du kommst aus Kroatien und erkläre doch mal, welche Sitten es bei einer Taufe, oder bei einer Kommunion, oder bei einer Hochzeit gibt." Und dann vergleicht man das mit den deutschen Schülern, um denen einfach klar zu machen, dass es in anderen Ländern einfach andere Sitten gibt. Oder man spricht im Bereich des Faches einfach über Ostern oder Weihnachten, welche Gewohnheiten es in Deutschland und Italien gibt. Also landeskundliche Themen einfach, die dort angesprochen werden und wo man wirklich dort diese Brücke schlagen kann. (Herr Spinello, 34 Jahre, Gymnasiallehrer)

Herr Spinello erzählt, wie er seine Verbindung zu Italien und seine sprachliche Kompetenz nutzt, um Klassenfahrten nach Italien und einen Schüleraustausch zu organisieren. Sein kulturspezifisches Wissen hilft ihm im Unterricht, kulturelle Gemeinsamkeiten und Unterschiede mit den Schülerinnen und Schülern zu erarbeiten. Herr Spinello ordnet diese Aktivitäten der Kategorie „Brücken schlagen" zu, worin sich ein eher essentialistisches Kulturverständnis spiegelt. Es besteht auch hier die Gefahr, dass die mit der Frage „Wie ist es bei Euch?" transportierte Zuschreibung die „Anderen", als „Andere" markiert und festschreibt. Zugleich eröffnen solche Gesprächssituationen aber auch die Möglichkeit, Differenzerfahrungen zu thematisieren.

3   Fazit

Die befragten Lehrenden setzen ihr lebensgeschichtlich und professionell erworbenes kulturspezifisches Wissen und ihre migrationsbedingten Erfahrungen (etwa mehrsprachiges Aufwachsen oder religiöse Differenzerfahrung) sehr unterschiedlich ein. Bei einigen dienen Wissen und Erfahrung der vertrauensvollen Etablierung einer pädagogischen Beziehung zu den Lernenden, bei anderen werden sie zur Konfliktlösung herangezogen und bei wieder anderen stimuliert sie die Beschäftigung mit gesellschaftspolitisch brisanten Themen, wie etwa Bildungsgerechtigkeit in der Einwanderungsgesellschaft oder Rassismus. Was den professionellen Umgang mit Heterogenität angeht, scheinen die Befragten in den geschilderten Situationen eher intuitiv vorzugehen. Zumeist basiert die in den Interviews geschilderte interkulturelle Praxis auf eher landeskundlich (oder auch folkloristisch) orientierten Kulturvergleichen, die immer auch Gefahr laufen, Schülerinnen und Schüler wohlmeinend zu kulturalisieren. Diese Beobachtung soll den Verdienst solcher Initiativen seitens der migrantischen Lehrenden nicht schmälern. Sie weist aber darauf hin, dass diese offenbar, ebenso wie viele Lehrkräfte ohne Migrationshintergrund, in Ausbildung und Weiterbildung nur bedingt Möglichkeiten hatten, sich kritisch mit der Theorie und Praxis interkultureller Pädagogik zu beschäftigen. Auch fällt auf, dass die Befragten in ihrem schulischen Umfeld nur wenig strukturelle Anknüpfungspunkte für eine systematische Implementierung interkultureller Bildungsarbeit vorfinden. Selbst wenn sich die Lehrerinnen und Lehrer – wie die Beispiele zeigen – interkulturell engagieren, kann dieses Engagement oft mangels curricularer und schulorganisatorischer Verankerung in der Regel nicht über die jeweilige Schulklasse hinaus auf die Schulkultur ausstrahlen. Und so lässt sich abschließend festhalten, dass die sprachlichen Kompetenzen und die kulturspezifischen Kenntnisse, welche die Lehrkräfte mit entsprechender interkultureller Aus- und Weiterbildung und unter stärker heterogenitätsbewussten Rahmenbedingungen von Schule einbringen könnten, bisher weitgehend ungenutzte Ressourcen darstellen. Durch eine kritische Betrachtung ethnischer Selbst- und Fremdzuschreibungen sowie der hierauf basierenden Selbstwirksamkeitsüberzeugungen von Lehrpersonen konnten eine ganze Reihe von Positionierungen und Topoi identifiziert werden, die es im Hinblick auf die Professionalisierung von Lehrkräften im Zeichen von (migrationsbezogener) Heterogenität zu differenzieren und weiterzuentwickeln gilt. Die Lehrerforschung und die Lehrerausbildung sind hier gleichermaßen gefordert, Antworten auf die Frage zu finden, wie eine Ressourcenorientierung für Lehrkräfte mit Migrationshintergrund konkret aussehen könnte.

Literatur

Allemann-Ghionda, C.; Auernheimer, G.; Grabbe, H.; Krämer, A. (2006). Beobachtung und Beurteilung in soziokulturell und sprachlich heterogenen Klassen: Die Kompetenzen der Lehrpersonen. *Zeitschrift für Pädagogik, 52* (51. Beiheft), 250–265.

Auernheimer, G. (2003). *Unser Schulsystem – für die Einwanderungsgesellschaft disfunktional.* Verfügbar unter: http://www.georg-auernheimer.de/downloads/Schulsystem.pdf [20.03.2012].

Auernheimer, G. (2004). Drei Jahrzehnte Interkulturelle Pädagogik – eine Bilanz. In Y. Karakaşoğlu & J. Lüddecke (Hrsg.): *Migrationsforschung und Interkulturelle Pä-*

dagogik. Aktuelle Entwicklungen in Theorie, Empirie und Praxis (S. 17–29). Münster: Waxmann.

Auernheimer, G.; von Blumenthal, V.; Stübig, H.; Willmann, B. (1996). Interkulturelle Erziehung im Schulalltag: Fallstudien zum Umgang von Schulen mit der multikulturellen Situation. Münster und New York: Waxmann.

Bandura, A. (1997). Self-efficacy: The exercise of control. New York: Freeman.

Baumert, J.; Cortina, K.; Leschinsky, A. (2003). Grundlegende Entwicklungen und Strukturprobleme im allgemein bildenden Schulwesen. In K. Cortina, J. Baumert, A. Leschinksy, K. U. Mayer & L. Trommer (Hrsg.): Das Bildungswesen in der Bundesrepublik Deutschland : Strukturen und Entwicklungen im Überblick (S. 52–147). Reinbek: Rowohlt.

Baumert, J., Watermann, R. & Schümer, G. (2003). Disparitäten der Bildungsbeteiligung und des Kompetenzerwerbs. Zeitschrift für Erziehungswissenschaft, 6, 46–71.

Bender-Szymanski, D. (2000). Akkulturation in der Schule: Kulturbezogene Konflikte und ihre Auswirkung auf Denken und Handeln junger Lehrer in multikulturellen Schulklassen. In I. Gogolin & B. Nauck (Hrsg.): Migration, gesellschaftliche Differenzierung und Bildung (S. 213–244). Opladen: Leske+Budrich.

Bohnsack, R. (1998). Milieu als konjunktiver Erfahrungsraum. Eine dynamische Konzeption von Milieus in empirischer Analyse. In U. Mathiessen (Hrsg.): Die Räume der Milieus (S. 119–131). Berlin: Sigma.

Flick, U. (2000). Triangulation in der qualitativen Forschung. In U. Flick, E. v. Kardoff & I. Steinke (Hrsg.): Qualitative Forschung: Ein Handbuch (S. 309–318). Reinbek: Rowohlt.

Fürstenau, S.; Gomolla, M. (Hrsg.) (2011). Migration und schulischer Wandel: Mehrsprachigkeit. Wiesbaden: VS Verlag für Sozialwissenschaften.

Georgi, V. B.; Ackermann, L.; Karakaş, N. (2011). Vielfalt im Lehrerzimmer: Selbstverständnis und Schulische Integration von Lehrenden mit Migrationshintergrund in Deutschland. Münster: Waxmann.

Glaser, B. G.; Strauss, A. L. (1967). The discovery of grounded theory: strategies for qualitative research. Chicago: Aldine Publishing.

Gogolin, I. (Hrsg.) (1994). Das nationale Selbstverständnis der Bildung. Münster, New York: Waxmann.

Gogolin, I. (2006). Erziehungswissenschaft und Transkulturalität. In M. Göhlich, H.-W. Leonhard, E. Liebau & J. Zirfas (Hrsg.): Transkulturalität und Pädagogik. Interdisziplinäre Annäherungen an ein kulturwissenschaftliches Konzept und seine pädagogische Relevanz (S. 31–43). Weinheim und München: Juventa.

Gogolin, I. (2008). Der monolinguale Habitus der multilingualen Schule. Münster: Waxmann.

Gogolin, I. & Neumann, U. (1997). Spracherwerb und Sprachentwicklung in einer zweisprachigen Lebenssituation bei monolingualer Grundorientierung der Gesellschaft. Hamburg: Universität Hamburg.

Gomolla, M.; Radtke, F.-O. (2002). Institutionelle Diskriminierung. Die Herstellung ethnischer Differenz in der Schule. Opladen: VS Verlag für Sozialwissenschaften.

Hunger, U.; Thränhardt, D. (2006). Der Bildungserfolg von Einwandererkindern in den westdeutschen Bundesländern. Diskrepanzen zwischen den PISA-Studien und den amtlichen Schulstatistiken. In G. Auernheimer (Hrsg.): *Schieflagen im Bildungssystem* (S. 51–67). Wiesbaden: VS Verlag für Sozialwissenschaften.

Karakaşoğlu, Y.; Gruhn, M.; Wojciechowicz, A. (2011). *Interkulturelle Schulentwicklung unter der Lupe: (Inter-)Nationale Impulse und Herausforderungen für Steuerungsstrategien in Bremen.* Münster: Waxmann.

Konsortium Bildungsberichterstattung im Auftrag der Ständigen Konferenz der Kultusminister der Länder in der Bundesrepublik Deutschland und des Bundesministeriums für Bildung und Forschung (Hrsg.): *Bildung in Deutschland.* Ein indikatorengestützter Bericht mit einer Analyse zu Bildung und Migration.

Krohne, J. A.; Meier, U.; Tillmann, K.-J. (2004). Sitzenbleiben, Geschlecht und Migration. Klassenwiederholungen im Spiegel der PISA-Daten. *Zeitschrift für Pädagogik, 50* (3), 373–391.

Krüger-Potratz, M. (2006). Präsent, aber „vergessen" – Zur Geschichte des Umgangs mit Heterogenität im Bildungswesen. In M. Göhlich, H.-W. Leonhard, E. Liebau & J. Zirfas (Hrsg.): *Transkulturalität und Pädagogik. Interdisziplinäre Annäherungen an ein kulturwissenschaftliches Konzept und seine pädagogische Relevanz* (S. 121–137). Weinheim und München: Juventa.

Marburger, H.; Helbig, G.; Kienast, E. (1997). Sichtweisen und Orientierungen Berliner Grundschullehrerinnen und -lehrer zur Multiethnizität der bundesrepublikanischen Gesellschaft und den Konsequenzen für Schule und Unterricht. In A. Heintze (Hrsg.): *Schule und multiethnische Schülerschaft. Sichtweisen, Orientierungen und Handlungsmuster von* Lehrerinnen und Lehre*rn (S. 4–62).* Frankfurt am Main: IKO – Verl. für Interkulturelle Kommunikation .

Mayring, P. (1990). *Einführung in die qualitative Sozialforschung. Eine Anleitung zu qualitativem Denken* (5. Aufl.). München: Psychologie Verlags Union.

Mayring, P. (2001). Kombination und Integration qualitativer und quantitativer Analyse. *Forum Qualitative Sozialforschung, 2* (1) [Seiten?].

Mecheril, P. (2004). *Einführung in die Migrationspädagogik.* Weinheim: Beltz.

Prenzel, M.; Baumert, J.; Blum, W.; Lehmann, R.; Leutner, D.; Neubrand, M. et al. (Hrsg.) (2004). *Pisa 2003. Der Bildungsstand der Jugendlichen in Deutschland – Ergebnisse des zweiten internationalen Vergleichs.* Münster: Waxmann.

Reh, S. (2005). Die Begründung von Standards in der Lehrerbildung. Theoretische Perspektiven und Kritik. *Zeitschrift für Pädagogik, 51* (2), 260–265.

Schütze, F. (1977). *Die Technik des narrativen Interviews in Interaktionsfeldstudien – dargestellt an einem Projekt zur Erforschung von kommunalen Machtstrukturen*: Universität Bielefeld, Fakultät für Soziologie.

Tillmann, K.-J. (2004). Viel Selektion - wenig Leistung. Ein empirischer Blick auf Erfolg und Scheitern in deutschen Schulen. In D. Fischer & V. Elsenbast (Hrsg.): *Zur Gerechtigkeit im Bildungssystem* (S. 25–37). Münster: Waxmann.

Verband Bildung und Erziehung (VBE) (2006). *Positionspapier „Interkulturellen Herausforderungen pädagogisch begegnen"* Verfügbar unter: http://vbe.de/meinung/positionen/interkulturelle-herausforderungen.html [13.04.2011].

Weber, M. (2003). *Heterogenität im Schulalltag. Konstruktion ethnischer und geschlechtlicher Unterschiede.* Opladen: Leske + Budrich.

Weber, M. (2005). „Ali-Gymnasium" – Soziale Differenzen von SchülerInnen aus der Perspektive von Lehrkräften. In F. Hamburger, T. Badawia & M. Hummrich (Hrsg.): *Migration und Bildung: Über das Verhältnis von Anerkennung und Zumutung in der Einwanderungsgesellschaft* (S. 69–82). Wiesbaden: VS-Verlag für Sozialwissenschaften.

Wischer, B. (2007). Heterogenität als komplexe Anforderung an das Lehrerhandeln. Eine kritische Betrachtung schulpädagogischer Erwartungen. In S. Boller, E. Rosowski & T. Stroot (Hrsg.): *Heterogenität in Schule und Unterricht* (S. 32–41). Weinheim: Beltz.

III Projekte und Programme und deren Evaluation

Neue Lehrer braucht das Land

Der Schülercampus „Mehr Migranten werden Lehrer" als Modell zur Rekrutierung von Lehrkräften mit Migrationshintergrund

Reiner Lehberger und Tatiana Matthiesen

1 Einleitung

Das politisch lange Zeit propagierte Diktum, Deutschland sei kein Einwanderungsland, hat auch im Bereich der Schul- und Bildungspolitik lange notwendige Reformen verschleppt, inzwischen aber zu zahlreichen Bemühungen seitens der KMK und der einzelnen Bundesländer geführt. Von vielen wird dabei insbesondere auf die Disparität einer ethnisch und kulturell heterogenen Schülerschaft – in Hamburg z.B. hat jeder zweite Schüler inzwischen einen Migrationshintergrund – und einer nach wie vor weitgehend deutschstämmigen Lehrerschaft verwiesen. Bereits 2007 forderte der Nationale Integrationsplan durch Einstellung von „Migrantinnen und Migranten in der Lehrerschaft" die „interkulturelle Kompetenz und damit die Unterrichtsqualität in Schulen" zu verbessern. Erst im September 2010 bestätigte die Deutsche Bundesregierung in ihrem „Bundesweiten Integrationsprogramm", mehr Lehrer mit Migrationshintergrund in den Schulen einstellen zu wollen. Allerdings gibt es für die Umsetzung dieses Ziels erst in jüngster Zeit konkrete Programme (z.B. zur Rekrutierung interessierter und geeigneter Bewerberinnen und Bewerber), von denen eines hier vorgestellt werden soll.

Bereits beim einfachen Versuch, die konkrete Anzahl von Pädagogen nicht deutscher Herkunft an den staatlichen Schulen der einzelnen Bundesländer exakt zu ermitteln, stößt man auf gravierende Probleme.

Fundierte Zahlen sind bislang ein Desiderat. Für den Bund belegen allerdings aktuelle Auswertungen des Statistischen Bundesamtes auf Grundlage des Mikrozensus von 2008, dass ca. 5 % aller Lehrkräfte in Deutschland einen Migrationshintergrund haben (Karakaşoğlu, Gruhn & Wojciechowicz, 2011, S. 164). Diese stehen einer Schülerschaft gegenüber, die bundesweit inzwischen einen Migrationsanteil von ca. 25 % aufweist (Neumann & Schneider, 2011, S. 9). Erkennbare positive Entwicklungen gibt es zumindest in einigen Bundesländern in der Ausbildung. So hat zum Beispiel in Bremen zurzeit ca. ein Viertel der Lehramtsstudierenden einen Migrationshintergrund, in Hamburg konnte durch eine besondere Eingangsklausel der Anteil der Referendare mit Migrationshintergrund auf über 23 % gesteigert werden.

Für die öffentliche Aufmerksamkeit des Themas spricht, dass es auch Eingang in das Feuilleton aller großen Zeitungen und Zeitschriften von der FAZ bis zum SPIEGEL gefunden hat.[1]

---

1 Am 17.12.2010 titelte beispielsweise die ZEIT „Deutschlands stille Reserve" und führte im Untertitel aus: „Russisch- und türkischstämmige Lehrer sollen Einwandererkinder zum

2 Schulerfolg von Kindern aus Zuwandererfamilien und besondere Unterstützungsmöglichkeiten durch Lehrende mit Zuwanderungsgeschichte – der Forschungsstand

2.1 Gründe für Chancenungleichheit

Als Hintergrund solcher und ähnlicher Forderungen und Aktivitäten wird vor allem das schlechte Abschneiden von Schülern mit Migrationshintergrund im deutschen Bildungswesen gesehen. Die Problemlage ist tatsächlich beträchtlich. Laut dem aktuellen „Nationalen Bildungsbericht" (Autorengruppe Bildungsberichterstattung, 2010, S. 52f., 65f.) ergibt sich überblicksartig folgendes Bild:

Im Kindergartenalter ist der Anteil von Kindern mit Migrationshintergrund in Bildungseinrichtungen mit 85 % deutlich niedriger als bei Kindern ohne Migrationshintergrund. Fast doppelt so viele Kinder mit Migrationshintergrund, nämlich 8,1 %, werden verspätet eingeschult (Kinder ohne Migrationshintergrund: 4,5 %). Jugendliche mit Migrationshintergrund besuchen deutlich seltener ein Gymnasium (22 % gegenüber 37 %) und mehr als doppelt so häufig eine Hauptschule (36 % gegenüber 16 %) als Jugendliche ohne Migrationshintergrund. Auf den Sonderschulen sind sie mit 8,4 % (zu 5 %) deutlich überrepräsentiert, genauso wie beim Anteil von Schulabbrechern, d.h. Schulabgängern ohne Abschluss. Hier liegt die Zahl bei 15 % und ist fast dreimal so hoch wie bei Schülern deutscher Herkunft.

Die Ursachen für diese Befunde werden vom Sachverständigenrat (2010, S. 143ff.) als vielfältig angesehen:
- die schwierige soziale Lage vieler Migrantenfamilien,
- mangelnde Durchschaubarkeit des deutschen Schulsystems und damit zusammenhängend mangelnde Unterstützung der Kinder durch ihre Eltern,
- fehlende systematische sprachliche Förderung in einem System, das sehr auf Sprache im Vermittlungsprozess orientiert ist,
- Diskriminierungserfahrungen (vgl. auch Gomolla, 2011, Riedel & Pelzer, 2011).

Allerdings muss auch betont werden, dass seit PISA 2000 Erfolge zu konstatieren sind, Positionsgewinne, wie die Bildungsforschung sagt: Der Abstand von Schülern mit Migrationshintergrund in den PISA-Leistungen ist immer noch groß, aber geringer geworden, die Quote der Schüler ohne Schulabschluss ist gesunken und die Quote von Realschulabschlüssen gestiegen, um nur einige Verbesserungen zu benennen (vgl. Sachverständigenrat, 2010, S. 138).

Wenn sich auch nicht exakt sagen lässt, wie diese Erfolge zu klären sind, dürfte insgesamt gelten:
- die Lehrerschaft ist in der Frage der Förderung von Schülern sensibler geworden;

Schulerfolg führen". Beispielsweise weist der Artikel „Vielfalt im Lehrerzimmer" in der Frankfurter Allgemeinen Zeitung (10.12.2011) in gleiche Richtung.

- die öffentliche Aufmerksamkeit für die schulische Situation von Schülern mit Migrationshintergrund ist spürbar gestiegen;
- staatliche und private Förderprogramme sind in einer Vielzahl initiiert worden.[2]

2.2 Lehrer mit Migrationshintergrund als Vorbilder und Mutmacher

Im Zeitraum von 2009 bis 2010 haben Wissenschaftlerinnen der Freien Universität Berlin das professionelle Selbstverständnis von Lehrkräften mit Migrationshintergrund in Deutschland untersucht. Eine Forschergruppe unter der Leitung von Viola B. Georgi hat eine Fragebogenerhebung mit 200 Lehrenden und 60 biographische Interviews durchgeführt (Georgi, Ackermann & Karakaş, 2011). Dabei wird ein besonderes Vertrauensverhältnis zwischen Lehrenden mit Migrationshintergrund und Schülern nicht deutscher Herkunft deutlich. Dieses Vertrauensverhältnis basiere auf tatsächlich geteilten migrationsspezifischen Erfahrungen sowie sprachlich-kulturellen Gemeinsamkeiten oder auf der wechselseitigen Annahme von Gemeinsamkeiten aufgrund eines ähnlichen Migrationshintergrundes. Knapp 65 % der Befragten stimmten der Aussage zu, dass ihnen von den Schülern mit Migrationshintergrund mehr Vertrauen entgegengebracht wird als von Lehrern ohne Migrationshintergrund; rund 70 % sagten, dass sie sich besonders für den Bildungserfolg von Kindern aus Familien von Einwanderern engagierten (Georgi, Ackermann & Karakaş, 2011, S. 146 und S. 154).

Laut Georgi zeigen die empirischen Ergebnisse, dass „die Erhöhung der Anzahl Lehrender mit Migrationshintergrund zwar ein unverzichtbarer Bestandteil interkultureller Schulentwicklung ist, sich die Schulentwicklungsmaßnahmen und deren bildungspolitische Flankierung hierin aber nicht erschöpfen dürfen." (Georgi, Ackermann & Karakaş, 2011, S. 273).

Interessant ist auch zu beobachten, dass sich Lehrkräfte mit Migrationshintergrund in neugegründeten Netzwerken – wie in Hamburg, Berlin, Bremen, Bayern und Niedersachsen – zusammenschließen. Ähnlich wie in dem 2007 in Nordrhein-Westfalen initiierten Netzwerk „Lehrkräfte mit Zuwanderungsgeschichte" finden Lehrkräfte nicht deutscher Herkunft in diesen Netzwerken in ihrem Schulalltag und im Besonderen bei der interkulturellen Bildung Unterstützung. Vor allem aber dienen die Netzwerke der Stabilisierung und der Positionsstärkung ihrer Teilnehmer, z.B. auch für den Weg in Funktions- und Leitungsstellen in den staatlichen Schulen.

---

2   Für Aktivitäten von Stiftungen siehe weiter unten, als ein Beispiel für staatliche Aktivitäten vgl. z.B. die so genannten Summer Schools zur Förderung von Schülerinnen und Schülern in Bremen, Niedersachsen oder Hamburg.

2.3 Lehrer mit Migrationshintergrund und interkulturelle Kompetenz

Die Forderung nach mehr Lehrern mit Migrationshintergrund, die selbst als Vorbilder für gelungene Integration dienen sollen und Migrantenkinder ermuntern könnten, den Weg beruflichen Erfolges einzuschlagen, stößt in der Wissenschaft allerdings auch auf vereinzelte Kritik (vgl. z.B. Akbaba, Bräu & Zimmer, S. 37ff., und Rotter & Schlickum, S. 59ff., in diesem Band).

Systematisch hat sich mit dieser Forderung insbesondere die Bildungsforscherin Carolin Rotter auseinandergesetzt (Rotter, 2011). Zunächst einmal kritisiert sie, dass Lehrkräften mit Migrationshintergrund quasi naturwüchsig durch ihre Herkunft – die zum Teil ja nicht einmal primäre, d.h. eigene Migrationserfahrungen einschließt – interkulturelle Kompetenzen zugeschrieben werden. Sie macht dabei darauf aufmerksam, dass diese Argumentation durchaus an das Persönlichkeitsparadigma der 1950er Jahre (ein Lehrer muss wichtige Fähigkeiten „mitbringen" und kann sie nicht „erlernen") erinnert. Und zu Recht stellt sie fest, dass Untersuchungen, ob denn z.B. der Migrationshintergrund von Lehrern tatsächlich zu einer anderen Unterrichtsgestaltung oder zu einem besseren „classroom management" und damit zu besseren Ergebnissen in multikulturellen Klassen führt, bislang ausstehen.

Auch ihr Hinweis, dass in der hiesigen Diskussion die Ergebnisse der amerikanischen und britischen empirischen Forschung zum Thema nicht angemessen rezipiert wurden, ist beachtenswert, denn deren Ergebnisse sind keineswegs einheitlich. Zwar kann man zum Forschungsstand generell sagen, dass in der Beurteilung schwarze Schüler von weißen Lehrern durchweg schlechter gestellt sind (z.B. Casteel, 1998), aber in der Frage, ob die ethnische Herkunft von Lehrern sich positiv auf die Schülerleistung von schwarzen Schülern auswirkt, sind widersprüchliche Aussagen zu konstatieren (Ehrenberg, Goldhaber & Brewer, 1995, verneinen dies, Dee, 2004, kommt hingegen zu einem positiven Befund).

Losgelöst von diesen Ergebnissen der angloamerikanischen Forschung (vgl. Georgi in diesem Band, S. 85ff.) verdeutlicht bereits ein erster kritischer Blick auf die hohen Erwartungen, die zurzeit an die Beschäftigung von Lehrern mit Migrationshintergrund in Deutschland geknüpft werden, dass die Gesamtheit dieser Erwartungen eher unrealistisch ist (Akbaba, Bräu & Zimmer in diesem Band, S. 37ff.). Es gilt auch für Lehrer mit Migrationshintergrund, dass andere Faktoren als ihre Herkunft für ihre Akzeptanz eine Rolle spielen (Geschlecht, Alter, soziale Herkunft, Persönlichkeit),[3] und auch für diese Personengruppe ist die theoretische und praktische Ausbildung in interkultureller Kompetenz ein wichtiger Baustein in Studium und Referendariat, um angemessen in der multikulturellen Schullandschaft agieren zu können (Karakaşoğlu, Gruhn und Wojciechowicz, 2011, S. 206).

3　Dies geht deutlich aus eigenen Interviews mit Schülern mit Migrationshintergrund an Hamburger Schulen hervor (Lehberger & Rotter: Projekt Schüler und Lehrer mit Migrationshintergrund. Veröffentlichung in Vorbereitung).

Dennoch bleibt unseres Erachtens in Bezug auf die Forderung nach mehr Lehrern mit Migrationshintergrund unstrittig: Der bislang erreichte Anteil von Lehrkräften mit Migrationshintergrund in unseren Schulen ist so gering, dass eine angemessene und im Blick auf den Integrationsgedanken auch wünschenswerte Repräsentanz dieser gesellschaftlichen Gruppe nicht gegeben ist. Wie in anderen öffentlichen Bereichen unserer Gesellschaft auch (Medien, Verwaltung, Polizei, Justiz, Politik etc.) ist es daher dringend notwendig, den Anteil von Menschen mit Migrationshintergrund auch im Lehrerberuf deutlich zu erhöhen.

Und unstrittig ist auch, dass zwar die Einstellung von Lehrkräften mit Migrationshintergrund nicht per se eine Verbesserung der interkulturellen Kompetenz an den Schulen bedeutet, dass aber bei Lehrkräften dieser Provenienz gute Voraussetzungen für Empathie und Perspektivübernahme gegenüber Schülern verschiedener Herkunft gegeben sind (vgl. Georgi, Ackermann & Karakaş, 2011, S. 154ff.).

3   Der Schülercampus „Mehr Migranten werden Lehrer" der ZEIT-Stiftung Ebelin und Gerd Bucerius

Folgt man dem oben entwickelten Verständnis, so sind gesonderte Maßnahmen für die Gewinnung von Schülerinnen und Schülern mit Migrationshintergrund für den Lehrerberuf unumgänglich. Schüler mit Migrationshintergrund erleben Schule nicht selten als negativ und frustrierend. Oft trauen sich junge Migranten diesen Beruf auch nicht zu. Sie fühlen sich nicht zuletzt den sprachlichen Herausforderungen wenig gewachsen und haben unzureichende Vorstellungen von diesem Beruf, wie wir im Vorfeld und bei der Durchführung der Schülercampus-Veranstaltungen immer wieder konstatieren konnten. Befragungen unter Schülercampus-Teilnehmern zeigen, dass viele Oberstufenschüler mit Migrationshintergrund Vorurteile gegenüber dem Lehrerberuf hegen: Sie empfinden die Bezahlung als schlecht und Eltern raten vielfach zu Studienfächern mit vermeintlich besseren Aufstiegs- und Vergütungschancen. Wenn sich die jungen Menschen nicht deutscher Herkunft für ein Studium entscheiden, dann oftmals eher für Jura oder Medizin, um später zu den Spitzenverdienern zu gehören.

Um die Chancen und Vorteile des Lehrerberufs zu verdeutlichen und junge Migrantinnen und Migranten für das Lehramtsstudium und den Lehrerberuf zu interessieren, entwickelte die ZEIT-Stiftung Ebelin und Gerd Bucerius ihren Schülercampus „Mehr Migranten werden Lehrer".

Der viertägige Schülercampus mit Bildungsexperten, Schulpolitikern, Schulleitern, Lehrkräften und Lehramtsstudierenden bemüht sich, ein realistisches Bild vom Lehrerberuf zu vermitteln, und dies mittlerweile in neun Bundesländern. Die jeweils ca. 30 Teilnehmer erfahren umfassend, was den Lehrerberuf ausmacht. Die Projekt-Homepage www.mehr-migranten-werden-lehrer.de unterstützt das Angebot mit Informationen zu Studienorientierungsangeboten, Standorten und Kooperationspartnern.

3.1 Die Kernbestandteile des Programms

Aus inzwischen mehrmaliger Erfahrung mit dem Campus haben sich fünf Kernbestandteile für ein qualitätsvolles Programm herausgeschält:

- Über Ausbildung und Beruf informieren
- Eignung thematisieren
- Bilder von Lehrerberuf und Schule vermitteln
- Gute Schule erleben und reflektieren
- Das Gruppenerlebnis stärken und Netzwerke vorbereiten

Der „Schülercampus" wird zurzeit in unterschiedlichen Varianten in Bayern, Berlin, Bremen, Hamburg, Nordrhein-Westfalen, Niedersachsen und Schleswig-Holstein durchgeführt. Weitere Veranstaltungen sind in Baden-Württemberg und Hessen geplant. Im Folgenden werden die eben genannten Kernbestandteile vorgestellt und dabei exemplarisch der Ablauf in Hamburg beschrieben.

Über Ausbildung und Beruf informieren

Gute Informationen zur Ausbildung und zum Berufsbild des Lehrers sind Voraussetzungen für eine reflektierte und fundierte Entscheidung für diesen anspruchsvollen Beruf. Mit den eigenen Erfahrungen von Oberstufenschülern ist es dabei nicht getan. Sie dienen zur Anknüpfung und zur Formulierung von Fragen, die Erfahrungen müssen aber durch Systemwissen und vor allem auch durch Wissen über Entwicklungsperspektiven des Schulsystems und des Lehrerberufs angereichert und vertieft werden.

Zunächst einmal wird im Hamburger Campus eine Einführung in das Lehramtsstudium (1. und 2. Phase) gegeben, ohne dabei in die Tiefen des Bachelor-Master-Systems einzusteigen. Ziel ist es, den Verlauf des Studiums und die gewichtigen Inhalte zu vermitteln, und nicht durch Überbetonung der Komplexität (Credit Points, Modularisierung, neues Prüfungssystem) womöglich abzuschrecken. Rund 87 % aller Teilnehmer (insgesamt 168), die 2011 die Campus-Veranstaltungen in Bayern, Berlin, Bremen, Hamburg, Nordrhein-Westfalen und Niedersachsen besucht haben, empfanden die Veranstaltungen zum Studium und Referendariat als sehr interessant; über 60 % gaben an, dass sie für ihre Studienfachentscheidung eine große Rolle gespielt haben (vgl. ZEIT-Stiftung, 2011). Da die Ausbildung und das Berufsbild stark von der Wahl der Schulform abhängen, werden in einem Stationsumlauf sehr ausführlich die Schulformen Grundschule, Stadtteilschule, Gymnasium, Sonderschule und Berufsschule vorgestellt. In diesem Umlauf besuchen die Schüler fünf verschiedene Stationen zu den benannten Schulformen, an denen jeweils ein Schulleiter und eine Lehrkraft mit Migrationshintergrund kompetent eine Kurzvorstellung „ihrer" Schulform geben und anschließend Fragen der Schüler beantworten. Interessant dabei ist es zu sehen, dass die Schüler ausgesprochen wenig über die verschiedenen Schulformen wissen und zum Beispiel für ein ausgesprochen unterversorgtes Lehramt, wie das der Beruflichen Schulen, durchaus auch zu interessieren sind.

Letztlich werden in diesem Baustein konkrete Informationen vermittelt über den Ablauf der Bewerbung und Immatrikulation, über die verschiedenen Unterstützungsprogramme im Studium, insbesondere aber über die in Frage kommenden Stipendien- und Förderprogramme. Diese Informationen waren für 65 % aller befragten Teilnehmer 2011 (vgl. ZEIT-Stiftung, 2011) für ihre Entscheidungsfindung von großer Bedeutung.

Eignung thematisieren

Aus der Praxis der Berufsberatung und Befunden der Berufsforschung ist bekannt, dass es für die Berufswahl günstig ist, den Komplex Eignung möglichst schon vor Studienbeginn und damit vor einer ersten gravierenden beruflichen Entscheidung zu thematisieren. Die Wahrscheinlichkeit, möglichst „unbefangen" und „ehrlich" die persönliche Eignung für den Beruf zu hinterfragen, ist höher, wenn nicht schon eine erste Entscheidung wie die der Aufnahme eines Lehramtsstudiums gefallen ist (Mayr, 2002).

Im Rahmen des Hamburger Campus wird die Eignungsfrage auf drei Ebenen behandelt:
* Durchführung von Tests auf der Online-Plattform CCT (Career Counselling for Teachers)
* Durchführung von Rollenspielen zum Lehrerhandeln
* Reflexion eigener Stärken und Schwächen für den Beruf

Die Tests absolvieren die Campus-Teilnehmer und -Teilnehmerinnen bereits zu Hause. Mit der Bestätigung der Aufnahme zum Campus erhalten sie den Link zu CCT, eine kurze Beschreibung des Vorgehens und die Bitte, die Auswertung der Tests im Ausdruck zum Seminar mitzubringen. Dort wird dann zunächst in Zweierteams und dann in Kleingruppen zu fünft mit jeweils einer moderierenden Lehrkraft über die Ergebnisse der Tests gesprochen. Aufgabe der begleitenden Lehrkraft ist es, eine realistische Sicht auf die Anforderungen des Berufs einzubringen, erste eigene pädagogische Erfahrungen auszuwerten und den Blick darauf zu richten, dass die meisten der Anforderungen, z.B. im kommunikativ-sozialen Bereich, erlernbar sind. Eignung ist entwickelbar und nicht etwas „Statisches" (Abujatum, Knispel, Rudolf & Schaarschmidt, 2007). Allerdings sind die Freude am Umgang mit Kindern und die Bereitschaft, an seinen persönlichen Voraussetzungen zu arbeiten, u.E. zwei basale Voraussetzungen für den Beruf.

Bereits in der Auswertung des CCT haben die Teilnehmer die Möglichkeit, grundlegend über eigene Stärken und Schwächen zu reflektieren und bei den Rollenspielen diese – zumindest ansatzweise – in der Praxis auszutesten. Das Repertoire der Rollenspiele geht vom fiktiven Beratungsgespräch mit Eltern und Schülern über die Teilnahme an einer Lehrerkonferenz und die Einführung in eine Stunde bis hin zum Abfassen eines Elternbriefs; Letzteres ist eine gute Möglichkeit, sich auch über die sprachlichen Anforderungen des Lehrerberufs klar zu werden. Es kann nicht verwundern, dass insbesondere die Rollenspiele als hohe persönliche Anforderung, aber auch als sehr motivierende Seminaraufgabe von allen Teilnehmern wertgeschätzt werden, wie die internen Evaluationen zeigen. Aber auch mit dem CCT haben die meisten Teilnehmer gute Erfahrungen gemacht. So schrieb beispielsweise eine Düsseldorfer Teilnehmerin in ihrem Feedback-Bogen: „Bei der Anwendung der Website CCT habe ich gehofft, dass die durchgeführte Tour 1 mir beweist, dass der Lehrerberuf für mich geeignet ist. Hierbei hatte ich folgende Gedanken: Wie wird es sein, eines Tages vor einer Klasse zu stehen? Werde ich erfolgreich meinen Schülern alles Nötige beibringen können? – Diese Website zeigt mir wichtige Aspekte, die ich aus dieser Sicht noch nicht feststellen konnte" (vgl. ZEIT-Stiftung, 2011). Die Teilnehmer-Befragungen, die in sechs Bundesländern im Jahr 2011 durchgeführt wurden, ergaben, dass die überwiegende Mehrheit (90 %) die Veranstaltungen zum Thema Eignung und Anforderung als interessant empfanden; für 73 % waren diese ausschlaggebend für ihre Studienfach- und Berufsentscheidung (vgl. ZEIT-Stiftung, 2011).

Bilder von Lehrerberuf und Schule vermitteln

Schülerinnen und Schüler haben – obschon sie eigene mehrjährige schulische Erfahrungen haben – wenig Einblick in die Herausforderungen und Chancen des Berufs. In Gesprächen, Filmausschnitten und Diskussionen ist es daher wichtig, über die Anforderungen des Berufsalltags zu informieren und durchaus auch auf die Erkenntnisse der Lehrergesundheitsstudien (Schaarschmidt, 2004) hinzuweisen. Als besonders hilfreich hat sich dabei erwiesen, Personen aus den verschiedenen Etappen und Altersstufen im Berufswerdegang wie insbesondere auch Lehrkräfte mit Migrationshintergrund in diese Gespräche einzubeziehen.

Ein zentraler Punkt in diesem Themenfeld ist es auch, möglichst konkret über die Gehälter und Gehaltsentwicklung von Lehrern zu berichten und die verschiedenen Karrierechancen vorzustellen: Abteilungs- und Schulleitung, Aus- und Fortbildung, Schulaufsicht, ministerielle und Schulverwaltungsaufgaben. In der Summe zeigt sich, dass der Lehrerberuf – entgegen seinem Ruf – durchaus Entwicklungs- und Karrierechancen offerieren kann. Zur realistischen Berufseinschätzung gehören auch die Vermittlung und Diskussion von Leitbildern einer „guten Schule" und eines „guten Lehrers". Filmausschnitte, z.B. aus Reinhard Kahls „Treibhäuser der Zukunft", bieten reichen Anlass zu durchaus auch kontroverser und kritischer Diskussion.

Wichtig für die Schülerschaft des Schülercampus ist natürlich insbesondere die Frage nach dem gelungenen Umgang mit Heterogenität. Schulleiter von Schulen mit diesem besonderen Profil, aber auch Wissenschaftler mit dem Arbeitsfeld „Interkulturelles Lernen" werden dazu speziell eingeladen. Und nicht zuletzt sollten die

Teilnehmer aus dem Schülercampus mit Vorstellungen zur Entwicklung des Schulwesens und der Einzelschule nach Hause gehen. Dazu zählen insbesondere

- die multikulturelle Schule,
- die inklusive Schule: Integration von Schülern mit sonderpädagogischem Förderbedarf,
- die Ganztagsschule mit einem schuleigenen Arbeitsplatz für jede Lehrkraft,
- eine neue Lernkultur: Individualisierung und eigenverantwortetes Lernen,
- das neue Schulsystem, in Hamburg z.B. das Zwei-Säulen-Modell mit Stadtteilschule und Gymnasium.

Gute Schule erleben und reflektieren

Um den Blick der Campus-Teilnehmer in Richtung der großen Themen „Schulentwicklung" und „gute Schule" nachhaltig auszuweiten, wird über diese Themen im Seminar nicht nur geredet, sondern sie werden auch beispielhaft erlebbar gemacht.

In Hamburg werden Hospitationen in einer Grundschule mit jahrgangsübergreifendem Unterricht, in einem bilingualen (deutsch/englisch) Gymnasium und in einer Produktionsschule durchgeführt. Für diese Hospitationen werden zuvor spezielle Beobachtungsaufträge abgesprochen sowie ein allgemeiner Beobachtungsbogen mitgegeben. Die Schüler sind dort quasi in der Rolle eines professionellen Beobachters und können in der abschließenden Auswertung der Hospitation in der Großgruppe erstaunlich präzise Mitteilungen und fundierte Bemerkungen abgeben.

Ertragreich kann bei diesem Thema auch der Besuch von für die Campus-Teilnehmer eher unbekannten Schulformen wie berufsbildenden oder Sonderschulen sein.

Das Gruppenerlebnis stärken und Netzwerke vorbereiten

Seminare sind langfristig nur dann erfolgreich, wenn auch die Interaktion zwischen den Teilnehmern und zu den Seminarleitern sich positiv entwickeln kann. Im Campusseminar gehen daher in dieses Thema viel Vorbereitung und viel Energie und Aufwand ein. Es beginnt mit der Auswahl eines ansprechenden Tagungsortes, der ein besonderes Ambiente, eine ansprechende Unterkunft, gute Verpflegung bis hin zu kulturellen Angeboten bietet – und viel Raum und Zeit für Gespräche und Aktivitäten der Teilnehmer untereinander. Letzteres war in den beiden ersten Veranstaltungen eindeutig ein Desiderat; diesem wurde inzwischen entsprochen und damit auch die Zufriedenheit der Teilnehmer erhöht.

An kulturellen Angeboten ist vieles möglich: Von Hip-Hop-Einlagen beim Auftakt bis hin zu Lesungen und Führungen im Bucerius Kunst Forum oder Hamburger Schulmuseum. Und natürlich sind für die Stärkung des Gruppenerlebnisses eine gelungene Kennenlernrunde und Auswertungsgespräche am Ende der Veranstaltung wichtig. Nur so haben die Schüler den Eindruck, ihre Meinung ist wichtig, und nur so entsteht die Bereitschaft, weiter untereinander, mit dem Veranstalter oder aber wie in Hamburg inzwischen mit dem „Netzwerk Lehrer mit Migrationshintergrund" in Verbindung zu bleiben und damit gegebenenfalls Unterstützung für das Studium zu gewinnen.

3.2 Die Motivierung von Jugendlichen mit Migrationshintergrund zur Teilnahme am Schülercampus

Schülerinnen und Schüler nicht deutscher Herkunft für die Teilnahme am Schülercampus „Mehr Migranten werden Lehrer" zu motivieren, ist keine einfache Aufgabe und erfordert besondere Maßnahmen. Der Erfolg der Ausschreibung hängt im hohen Maße von der Unterstützung von Schulleitern, (Fach-)Lehrkräften sowie Berufskoordinatoren von Gymnasien, Stadtteilschulen und Handelsschulen und im besonderen Maße vom Netzwerk für Lehrkräfte mit Migrationshintergrund ab. Den Mitgliedern des Netzwerks kommt dabei als Multiplikatoren eine besondere Rolle bei der Gewinnung von interessierten Schülern mit Migrationshintergrund zu. Die Erfahrungen aus den letzten Jahrgängen zeigen, dass die persönliche Ansprache und direkte Weitergabe der Ausschreibungsunterlagen an die Jugendlichen unerlässlich ist, um die Zielgruppe zur Bewerbung zu mobilisieren. Zudem werden auch Vertreter der Studienseminare, Migrantenselbstorganisationen, Eltern- und Schülerkammer sowie andere Initiativen auf das Studienorientierungsseminar aufmerksam gemacht und um Mithilfe bei der Ausschreibung gebeten. Ferner wird der Schülercampus regelmäßig auf Schulleiter- und Fachkonferenzen sowie auf Messen und ausgewählten Veranstaltungen einer interessierten Öffentlichkeit vorgestellt. Dabei begleitet und unterstützt die Presse- und Öffentlichkeitsarbeit der ZEIT-Stiftung maßgeblich den Ausschreibungsprozess.

Im Juni 2012 veranstaltete die ZEIT-Stiftung ein Treffen aller Schülercampus-Jahrgänge 2008 – 2011 in Hamburg. Ehemalige Teilnehmer aus Hamburg, Berlin, Bremen, Düsseldorf, Hildesheim, München, Nürnberg und Oldenburg hatten die Gelegenheit, sich im großen Kreis wieder zu treffen bzw. kennenzulernen. Ziel des Alumni-Treffens war es, das Netzwerk untereinander aufrechtzuerhalten und zu stärken.

4   Erste Evaluationsergebnisse und Ausblick

Dass sich der Aufwand lohnt, zeigen die Rückmeldungen aller Teilnehmer (168), die in Bayern, Berlin, Bremen, Hamburg, Niedersachsen und Nordrhein-Westfalen an den Campus-Veranstaltungen im Jahr 2011 teilgenommen haben (vgl. ZEIT-Stiftung, 2011). Die große Mehrheit (rd. 80 %) der Teilnehmer bewertete im Nachgang des Seminars das Programm als bereichernd und bekundete, wie hilfreich es bei der Wahl des Fachs und der Studienrichtung gewesen sei. Davon gaben 45 % an, dass sich mit dem Schülercampus der Wunsch, Lehrer zu werden, gefestigt hatte; die Einstellung gegenüber dem Lehrerberuf hatte sich bei 34 % positiv verändert. Viele Schüler brachten zum Ausdruck, dass sie sich ernst genommen und wertgeschätzt fühlen. So bekundeten 91 %, dass sie ausreichend Phasen hatten, selbst aktiv werden zu können und 96 %, dass sie in ausreichendem Maße ihre Fragen einbringen konnten. Die überwiegende Mehrheit (über 90 %) lobte insgesamt die Veranstaltungsorganisation, die angenehme Arbeitsatmosphäre, den ansprechenden Tagungsort und die Verpflegung während des Schülercampus.

Zur Tauglichkeit des Studienorientierungsangebots liefert eine von der Freien Universität Berlin im Frühjahr 2012 durchgeführte Online-Befragung ehemaliger Teilnehmer interessante Einblicke. Nützlichkeit: Der Schülercampus bietet echte Studienorientierung – das äußerten 90% ehemaliger Teilnehmerinnen und Teilnehmer. Die Befragten empfanden das Orientierungsangebot als sehr nützlich und fühlten sich gut auf das Lehramtsstudium vorbereitet. Entscheidungssicherheit: nach dem Schülercampus konnten die jungen Migranten viel besser beurteilen, ob der Lehrerberuf zu ihnen passt, gaben 85% der Befragten an. Motivation: 70% der Alumni entscheiden sich nach dem Schülercampus tatsächlich für ein Lehramtsstudium (Alumni-Online-Umfrage Juni 2012, Homepage ZEIT-Stiftung).

Darüber hinaus zieht das Projekt Kreise: Dank der Kooperation mit Kultusministerien, Universitäten, pädagogischen Einrichtungen, Lehrer-Netzwerken und Förderpartnern – wie zum Beispiel die Gemeinnützige Hertie-Stiftung, Sir Peter Ustinov-Stiftung, Lotto-Sport-Stiftung, TUI-Stiftung, EWE-Stiftung, Giesecke & Devrient Stiftung und das Bundesamt für Migration und Flüchtlinge – findet das Studienorientierungsseminar unterdessen auch in Nordrhein-Westfalen (seit 2009), Bayern (seit 2010), Niedersachsen (seit 2010), Bremen (seit 2011), Berlin (2011), Schleswig-Holstein (2013), Hessen (2013) und Baden-Württemberg (2013) statt. Weitere Bundesländer haben ihr Interesse bekundet.[4]

In den letzten vier Jahren hat sich das Vorhaben zu einem gut funktionierenden Partnermodell und einer gelungenen Public Private Partnership entwickelt. Das Modellprojekt leistet Impulse und schafft Synergien im Bereich der Lehrerausbildung und Schulentwicklung und vernetzt Akteure im Bildungs-, Wissenschafts- und Integrationsbereich. Dabei fügt sich das Projekt vielfach in bereits laufende integrations- und bildungspolitische Maßnahmen vor Ort ein, die die Gewinnung und Bindung von Lehrkräften zum Ziel haben.

---

4 Die ZEIT-Stiftung liefert dabei das schlüsselfertige Konzept (Projekt- und Kommunikationsleitfaden), stellt die Umsetzung an allen Standorten sicher und stimmt eng mit den Projektpartnern das Ausschreibungsprocedere, Programm und Aktivitäten der Presse- und Öffentlichkeitsarbeit ab. Zudem erstellt und liefert die Stiftung Mustervorlagen, Seminar-Materialien und Werbemittel. Ein wichtiges Ziel ist gleichermaßen, für den Wissenstransfer und Erfahrungsaustausch unter allen Kooperationspartnern zu sorgen sowie die Qualität und Umsetzbarkeit des Angebots sicherzustellen. Die zentrale Projektsteuerung und -verwaltung liegt bei der ZEIT-Stiftung.

Die Initiative Schülercampus „Mehr Migranten werden Lehrer" ist nur ein Beispiel dafür, dass Stiftungen wichtige Impulse für die Teilhabe aller in der Gesellschaft leisten können – vorrangig geht es darum, Kompetenzen zu stärken und so Vielfalt zu ermöglichen. Es werden jedoch nur die staatlichen Institutionen sein, die den Grundgedanken „Mehr Migranten werden Lehrer" in unseren Schulen nachhaltig werden verankern können; denn die Rekrutierung, Ausbildung und Einstellung von Lehrern sind letztlich staatliche Aufgaben.

Dieser Beitrag ist eine überarbeitete Fassung des Artikels „Der Schülercampus „Mehr Migranten werden Lehrer" der ZEIT-Stiftung – Hintergrund, Konzept und Wirkung. (Lehberger, R. & Matthiesen, T.) erschienen in: Lehrerbildung auf dem Prüfstand 2011 – 4 (1), Johannes Mayr & Birgit Nieskens (Hrsg.), S. 124–138.

Literatur

Abujatum, M.; Arold, H.; Knispel, K.; Rudolf, S.; Schaarschmidt, U. (2007). Intervention durch Training und Beratung. In U. Schaarschmidt & U. Kieschke (Hrsg.): *Gerüstet für den Schulalltag. Psychologische Unterstützungsangebote für* Lehrerinnen und Lehrer (S. 117–156). Weinheim: Beltz.

Autorengruppe Bildungsberichterstattung. (2010). *Bildung in Deutschland 2010.* Bielefeld: Bertelsmann.

Bundesamt für Migration und Flüchtlinge (Hrsg.) (2010). *Bundesweites Integrationsprogramm. Angebote der Integrationsförderung in Deutschland – Empfehlungen zu ihrer Weiterentwicklung.* Nürnberg.

Casteel, C.A. (1998). Teacher – Student Interactions and Race in Integrated Classrooms. *Journal of Educational Research 92* (2), 115–120.

CCT – Career Counselling for Teachers. [www.cct-germany.de], [1. June 2011].

Crul, M.; Schneider, J.; Wilmes, M. (2011). Sind die Kinder türkischer Einwanderer in anderen Ländern klüger als in Deutschland? In U. Neumann & J. Schneider (Hrsg.): *Schule mit Migrationshintergrund* (S. 30–46). Münster: Waxmann.

Dee, T.S. (2004). The Race Connection: Are Teachers more effective with Students who share their ethnicity? *Education Next 4* (2), 52–59.

Edelmann, D. (2008). *Pädagogische Professionalität im transnationalen sozialen Raum. Eine qualitative Untersuchung über den Umgang von Lehrpersonen mit der migrationsbedingten Heterogenität ihrer Klassen.* Wien: LIT.

Ehrenberg, D.R.; Goldhaber, D.G.; Brewer, D.J. (1995). Do Teachers' Race, Gender and Ethnicity Matter? *Industrial and Labor Relations Review 48* (3), 547–561.

Georgi, V.B.; Ackermann, L.; Karakaş, N. (2011). *Vielfalt im Lehrerzimmer. Selbstverständnis und schulische Lehrenden mit Migrationshintergrund in Deutschland.* Münster: Waxmann.

Gomolla, M. (2011). Institutionelle Diskriminierung: Rechtliche und politische Hintergründe, Forschungsergebnisse und Interventionsmöglichkeiten im Praxisfeld

Schule. In U. Neumann & J. Schneider (Hrsg.): *Schule mit Migrationshintergrund* (S. 181–195). Münster: Waxmann.

Karakaşoğlu, Y. (2010). Individuelle Bildungslaufbahnberatung als Förderung der Begabungsreserven von Migranten und Migrantinnen – einige grundlegende Überlegungen und Anregungen. In Y. Karakaşoğlu; H.-G. Hiesserich (Hrsg.): *Migration und Begabungsförderung* (S. 31–44). Göttingen: V+R unipress.

Karakaşoğlu, Y. (2011). Bildungsförderung durch Stiftungen im interkulturellen Kontext". In *Jubiläumsband 40 Jahre ZEIT-Stiftung*, Hamburg: Eigenpublikation.

Karakaşoğlu, Y.; Gruhn, M.; Wojciechowicz, A. (2011). *Wissenschaftliche Expertise und Handlungsempfehlungen für einen „Entwicklungsplan Migration und Bildung".* Unveröffentlichtes Manuskript, Universität Bremen.

Lehberger, R.; Schaarschmidt, U. (2009). Eignungsberatung für Lehramtsstudierende – Ein Pilotprojekt an der Universität Hamburg. *Journal für Schulentwicklung 13,* 46–53.

Mayr, J. (2002). Qualitätssicherung durch Laufbahnberatung: Zur Rolle von Selbsterkundungs-Verfahren. In H. Brunner, E. Mayr, M. Schratz & I. Wieser (Hrsg.): *Lehrerinnen- und Lehrerbildung braucht Qualität. Und wie!?* (S. 413–434). Innsbruck: Studienverlag.

Neumann, U.; Schneider, J. (2011). *Schule und Migrationshintergrund.* Münster: Waxmann.

Presse- und Informationsamt der Bundesregierung (Hrsg.) (2007). *Nationaler Integrationsplan. Neue Wege – Neue Chancen.* Berlin.

Riedel, S.M.; Pelzer, A. (2011). Diskriminierung in Schulen – ein Problem? In U. Neumann & J. Schneider (Hrsg.): *Schule mit Migrationshintergrund.* (S. 210–219). Münster: Waxmann.

Rotter, C. (2011). Lehrkräfte mit Zuwanderungsgeschichte. Neue Hoffnungsträger für das Bildungssystem? In *Pädagogik 2/2011*,38–41.

Sachverständigenrat deutscher Stiftungen für Integration und Migration (Hrsg.) (2010). *Einwanderungsgesellschaft 2010. Jahresgutachten 2010 mit Integrationsbarometer.* Berlin.

Sachverständigenrat deutscher Stiftungen für Integration und Migration (Hrsg.) (2011). *Migrationsland 2011. Jahresgutachten mit Migrationsbarometer.* Berlin.

Schaarschmidt, U. (Hrsg.) (2004). *Halbtagsjobber? Psychische Gesundheit im Lehrerberuf – Analyse eines veränderungsbedürftigen Zustandes.* Weinheim: Beltz.

Terkessidis, M. (2010). *Interkultur.* Berlin: edition Suhrkamp.

ZEIT-Stiftung (2011). Alumni-Online-Umfrage 2008-2012 (Homepage-Download). Hamburg.

ZEIT-Stiftung (2011). *Schülercampus-Auswertungsergebnisse 2008-2011 für alle Standorte.* (Internes Papier). Hamburg.

„Eine Schulpolitik mit und nicht nur für Migranten!" Erfahrungen aus dem Netzwerk der „Lehrkräfte mit Zuwanderungsgeschichte" in NRW – Vorbild für andere Bundesländer?

Antonietta P. Zeoli und Cahit Basar

Bildung und Ausbildung zukünftiger Generationen gehören zweifelsohne zu den Aufgaben aller gesellschaftlichen Bereiche. Vorrangiges Ziel aller Bemühungen muss es sein, das Wohl, die Selbstverwirklichung und die Entwicklung jedes Kindes bestmöglich zu fördern.

Diesem berufsethischen Leitbild fühlen sich alle Bildungseinrichtungen verbunden. Eine Vielzahl von Projekten und Konzepten fokussiert dabei angesichts eines steigenden Anteils von Kindern und Jugendlichen mit Migrationshintergrund an den Schulen und Lerngruppen das Ziel, die Einrichtungen auch in der Zusammensetzung der Lehrerschaft zu verändern, d.h. ihnen auch im Hinblick auf das professionelle pädagogische Personal zu der Heterogenität verhelfen, die die Gesellschaft insgesamt prägt.

Damit reagieren sie auf die Erkenntnis, dass der demographische Wandel der Gesellschaft eine intensive Auseinandersetzung mit dem Thema Interkulturalität nach sich ziehen muss. Hierzu gehört auch die bildungspolitische Forderung, dass der gesellschaftlichen und kulturellen Heterogenität der Schülerschaft eine ebenso heterogene Lehrerschaft gegenüberstehen sollte. Im Folgenden soll am Beispiel der Lehrkräfte mit Zuwanderungsgeschichte in NRW dargestellt werden, inwiefern sich diesbezüglich gezielt entwickelte Projekte und Initiativen als zielführend erweisen.

1 Vorbilder für Bildungskarrieren

Obwohl der Anteil an Jugendlichen mit Zuwanderungsgeschichte in Nordrhein-Westfalen im Landesdurchschnitt bei ca. 40 Prozent liegt, waren im Schuljahr 2006/2007 lediglich 9,2 Prozent aller Abiturienten und 10,2 Prozent aller Schüler mit Fachhochschulreife ausländischer Herkunft.

Der Anteil der Lehrkräfte mit Migrationsgeschichte – gemessen an der ausländischen Staatsangehörigkeit der Lehrkräfte – an den öffentlichen Schulen des Landes hingegen betrug im gleichen Jahr lediglich 1,5 Prozent. Auch die Einstiegsquote in der ersten Phase der Lehrerausbildung liegt bei Studieneinsteigern mit Zuwanderungsgeschichte bei moderaten zwei Prozent.[1]

Die Ursachen für das statistische Missverhältnis zwischen Lehrkräften mit Zuwanderungshintergrund und Schülern mit einem nicht deutschen kulturellen Hin-

---

1 Holzbrecher, 2011, S. 366ff.

tergrund, sind vielfältig. Die niedrige Abiturientenquote bedingt, dass der Pool, aus dem sich Lehrkräfte mit Zuwanderungsgeschichte rekrutieren könnten, ebenfalls sehr begrenzt ist. Das Deutsche Studentenwerk beziffert den Anteil der Studierenden mit Zuwanderungsgeschichte auf 11 Prozent. Die Bereitschaft, ein Lehramtsstudium aufzunehmen, ist bei ihnen geringer als bei Studierenden ohne Migrationshintergrund. Hinzu kommt eine insgesamt höhere Studienabbrecherquote. Zuwanderer neigen nach ihrem Abitur auch eher zu Fächern mit einem höheren gesellschaftlichen Ansehen wie Medizin, Jura, Wirtschafts- oder Ingenieurswissenschaften.[2]

Dabei könnten besonders Lehrer mit Migrationsbiographie – hier besteht ein übereinstimmender Grundtenor von Bildungspolitik und Wissenschaft – Vorbilder für gelungene Integration sein und als Vermittler zwischen den Kulturen fungieren. Auf diesem Wege wäre es Ihnen prinzipiell möglich, einen wichtigen Beitrag zur Integration zu leisten.

Im Aktionsplan „Integration" der CDU-FDP-Landesregierung vom Juni 2006 heißt es dazu im Punkt 8:

> „Die Landesregierung wird verstärkt bei den Schulen dafür werben, dass diese bei der Ausschreibung und Auswahl von Lehrkräften Bewerber mit Zuwanderungsgeschichte ansprechen und zur Bewerbung ermuntern. Sie wird außerdem Abiturienten mit Zuwanderungsgeschichte dazu ermuntern, sich für den Lehrerberuf zu entscheiden."

Ein wichtiger Akteur in diesem Aktionsplan ist das im November 2007 gegründete Netzwerk der Lehrkräfte mit Zuwanderungsgeschichte. Die wesentlichen Hoffnungen, die mit der Gründung eines Netzwerks der Lehrkräfte mit Zuwanderungsgeschichte in NRW verbunden wurden, waren zunächst pragmatischer Natur. Aus dem Austausch der Lehrkräfte im Netzwerk sollen Synergien entstehen, die sich konzeptionell in der Weiterentwicklung der Schulen ausdrücken sollten. Tatsächlich schafften es die Lehrkräfte mit Zuwanderungsgeschichte als Vorbilder die Bildungsaspiration der Schülerschaft mit Migrationshintergrund zu erhöhen und einen wichtigen Beitrag zur Werbung für den Lehrerberuf zu leisten. Die wachsende Anerkennung der Arbeit des Netzwerkes drückte sich im Zeitraum von Februar 2008 bis Januar 2012 u.a. in zahlreichen Publikationen über die Arbeit des Netzwerkes, dem steigenden Anteil der Studierenden des Lehramtes mit Zuwanderungsgeschichte in NRW sowie in der hohen Besucherzahlen der unter Beteiligung des Netzwerkes organisierten Tagungen rund um das Thema aus.[3] Ein weiterer Beleg für das Gelingen der Vorhaben zeigte sich in der großen medialen und politischen Resonanz, die die Netzwerkerinnen und Netzwerker erfuhren. Unter ihrer Initiative und/oder Mitwirkung konnten mit Unterstützung zahlreicher Stiftungen, Ministerien und anderen Partnern zahlreiche innovative Projekte wie zum Beispiel der von der ZEIT-Stiftung eingerichtete „Schülercampus – Mehr Migranten

---

2   Bundesministerium für Bildung und Forschung, 2007.
3   Verfügbar unter: http://www.raa.de/121.html [Juli 2012].

werden Lehrer!" oder „InterCup" auf den Weg gebracht werden. Darüber hinaus bot das Netzwerk zahlreiche Fortbildungsangebote für verschiedene Zielgruppen im schulischen Kontext an. Auf diese Weise konnte sich mit den Lehrkräften mit Zuwanderungsgeschichte ein wachsendes, in sich heterogenes Netzwerk als neuer Akteur auf dem Bildungsparkett positionieren. Das Netzwerk der Lehrkräfte mit Zuwanderungsgeschichte hat bei seiner Arbeit dabei die Chancengleichheit aller Menschen im Fokus; die Netzwerkmitglieder sehen sich nicht nur gegenüber einer Schülerschaft mit Migrationshintergrund als Vorbild, sondern gegenüber allen jungen Menschen. Ihre pädagogisch-fachliche Professionalität ist übereinstimmend darauf ausgerichtet, Klischees abzubauen, und ermuntert dazu, Schule und Bildung stärker zu schätzen, da die Grundlagen für Erfolg in Integration und Bildung liegen.

2   Wie das Netzwerk funktioniert

Im Zeitraum vom Februar 2008 bis Januar 2012 organisierte die vom Schulministerium des Landes NRW eingesetzte Landeskoordination des Lehrernetzwerks die Arbeit der damals noch 600 Netzwerkmitglieder aus allen Schulformen. Jedes Netzwerkmitglied hat seine persönliche Migrationserfahrung und hat darüber hinaus, das beweist die Tätigkeit als Lehrkraft, seine schulische und berufliche Laufbahn erfolgreich gemeistert. Die in diesem Sinne „besonderen" Kollegen und Kolleginnen unterstützen die interkulturelle Öffnung der Schulen und Sensibilisierung des Personals in verschiedener Hinsicht: Für die Lehrkräfte ohne Migrationshintergrund sind sie kompetente Partner im gemeinsamen Bildungsauftrag für alle Kinder. Sie sind häufig Ansprechpartner bei Konflikten, die auf kulturelle Missverständnisse zurückgeführt werden. Lehrkräfte mit eigenem Migrationshintergrund sind aufgrund ihrer Erfahrungswerte in vielen Fällen versierte Vermittler zwischen den Kulturen. Häufig erreichen sie Eltern mit Migrationshintergrund sprachlich und kulturell wesentlich direkter und können diese für Bildungspartnerschaften zwischen Schule, Kindern und Elternhaus gewinnen. Aufgrund ihres besonderen biographischen und beruflichen Kompetenzprofils sind sie in vielfältiger Weise in der Lage, deren Integration und Bildungserfolg zu fördern, aber auch gegenüber Institution und Elternhaus einzufordern.

Für alle Schülerinnen und Schüler sind sie nicht nur Wissens- und Kompetenzvermittler, sondern auch Vorbilder. Schule wird über sie zum Ort authentisch gelebter Vielfalt. Bislang hat jedoch diese Vielfalt die Leitungsebene z.B. die Schulleiterbüros, Kollegien oder die Studienseminare noch nicht erreicht. Hier zeichnet sich weiterer Handlungsbedarf für Bildungspolitik und -institutionen ab.

Die Netzwerkmitglieder verstehen sich als Botschafter des Lehrerberufs. Sie sehen in der Information über den Lehrerberuf und Werbung für den Beruf in den Oberstufen eine vordringliche Aufgabe. So engagieren sich die Netzwerksmitglieder im Rahmen der Berufsberatungstage in den Studienseminaren im Land Nordrhein-Westfalen dafür, Schüler und Studienreferendare für den Schuldienst zu interessieren. Förderformate wie die Beratung und Begleitung von Lehramtsstudierenden in inzwischen an vielen Orten auch auf Initiative des Netzwerkes der Lehrkräfte mit Zuwanderungsgeschichte gegründeten Studierendennetzwerken, Mentoring von Referendaren sowie die Vernetzung dieser untereinander sollen die Nachwuchskräfte früh unterstützen, damit diese ihre Ausbildungsphasen erfolgreich bestehen. Ein reger Informationsaustausch zwischen Migrantenselbstorganisationen und Elterninitiativen sowie die Koordinierung der Kommunikation zwischen den Lehrernetzwerken in den verschiedenen Bundesländern[4] runden das Portfolio des nordrhein-westfälischen Netzwerks der Lehrkräfte mit Zuwanderungsgeschichte ab.

Aufgrund der vielen positiven Erfahrungen außerhalb der ministeriellen Strukturen hat der Netzwerksprecher des Landes NRW inzwischen die bundesweite Vernetzung der Lehrkräfte mit Zuwanderungsgeschichte gewagt. Mit Hilfe des gemeinnützigen Vereins „Public Diversity e. V."[5] und zahlreichen finanziellen Unterstützern entsteht eine Plattform, auf der sich die Lehrkräfte deutscher und nicht deutscher Herkunft selbst über wahrgenommene diskriminierende Erfahrungen austauschen. Ende 2012 hat ein Treffen bundesweit engagierter Lehrkräfte in Migrantenorganisationen in NRW stattgefunden, in dem sich die Ehrenamtler nicht nur vernetzen, sondern auch die Entwicklung gemeinsamer Publikationen, Workshops und Handlungsempfehlungen zur interkulturellen Öffnung von Schule vereinbaren wollen. Impulsgeberinnen und Impulsgeber werden dabei Hochschulprofessorinnen und Hochschulprofessoren aus dem Bundesgebiet sein.

Damit nimmt eine ehrenamtlich und unabhängig agierende Gruppe von ca. 50 Lehrkräften mit Zuwanderungsbiographie eine diversitysensible Rolle ein. Ihr Focus öffnet sich für die interkulturellen Ansichten im öffentlichen Dienst. Die Gruppe öffnet sich den autochthonen Lehrkräften und entschärft so die allzu oft von Autochthonen propagierte Differenzlinie zwischen „mit und ohne Migrationshintergrund". Die o. g. Ehrenamtler sind sich darin einig, dass „Vorbild zu sein" als Qualifikation für den Umgang mit einer neuen Generation von Schülerinnen und Schülern mit und ohne Migrationshintergrund nicht mehr ausreicht. Die Gründung der unabhängig agierenden Gruppe von Lehrkräften mit Migrationshintergrund fußt auf der Erkenntnis, dass die Forderung von mehr Menschen mit Migrationshintergrund im öffentlichen Dienst, ihre „handverlesene" Auswahl und Vermarktung als Erfolgsmodell für Folgegenerationen nicht ausreicht, sondern vielmehr ein Institutionsenwicklungsprozesse in Ministerien, Senatsverwaltungen, Bezirksregierungen, Schulen usw. zu initiieren ist, in dem Haltungen aller Mitarbeiter/innen in einer sich wandelnden Gesellschaft miteinander ausgehandelt werden müssen.

Der am 31.01.2012 vorgelegte Integrationsbericht der Landesregierung NRW lässt hier eine Klarheit vermissen, die den Fakt vernachlässigt, dass vielschichtige soziale Problemlagen das schulische oder professionelle Scheitern verursachen und nicht der Migrationshintergrund per se. Der Verein Public Diversity e. V. und unabhängige Arbeitsgruppen von Lehrkräften mit Zuwanderungsgeschichte will diesem

---

4   Weitere Netzwerke von Lehrkräften mit Migrationshintergrund existieren in Baden-Württemberg, Bayern, Berlin, Bremen, Hamburg, Hessen, Niedersachsen.
5   www.public-diversity.de.

Faktum stärker Rechnung tragen und sich dezidiert gegen eine „Opferperspektive" wenden, in der Zuwanderer/innen und ihre Kinder vor allem als – gemessen am Mainstream – defizitär und unterstützungsbedürftig beschrieben werden.

3 Zuwanderung als Stärke nutzen

Bildung und Erziehung sollten im Mittelpunkt einer durchdachten Integrationspolitik stehen. Dies kann allerdings nur dann Erfolg haben, wenn die Schule für die Menschen, die erreicht werden sollen, auch authentisch ist. Der gewählte Sprecher des Netzwerks der Lehrkräfte mit Zuwanderungsgeschichte ist der Überzeugung, dass die Form der Ganztagsschule dabei große Chancen bietet und zugleich eine der größten Herausforderungen darstellt. Mit dem großen Zeitfenster, das die Schule im Tagesablauf der Schülerschaft einnimmt, übernimmt sie auch einen höheren Anteil an Verantwortung, über die Vermittlung von Unterrichtsstoff hinaus, soziale und kommunikative Fähigkeiten stärker zu fördern, als dies im Unterricht allein möglich wäre. Dabei muss sich die Schule darüber im Klaren sein, dass sie in aller Regel für viele Mitglieder ihrer Schülerschaft (und dies gilt auch für die Lehrkräfte) den einzigen Ort einer zwangsläufigen und durch institutionelle Strukturen modellierten interkulturellen Begegnung darstellt. In der Schule begegnen sich Menschen, die den religiösen und ethnischen Querschnitt der Gesellschaft darstellen. Nach der Schule jedoch verlassen die Schüler ihr von kultureller Vielfalt und dem Anspruch der Geschlechtergerechtigkeit geprägtes Umfeld und kehren häufig in ein ethnisch-, religiös-, und oder sozialmilieugeprägtes familiäres Umfeld zurück. Zu wünschen ist, dass die schulische Erfahrung nicht nur ein Intermezzo in einem ansonsten eher von den eigenen Familie, dem kulturellen, religiösen oder Sozialmilieu geprägten Lebens ist.

Schule kann ihre modellierende und moderierende Funktion im interkulturellen Miteinander jedoch nur dann erfüllen, wenn sie sich ihrer zentralen gesellschaftlichen Aufgabe bewusst wird und dies in einem entsprechenden Konzept manifestiert, und damit den schulischen Begegnungen Nachhaltigkeit verleiht. Dazu bedarf es vor allem pädagogischer Akteure, die über vertiefte Kenntnisse der Migrantencommunities und verschiedener Sozialmilieus verfügen und die die Herausforderung einer Identitätsfindung junger Menschen in der Migrationsgesellschaft kennen. Bei Lehrkräften mit Zuwanderungsgeschichte kann sich Empathie glaubwürdig mit Authentizität verbinden.

Allerdings ist auch Vorsicht bei der Zuschreibung der alleinigen Verantwortung für die interkulturelle Öffnung von Schule zu Lehrkräften mit Zuwanderungsgeschichte geboten. Hier soll explizit Bezug auf Paul Mecheril genommen werden, der betont: „Konsens besteht darüber, dass die Einstellung von Migrantinnen und Migranten eine notwendige, jedoch nicht nur nicht hinreichende Voraussetzung für die *interkulturelle Öffnung* darstellt, sondern auch mit problematischen Nebenfolgen verbunden sein kann. Die Gefahr, Veränderungen im Sinne *interkultureller Öff-*

nung an die Migrantinnen und Migranten in der Organisation [...] zu delegieren, ist besonders dann gegeben, wenn Veränderungen auf den unterschiedlichen Ebenen der Einrichtungen nicht gleichzeitig und konsequent mit verfolgt werden."[6]

4 Herkunftssprache – Zweitsprache – Fremdsprache – Muttersprache

Eine gute Schule mit heterogener Schülerschaft braucht Lehrkräfte, die über Kompetenzen im Bereich der Zweitsprachendidaktik und -methodik verfügen. Im Bereich der Fehlerquellenanalyse können sprachliche Missverständnisse leichter identifiziert und somit ausgeräumt werden. Aber auch der wertschätzende Umgang mit den Herkunftssprachen der Familien sollte wichtiger Bestandteil schulischen Lehrens und Lernens sein.

Die Lernmotivation und die Anstrengungsbereitschaft der Schüler werden häufig verstärkt, wenn sie sich angenommen fühlen. Insbesondere die Kinder der ersten Zuwanderungsgeneration fühlen sich den Migrationszielen der Familie besonders verpflichtet. Familiäre Entbehrungen, die mit der Migrationserfahrung verbunden sind, wurden hautnah erlebt. Die Eltern ihrerseits erweisen sich, das hat auch die erfolgreiche Projektarbeit des Netzwerks der Lehrkräfte mit Zuwanderungsgeschichte gezeigt, als in hohem Maße interessiert am Bildungserfolg ihrer Kinder.

Die Frage nach den Erfolgen, aber auch Misserfolgen von Kindern mit Migrationshintergrund beschreibt *Ulrich Raiser* in seinen Ausführungen in „Forum Schule" (Ausgabe 2/2008) wie folgt:

> „Migrantenkinder sind in deutschen Schulen ein Problem. Migranten sind [in der öffentlichen Wahrnehmung] vor allem Träger von Defiziten, angefangen von Sprachproblemen und mangelnder Unterstützung durch die Eltern, über die kulturelle Distanz zur Mehrheitsgesellschaft, bis hin zu unüberbrückbaren weltanschaulichen-religiösen Differenzen zwischen einer mehrheitlichen muslimischen Migrantenbevölkerung und einer säkular-aufgeklärten, akademisch gebildeten deutschen Mittelschicht. Hinzu kommen immer wieder Meldungen über aggressive oder kriminelle Migrantenjugendliche, die den Lehrern die Arbeit zu Hölle machen."

Eben in diesem Spannungsfeld zwischen assoziativen Negativmeldungen über junge Menschen mit Zuwanderungsgeschichten und dem Perspektivenwechsel, Zuwanderung als Ressource zu erkennen, arbeiten die Lehrkräfte mit Zuwanderungsgeschichte. Ihr Ziel ist es, einen Perspektivenwechsel zu wagen, der den Weg aus dem oben beschriebenen vermeintlichen Negativdiskurs hin zu einem Kommunikationsansatz bereitet, der die kulturell vielfältigen und globalisierten Gesellschaften vor allem in ihren Kompetenzen auch öffentlich wertschätzt. Die Brücke

---

6   Mecheril, 2010, S. 91.

zwischen dem Herkunftsland der Eltern einerseits und Deutschland andererseits muss eine gegenseitig wertschätzende sein. In der Regel nehmen Menschen solche Begebenheiten besonders wahr, die positiv konnotiert sind und gute Gefühle in Erinnerung rufen. Lernen erfolgt über den Aufbau von Beziehung und Vertrauen. Lehrkräfte mit Zuwanderungsgeschichte können sich durch ihre persönliche bzw. familiär vermittelte Migrationserfahrung in einen besonderen Bezug zum Lerner und zu seinem Lebensumfeld setzen. Sie können vorbildlich sein in der Vereinbarung vieler Kulturen, der bewussten Wahl Deutschlands als Lebensmittelpunkt ohne die persönliche Identität zu verneinen.

5 „Aber mein Kind ist ein Mädchen. Sie wissen, wie das bei uns Zuhause ist ..."

Auch im Hinblick auf das Schlagwort der *Feminisierung des Lehrerberufs* können Lehrkräfte mit Zuwanderungsgeschichte eine spezifische Rolle spielen. In der Tat sind weibliche wie männliche Lehrkräfte gleichermaßen wichtige Ansprechpartner im Bildungsprozess der Schülerinnen und Schüler.

Die weiblichen Lehrkräfte mit Zuwanderungsgeschichte erweisen sich vielfach, so unsere Erfahrung, als besondere Vertrauenspersonen für Mütter aus aller Welt und insbesondere für Mütter, die als (Gast-)Arbeiterinnen für niedrig qualifizierte Berufe nach Deutschland gekommen sind. Sie arbeiten und leben in einem schwierigen Handlungsfeld zwischen oftmals paternalistisch geprägten Kulturbegebenheiten und dem geschlechteregalitären Postulat der Schule.

Ihnen stellen sich Fragen wie: Wie kann man der eigenen Tochter Regeln und Traditionen erklären, die in Deutschland nicht gelten und außerhalb des Elternhauses keinerlei Gültigkeit oder Bedeutung haben? Wie kann man der Lehrkraft erklären, dass die Teilnahme an einer Klassenfahrt mit vielen Ängsten und Sorgen auf Seiten der Familie verbunden ist? Wie soll man der Klassengemeinschaft erklären, dass das Einsetzen der Periode ein Schritt in ein neues anderes Leben als Frau ist, das in Kulturen unterschiedlich bewertet und gefeiert wird?

In dem Abwägen von mütterlicher Familienverantwortung und Sympathie für das Freiheitsbewusstsein des eigenen Kindes sind vor allem die weiblichen Lehrkräfte mit Migrationshintergrund wichtige Mittlerinnen zwischen Welten, die den Müttern oftmals unvereinbar erscheinen. Lehrerinnen mit Migrationshintergrund können aufgrund ihrer bikulturellen eigenen Sozialisationserfahrungen sowie ihrer professionellen Reflexionskompetenz Begebenheiten und Selbstverständlichkeiten aus dem einen kulturellen Kontext in einen anderen Verstehenshorizont übersetzen und damit sowohl Kompromisse aushandeln, kulturelle Wandlungsprozesse anregen, wie auch interkulturelle Verständigungsprozesse unterstützen. Mit der Wahl des Begriffes „übersetzen" ist an dieser Stelle ein hermeneutischer Prozess gemeint – keine Dolmetschertätigkeit.

Elternarbeit hat nicht nur im Bereich der Integration uneingeschränkt mit Vertrauen und Wissen zu tun. Vertrauen impliziert „sich trauen", „sich etwas zutrauen", etwas wissen mit Erfahrung. Die Kolleginnen im Netzwerk haben es geschafft, im Spannungsfeld Schule und Familie einen erfolgreichen Bildungsweg hinter sich zu bringen, ihre Biographien sind damit wichtige Signale an Familien mit Migrationshintergrund, die durch die Berichterstattung der Medien häufig eher mit dem Versagen als mit den Ressourcen der Gruppe konfrontiert werden, zu der eben auch ihre Kinder gerechnet werden, die Kinder mit Migrationsgeschichte.

6 Inkonsequenzen in der Umsetzung der interkulturellen Öffnung von Schule

Die Debatte zur interkulturellen Öffnung von Schule, Unterricht und Lehrerkollegien wird von Begriffen wie: *Multikulturalismus, Integration, Inklusion* und im günstigsten Fall von *Super Diversity*[7] getragen. Nach Schätzungen der Internationalen Organisation für Migration leben weltweit knapp 200 Millionen Migrantinnen und Migranten nicht im Geburtsland. Dies sind gut drei Prozent der Weltbevölkerung. Globalisierung, Klimawandel und wirtschaftliche Disparitäten werden zukünftig Aus- bzw. Zuwanderung verstärken. In den Schätzungen ist noch nicht die durch die Migrationserfahrung der Eltern geprägte Generation junger Menschen berücksichtigt. Wo vor zwanzig Jahren mit „Kontakten zu ausländischen Firmen" der Austausch von Gütern und ökonomischen Transaktionen gemeint war, prägen heute menschliche Mobilität und moderne Kommunikationstechnologie die internationalen Großkonzerne. Diese Entwicklung fordert ehemals homogenisierende Gesellschaftsmuster historisch gewachsener Nationalstaaten in patriarchal angelegten kulturphilosophischen Diskursen heraus, die nicht länger zur Beschreibung einer vielfach heterogenen gesellschaftlichen Realität geeignet sind. Der Umgang mit einer offenen dynamischen Gesellschaft stellt liberal verfasste Demokratien vor neue Herausforderungen.

Die diskursive Arbeit des Netzwerks der Lehrkräfte mit Zuwanderungsgeschichte führte bei den Netzwerkern zu einer wichtigen Erkenntnis bezüglich üblicher Ansätze liberaler Gesellschaften, mit der Multikulturalität ihrer Mitglieder umzugehen. Es zeigte sich, dass die jungen Lehrkräfte mit Zuwanderungsgeschichte nicht in die gängigen Muster des Multikulturalismus der 80er und 90er Jahre passten. Sie wollen nicht Opfer und Ankläger gegenüber der Mehrheitsgesellschaft sein, sondern mit Selbstbewusstsein und Aufstiegswillen deutlich machen, dass sie aktive und selbstbewusste Mitglieder der Gesellschaft sind. Dieses neue Selbstbild und der Anspruch, ihnen auf Augenhöhe zu begegnen, stoßen gerade dort auf Irritation und Unverständnis, wo gängige Muster des aufgrund nachhaltiger Orientierungslosigkeit durch die Mitglieder der Mehrheitsgesellschaft zu betreuenden Ausländers die soziale und Bildungsarbeit im Migrationskontext bestimmen. „Wir befinden uns

---

7   Vertovic, 2011, S. 72ff.

geistig immer noch im 19. Jahrhundert", so der Publizist und Migrationsforscher Mark Terkessidis[8] zu diesem Phänomen. Dabei ist das Phänomen Zuwanderung so differenziert und vielschichtig, wie auch die globalisierte Welt. Die folgenden Zitate machen deutlich, wie multidivers die Zuwanderungsgruppierungen in Deutschland sind. Und eben weil diese so divers sind, müssen unterschiedlichen Strategien gemeinschaftlichen Lebens entwickelt werden. Die Zitate sind qualitativen Interviews entnommen, die von Antonietta Zeoli zur Vorbereitung dieses Beitrags mit unterschiedlichen Migranten geführt wurden.[9]

Migration beruht auf so unterschiedlichen Gründen, wie z.B. bei denen,

- die kommen wollen („Ich kam als Mathematikstudentin aus Rumänien nach Deutschland. Die Liebe zu meinem deutschen Mann hat nach 20 Jahren Ehe dieses Land zu meiner Heimat und die unserer Kinder gemacht." R. Weber, 51).
- die kommen sollen („Seit zwei Jahren lebe ich in Deutschland. Bayer suchte Chemieingenieure und es war ein leichtes aus England überzusiedeln." A. Schneider, 32).
- die kommen müssen („Die lebensgefährliche Bootspassage von Tunesien habe ich aus Liebe zu meinen Kindern, Angst vor dem Terror im Dorf und aus reiner Verzweiflung gewagt." M. Tammar, 26).
- die kommen dürfen („Ich habe mir immer vorgestellt, in einem anderen Land als Portugal zu leben. Habe einfach geschaut, wo es für mich am einfachsten wäre, Fuß zu fassen. Ich bin schon lange kein Portugiese mehr, sondern Europäer." M. Ramelhe, 42).

Darin erschöpft sich die Differenz jedoch noch lange nicht:

- die als „Gastarbeiter" kamen und geblieben sind („Mich begrüßte ein deutscher Arzt am Frankfurter Bahnhof mit einer Zahnuntersuchung. Ich hatte einen Pappkoffer mit dabei. Nun lebe ich seit über 30 Jahren in Deutschland, mein neues Zuhause." V. Bafundi, 72).
- die Kinder der sogenannten „Gastarbeitergeneration" („Ich bin eine griechische Deutsche und noch nie zu Gast in Deutschland gewesen. Obwohl Düsseldorf mein Zuhause ist, fühle ich mich mit Griechenland verbunden." (E. Vaja, 27).
- die Pendel-Migranten („Im Winter kommen wir mit den Kindern nach Deutschland. Albanien hat uns nichts zu bieten. Dann arbeiten wir für eine Zeit, wo es etwas zu tun gibt und bleiben, wo man uns haben möchte oder wohl eher duldet. Dann ziehen wir weiter. Die Familie ist es nicht anders gewohnt." (G. Kastrioti, 42).
- die deutsche Bildungselite mit Migrationshintergrund. („Meinen Facharzt mache ich noch in Deutschland. In einem Jahr wandern meine Familie und ich nach Istanbul aus. Es ist sicher spannend, sich im Land seiner Eltern einmal umzuschauen. Geboren und aufgewachsen bin ich und meine portugiesisch

---

8   Terkessidis, 2010, S. 208ff.
9   Zeoli, 2011.

stämmige Frau in Deutschland. Ich bin mit der kurdischen Tradition und der türkischen Sprache in Deutschland erzogen worden." M. Tonk, 37).[10]

Das kosmopolitische, komplexe Zusammenleben heterogener Gruppen wird häufig auf einseitige Beschreibungen von Anpassungsleistung der sogenannten „Menschen mit Migrationshintergrund" reduziert. Die Möglichkeit, in seiner Andersartigkeit auf gleiche Rechte für alle Lerner/innen zu bestehen, ist in der deutschen Bildungsdebatte noch nicht angekommen. Es scheint ein Paradoxon der Integrationsbemühungen Deutschlands zu sein: Es wird eine formell angestrebte Chancengleichheit propagiert, indem ethnische Unterscheidungsmerkmale forciert werden. Michael Bodemann beschreibt dieses Paradoxon wie folgt: „In Deutschland […] ist das explizit Nationale, explizit Patriotistische heute nur schwach ausgeprägt und Migranten werden zur Integration in eine […] in ihrer Nationalität vermeintlich schwache Gesellschaft gezwungen. […] Nationale Identität und Patriotismus haben in verschiedenen Gesellschaften unterschiedliche Ausdrucksformen." Weiter schreibt er: „Nicht nur Einwanderer müssen in die deutsche Gesellschaft integriert werden, sondern auch *Ethnische Deutsche* in die Einwanderungsgesellschaft."[11] David Hollinger bringt es in seinem Aufsatz zu anachronistischen Konzepten der Bürgerrechtszeit auf den Punkt: „Wer gehört zu wem, mit welcher Absicht, und wer entscheidet das überhaupt?"[12]

7   Von zeitlich begrenzter Aufmerksamkeit in Projekten zu institutionalisierter Teilhabe

Integrationsprojekte haben sich, das zeigt die Vielzahl ihrer Konzeptionen und Anbieter, inzwischen geradezu zu einem konkurrierenden Marksegment entwickelt. Seit Beginn der Arbeitsmigration der 60er Jahre gibt es Bemühungen, denjenigen, die gekommen sind, eine Funktion und Rolle in der Aufnahmegesellschaft zuzuweisen. Dabei standen vor Allem die Deutung und Zuschreibung jener Regeln, die ein Zuwanderer verfolgen bzw. nachahmen und damit im Vorfeld lernen musste, im Vordergrund. Für Autochthone, die sich im Integrationsbereich über Jahre erfolgreich profiliert haben, trifft jener Effekt zu, den zuvor eine ganze ausländische Arbeitergeneration durchlebt hat. Durch die Beschäftigung der „Gastarbeiter" im Niedriglohnbereich bekamen deutsche Arbeiter, die zuvor im identischen Segment gearbeitet hatten, durch diese „Unterschichtung" erstmals die Möglichkeit, beruflich und sozial aufzusteigen. Eine Generation später werden erfolgreiche Zuwanderer in Deutschland von nicht Eingewanderten als „Vorbilder", als „gelungene Aufstiegsbiographien" oder wahlweise als „Integrationsexperten" erforscht und ha-

---

10 Interviews geführt im Zeitraum vom 01.02.20011 bis 01.04.2011 durch Dr. Antonietta P. Zeoli.
11 Bodemann, 2011, S. 17ff.
12 Hollinger, 2011, S. 62.

ben sich zum Sprachrohr für Zuwanderinnen und Zuwanderern in den jeweiligen Kommunen sowie Landesregierungen entwickelt.

Unserer Meinung nach muss es perspektives Ziel von zunächst zeitlich befristet gedachten Projekten wie dem Netzwerk der Lehrkräfte mit Zuwanderungsgeschichte sein, sich im Querschnitt der Institutionen als selbstverständlich zu verankern und weiter in die Regelstrukturen hinein zu vernetzen sowie Menschen ohne Migrationshintergrund in gleicher Weise als Zielgruppe einzubeziehen. Dabei spielt eine Stärkung durch Coaching und Supervision der zentralen Akteurinnen und Akteure eine wichtige Rolle. Politische Absichtserklärungen und Rollenzuweisungen als ‚Vorbilder' greifen zu kurz, vielmehr sollte der spezifische Mehrwert einer heterogenen Arbeitsgruppe stärker in den Vordergrund gerückt werden. Aus unserer Perspektive kulminiert dies in einer Forderung nach einem konsequenten Diversity Management. Dieses bedeutet mehr, als paternalistisch angelegte Hilfsmechanismen, die Menschen eine Rolle zuweisen, die sie nicht erfüllen möchten und können.

8   Nachwort

Seit Februar 2012 ist es in NRW ruhig geworden um das Projekt der Lehrkräfte mit Zuwanderungsgeschichte, das eine von Sprecher und Koordinatorin im Konsens mit den Mitgliedern langjährig angemahnte institutionelle Verankerung und damit Zusicherung einer über den Projektstatus hinaus gehenden Existenz bildungspolitisch nicht erwirken konnte.

Der überparteiliche Konsens in der Frage der von allen Beteiligten als notwendig erachteten interkulturellen Öffnung der Schulen drückte sich schriftlich auch im Koalitionsvertrag der auf die „schwarz-gelbe" Regierung folgenden Nordrheinwestfälischen Landesregierung aus. So hieß es im .Koalitionsvertrag SPD - Bündnis ‘90/Die Grünen im Juli 2010:

> „Die Landesregierung wird das Netzwerk der Lehrkräfte mit Zuwanderungsgeschichte unterstützen".

Die Experten, die für die Umsetzung zuständig waren, sahen sich jedoch offenbar nicht zur umfassenden Ausführung dieser Absicht im Stande. Im neu formulieren Koalitionsvertrag heißt es nun:

> „Wir orientieren uns am Potenzialansatz des Teilhabe- und Integrationsgesetzes im Sinne eines umfassenden Diversity Managements in der Schule. Wir wertschätzen die hohe Bereitschaft von Eltern mit Migrationshintergrund, ihren Kindern eine möglichst gute Bildung und Ausbildung zu ermöglichen. Um dieses Ziel für alle Kinder und Jugendliche zu erreichen, werden wir daher Bildungspartnerschaften zwischen Schule und Familie

ausbauen. Das Netzwerk der Lehrerinnen und Lehrer mit Zuwanderungsgeschichte werden wir systematisch einbinden.“[13]

Aus unserer Perspektive ist die Umsetzung dieses Potenzialansatz unter aktiver und
verantwortlicher Einbindung des Netzwerkes der Lehrkräfte mit Zuwanderungsgeschichte derzeit nicht erkennbar, wie etwa an der aktuellen Gestaltung von Tagungen und anderen zentralen Veranstaltungen zum Thema erkennbar wird.[14]

Literatur

Arbeitsgruppe Bildungsberichterstattung (2010). *Bildung in Deutschland 2010*, Bielefeld: Bertelsmann.

Bodemann., M. (2011). „Zur politisch-sozialen Integration von Migranten in Nordamerika“. In Bertelsmann Stiftung (Hrsg.): *Wer gehört dazu? Zugehörigkeit als Voraussetzung für Integration.*

Bundesministerium für Bildung und Forschung (Hrsg.) (2007). *Die wirtschaftliche und
soziale Lage der Studierenden in der Bundesrepublik Deutschland 2006*. 18. Sozialerhebung des Deutschen Studentenwerks durchgeführt durch HIS – Hochschulin-
formationssystem. Bonn/Berlin.

Europäisches Forum für Migrationsstudien (Hrsg.) (2009). *Förderunterricht für Kinder
und Jugendliche mit Migrationshintergrund*. Evaluation des Projekts der Stiftung
Mercator. Kurzfassung. Bamberg.

Fereidooni, Karim (2012). *Schule – Migration – Diskriminierung*. Wiesbaden: VS Verlag.

Hollinger, D. A. (2011). „Warum die multikulturellen Konzepte der Bürgerrechtszeit
anachronistisch sind.“ In S. Stemmler (Hrsg.): *Multikultur 2.0*. Wallstein Verlag.

Holzbrecher, Alfred (2011). *Interkulturelle Schule*. Eine Entwicklungsaufgabe. Schwal-
bach/Ts.: Wochenschau Verlag. Band 53.

Karakaşoğlu, Yasemin (2010). *Lehrkräfte mit Migrationshintergrund im Fokus der Wissenschaft*. Eröffnungsvortrag auf dem Bundeskongress Lehrkräfte mit Migrationshintergrund. Paderborn.

Mecheril, Paul et al. (2010). *Migrationspädagogik*. Beltz Verlag.

Ministerium für Generationen, Frauen, Familie und Integration (2006). *Nordrhein-
Westfalen. Land der neuen Integrationschancen – Aktionsplan Integration*. Düsseldorf.

Ministerium für Schule und Weiterbildung (2007). *Mehr Lehrkräfte mit Zuwanderungsgeschichte*. Handlungskonzept. Düsseldorf.

Prengel, Annedore (1993). *Pädagogik der Vielfalt*. Opladen: Leske & Budrich.

---

13 Koalitionsvertrag NRW SPD / Bündnis 90 / Grüne. 2012–2017. S. 21.
14 Vgl. Programm Jahrestagung der Lehrkräfte mit Zuwanderungsgeschichte in NRW.
    12.09.2012–13.09.2012. Einsehbar beim Landeskoordinator: Mostapha Bouklloau, mosta-
    pha.bouklloua@hauptstelle-raa.de.

Raiser, Ulrich (2010). *Von Schullaufbahnen und Stallgeruch.* Warum die Einstellung von Lehrerinnen und Lehrern mit Migrationshintergrund kein Selbstzweck ist. Vortrag auf dem Bundeskongress Lehrkräfte mit Migrationshintergrund. Paderborn.

Sliwka, A. (2010). From homogeneity to diversity in German education. In OECD (Hrsg.): *Educating Teachers for Diversity*: Meeting the challenge, (S. 205–217), Paris.

Stenzel, G. (2009). Keine Auswahl nach Herkunft, *Rheinische Post* vom 16.09.09, 1–3.

Stiller, E. (2008). Neue Lehrer braucht das Land. Pädagogen mit Zuwanderungsgeschichte können die Integration verbessern. In *Forum. Schule 1*, 8–10.

Stiller, E.; A. P. Zeoli. (2010). Lehrkräfte mit Zuwanderungsgeschichte – für einen ressourcenorientierten Perspektivwechsel in der Personalentwicklung. In *DDS. 102/4*, 338–364.

Stiller, E. & Zeoli, A. P. Lehrkräfte mit Zuwanderungsgeschichte. Biografische, kulturelle und pädagogische Potenziale für die Schule in der Zuwanderungsgesellschaft. In A. Holzbrecher (Hrsg.) *Interkulturelle Schule.* Wochenschau Verlag. Band 63. S. 365–375.

Strunk, E. (2010). Mathe bei Mehmet, Lehrer mit Zuwanderungsgeschichte – Vermittler zwischen den Kulturen? In Ruhr-Universität Bochum: *Rubin Winter 09/10*, 28–31.

Terkessidis, M. (2008). Diversity statt Integration. In *Kulturpolitische Mitteilungen, IV*, 47–52.

Terkessidis, M. (2010). *Interkultur.* Bpb.

Vertovic, S. (2011). Die Chimäre des Multikulturalismus. In S. Stemmler (Hrsg.): *Multikultur 2.0.* Wallstein Verlag.

Zentrum für Lehrerausbildung Universität Duisburg-Essen (Hrsg.) (2008). Förderbedarfe und Förderungswünsche von Lehramtsstudentinnen mit Migrationshintergrund. *Continuum 3*, Essen, S. 10–14.

Zeoli, A. P. (2011). *„Wer bist Du in der Einwanderungsgesellschaft?" Qualitative Interviews mit 30 Zuwanderern zu ihrer Ankunft in Deutschland.* Zeitraum: Februar 2011 – Dezember 2011. Einsicht unter: zeoli@gmx.de.

Zeoli, A. P. (2012a). *Interkulturelle Öffnung von Schule.* Verfügbar unter: http://www.migazin.de/2011/10/18/heterogenitat-und-mehrsprachigkeit-sind-die-regel-nicht-die-ausnahme/ [23.02.2012].

Zeoli, A. P. (2012b) *Schulpolitik anders – Lehrkräfte mit Zuwanderungsgeschichte.* Verfügbar unter: http://www.migration-boell.de/web/integration/47_2038.asp [12.01.2012].

Zeoli, A. P. (2012c). *Partizipation und Teilhabe im Kontext interkultureller Schulentwicklung.* Verfügbar unter: http://www.migration-boell.de/web/integration/47_3166. asp [07.07.2012].

Zeoli, A. P. (2012). Diversity Management. Interkulturelle Ausrichtung des öffentlichen Dienstes. Verfügbar unter http://www.migazin.de/2012/11/13/interkulturelle-ausrichtung-des-offentlichen-dienstes/ [06.02.2012].

Autorinnen und Autoren

Lisanne Ackermann, 1966, Dr., Europa-Institut für Soziale Arbeit, Alice Salomon Hochschule Berlin. Arbeitsschwerpunkte sind Migration, interkulturelle Bildung, Diversity Education, Lehrende mit Migrationshintergrund, und Biographieforschung.

Yalız Akbaba, 1978, M.A., wissenschaftliche Mitarbeiterin am Institut für Erziehungswissenschaft an der Johannes Gutenberg-Universität Mainz, AG Schulforschung/Schulpädagogik. Arbeitsschwerpunkte sind Umgang mit Heterogenität, Interkulturelle Pädagogik, ethnographische Schulfeldforschung zu Verhandlungsprozessen des Migrationshintergrunds bei Lehrerinnen und Lehrern.

Sonja Bandorski, 1973, Dr., Wissenschaftliche Angestellte im Zentrum für Lehrerbildung der Universität Bremen, bis April 2012 Wissenschaftliche Mitarbeiterin am Fachbereich Erziehungs- und Bildungswissenschaften der Universität Bremen im Arbeitsbereich Interkulturelle Bildung. Arbeitsschwerpunkte sind Bildungssituation in einer Einwanderungsgesellschaft, Übergang Schule–Beruf; aktuell Qualitätsmanagement in der Lehrerbildung, quantitative Bildungsforschung.

Cahit Basar, 1966, Studienrat am Stadtgymnasium Köln Porz. Landessprecher des Netzwerks der Lehrkräfte mit Zuwanderungsgeschichte Nordrhein-Westfalen. Stellv. Vorsitzender des Vereins Public Diversity e.V., Arbeitsschwerpunkte: Interkulturelle Öffnung von Schulen, kultursensible Elternarbeit und Medienerziehung, Diversity Managementstrategien in öffentlichen Einrichtungen.

Karin Bräu, 1962, Prof. Dr., Professorin am Institut für Erziehungswissenschaft an der Johannes Gutenberg-Universität Mainz, AG Schulforschung/Schulpädagogik. Arbeitsschwerpunkte sind Innere Differenzierung und Individualisierung, Lernberatung, Schulentwicklung, qualitative Unterrichtsforschung sowie Lehrer/innen mit Migrationshintergrund.

Doris Edelmann, 1965, Prof. Dr., Leiterin des Instituts ‚Bildung und Gesellschaft‘ am Kompetenzzentrum für Forschung und Entwicklung der Pädagogischen Hochschule St. Gallen/Schweiz. Arbeitsschwerpunkte sind International vergleichende und Interkulturelle Bildungsforschung, Pädagogik der Frühen Kindheit, Gesellschaftlicher Wandel und Lehrer/innenbildung.

Viola B. Georgi, 1967, Prof. Dr., Professorin für Diversity Education an der Stiftung Universität Hildesheim. Arbeitsschwerpunkte sind: Diversity Education, Interkulturelle Pädagogik, Demokratiepädagogik und Citizenship Education sowie Holocaust Education.

Kerstin Göbel, 1965, PD Dr., Vertr.-Professorin am Institut für Bildungsforschung in der School of Education der Bergischen Universität Wuppertal. Forschungs- und Arbeitsschwerpunkte sind Akkulturationsprozesse im Kontext Schule, Interkulturelle Kompetenz, Unterrichtsforschung/Videoanalysen, Förderung von Deutsch als Zweitsprache und Mehrsprachigkeit in Schule und Unterricht.

Mirja Gruhn, 1984, Wissenschaftliche Mitarbeiterin an der Universität des Saarlandes am Lehrstuhl für Deutsch als Fremd- und Zweitsprache. Arbeitsschwerpunkte sind der Umgang mit sprachlicher und kultureller Vielfalt, interkulturelle Schulentwicklung, empirische Unterrichtsforschung und der Erwerb des Deutschen als Zweitsprache.

Nurten Karakaş, 1972, Diplom Pädagogin (TU-Berlin), derzeit Doktorandin im internationalen Promotionsprogramm INDOSOW (International Doctoral Studies in Social Work) der Alice-Salomon-Hochschule Berlin. Arbeitsschwerpunkte sind Migration, Diversity, Anti-Rassismus, Interkulturelle Pädagogik, Lehrende mit Migrationshintergrund.

Yasemin Karakaşoğlu, 1965, Prof. Dr., Professorin am Fachbereich Erziehungs- und Bildungswissenschaften der Universität Bremen, Konrektorin für Interkulturalität und Internationalität seit 2011, Arbeitsschwerpunkte: Interkulturelle Lehrerbildung, Interkulturelle Öffnung von Bildungssystemen, Bildung und Erziehung unter Migrationsverhältnissen, Islam und Schule

Marianne Krüger-Potratz, 1943, Prof. Dr., Professorin (em.) am Institut für Erziehungswissenschaft der Westfälischen Wilhelms-Universität , Zentrum für Europäische Bildung. Arbeitsschwerpunkte sind: Interkulturelle Bildung, historische Forschung zu Migration, Minderheiten und Bildung.

Aysun Kul, 1976, Dipl.-Soz., Wissenschaftliche Mitarbeiterin am Fachbereich Erziehungs- und Bildungswissenschaften der Universität Bremen im Arbeitsbereich Interkulturelle Bildung. Arbeitsschwerpunkte sind Interkulturelle Bildung und rassismuskritische Ansätze, Sozialisation und Identitätsbildung sowie Professionalisierungsprozesse angehender Lehrkräfte im Migrationskontext, Qualitative Bildungsforschung.

Reiner Lehberger, 1948, Prof. Dr., Professor für Schulpädagogik an der Fakultät für Erziehungswissenschaft, Psychologie und Bewegungswissenschaft an der Universität Hamburg und Leitung des Zentrums für Lehrerbildung Hamburg. Arbeitsschwerpunkte aktuell: Eignungsberatung für Lehramtsstudierende, Praxisformate in der Lehrerbildung, Schulberatung und bildungspolitische Beratung, Biographieforschung.

Tatiana Matthiesen, 1962, Ph.D. (New School for Social Research, New York), Programmleiterin Bildung und Erziehung (Schwerpunkt: Vielfalt und Bildung) in der ZEIT-Stiftung Ebelin und Gerd Bucerius in Hamburg. Sie ist verantwortlich für nationale und internationale Förderprojekte im Bereich der Lehrerausbildung, der Studienfachorientierung, der Leseförderung und der interkulturellen Öffnung von Schule sowie für Vorhaben, die den transatlantischen Wissenschaftsaustausch und Dialog fördern.

Carolin Rotter, 1978, Prof. Dr., Juniorprofessorin an der Fakultät für Erziehungswissenschaft, Psychologie und Bewegungswissenschaft an der Universität Hamburg, Arbeitsbereich Schulforschung/Schulpädagogik. Arbeitsschwerpunkte sind Umgang mit Heterogenität, Schulentwicklung sowie Lehrer/innen mit Migrationshintergrund.

Christine Schlickum, 1975, Dr., wissenschaftliche Mitarbeiterin am Institut für Erziehungswissenschaft an der Johannes Gutenberg-Universität Mainz, AG Schulforschung/Schulpädagogik. Arbeitsschwerpunkte sind Interkulturelle Bildung und Erziehung, Umgang mit Differenz, Professionalitätstheorien und qualitative Unterrichtsforschung.

Anna Wojciechowicz, 1982, Dipl.-Päd., Wissenschaftliche Mitarbeiterin am Fachbereich Erziehungs- und Bildungswissenschaften der Universität Bremen im Arbeitsbereich Interkulturelle Bildung. Arbeitsschwerpunkte sind Interkulturelle Bildung und rassismuskritische Ansätze, Bildungs- und Studiensituation von Migrantinnen und Migranten, Interkulturelle Öffnung von Bildungsinstitutionen, Pädagogische Professionalisierung im Migrationskontext, Bildungsberatung unter Bedingungen von Migration, Qualitative Bildungsforschung.

Antonietta P. Zeoli, 1973, Dr. phil., Studiendirektorin, Lehrbeauftragte an der Ruhr Universität Bochum Schulforschung/Schulpädagogik. Habilitandin Universität Bremen. Arbeitsschwerpunkte: Diversity Management Strategien im öffentlichen Dienst sowie die interkulturelle Ausrichtung öffentlicher Institutionen.

Meike Zimmer, 1988, Bachelor of Education, derzeit im Master; Studentische Hilfskraft am Institut für Erziehungswissenschaften an der Johannes Gutenberg-Universität Mainz.